博雅史学论丛

The Political Structure and Political
Culture in Late Northern Song,
1085-1125

北宋晚期的政治体制
与政治文化

（第二版）

方诚峰 著

北京大学出版社
PEKING UNIVERSITY PRESS

图书在版编目（CIP）数据

北宋晚期的政治体制与政治文化/方诚峰著.—2版.—北京：北京大学出版社,2023.7

（博雅史学论丛.中国史系列）

ISBN 978-7-301-34256-5

Ⅰ.①北… Ⅱ.①方… Ⅲ.①政治体制—研究—中国—北宋②政治文化—研究—中国—北宋 Ⅳ.①D691.2

中国国家版本馆 CIP 数据核字(2023)第 137983 号

书　　名	北宋晚期的政治体制与政治文化(第二版)	
	BEISONG WANQI DE ZHENGZHI TIZHI YU ZHENGZHI WENHUA(DI-ER BAN)	
著作责任者	方诚峰　著	
责 任 编 辑	张　晗	
标 准 书 号	ISBN 978-7-301-34256-5	
出 版 发 行	北京大学出版社	
地　　址	北京市海淀区成府路 205 号　100871	
网　　址	http://www.pup.cn　新浪微博：@北京大学出版社	
电 子 邮 箱	编辑部 wsz@pup.cn　总编室 zpup@pup.cn	
电　　话	邮购部 010-62752015　发行部 010-62750672	
	编辑部 010-62767315	
印 刷 者	大厂回族自治县彩虹印刷有限公司	
经 销 者	新华书店	
	690 毫米×980 毫米　16 开本　25.75 印张　360 千字	
	2015 年 12 月第 1 版	
	2023 年 7 月第 2 版　2023 年 7 月第 1 次印刷	
定　　价	90.00 元	

目　录

前　言

一

本书的研究对象是北宋晚期哲宗、徽宗朝（1085—1125）的政治史，起于宋神宗熙丰变法之后，终于北宋灭亡之前。在该领域，已有的研究重点是相当明显的：政治制度、党争及其反复、腐败与亡国三个主题。从大的面貌来说，多年前寺地遵指出的宋代政治史研究的偏颇与断裂①，至今还依稀可见。在笔者看来，除了政治制度，其他两个主题主要围绕权力斗争、利益攫取而展开。其最大的偏狭，乃是将"政治史"简化为权力斗争史或利益争夺史。

然而无论是揆以当代"政治科学"的基本关切（权力、合法性、主权、权威等），还是某些"政治哲学"流派的关怀（美德、公正等），"政治"所可能包含的内容是多层次、多样化的，这就衬托出以"权力斗争"或"利益争夺"为主线的政治史有待反思。

因此，北宋晚期政治史研究的推进，有赖于在研究视野、主题上超越上述狭隘性，即把党争、腐败等问题置于更具有分析性与包容性的视角之下。这是本书选择"政治体制"与"政治文化"这两个视角的原因所在。本书不是要否定北宋晚期政治斗争的激烈性或其他政治上的困境，而是试图说明，政治分裂、腐败只是现象，其背后的根本动力在于政治体制与政治文化的变化。

那么，什么是本书所谓的"政治体制"与"政治文化"呢？

① 寺地遵《南宋初期政治史研究》"序章：宋代政治史研究的轨迹与问题意识"，第6页（出版信息请见书末参考文献）。

　　"政治体制"是为了强调政治制度与人的结合。本书虽然会探讨不少政治制度方面的内容，但不以厘清制度本身为目的，而是试图呈现人的活动与制度架构的结合，这种结合就是体制。钱穆在谈"如何研究政治史"时说："单研究制度本身而不贯通之于当时之史事，便看不出该项制度在当时之实际影响。"①所谓当时之史事，即人的活动。二十年前，邓小南师提倡"活"的制度史研究，特别强调从"关系"着眼，既有人与制度的关系，也有制度本身的关系，从而加深对于"政治机制"的整体认识②。这正是本书所努力追求的。另外，当下中国最热门的词汇之一就是"政治体制改革"，中国共产党第十八次全国代表大会报告对"政治体制改革"有专门的表述，从中可见"政治体制改革"是一个涉及领导者、参与者、政治原则、多项行政制度等的综合工程，不会有人误解为只是行政制度改革。

　　本书讨论的"政治体制"主要限于中枢体制——君主、宰执为主要活动者。以君主为中心者，本书将主要论及垂帘、御笔、应奉；以宰执为中心者，主要涉及三省制、平章军国（重）事、公相。当然，"体制"一词本身就强调整体性与关联性，以上两个层次的问题并非孤立展开。

　　"政治文化"的定义，以阿尔蒙德（Gabriel Almond）代表的美国"政治科学"派（行为主义）的说法最为有名（态度、信仰、情感），但从研究的方法（社会科学的数据搜集与分析）和对象（公民的政治参与）来说，这一传统并不很适用于中国古代。同样，法国的社会学传统或德国的文化哲学传统也并非自然地适用于中国古代史研究③。实际上，

①　钱穆《中国历史研究法》，第 33 页。

②　邓小南《走向"活"的制度史：以宋代官僚政治制度史研究为例的点滴思考》，原刊《浙江学刊》2003 年第 3 期，收入《朗润学史丛稿》，第 502—503 页。

③　关于政治文化研究的三个谱系，见迈克尔·布林特（Micheal Brint）《政治文化的谱系》。在中文著作中，陈苏镇《〈春秋〉与"汉道"——两汉政治与政治文化研究》一书对于政治文化的定义主要采用了阿尔蒙德的观点，但在操作上则重在探讨政治思想对实际政治生活的影响（第 4—6 页）。余英时《朱熹的历史世界——宋代士大夫政治文化的研究》一书亦强调文化史与政治史的互动关系（自序一），"兼顾政治与学术两个方面"（自序二），但作者并未将重点放在具体的政治思想对于现实政治的影响上，而是强调带着政治理想的士大夫如何参与现实政治，即如作者所说，政治文化"大致指政治思维的方式和政治行动的风格"（第 5 页）。

被认为属于"政治文化"研究的诸多著作之间,其异质性远远大于同质性,或许能取得一致的就是认为"文化"是支配人类政治活动的重要因素。

本书的"政治文化"分为三个层次。一是政治理论或主张,通常是系统的、明确的,比如本书将特别探讨司马光的整体政治主张。二是政治理想与口号,如"大有为""致君尧舜""一道德同风俗""丰亨豫大",等等。相比理论或主张,这些理想、口号的笼罩面更广、支配力更强,但不同人、不同时的阐述、实践又大相径庭。有一种假设认为,利益及围绕利益的斗争,应该是政治史研究的永恒主题,政治史不能纠缠于那些看似高远的政治口号。一个简单的事实是:利益之争固然是永恒的,但每个时代的政治史却都是独特的。将每个时代政治史区分开来的,正是那些政治口号——其实是每个时代独特的政治运作原则的反映。昆廷·斯金纳说,一套新的政治词汇的出现及其为人所议论,正说明了一个社会开始自觉掌握一种新的政治概念;而政治的行动或规划,都不得不适应现有的词汇[①]。三是在上述主张、口号影响下的政治情绪或取向,如安静与有为、宽容与严酷等等。这三个层次不仅是一些政治的"原则",也始终伴随着"实践",尤其是后两个层次,无法脱离政治实践而孤立存在。故一言以蔽之,政治的原则、相应的政治实践,就是本书所主张的"政治文化"。

二

北宋哲宗、徽宗朝正是神宗朝熙丰变法之后、北宋灭亡之前的时段。有关这一段的政治史,学界已经积累了相当多的研究成果,目前正处于一个传统与新态杂陈的状态。所谓传统,主要指传统的解释框架仍然在影响着多数实证研究。就政治体制而言,君权走向专制还是虚化始终是很多研究的终极关切;就政治演变而言,从新旧党的反复

---

① 昆廷·斯金纳(Quentin Skinner)《现代政治思想的基础》前言,第2,4—5页。

倾轧走向徽宗朝的腐败与亡国是最为基本的理解线索。

所谓新态,指不少具体的研究正在逐渐地改变整体的理解。尤其是在党争、徽宗及其时代、宋代中枢体制这几点上,学界的进展最多。本书各章节在探讨具体问题时,都会提及相应的学术史,故以下仅对最近的总体趋向作概览式的观察。

首先,对于北宋中后期统治集团内部的"新旧"之分裂为何会发生,或者为何"新法"会出现,1949 年以后主流的认识是阶级矛盾说,一度还流行儒法斗争说,但当下的学界更为重视熙丰变法的儒学复兴运动背景,认为变法的发生以及统治集团内部的分裂有着深刻的思想根源①。这对于理解整个北宋后期政治史的"意识形态"背

---

① 参见:内藤湖南《概括的唐宋时代观》,收入《日本学者研究中国史论著选译》第一卷,第 15 页。钱穆《国史大纲》,第 579—580 页。钱穆《王荆公的哲学思想》《论明道与新法》,收入《中国学术思想史论丛》(五),第 55—76 页。萧公权《中国政治思想史》,第 413—477 页。侯外庐主编《中国思想通史》第四卷上,第九章"王安石的新学、变法思想和唯物主义哲学"、第十章"北宋唯心主义道学的形成",第 420—544 页(亦以阶级矛盾说为基础)。W. Theodore de Bary, "A Reappraisal of Neo-Confucianism," in Arthur Wright, ed., *Studies in Chinese Thought*, pp. 93-106. 邓广铭《略谈宋学——附说当前国内宋史研究情况》,《宋史研究论文集》(一九八四年年会编刊),第 1—19 页;修改稿见《邓广铭治史丛稿》,第 129—139 页。刘复生《北宋中期儒学复兴运动》,第 125—154 页。刘复生《北宋"党争"与儒学复兴运动的演化》,《社会科学研究》1999 年第 6 期,第 114—119 页。陈植锷《北宋文化史述论》,第 287—323 页。包弼德著,刘宁译《斯文——唐宋思想的转型》第七章"为了完美的秩序——王安石和司马光",第 222—265 页。(原著 *"This Culture of Ours": Intellectual Transitions in Tang and Sung China* 出版于 1992 年。)包弼德《政府、社会和国家——关于王安石和司马光的政治观点》,载田浩(Hoyt Cleveland Tillman)主编《宋代思想史论》,第 111—183 页。(原文 "Government, Society, and State: The Political Visions of Ssu-ma Kuang and Wang An-shih," *Ordering the World: Approaches to State and Society in Sung Dynasty China*, Edited by Robert P. Hymes and Conrad Schirokauer, University of California Press, 1993。)葛兆光《洛阳与汴梁:文化重心与政治重心的分离——关于 11 世纪 80 年代理学历史与思想的考察》,《历史研究》2000 年第 5 期。漆侠《宋学的发展和演变》,第 1—29、281—450 页。土田健次郎《道学之形成》,尤其是第六章,第 318—398 页。余英时《朱熹的历史世界——宋代士大夫政治文化的研究》,第 3—315 页,尤其是第六章"秩序重建——宋初儒学的特征及其传衍"。李华瑞《北宋士大夫与王安石变法的兴起》,《史学集刊》2006 年第 1 期,第 10—12 页。刘成国《荆公新学研究》,第 40—48、173—201 页。要注意的是,诸说意见不一,目前对于宋代政治思想史的研究,远未达到充分的地步。

景①，提供了相当重要的基础。

其次，对史料形成过程的探讨说明，自北宋至南宋长期的官、私历史编纂所塑造的图景颇有扭曲之处②。这种扭曲，尤其体现在将北宋晚期塑造为一个君子小人之争的时代，而且以小人的获胜与王朝的崩溃为终局。但不少研究表明，北宋晚期的新旧、邪正、君子小人的二分在很大程度上是一种当时及事后的"话语"③。"朋党"或"党争"，无论是从所谓的"新党""旧党"之分，还是从各自的"内部"来看，实际阵

---

　　①　政治、法律学界关于"意识形态"（Ideology）的概念并未有一致的阐述。其中一些学者不采用马克思、恩格斯批判性的"意识形态"定义，而将其视为与"理念体系""符号体系""信念体系"同义的中性、描述性的概念，本书在使用"意识形态"一词时也持这个立场。参见帕特丽夏·埃维克《意识与意识形态》，收入奥斯汀·萨拉特编《布莱克维尔法律与社会指南》，第 89 页。

　　②　关于北宋后期实录、国史以及其他相关史料形成的研究，成果尤其多。如：黄汉超《宋神宗实录前后改修之分析》（上、下），《新亚学报》第 7 卷第 1 期，1965 年 2 月，第 367—409 页；7 卷 2 期，1966 年 8 月，第 157—195 页。胡昭曦《〈宋神宗实录〉朱墨本辑佚简论》，《四川大学学报》1979 年第 1 期，第 71—78 页。林天蔚《北宋党争对实录修撰的影响》，《中国历史学会史学集刊》第 15 期，1983 年 5 月，第 141—151 页。裴汝诚《关于北宋后四十年史料的整理研究》，收入氏著《半粟集》，第 297—305 页。裴汝诚《宋代史料真实性刍议》《论宋元时期的三个王安石传》《〈迩英奏对〉质疑》《〈迩英奏对〉献疑》，俱收入氏著《半粟集》，第 88—135、172—193 页。李则芬《神宗、哲宗二朝史事多谬》，氏著《宋辽金元历史论文集》，第 272—341 页。许沛藻《宋高宗与神哲实录》，《庆祝邓广铭教授九十华诞论文集》，第 625—632 页。近藤一成《"洛蜀党议"与哲宗实录——〈宋史〉党争记事初探》，早稻田大学文学部东洋史研究室编《中国正史的基础的研究》，第 311—334 页。平田茂树《〈哲宗实录〉编纂始末考》，载《宋代の规范と习俗》，第 29—66 页。Charles Hartman, "The Reluctant Historian: Sun Ti, Chu Hsi, and the Fall of Northern Sung," *T'oung Pao*, Volume 89, June, 2003: pp. 100-148. "A Textual History of Cai Jing's Biography in the Songshi", Patricia Ebrey and Maggie Bickford ed. *Emperor Huizong and Late Northern Song China: The Politics of Culture and Culture of Politics*, pp. 517-564.

　　其他如邓小南《司马光〈奏弹王安石表〉辨伪》，《北京大学学报》1980 年 4 期，收入《朗润学史丛稿》。李华瑞《王安石变法研究史》第 1—6 章，第 3—222 页。张其凡、金强《陈瓘与〈四明尊尧集〉——北宋哲徽之际党争的一个侧面考察》，《浙江大学学报》2004 年第 3 期，第 111—118 页。方震华《战争与政争的纠葛——北宋永乐城之役的纪事》，《汉学研究》第 29 卷第 3 期，第 140—150 页。再如自 20 世纪 50 年代就开始的《辨奸论》真伪讨论，参见王昊编著，曾枣庄审定《〈辨奸论〉真伪考信编》。

　　③　Ari Daniel Levine, *Divided by a Common Language: Factional Conflict in Late Northern Song China*, University of Hawaii Press, 2008. 亦参见李华瑞前引著作。

线、结构都非常复杂,而且远非固定①。既然如此,研究者必须最大限度地跳出历史书写的塑造,去寻找北宋晚期政治的实际逻辑。

再者,就徽宗及其时代而言,近十年来出现了多部论文集或专著②,加上大量的论文,正在改变北宋政治史研究后不如前的不均衡局面。这些研究观点各异,但新的努力方向是一致的。一是大大拓展了材料面以及研究课题,尤其是将图像等视觉材料纳入了视野。二是评判徽宗朝的政策、政治时,不再满足于贴黑暗、腐败之类全盘否定的标签。三是从各自的立场注意到了从神宗到徽宗朝政治史的连续性,徽宗朝不再被视为一个孤立的腐朽时代。

最后,关于宋代的中枢体制研究,成果极为丰富,最可注意者有两个方面。一是从早期强调皇权与相权的对立,到如今将两者视为同一

---

① 　比如:刘子健《王安石、曾布与北宋晚期官僚的类型》,《清华学报》新 2 卷第 1 期,1960 年,收入氏著《两宋史研究汇编》,第 117—142 页。陈乐素《桂林石刻〈元祐党籍〉》,《学术研究》1983 年第 6 期,第 63—71 页;收入氏著《求是集》第二集。罗家祥《曾布与北宋哲宗、徽宗统治时期的政局演变》,《华中科技大学学报》2003 年第 2 期。邓小南《北宋苏州的士人家族交游圈——以朱长文之交游为核心的考察》,《国学研究》第 3 卷,第 451—484 页;邓小南《剪不断、理还乱:有关冯京家世的"拼织"》,载《基调与变奏——七至二十世纪的中国》,第 182—186 页,两文俱收入《朗润学史丛稿》。李涵《从曾布根究市易违法案的纷争看新党内部的矛盾与问题》,《宋史研究论文集》(一九八四年年会编刊),第 267—281 页。裴汝诚《曾布三题》,原载《中日宋史研讨会中方论文选编》,收入氏著《半粟集》,第 194—207 页。罗家祥《朋党之争与北宋政治》,第 58—72 页。王曾瑜《洛、蜀、朔党争辨》,载《尽心集——张政烺先生八十寿庆论文集》,第 351—369 页。平田茂树《宋代的言路》《宋代朋党形成之契机》《从刘挚〈忠肃集〉墓志铭看元祐党人之关系》,俱收入氏著《宋代政治结构研究》,第 57—160 页。梁思乐《朔党与北宋元祐朋党政治新论——以元祐五年以前朔党与韩忠彦、文彦博、范纯仁的关系为中心》,《"10 至 13 世纪中国国家与社会"国际学术研讨会暨中国宋史研究会第 16 届年会论文集》第二组,杭州,2014 年 8 月,第 100—123 页。

② 　比如:伊原弘等《アジア游学》64 特集《徽宗とその时代》;Patricia Ebrey and Maggie Bickford ed., *Emperor Huizong and Late Northern Song China, the Politics of Culture and Culture of Politics*;Patricia Ebrey, *Accumulating Culture: The Collections of Emperor Huizong*;王耀庭主编《开创典范:北宋的艺术与文化研讨会论文集》;杨小敏《蔡京、蔡卞与北宋晚期政局研究》;藤本猛《风流天子と"君主独裁制"——北宋徽宗朝政治史の研究》;Patricia Ebrey, *Emperor Huizong*。

权力结构的组成部分①。二是在密集的反思之后②,"运作"成为中枢体制研究的主要关切,而作为政治运作产物的"公文"也成为热门的分析对象③。总体而言,大概现在很少有学者会满足于以剪裁、重现志书、政书的内容为制度史研究的目标。

　　本书就是在上述趋势的基础上展开的。不过,虽然学界对于新旧、邪正、君子小人这样的二分法有了足够的警惕,但对于神宗去世后统治集团内部分裂的演变脉络,又很难进行超越新旧党争的理解。再者,学界虽然注意到了北宋中后期政治史的连续性,但又很难避免从

---

　　①　参见张邦炜《论宋代的皇权和相权》,《四川师范大学学报》1994 年 2 期。王瑞来《宰相故事:士大夫政治下的权力场》"皇权论综述",第 295—379 页;该书的前身是作者2001 年于东京汲古书院出版的《宋代的皇权与士大夫政治》。不过,需要注意的是,日本京都学派所谓的近世"君主独裁"之概念,强调的其实就是君主统辖下的官僚制整体。见宫崎市定《东洋的近世》,《日本学者研究中国史论著选译》第一卷"通论",第 191 页。又参见刘静贞《皇帝和他们的权力——北宋前期》,第 3—4 页;平田茂树《日本宋代政治研究的现状与课题》《书评:王瑞来著〈宋代皇帝权力和士大夫政治〉》,收入氏著《宋代政治结构研究》,第 25、51 页。

　　②　近年来,宋史学界针对宋代政治制度史研究作了许多反思。最主要的有:(一)"活的制度史""动态的制度史",见邓小南师《走向"活"的制度史:以宋代官僚政治制度史研究为例的点滴思考》,原刊《浙江学刊》2003 年 3 期,收入《朗润学史丛稿》,第 497—505 页。亦见包伟民《走向自觉:关于深入拓展中国古代制度史研究的几个问题》,《宋代制度史研究百年(1900—2000)》"代前言",第 1—9 页。(二)"政治过程论""政治空间论",见寺地遵《南宋初期政治史研究》"序章:宋代政治史研究的轨迹与问题意识",第 18—20 页;同作者《宋代政治史研究方法试论——治乱兴亡史论克服的为了》,《宋元时代史的基本问题》,第79—80 页。平田茂树《日本宋代政治制度研究述评》《日本宋代政治研究的现状与课题》,收入氏著《宋代政治结构研究》,第 1—43 页。(三)"新政治史""日常政治史",见黄宽重《从活的制度史迈向新的政治史——综论宋代政治史研究趋向》,《中国史研究》2009 年 4 期,修改版收入氏著《政策·对策:宋代政治史再探索》,第 1—14 页。邓小南《宋代政治史研究的"再出发"》,《历史研究》2009 年第 6 期,收入《朗润学史丛稿》,第 515—524 页。中国古代史研究中较早提出"日常政治"的是侯旭东教授,见《读汪桂海〈汉代官文书制度〉》,《中国史研究动态》2000 年第 8 期,第 29 页。亦参见本书附录二。

　　③　比如:李全德《唐宋变革期枢密院研究》;王化雨《宋朝君主的信息渠道研究》,北京大学历史学系博士学位论文,2008 年;《汉学研究》第 27 卷第 2 期"宋代的讯息与政令运行"专辑,台北:2009 年 6 月;张祎《制诏敕札与北宋的政令颁行》,北京大学历史学系博士学位论文,2009 年;孙继民《俄藏黑水城所出〈宋西北边境军政文书〉整理与研究》;李全德《从堂帖到省札——略论唐宋时期宰相处理政务文书之演变》,《北京大学学报》2012 年第 2 期;邓小南主编《文书、政令、信息沟通:以唐宋时期为主》;小林隆道《宋代中国的统治与文书》;田志光《北宋宰辅政务决策与运行机制研究》。

靖康之难倒推北宋后期逐步沉沦的过程(即"辉格式"的历史解释),或者完全将北宋的崩溃视为偶然,从而将徽宗时代理想化。复次,在中枢体制的研究上,如何超越君相权力大小论的思路,也有待进一步的思考。因此,具体的研究在不断推进的同时,总体的认识框架也亟待再探索。

本书试图重新梳理北宋后期纷繁的政治演变过程,在框架上则强调当时政治自身的逻辑。而要理解这一逻辑,首先就必须从政治文化入手,即要深切体会北宋晚期君臣的政治原则与他们的实践之间的分合。本书的论述始终围绕宋代"士大夫政治"这一大主题,试图说明其多层次(君主、士大夫、统治成效)的理想在北宋后期政治实践中逐渐异化的过程。本书认为,前人多所强调的党争、腐败等北宋晚期的政治困境,就是这一异化的副产品。其次,重视所谓政治自身的逻辑,还应立足于当时政治体制独特的展开方式去理解时人的政治选择与相互关系。本书试图从技术与观念的层面,说明帝制政治在北宋晚期展现的弹性与多元性,而非某种固定的趋势,这也是为了跳出泛论君主权力强弱大小的思路,寻找理解王朝体制的新方式。

三

哲宗、徽宗两朝政治史由元祐高氏垂帘(1085—1094),绍圣、元符哲宗亲政(1094—1100),徽宗统治(1100—1125)三个时期构成。

本书第一、第二章主要涉及高氏垂帘时期。第一章"元祐政治路线的确立"从政策选择、理论主张、垂帘体制三个层次分疏了所谓元祐政治路线的内涵,也是元祐政治的起点。本章首先分析了神宗去世后不同人的立场,指出了为什么全面罢废熙丰新法在当时是"少数派"的主张,却成为朝廷的选择。其次,本章详细剖析了司马光的政治设想,以说明元祐之政在"破"熙丰之政外,还有"立"的一面,有自己的蓝图。最后,本章分析了熙宁、元丰、元祐三个时期中枢体制的变动,特别强调了元祐"垂帘体制"下差等有序的权力格局对于"元祐更化"的重要意义。

第二章"元祐政治的展开与危机",主要分析元祐政治路线在实践过程中遇到的危机及其实质。首先探讨了为什么元祐前期"党争"层出不穷,即诸多元祐朋党主要不意味着实际的政治集团,而是多存在于议论之中,是某些政治观念、政治诉求之反映。其次,本章解释了为什么经历了元祐八年之后,"绍述"得以迅速实施。原因就在于元祐政治路线在后期逐渐显露的危机:力主有为、反对权宜的主流政治文化暗潮涌动,而作为非常之制的"垂帘体制"则日益面临崩解的危险。

第三章"哲宗亲政与政治文化的嬗变",从君主与士大夫两个角度探讨了哲宗亲政时期北宋政治文化的质变——士大夫政治的失败。首先,从君主的角度,北宋中后期的"致君尧舜"强调君主作为一个政治、道德、秩序符号的非人格化,但随着哲宗的成年、亲政,形势剧变,这一理想宣告失败。其次,从士大夫的角度,本章以哲宗亲政后对士大夫的"文字"审查为切入点,分析了"一道德同风俗"这一理想在政治实践中的异化。

第四、五、六章都涉及徽宗朝政治史,基本的关切是:徽宗究竟如何超越父兄之治?本书从统治的形式与内容两方面回答了这一问题。第四章"徽宗朝的权力结构",从权力实际操控与象征两个层次探讨了徽宗朝的君主角色。就实际操控层面而言,徽宗朝通过长期的实践,找到了一种妥善使用并控制蔡京的方式——公相制度。从象征的层面而言,本章重新探讨了徽宗朝的御笔、御笔手诏,认为御笔、御笔手诏的关键变化在于呈现的方式,而非流程——以内批、手诏这两种王朝政治中常见的文书为介质,在既有运行程序的基础上,突出政令颁行中"御笔"的存在,从而展现徽宗君临天下的政治姿态,塑造君主自身与整个王朝政治之间的紧密联系。

第五章"徽宗朝的'应奉'"。一是讨论了徽宗朝所谓"应奉御前"的缘起与实质,即主要是应付东京城庞大的土木工程与礼乐制作,而非应徽宗个人私奉;也分析了常被视为徽宗享乐借口的"丰亨豫大"这一政治口号的意义,即宣扬由理想的君主、大臣、统治成效所构成的

"圣治"。二是探讨了"应奉"财政体系逐渐独立的过程，即它如何与当时的"经制东南"一起成为一种新的财赋征调方式，也为南宋重建提供了重要财政基础。

第六章"道教、礼乐、祥瑞与徽宗朝的政治文化"，分析了徽宗朝对自身的历史定位。一是分析了"道家者流"，即方士、道士在徽宗朝政治中为何兴盛——既有宫廷政治的需要，更是营造"圣君"的需要。在君主的形象、自我定位上，徽宗通过宗教手段超越了神宗、哲宗，达到了"神性君主"的全新境地。二是探讨了徽宗朝创造性的祥瑞体系，即其日常性与当代性，从而展现、营造王朝的"圣治"。本章也可视为对北宋晚期政治文化演变的一个回答：儒学复兴运动所追求的三代之治——理想的社会、政治秩序，最终异化为政治形象工程。

最后的"全书结语"分为两个方面。一是从政治文化的角度对北宋后期政治演变的总观察，二是从技术与观念两个层次对帝制政治中"君主权力"的再认识。

第一章　元祐政治路线的确立

元丰八年(1085)三月七日,年仅三十八岁的宋神宗赵顼去世,十岁的幼子即位,是为哲宗赵煦;而神宗的母亲高氏成为太皇太后,垂帘听政。宋神宗留下的遗产,首先就是自熙宁二年(1069)开始的"新法";与这些新法联系在一起则有所谓的"熙丰臣僚";而在新法、熙丰臣僚的对立面,还有一些异议之人,双方之分裂就成为所谓的"新旧之争"。新法、熙丰臣僚、新旧之争这些神宗的政治遗产,就是本书所处理的政治史之出发点。

熟悉北宋晚期历史的人都知道,接下来的元祐时期,新法被全面推翻,熙丰臣僚之骨干被贬,新旧之分裂更深了。一言以蔽之,对比熙宁、元丰而言,元祐政治路线可谓一百八十度的大转弯。

但是,要真正理解这一转变,其实需要解释一系列的问题。首先,宋神宗去世的时候,新法已经实施了十余年,当时人的态度如何呢?其次,罢废熙丰之政,这只是"破"的一面,元祐政治要"立"的内容是什么呢?最后,无论是破还是立,元祐时期采取了一种什么样的政治体制以保证其贯彻呢?只有当这些问题得到了说明之后,才能真正理解所谓元祐"政治路线"之内涵。这正是本章的任务。

第一节　从元丰到元祐

本节要探讨第一个问题:宋神宗去世之时,人们对新法是什么态度?这个问题至少可以分为两个层次,一是如何看待"新法"作为一种已经推行的政策,二是如何看待"新法"所代表的更革有为之理念。后者将放在第二章进行讨论,本节主要谈第一个层次。

王安石曾说："法之初行，异论纷纷，始终以为可行者，吕惠卿、曾布也；始终以为不可行者，司马光也。余人则一出焉一入焉尔。"①也就是说，随着新法的推行，"正反"双方的意见、阵线都在调整，有所靠拢。关于这个问题，罗家祥已就若干人物作了较好的论述，并认为当时两大派别的冲突有缓和的可能②。本节将在其基础上再作申论，特别要突出的是：既然有缓和的可能，为何统治集团内部的分裂仍无法弥合？ 即作为权力核心的司马光、高氏，他们的特殊性在哪里？

一　熙丰臣僚

新法的支持者确实看到了"新法"有调整的必要。神宗刚去世，调整新法的呼声在"熙丰旧臣"中甚为明朗，也确实付诸实施了。王安石变法的主将之一章惇说："保甲、保马一日不罢则有一日害。如役法，熙宁初以雇代差，行之太速，故有今弊。"对于役法，他认为"今日正是更张修完之时"③。章惇还说："役法可以缓改，非如京东铁马、福建茶盐，不改一日，则有一日之害也。"④另外，据苏轼称："近见章子厚言，先帝晚年甚患文字之陋，欲稍变取士法，特未暇耳。"⑤神宗是否想改取士法当考，但至少说明章惇是认可其弊的。

此外，黄履也是新法的干将，神宗去世后，他与另一因新法而进者安惇谈及了福建路盐法、茶法之弊，朝廷于是派出了陈次升、黄降分别去江南西路、福建路体察⑥。

神宗去世时的宰相蔡确，在元祐元年（1086）罢相前曾上表，史不载全文，但言官在弹劾他时有所引用：

---

① 　王称《东都事略》卷九五《曾布传》，第 818 页。

② 　罗家祥《朋党之争与北宋政治》，第 84—89 页。罗氏所论人员主要是：蔡确、章惇、苏轼、范纯仁。

③ 　李焘《续资治通鉴长编》（下简称《长编》）卷三六七，元祐元年二月丁亥条，第 8828、8829 页。

④ 　陈瓘《宋忠肃陈了斋四明尊尧集》（简称《四明尊尧集》）卷五，第 733 页。

⑤ 　苏轼《苏轼文集》卷四九《答张文潜县丞书》，第 1427 页。

⑥ 　《长编》卷三五四，元丰八年四月丁丑条，第 8477 页。

　　　　请收拔当世之耆艾，以陪辅王室……蠲省有司之烦碎，以安
　　慰民心……严边备以杜二敌之窥觎……走使轺以察远方之疲瘵，
　　如张汝贤、陈次升往福建、江西……明法令之美意，以扬先帝之惠
　　泽……厉公平之一道，以合众志之异同……①

这六句话可看成是蔡确在神宗去世后的自我总结，分两个方面：一是
对被排斥在外的臣僚略加引用，即所谓"收拔当世之耆艾"，"合众志
之异同"；二是对神宗之政略加更改，以合民心。虽然其表被孙觉以
"自陈功劳，颇更矜伐"为由逐条批驳，但其自陈的内容仍是有迹可
循的。

　　针对"请收拔当世之耆艾，以陪辅王室"一句，孙觉驳云："若如其
言，则是司马光、吕公著之徒，今位在执政皆其所引也。"但蔡确并非虚
言。吕本中（1084—1145）《杂说》就提到蔡确在邢恕的劝说下，"有意
改更政事，收用旧人"，"元丰末，刘挚、梁焘、孙觉、李常以次收用，皆恕
劝确为此"②。按孙觉、李常在神宗去世前已经召回，此李焘已指出。
朱熹也说："他（邢恕）家自有一本《言行录》，记他平日做作好处……
盖元丰末，邢恕尝说蔡持正变熙丰法，召马、吕，故《言行录》多记此等
事。"③蔡持正即蔡确，此正可与吕本中之说相印证。另外，苏轼之进，
也与蔡确有关：

　　　　既而朝廷缘先帝意欲用公，除起居舍人。公起于忧患，不欲
　　骤履要地，力辞之，见宰相蔡持正自言。持正曰："公徊翔久矣，朝
　　中无出公右者。"公固辞。持正曰："今日谁当在公前者？"公曰：
　　"昔林希同在馆中，年且长。"持正曰："希固当先公耶？"卒不许。④

按，苏轼除起居舍人在元丰八年末。可见，神宗去世后，蔡确对司马
光、吕公著、苏轼等反新法人物的重新进用，是有推动作用的。

---

①　《长编》卷三六六，元祐元年二月甲申条，第8811页。
②　《长编》卷三五○，元丰七年十二月戊辰条注，第8391—8392页。《吕氏家传》也有
类似记载，见朱熹《三朝名臣言行录》卷八之二《崇政殿说书荥阳吕公》引，第641页。
③　黎靖德编《朱子语类》卷一三○《自熙宁至靖康用人》，第3130页。
④　苏辙《栾城后集》卷二二《亡兄子瞻端明墓志铭》，第1120—1121页。

蔡确对神宗之政的更改也不是没有踪迹可循。张汝贤、陈次升往福建、江西事前已述及。另外,侍御史刘挚说:"(蔡确)阳为协顺,将一二小事依应增损者,此非真能奉宣圣意也,盖欲以此安其身,为不去之计而已。"①又说:"陛下自去年以来,凡政令未便于民者,略已更改,虽未能尽去其根本大害,然节次所改者不少,皆是确久来护持以为善法者也,而今合同众改之。"又言蔡确在神宗朝从未言法令未便,神宗去世后"乃稍稍语于人曰:'在当时岂敢言也!'"②苏辙也说:"陛下即位以来,罢市易、堆垛场及盐、茶、铁法,此蔡确之所赞成也。放散修城人夫、罢保甲保马等事,此韩缜与宋用臣、张诚一等所共建也。先帝之所是,确等亦是之;陛下之所否,确等亦否之,随时翻覆,略无愧耻。"③这些批评言论说明,蔡确等熙丰臣僚参与了元丰末元祐初一系列的对熙丰新法之调整。

那么,原来新法的反对者又如何呢?

二　异议之人

首先要谈到作为"异论之宗主"的司马光。神宗去世后,元丰八年四月,司马光上《乞去新法之病民伤国者疏》,在这一上疏中,他对"新法"下了一个定义:

> 不幸所委之人,于人情物理多不通晓,不足以仰副圣志;又足己自是,谓古今之人皆莫己如,不知择祖宗之令典,合天下之嘉谋,以启迪清衷,佐佑鸿业,而多以己意轻改旧章,谓之新法。④

既有此一概观,则在司马光看来,凡是"新法"就是不合理的,皆属"舍是取非,兴害除利"。由此可见,从熙宁初到元丰末的十几年中,司马光始终未改对新法的全面否定态度。

但是,司马光这种论调在当时绝对属于"异类",更多人持相对温

① 《长编》卷三六三,元丰八年十二月戊寅条,第8678页。
② 《长编》卷三六四,元祐元年正月庚戌条,第8721、8723页。
③ 苏辙《栾城集》卷三六《乞选用执政状》,第635页。
④ 《司马光集》卷四六,第988页。

和的态度。吕公著在熙宁初反对新法,元祐时期又是除司马光外最重要的主政者,他的态度就与司马光不同。熙宁八年十月,吕公著对神宗说:

> 臣今所言,亦非谓今日法令皆不可行也。陛下诚能开广聪明,延纳正直,公听并观,尽天下之议,事之善者固当存之,其未善者则当损之。苟为非便,不为已行而惮改;言有可取,不以异议而见废。①

可见吕公著并不全盘否定新法。又神宗去世后,元丰八年六月,吕公著上奏说:"今陛下既已深知其弊,至公独断,不为众论所惑,则更张之际,当须有术,不在仓卒。"他还说,青苗法"但罢逐年比较",免役法"须少取宽剩之数",保甲"止令就冬月农隙教习",保马、市易、福建江南等路茶盐法则可直接罢废②。吕公著看到,新法内容庞杂,不可一概而论、一刀切地废除,而必须渐次更改,具体问题具体分析。

其余如范纯仁在神宗去世后所持的"徐徐经理"之立场,学者已注意到③。再如熙宁初力驳新法,又因新法而几至于死的苏轼,态度也发生了变化,学者亦已提及④。苏轼谪黄州后,在一封给滕元发的信中说:"吾侪新法之初,辄守偏见,至有异同之论。虽此心耿耿,归于忧国,而所言差谬,少有中理者。今圣德日新,众化大成,回视向之所执,益觉疏矣。"⑤他确实觉得新法行之得当也能利民⑥。又李常在熙宁初也曾批评新法,特别是青苗法。神宗去世,哲宗即位后,他上疏论七事,其一为"修役法",他说:"臣愚以谓法无新陈,便民者良法也;论无

---

① 赵汝愚编《宋朝诸臣奏议》卷四二《上神宗答诏论彗星》,第439页。

② 《宋朝诸臣奏议》卷一一七《上哲宗论更张新法当须有术》,第1285页。

③ 罗家祥《朋党之争与北宋政治》,第87页。王菡《范纯仁生平事迹钩沉》,张希清、范国强主编《范仲淹研究文集》(五),第189—190页。

④ 罗家祥《朋党之争与北宋政治》,第86页。

⑤ 《苏轼文集》卷五一《与滕达道·八》,第1478页。此书作于元丰六年,据孔凡礼《苏轼年谱》,第590页。

⑥ 王水照、朱刚《苏轼评传》,第366—367、381—383页。

彼己,可久者确论也。"①类似的如王觌,神宗朝屏居累年,元祐初又反对司马光一刀切地废免役法、行差役法,认为"法无新旧,惟善之从"。② 还有一个例子是曾巩。曾巩与王安石本极友善,却因变法问题而发生了分歧③,但元丰三年,曾巩却对宋神宗极力吹捧变法:

> (陛下)慨然以上追唐虞三代荒绝之迹,修列先王法度之政,为其任在己,可谓有出于数千载之大志。变易因循,号令必信,使海内观听莫不奋起;群下遵职,以后为羞,可谓有能行之效。今斟酌损益,革弊兴坏,制作法度之事日以大备,非因陋就寡、拘牵常见之世所能及也。继一祖四宗之绪,推而大之,可谓至矣。④

可见曾巩对于熙丰新法的观感已有所不同。

反对者态度的改变,有一个重要的催化因素,即他们实际也参与了新法的推行。如苏轼熙宁四年至七年通判杭州,"时新政日下,轼于其间,每因法以便民,民赖以安"⑤。苏轼后连续知密州(治今山东诸城)、徐州、湖州。他虽曾激烈反对新法,但作为行政官员,不能完全抵制新法,所以是"实践教育了他"⑥。熙宁元丰间,苏轼先后在杭州、密州、徐州、湖州等地任官,这就是一个密集接触新法的过程。再如李常本就参与了新法的讨论,因论青苗法罢谏职后,历任滑州通判、知鄂湖齐州、淮西提刑,元丰五年已被召入京⑦。王觌熙宁七年在权润州观察推官任上,曾就青苗钱的催理问题上言,诏送司农寺详定;后来他还任司农寺主簿、丞,检详三司会计,又被韩绛辟为许州(忠武军)签书判

① 《宋朝诸臣奏议》卷一五〇《上哲宗七事》,第1712页。
② 《宋史》卷三四四《王觌传》,第10942—10943页。
③ 参见王琦珍《曾巩评传》,第18—19、30—32页。
④ 曾巩《曾巩集》卷三〇《移沧州过阙上殿札子》,第442页。按此札即《宋朝诸臣奏议》卷一二所收之《上神宗乞兢兢寅畏以保祖宗基业》,然《奏议》以为其时在熙宁三年,误。
⑤ 《宋史》卷三三八《苏轼传》,第10808页。
⑥ 王水照、朱刚《苏轼评传》,第367页。
⑦ 《宋史》卷三四四《李常传》,第10930页;《长编》卷三五〇,元丰七年十二月戊辰条注,第8392页。

官①。他们无疑都曾讨论、推行新法。

绝大多数所谓的"反新法"人士都有这样的经历。如王岩叟,元丰八年九月言:"臣昨在河北为知县,奉行青苗、免役、保甲之法,亲见其害至深至悉,非若他人泛泛而知之也。"②当然王岩叟一直是坚定的反新法者。又吕陶于熙宁十年三月上《奏乞放免宽剩役钱状》《奏为役钱乞桩二分准备支用状》③,虽然是异议,但都是根据自己在地方推行免役法所见而言。又程筠《上神宗皇帝论新法疏》云:"比制置三司檄至臣邑,举行新法。臣初奉命恐后,惧稍迟缓,干旷职之诛。及布之民间,率多不以为便,臣于是不敢不强于民,民亦不敢不强为臣应。"④这些事例说明,新法的反对者同样是新法的参与者;故即使是反对,也是了解之后的反对。

另外,对于曾巩的前后变化,朱熹有个解释,他认为这是曾巩"连典数郡,欲入而不得",所以改辙吹捧神宗:

> 曾子固初与介甫极厚善,入馆后出倅会稽……必是曾谏介甫来,介甫不乐,故其当国不曾引用。后介甫罢相,子固方召入,又却专一进谀辞,归美神宗更新法度,得个中书舍人。丁艰而归,不久遂亡。⑤

朱熹的这一解释未免过于尖刻,实际曾巩自熙宁二年通判越州,历知齐州、襄州、洪州、福州、明州、亳州,至元丰三年入朝,共在外12年,所至有政声。这一点朱熹自己在编《三朝名臣言行录》时就根据曾肇所撰《行状》多有采录⑥。曾巩态度的改变,一方面固然是因有入朝之望,另一方面也是因他一直在地方接触、推行新法。曾肇所撰《行状》就提到曾巩在知齐州任上的作为:"在齐,会朝廷变法,遣使四出,公推

---

① 《宋会要辑稿》食货5之9;《宋史》卷三四四《王觌传》,第10492页。

② 《长编》卷三五九,元丰八年九月戊戌条,第8602页。

③ 吕陶《净德集》卷一,《景印文渊阁四库全书》第1098册,第4—5页。

④ 曾枣庄、刘琳主编《全宋文》卷一五八〇,第72册,319页。

⑤ 《朱子语类》卷一三〇《自熙宁至靖康用人》,第3106页。

⑥ 《三朝名臣言行录》卷九之一《中书舍人曾公》,第647—650页。

行有方,民用不扰。使者或希望,私欲有所为,公亦不听也。"①

　　在史料中还可以看到一种现象,即在有些熙丰时代之人的墓志铭中,作者往往用一种赞赏的语气描绘传主平心以待新法。这反映了双重现实。一方面,如果墓志铭作者是反对新法之人,则说明他们接受了新法推行的现实,且看到了新法的合理性。另一方面,这种叙述反映了传主、作者所在的熙丰时代之实景,即对多数人而言新法是一种日常事务,必须执行,不涉及信仰、意识形态的争论。

　　比如吕陶,在传统的分类上属于反新法的,他在杨宗惠墓志铭中说,杨知绵州巴西县(治今绵阳),"是时苗、役之令初下,远方郡邑行之或过与不及,独君能体法意,推广以序,民得不扰。使者请君赍奏而上,谓可迁进,君以亲年高辞不行"②。在吕陶笔下,杨宗惠所行之新法就不扰民。且杨是个恬退的人,无论是熙丰还是元祐时期,都不依附。这其实是因为,对这样的基层官僚而言,所谓熙丰、元祐没有本质的区别。

　　再如范镇,是最先与王安石立异者,被司马光称为"勇决",他在鲜于侁墓志铭中说:

　　　　是时新法行而公平心处之,苏子瞻以谓:"上不害法,中不伤民,下不废亲,为三难云。"人以为知言。③

鲜于侁被司马光立为元祐时代的"转运使模范"④,但他也主要是个地方官员。又如曾肇,是曾布、曾巩之弟,后入元祐党籍。曾肇所撰的韩宗道墓志铭云,韩任成都府路转运判官时,正值新法推行,他"讲议法制,必究利病,因革损益,视理如何。不务纷更,不胶旧贯"⑤。

---

　　①　《曾巩集》附录,第 793 页。

　　②　吕陶《净德集》卷二二《朝奉大夫知洋州杨府君墓志铭》,《景印文渊阁四库全书》第 1098 册,第 186 页。

　　③　杜大珪《琬琰集删存》卷二《鲜于谏议侁墓志铭》,第 20b 叶。

　　④　参见小林隆道《宋代中国の統治と文書》,第 445—455 页。

　　⑤　王昶《金石萃编》卷一四二《韩宗道墓志》(曾肇撰),第 2640 页。拓片见《北图藏历代石刻拓本汇编》41,第 11 页。

此外如王公仪：

> 公为商州，方朝廷患天下之事承平岁久，有偏而不起之处，主上慨然思欲振起而鼎新之。乃尊用儒术，旷然大变。首差役之议，推散敛之术。使者相望，交于道路，责在郡县，专奉新法。公于是时，不比不异，救偏补敝，归于中道而已。①

该墓志铭的作者王森主要也是任职地方②。

又，安焘在元祐时期被视为熙丰臣僚之一，但其实在新法问题上表现得相当中立："出为荆湖北路提点刑狱，会行新法，而奉行之吏或异趣为高，或迎合求进，而焘平心以奉诏条，号无所倚。"且对于免役法、手实法、青苗法推行过程中的问题，"焘数有陈论"③。元丰六年七月，安焘同知密院，还提出对西夏罢兵、将"非要害处"赐之以换取和平④，有意促使神宗改变对西夏政策。

新法是熙丰时代最大的政治任务，也是当时整个官僚体系必须应对的日常事务，因此即使那些在起初高唱反调的人也必须面对这一现实⑤。自熙宁二年新法推出到元丰八年神宗去世，这十余年的时间足够多数人了解其真实的面目。这样的话，就可以理解为什么司马光是个"异类"：一是因为他对于政治秩序、更张方式的理解与王安石不同（详见第二节），二就是因为他于洛阳修《资治通鉴》十几年，除了短暂地任职永兴军（治今西安），很少接触实际的行政事务，因此对"新法"的了解主要是理论层次的，反对也最激烈⑥。

---

① 张维《陇右金石录》卷三《王公仪神道碑》（王森撰），收入《石刻史料新编》第 1 辑第 21 册，第 16048 页。拓片见《北图藏中国历代石刻拓本汇编》40，第 131—132 页。

② 毕仲游《西台集》卷一三《仓部郎中王公墓志铭》，第 177 页。

③ 《东都事略》卷九六《安焘传》，第 820 页。

④ 《长编》卷三三七，元丰六年七月丙辰条，第 8118 页。

⑤ 即使如富弼这样的重臣，虽然反对青苗法，但自陈"忝为长吏，不欲明行废格新法"，所以只得明面上指挥州县推行新法，而私下作书令不得散青苗钱斛。见富弼《上神宗论亳州青苗狱乞独降责》，收入《宋朝诸臣奏议》卷一一五，第 1257 页。

⑥ 参见李昌宪《司马光评传》，第 185—237 页；罗家祥《朋党之争与北宋政治》，第 89 页。

三　高氏的立场

除了司马光,还有一个人的情形是类似的,这就是垂帘听政的太皇太后高氏。

王安石变法时期,仁宗后曹氏、英宗后高氏分别是太皇太后和皇太后,而根据现有的零星材料,曹氏和高氏都是反对新法的。漆侠先生认为,当时有一个大商人、官僚士大夫、国戚皇亲结成的反变法同盟;其中,近习国戚们的利益因新法受损后,代表他们发声的就是曹、高①。不过,无论是曹氏还是高氏,在史籍中都以不私外家著称②,很难说她们会屈从于家人的耳边风。阶级分析法在探讨社会构成时具有不可替代的犀利之处,但由此进一步衍生出的"代表论",即将曹、高视为某个反新法集团的利益代言人,需要跨越很大的逻辑和事实漏洞③。关于曹氏、高氏在神宗时代反对新法的几条材料,都是可以质疑的。其模式化、戏剧性、人为撰造的痕迹是很明显的。而且,材料的主角是曹氏,涉及高氏的记载较少。为免枝蔓,具体辨析请参考本书附录一。

曹氏、高氏反新法在史料上之零星与暧昧,基本印证了一个常识,即按照宋代一般的政治传统,曹氏和高氏应该很少参与熙丰朝政,也不太会直接卷入新法之争议④;因此完全不必把她们两位,特别是高氏,视为某种政策取向的代言人。

曹氏、高氏是否反对新法是一个问题,她们在支持新法或反对新法两拨人中更同情哪一方,则是另一个问题。这个问题是可以追踪的。看看新法主要反对者的名单——范镇、司马光、吕公著、吕诲、范纯仁、吕大防、傅尧俞、韩维,会发现他们与反对英宗称濮王为皇考者有高度的重合。简单地讲,在"濮议"中,宰执认为英宗应该称生父濮

---

① 漆侠《王安石变法》,第205—206页。

② 参见张邦炜《宋代皇亲与政治》,第165页。

③ 王曾瑜先生指出,宋朝的地主阶级确实存在阶层之分,但试图用这种阶层的划分去"不费力气地分析宋朝地主阶级内部各种斗争,仍然是不妥当的"。见王曾瑜《宋朝阶级结构概述》,原载《社会科学战线》1979年第4期,收入氏著《涓埃编》,第216页。

④ 参见张邦炜《宋代皇亲与政治》,第147—154页;王菡《宋哲宗》,第22—23页。

王为皇考,而范镇、司马光等人认为应该称其生父为皇伯,英宗乃仁宗之子。范镇、司马光等人自然是在维护仁宗的利益,而作为仁宗之后、当朝太后的曹氏,对这一点无疑看得很明白。在宰执等人的压力下,太后曹氏虽曾下手书尊濮王为皇,夫人为后,皇帝称亲①,但这绝对不是曹氏的本意。

更进一步,在英宗与太后曹氏失和的情况下,司马光极力调和,始终将仁宗、曹氏的利益放在首位,他甚至用了一个极为通俗的比喻:"设有闾里之民,家有一妻数女,及有十亩之田、一金之产,老而无子,养同宗之子以为后。其人既没,其子得田产而有之,遂疏母弃妹,使之愁愤怨叹,则邻里乡党之人谓其子为何如人哉!"②

因此,曹氏留在零星史料中的是一个反对新法的形象,但更合理的说法应该是:曹氏更为同情反新法之人,因为这批人在仁宗去世、英宗登基后曾极力维护仁宗的利益,故曹后对这些人甚为感激。据《吕氏家传》,熙宁十年吕公著自知河阳(治今河南孟州南)入朝,时为太皇太后的曹氏得知之后,"尤喜曰:'积德之门也。'"而且赐宴之际,吕公著所用的器皿款识皆有曹氏"庆寿宫"字样③。

那么神宗的母亲高氏呢?高氏是英宗之后,这就必须略及仁宗晚年立英宗为太子的问题。仁宗储贰之议先后有至和(1054—1056)末嘉祐(1056—1063)初、嘉祐末两次高潮。范镇首发于至和末,其余人中文彦博参与了前者,司马光两次都参与了,吕诲则是在嘉祐末发言。起决定作用的是嘉祐末年的韩琦和司马光④。高氏垂帘后,英宗继统一事确实被再度翻了出来,先是肯定了至和末范镇的首发之功⑤。后来关于至和立储与嘉祐立储之功孰大又引发争议,最终以肯定后者了结,其实是突出了韩琦"止用谏官司马光章疏"⑥。张邦炜先生曾指

---

① 《长编》卷二〇七,治平三年正月丙子条,第5029页。
② 司马光《司马光集》卷三四《上皇帝疏》,第794页。
③ 《三朝名臣言行录》卷八之一《丞相申国吕正献公》,第619—620页。
④ 参见黄燕生《宋仁宗》,第251—272页。
⑤ 《长编》卷三六五,元祐元年二月丁卯条、己巳条,第8766—8767页。
⑥ 《长编》卷三九五,元祐二年二月丁亥条,第9616—9625页。

出,高氏垂帘依靠的是她丈夫宋英宗时代的元老重臣司马光、吕公著、文彦博以及吕大防、范纯仁等①。如前所述,英宗继统与文彦博、吕诲、范镇、司马光等人有莫大的关系。因此,在新法"少年"与反新法的"老成"之间,高氏因为英宗继统一事,与后者更有历史渊源。

　　正是这种渊源,决定了高氏垂帘听政、亟须建立自己的权威之时,就更容易想起司马光,而不是在朝的熙丰旧臣。新的君主(或代行君权者),虽然继承了君主之位,但并非自然地就继承了前任的所有权力、权威,而必须建立自己独有的权力结构以操控朝政,在这种时候,历史的渊源就成为其用人的一个重要标准。这一点本书后面还会论及。从这个意义上说,高氏并不是因为阶级立场而天然反对新法,这方面的史料并不充分,而且实际上她对新法推行介入较少、了解有限,但高氏与反新法之人更有渊源,这些人是她用人的首选。

　　正因如此,从对新法的了解程度而言,高氏与司马光同属一类。但不同的是,司马光是具有理论高度的,而高氏多出于现实考虑——既然是现实考虑,则当现实改变时,立场也可调整,这是后话。

四　本节结语

　　上面简单陈述了神宗死后各种人物对"新法"的态度。就多数人而言,自然完全没有必要站在正方或反方,他们只是政令的奉行者,法之新旧其实不构成太大的困惑。如果把观察范围缩小一点,则无论是正方还是反方,态度都有所改变,反新法者的态度有了缓和,支持新法者有了反思。但是,神宗死后的政治轴心人物太皇太后高氏、司马光恰恰是"少数派"。

　　在这样的局面下,神宗死后的政策变动是必然的,但绝不意味着对新法作有限更张就能达成众人皆可接受的结果,统治集团内部的分裂就有弥合的可能。因为掌握主导权的是高氏与司马光——接触新法最少、反对新法最力的人物。元丰八年八月,监察御史王岩叟上疏,

────────────

①　张邦炜《宋代皇亲与政治》,第 173 页。

以为新法之害,大半犹在,因为:

> 奸邪遂非饰过,而巧辞强辩以欺惑圣听,将至深之弊略示更
> 张,以应副陛下圣意而已……天下识者皆言,陛下不绝害源,百姓
> 无由乐生;不屏群邪,太平终是难致。[①]

既然凡持"略示更张"思路者皆被斥为奸邪,那么,尚在其位的熙丰臣僚试图做有限更改的努力自然很快归于失败,元祐政治也由此确立了一个新的起点。

但这个起点有两个问题需要解决。第一,司马光既然从理论的高度要全面抛弃熙丰之政,那么他到底要绘制一幅什么样的蓝图?第二,既然女主高氏和司马光都是少数派,那么她要构建什么样的权力结构以控制局面?

第二节　司马光的政治主张

司马光于元丰八年(1085)五月除守门下侍郎,元祐元年(1086)闰二月进左相,九月就去世了。他实际执政时间虽然很短,但却是元祐政治的最初设计者。元祐政治的后续展开也许全非司马光所愿,但他的构想及实践,却是一切问题的出发点。因此,要了解元祐政治的蓝图,就必须理解司马光的主张。

对司马光的政治主张,已有多位学者作了探讨。早年的学者无论站在什么立场,对司马光的政治主张评价并不高。萧公权说,司马光于史学无所不通,"然其政治思想大体蹈袭前人,缺乏系统",一是推尊君主为专制政体张目,二是以仁义为治国之必要条件[②]。钱穆也肯定司马光的史学,又说:"他的政治立场,除却反对别人的,似乎没有自己的。"[③]马克思主义史学家则认定其持反变法的保守政治立场——维

---

① 《长编》卷三五九,元丰八年九月戊午条,第8602页。
② 萧公权《中国政治思想史》,第443—446页。
③ 钱穆《宋明理学概述》,第22页。

护专制制度和豪族特权，而其天命论、认识论、人性论等等，都是这一政治立场的理论基础①。

不过 1970 年代萨立中（Anthony Sariti）就反驳了司马光为专制张目、有破无立的观点，他从正面看到了司马光对君主权力的限制、责任的强调，以及对官僚群体权力的伸张②。1990 年代以后，学界开始更多地正面关注司马光政治主张的具体内容。陈克明的《司马光学述》梳理了司马光的政治主张，除了反对新法外，还提到司马光针对军备、财经、科举、治河、刑法等方面的立场，尤其述及司马光的“治国纲要”：一是要求君主具备仁、明、武三德；二是要善于用人，信赏必罚；三是要提纲挈领，上下相维③。主要还是就君主而言。包弼德则将司马光与王安石进行比较，他的观点难以一言蔽之。概言之，他认为，在政治上，司马光认为国家的生存是首先必须考虑的课题，为此应该完善政治的组织结构和运作，其中君主占据核心、最高的位置④。李昌宪的《司马光评传》揭示了司马光在仁宗年间所提出的改革纲领，还从礼、民本、华夷、从谏、任人、赏罚等方面论述了司马光的“治国思想”，认为其核心思想是“礼治”，也就是上下等级关系⑤。可以说，20 世纪 90 年代以后的研究并没有改写司马光“保守”的政治性格，但对于“保守”的内涵有了别样的理解，而不是简单的“反变法”⑥。

如果总结前人关于司马光政治主张的各种论述，则可看到司马光政治主张强调的重点既有君主，也有臣僚；既有人，也有制度。把各种

---

① 吕振羽《中国政治思想史》，第 392—397 页；侯外庐主编《中国思想通史》第四卷上，第511—521 页。

② Anthony William Sariti, "Monarchy, Bureaucracy, and Absolutism in the Political Thought of Ssu-ma Kuang," *Journal of Asian Studies* 32, no.1 (1972)：53-76.

③ 陈克明《司马光学述》，第 138—150 页。

④ 包弼德《斯文：唐宋思想的转型》，第 229—233、248—258、263—265 页；另参见同作者《政府、社会和国家——关于司马光和王安石的政治观点》，收入田浩主编《宋代思想史论》，第 111—183 页。

⑤ 李昌宪《司马光评传》，第 88—139、279—314 页。

⑥ 参考 Ji, Xiaobin, *Politics and Conservatism in Northern Song China：The Career and Thought of Sima Guang (A.D. 1019-1086)*, pp.181-183。

论著的分析综合起来,似乎可以得到一个在政治主张上面面俱到的司马光,同样也是没什么创见的司马光。

那么,到底应该如何理解司马光的"创造性",或者更谨慎地说是"建设性"? 这就必须深入司马光提出各种政治主张时的历史语境,不仅要理解司马光具体的政治观点是什么,更要理解其观点是为了回答何种政治问题。司马光多方面的政治主张,并非纯粹理论思考的产物,而是面对不同现实政治难题的产物。

司马光真正活跃于政治舞台,是宋仁宗后半期的事,一直到宋哲宗元祐元年九月去世,他经历了宋仁宗的后半期、英宗和神宗的统治、高氏垂帘听政。其间不同的政治问题,都让他不断地调整自己的论述重点;这些调整,就是司马光政治主张的创造性、建设性的体现。而如果将不同时期司马光的论述整合进一个框架中,得到的就是一个完整、面面俱到,也看似没有什么新奇之处的政治设想。

职是之故,本节首先要做的工作,就是观察司马光一些较为基本的政治主张是如何提出的,特别是他在不同时期不同的强调重点是什么。在此基础上,本节要分析司马光作为元祐政治的设计者,到底有些什么样的基本构想。或者说,除了罢废新法,他到底要建设一个什么样的政治世界?

一　君主作为政治秩序的核心和变革的起点

"皇祐、至和间(1049—1056),司马公名犹未甚辉赫。"[1]司马光出生于宋真宗天禧三年(1019),他真正活跃于政治舞台,已经是宋仁宗最后一个年号嘉祐(1056—1063)年间了。学者已经指出,在司马光的政治主张中,君主扮演了核心的角色[2]。而这一点,正是司马光在仁宗时代最为强调的,他之后固然绝不会说君主不重要,但论述的重点已不在君主身上。

---

[1]　《三朝名臣言行录》卷八之一《丞相申国吕正献公》,第 638 页。

[2]　包弼德《斯文:唐宋思想的转型》,第 232 页。亦参见陈克明《司马光学述》,第 138—150 页;李昌宪《司马光评传》,第 336 页。

　　司马光认为,政治秩序不是自然存在的,其建立与维持是非常困难的人为事功,要结束人类的原初状态,以达到人类社会的延续,关键在于"圣人"的出现——圣人选择了贤者、智者作为"君长",通过和平教养与暴力威慑建立统治秩序,这就是政治秩序的起源①。

　　既然司马光认为政治秩序起源于"圣人",那他必须回答另一个更为重要的问题:"周室衰,道德坏,五帝三王之文飘沦散失,弃置不省"②,在圣人之后的历史时期,政治秩序如何维持?

　　早在庆历三年(1043),他在评论贾谊的时候就将"嗣君"视为"安天下之本",认为这是比诸侯、四夷更为重要的问题③。庆历五年,他在《河间献王赞》中,又将河间献王刘德置于汉武帝刘彻之上,认为刘德才应该是景帝最合适的继承人,因为他"厉节治身,爱古博雅,专以圣人法度遗落为忧";而如果刘德是君主,那就不会有汉武帝统治带来的许多问题,汉代就能达到一个新的高度:"焕然帝王之治复还,其必贤于文、景远矣。"④作为反面教材,司马光在论及京房时说:"甚矣,暗君之不可与言也。天实剥丧汉室,而昏塞孝元之心,使如木石,不可得入,至于此乎?哀哉!"⑤

　　皇祐四年(1052),司马光在一篇《贤良策》中又问道:

　　　　昔三代之王也,远者八百载,近者不减四百。后世王天下者,鲜能及之,陵夷衰微,至于五代,或四三年。敢问前之所以延者,岂世有哲王以守其业?后之所以蹙者,岂继嗣不肖,不能享其功钦?抑繇祖宗建法垂统,明备固密,子孙不能败邪?⑥

---

　　①　《司马光集》卷六六《闻喜县重修至圣文宣王庙记》,第1367页。
　　②　《司马光集》卷七三《河间献王赞》,第1473页。
　　③　《司马光集》卷七〇《贾生论》,第1425页。
　　④　《司马光集》卷七三,第1473—1474页。
　　⑤　《司马光集》卷七三《京房对汉元帝》,第1484页。司马光在《资治通鉴》"臣光曰"中对京房、汉元帝之对亦有类似评论,见《资治通鉴》卷二九,汉元帝建昭二年,第930页;此卷奏进时间在治平四年(1067)四月。见梁太济《从每卷结衔看〈资治通鉴〉各纪的撰进时间》,收入氏著《唐宋历史文献研究丛稿》,第5页。
　　⑥　《司马光集》卷七二,第1462页。

王朝兴替的原因在哪里？司马光这里提到了两个可能性，一是嗣君，二是法度。但是，结合其他言论就知道，这时候司马光的倾向性是明确的：君主的选择是王朝成败的关键。嘉祐三年，司马光在《朋党论》中谈及唐牛李党争，认为"群臣为朋党，谁之过也？由是观之，坏唐者，文宗之不明"；他断言，"兴亡不在朋党，而在昏、明"①。一言以蔽之，司马光认为，政治秩序的维持就在于继位君主之素质。

司马光在仁宗后期不断论及这个问题，且这些史论多发表在庆历新政停顿以后，其中有些非常直接地回应了庆历新政的失败，即君主不够"明"。但是，不要误以为司马光的这些史论是为了鼓吹庆历新政，因为这种创法立制的更革不是司马光所设想的，他认为，政治更革的起点其实很简单，就在于君主本人是否能作出改变。嘉祐六年司马光任谏官后，他开始密集地向仁宗进言，阐述自己的这一主张。

嘉祐六年七月二十一日，司马光作为谏官初上殿，进呈了三道札子，第一道就是《三德》。司马光所谓的"三德"，就是"人君之大德有三，曰仁，曰明，曰武"：

> 仁者非妪煦姑息之谓也。兴教化，修政治，养百姓，利万物，此人君之仁也。明者非烦苛伺察之谓也。知道谊，识安危，别贤愚，辨是非，此人君之明也。武者非强亢暴戾之谓也。惟道所在，断之不疑，奸不能惑，佞不能移，此人君之武也。②

司马光认为宋朝至今之所以还有问题，就是因为仁宗本人在"三德"方面是不完备的：仁宗于"仁"可谓前无古人，但于明、于武，都有欠缺："伏见陛下推心御物，端拱渊嘿，群臣各以其意有所敷奏，陛下不复询

---

① 《司马光集》卷七一，第 1446—1447 页。

② 《司马光集》卷一八，第 527 页。司马光以"仁、明、武"为人君之大德，其思想渊源当是《中庸》及他所酷爱的扬雄《太玄》二者。《中庸·哀公问政》载孔子言："知、仁、勇三者，天下之达德也，所以行之者一也。"又言："好学近乎知，力行近乎仁，知耻近乎勇。知斯三者，则知所以修身；知所以修身，则知所以治人；知所以治人，则知所以治天下国家矣。"司马光对《中庸》有偏好，有《中庸大学广义》一卷（陈振孙《直斋书录解题》卷二，第 48 页），已佚。《太玄》："故玄者用之至也。见而知之者，智也。视而爱之者，仁也。断而决之者，勇也。"（见扬雄撰，司马光集注《太玄集注》卷七《玄攡》，第 216 页。）

访利害,考察得失,一皆可之。"按照三德"阙一焉则衰,阙二焉则危"的标准,司马光事实上向仁宗暗示,问题不能说不严重,而仁宗本人的振作(明辨、决断)才是一切政治更革的核心,而不是其他。

《三德》的阐述其实不完整,进《三德》札子后不到一个月,八月十七日,司马光又向仁宗进了《五规》①,此文通常被视为司马光的改革之纲领②。司马光在《五规》中确实提到了一些具体的改革设想,但仔细分析一下其中"务虚"的思考其实更有意义,因为《五规》完整地展现了司马光对于宋代政治更革的出发点、路径的思考。

《五规》首先是《保业》,司马光从历史的角度提示宋仁宗,"上下一千七百余年,天下一统者,五百余年而已",而天下瓦解的原因就是继体之君不能保守先人之业;司马光还特别说,"三代以来,治平之世,未有若今之盛者也",他并没有对仁宗说天下形势危急,而是用宋代的历史成就来说明宋仁宗的责任之重。

接下来的《惜时》是在《保业》的基础上说的。司马光指出,"治乱之相生"是不可避免的,而正是因为盛极而衰,所以"圣人当国家隆盛之时,则戒惧弥甚",就能做到永久无疆。司马光这是想提醒仁宗,他应该向圣人学习,在当下承平之时,"立纲布纪,定万世之基",而如果"失今不为,已乃顿足扼腕而恨之,将何益矣"。

在《保业》和《惜时》中,司马光肯定宋代已达到极高的历史成就,同时也指出成就本身就是危险所在。因此,他并不强调宋代因为缺陷而需要变法,而是强调,宋代是因为隆盛,所以需要保持隆盛,所以需要有为。故从出发点来说,司马光固然不会同意王安石变法,也不会同意庆历新政。理解了这一点,就可以猜到司马光接下来要说的是什么:既然主要不是因当下之弊而动,那最需要做的就是着眼长远——《远谋》,以及防微杜渐——《重微》。那么,应该从哪些方面入手呢?最后司马光谈了《务实》,其实是从十个方面谈了北宋当下的

---

① 《司马光集》卷一八、卷一九《进五规状》,第536—549页。
② 包弼德《斯文:唐宋思想的转型》,第231页;李昌宪《司马光评传》,第93—95页。

具体问题。

因此，司马光的《五规》确实在劝说仁宗进行改革，但不能被其中《务实》部分的具体问题迷惑，司马光最核心的论调就是敦促宋仁宗要警醒、有为。他在《惜时》部分有一个著名的比喻，即将政权比作"巨室"，类似的说法他在其他地方一再重复，但重点因时而异。在《惜时》中，司马光的侧重点并不是"巨室"的组成部分（堂基、柱石、栋梁、茨盖、垣墉、关键），而是巨室的主人是谁——正是王朝的继体之君，决定了王朝的走向与命运。君主是司马光整个改革计划"核心的角色"，"负首要的责任"①。

嘉祐七年六月，司马光又向仁宗进了《谨习疏》，从不同的角度阐述了宋代更革的出发点、路径。司马光所谈的"习"，其实是"礼"，就是"上下之分"。"礼"常被认为是司马光政治主张的核心内容②。与《五规》类似，司马光先从历史的角度谈了先王之礼衰落的过程，并指出这就是一个政治失序的过程，至五代为甚。在这个基础上，他指出宋朝祖宗最大的历史功绩就是恢复了礼，从而也重建了政治秩序——"此乃旷世难成之业"。这和《五规》中的基本定位是一致的。

但接下来司马光没有像《五规》一样说盛世有为云云，而是很直接地说，祖宗所重建的政治秩序，也就是上下之分，有崩溃的危险。司马光举了好几个具体的例子，说明当时朝廷"乐因循而务省事，执事之臣颇行姑息之政"，但最首要的还是仁宗本人：

> 臣窃见陛下有中宗之严恭、文王之小心，而小大之政，多谦让不决，委之臣下。诚使所委之人常得忠贤则可矣，万一有奸邪在焉，岂不危甚矣哉。③

既然如此，司马光指出了当下的第一要务就是"陛下当奋刚健之志，宣神明之德；凡群臣奏事，皆察其邪正，辨其臧否，熟问深思，求合于道然

---

① 包弼德《斯文：唐宋思想的转型》，第 232 页。
② 李昌宪《司马光评传》，第 279—283 页。
③ 《司马光集》卷二二《谨习疏》，第 606 页。

后赏罚黜陟,断而行之"。这一论调比《五规》更明确地说:只有仁宗本人率先振作有为,才能改变因循、姑息的状况,然后才能"修儒术,隆教化,进敦笃,退浮华,使礼义兴行,风俗纯美,则国家保万世无疆之休"。

从司马光留下的种种文字看来,他在宋仁宗后期的政治主张重点有二,一是君主,二是有为。他认为,君主是整个政治秩序的建立、维系的核心,因而也是宋朝改革的入手点。而且他并不太关心具体的创法立制的问题,因为那些法度是由古代圣人或当朝祖宗所建立的,绝不是根本问题所在。学者指出,司马光认为,"统治者所承担的历史使命就是维持这种由朝代奠基者凝合起来的结构组织"①,这确实没有错,但司马光这样说并非强调所有现行法度的合理性,而是在明确地呼吁:政治问题的核心是继体之君——在当时,也就是宋仁宗,因此一切改作都应该从宋仁宗本人开始,而不是从具体的变法开始。

这样的话,司马光的主张虽然契合了仁宗后期此起彼伏的变法之呼声,但他的出发点不是因存在弊端而要变法,而是因为要保持固有的历史成就才需要"有为";而有为之路在于君主之振作。因此司马光对于变法的出发点、路径的认识大不同于已经失败了的庆历新政和即将到来的王安石变法。

二　英宗朝的老、新问题

与仁宗晚期政治上的沉寂和仁宗本人的不振作、不可否不同,接下来的英宗、神宗都是特别坚持己见且不惮有为的君主。英宗朝的"濮议"极大地震动了司马光,接下来神宗朝王安石变法更是彻底冲击了司马光原来的设想。但是,司马光不是一个不知变通的腐儒,正是从宋英宗时代开始,司马光政治主张的重点逐渐发生了变化。

英宗登基后,司马光首先看到的问题和仁宗朝类似。一直到英宗

---

①　包弼德《政府、社会和国家——关于司马光和王安石的政治观点》,《宋代思想史论》,第131页。

即位周年之后,他还认为英宗不够有作为,"端拱渊默,群臣奏事一无可否"①;"朝廷政事,除拜赏罚,一切委之大臣,未尝询访事之本末,察其是非,有所与夺"②;"于国家大政犹多所谦抑"③。

针对这种状况,司马光在《历年图》中给出了建议。《历年图》完成于宋英宗治平元年(1064),系统总结了他之前所倡导的政治理论,对于君主在政治体系中应扮演的角色有了更为周详的论述。

在《历年图序》中,司马光首先毫无悬念地提出了"国之治乱,尽在人君"④。对这一论点,他又分成了三个层次——道、德、才。《历年图》是一部历史著作,故司马光的人君之道、德、才,都是用来解释历史变化的:"夫道有失得,故政有治乱;德有高下,故功有小大;才有美恶,故世有兴衰。"⑤其中,人君之道一(用人),人君之德三(仁、明、武),都是他曾对仁宗说过的。不同的是,司马光在《历年图序》中,增加了"人君之才五"的部分——创业、守成、陵夷、中兴、乱亡。很明显,这些其实是王朝的起落过程,但司马光将它们等同于君主的类型。

对于当时的宋英宗而言,其实没有什么选择的余地——他肯定不是创业,也谈不上中兴和乱亡,剩下的只有守成、陵夷;宋英宗如果要选择,自然只能选守成。司马光说:

> 守成者,中才能自修者也。王者动作云为,得之近而所利远,失之微而所害大,故必兢兢业业以奉祖考之法度,弊则补之,倾则扶之,不使耆老有叹息之音,以为不如昔日之乐,然后可以谓之能守成矣。

守成不是死守、无为,而是"能自修",要有作为——"弊则补之,倾则扶之",才能真的守成;如果对比"陵夷者,中才不自修者也,习于宴安,乐于怠惰,人之忠邪混而不分,事之得失置而不察",则司马光的目的

---

① 《司马光集》卷二六《上殿札子第二道》,第668页。
② 《司马光集》卷二八《上殿札子》,第695页。
③ 《司马光集》卷二八《二先札子》,第703页。
④ 司马光《稽古录》卷一六,第649页。
⑤ 同上书,第652页。

就更明确了:英宗要改作、有为,而且是在相当的历史成就基础上的改作和有为。这基本上就是嘉祐以来司马光所不断重申的主题。

除了这种笼统的主张,司马光还向英宗指陈了具体的方案,那就是劝说英宗"延访群臣"。嘉祐八年十一月末,他进《讲筵札子》,劝英宗及时开经筵,因为"陛下初临大宝,所宜朝夕延访群臣,讲求先王之至道,览观前世之成败"①。十二月十五日又专门上了《乞延访群臣札子》②,他指出,圣人、本朝祖宗就是这么说和做的,"一则欲使下情上通,无所壅蔽,二则欲知其人能否,才器所任,是以黜陟取舍皆得其宜,太平之业由此而致";既然延访群臣如此重要,而他又认为英宗初登基,"与当世士大夫未甚相接,民间情伪未甚尽知",这就意味着,英宗是否延访群臣便是能否守住太平之业的关键。

治平元年六月和八月,司马光又上了第二、第三、第四札子,重申这一请求③。在第三札子中,司马光非常恳切地说:"(陛下)颙卬渊默,以严重自居,将使幽远之民衔冤失职者何由上闻?疏贱之臣怀材蕴德者何由自达哉?国家安危之所分,将于此乎在。"如果联系到前述《历年图序》中对"陵夷"之君的定义,则司马光的意思就再明白不过了:是否开始延访群臣,乃是是否"自修"的标志,也就是守成与陵夷的区别所在。到了治平二年,司马光又上《乞转对札子》,仍旧认为英宗"践阼未久,群臣能否恐未遍知",希望他"常令朝臣两人转对"④。治平二年十月,司马光在《乞经筵访问札子》中,又说英宗"于经席之中,未尝发言有所询问"⑤。

基本上,英宗初年的司马光和仁宗后期的司马光在政治主张上没有特别重大的差别,他围绕的重点仍然是君主、君主的有为。而因为

---

① 《司马光集》卷二七,第 685 页。

② 同上书,第 691—692 页。

③ 《司马光集》卷二八《乞延访群臣第二札子》(治平元年六月),第 707 页;卷二九《乞延访群臣第三札子》(治平元年六月),第 719—721 页;卷三〇《延访群臣第四札子》(治平元年八月),第 733 页。

④ 《司马光集》卷三四,第 799 页。

⑤ 《司马光集》卷三五,第 807 页。

英宗是一个新登基的君主,故司马光更具体地将有为的第一步放在了"延访群臣"上,希望君主从这一步开始予夺政事。

不过,治平二年以后,司马光开始逐渐体会到了宋英宗和仁宗的不同。治平二年八月,司马光给英宗上了长篇奏疏,论及天下对英宗失望的三个原因。第一个原因是与太后关系没有搞好。第二个原因就是前面提过的,未能有所作为,"益事谦逊,深自晦匿,凡百奏请,不肯与夺,动循旧例,不顾事情,谨于细务,忽于大体";"大臣专权,甚于先朝"。第三个原因,则是与仁宗非常不同的:"或意有所见,执之不移,如坚守严城,御敌外寇,使群臣之言皆无自而入。"①

司马光的批评看起来有些矛盾,他一方面指责英宗不肯予夺,即是没有作为;另一方面又指责英宗固执己见,这看起来又不属于"习于宴安,乐于怠惰"。

为了避免这种矛盾,司马光特别说到了英宗"谨于细务,忽于大体",即英宗没有明白自己的真正职责是什么,却将精力放在细碎问题上。这一指责的伏笔,司马光在嘉祐八年八月就埋下了,他当时在上殿札子中对英宗说:"人君细碎无大略,则群臣不尽力;群臣不尽力,则万事皆废坏也。"②

那么人君之职是什么呢? 司马光早在嘉祐二年就有了答案:"若夫选贤而进之,量能而任之,成功者赏,败官者诛,此则人君之职也。"③嘉祐八年八月,他也对英宗说人君之职有三:量材而授官、度功而加赏、审罪而行罚④。治平元年七月,司马光先表扬了英宗"励精求治,孳孳不倦,未明求衣,日昃不食",极其勤劳,接着说:

> 然而政有本末,事有细大,举其纲则百目张,挈其领则众毛理。臣愿陛下先其本,后其末,急其大,缓其细。择人而任之,此政之本也;赏善而罚恶,此事之大也……如是则万事无不举,兆民

---

① 《司马光集》卷三四《上皇帝疏》,第 794、795 页。

② 《司马光集》卷二六,第 667 页。

③ 《司马光集》卷七〇《知人论》(嘉祐二年作),第 1432 页。

④ 《司马光集》卷二六《上殿札子第一道》,第 667 页。

无不安,陛下可以高拱无为而名配尧舜矣。①

英宗确实勤劳有为,他亲政次日就问宰执:"积弊甚众,何以裁救?"②
但问题就在于,英宗的举措在司马光看来没有抓住要领,所为不符合
"人君之职"。

因此,司马光通过对"人君之职"的一再重申,消解了他对英宗批
评的矛盾:英宗看起来是有为了,可实际上不但没有解决仁宗朝后期
以来的旧问题,还导致了新的问题。从这一点也可以理解司马光为什
么一再要求英宗通过延访群臣走上有为之路,而不是其他更为具体的
政治更张——后者太容易走偏了。

到这里,英宗朝的司马光遇到了一个全新的问题,即君主具备振
作、有为的欲望和实践,却全然不符合期待。司马光对此作出的初步
回应并不新鲜,是他从仁宗嘉祐以来一直强调的:还是要从君主身上
着眼,要劝诫君主回到正确的人君之道、德、才、职上来。

但是,问题显然没有解决,如果英宗真的"或意有所见,执之不移,
如坚守严城,御敌外寇,使群臣之言皆无自而入",即如果这位走上"歧
路"的君主不改初衷,那又应该怎么办?

要解决问题,当然首先要找到问题的症结所在。在治平二年八月
十一日的《上皇帝疏》中,司马光将英宗的固执与宰执专权联系了起
来,他的逻辑是:朝廷政事皆大臣裁定,而如果台谏等人有异议,英宗
又不肯予夺,自然又将付于大臣裁决;而大臣肯定不会以己之所行为
非,这样的话,"陛下所以独取拒谏之名,而大臣坐得专权之利者也"③。

这份《上皇帝疏》的写作时间,正在"濮议"事起之后,司马光关于
英宗之固执与大臣之专权的看法,几乎就是从濮议纷争中得出的结
论。治平二年八月十七日,他上札子言濮王事:"臣伏见向者诏群臣议
濮安懿王合行典礼,翰林学士王珪等二十余人皆以为宜准先朝封赠期

---

① 《司马光集》卷三〇《上殿札子》,第 731 页。或作《陈治要上殿札子》。
② 《长编》卷二〇一,治平元年五月辛亥条,第 4868 页。
③ 《司马光集》卷三四,第 795 页。

亲尊属故事,凡两次会议,无一人异辞;所以然者,盖欲奉濮王以礼,辅陛下以义也。而政府之意,独欲尊濮王为皇考,巧饰词说,误惑圣听,不顾先王之大典,蔑弃天下之公议。"①都是"政府",也就是宰执大臣误英宗。治平三年正月,他又言濮王事云:"三者无一可而陛下行之,臣窃惑之。此盖政府一二臣自以向者建议之失,已负天下之重责,苟欲文过遂非,不顾于陛下之德有所亏损。陛下从而听之,臣窃以为过矣。"②《留吕诲等札子》中,他又说:"今陛下徇政府一二人之情,违举朝公议,尊崇濮王过于礼制。"③治平三年三月的《留傅尧俞等札子》又云:"(陛下)今日独取拒谏之名,受孤恩之谤,违天下之望,失人主之权,止于遂政府数人很心而已,不知于陛下有何所利而为之? 臣不胜区区,深为陛下痛惜。"④

问题很明显,英宗本人为宰执所惑;而英宗之所以如此,还是因为他本人不肯予夺可否。司马光再度回到了自己一再坚持的看法——问题的症结还是君主。既然如此,解决的方法就很明白了:"伏望陛下勿复询于政府,特发宸断,召还尧俞等,下诏更不称亲。如此则可以立使天下愤懑之气化为欢欣,诽谤之语更为讴歌矣。"⑤关键还是君主本人要"发宸断"。

治平四年正月,英宗去世。英宗的统治实在是太短了,还没有来得及证明司马光的解决之道是否行得通。但司马光坚信自己的主张是正确的,因为当宋神宗登基的时候,司马光心中压倒性的政治问题仍是他自仁宗后期以来一直在陈说的君主姑息、大臣权重。治平四年五月三日,他在《作中丞初上殿札子》中,继续向宋神宗阐发人君修心之要为仁、明、武,人君治国之要为官人、信赏、必罚⑥。所谓修心之要,即是他之前说的人君之"德",治国之要即人君之"职";这些是他对宋

① 《司马光集》卷三四《濮王札子》,第801页。
② 《司马光集》卷三五《论安懿皇札子》,第810页。
③ 同上书,第811页。
④ 同上书,第812页。
⑤ 《司马光集》卷三五《乞留傅尧俞等札子》,第812页。
⑥ 《司马光集》卷三六,第826—827页。

仁宗、宋英宗一再阐发的，他坚信这是"太平之本原"。

孤立地看，这个上殿札子没有什么针对性，但结合十几天后（五月二十日）他所进的《听断书》，司马光的意思就比较明确了。司马光对宋神宗说："人君之尊，与天地同体，以刚健为德，以重厚为威，照微当如日月，发言当如雷霆。"他希望神宗"自今应有臣僚上言朝廷阙失者，陛下当清心审虑，自以大公至正之道决之"，他说："臣前日所谓'惟道所在，断之不疑，奸不能惑，佞不能移'者，正谓此也。"①他也对神宗说，"宰辅之权，诚为太重"②。当时正值王陶劾宰相韩琦等"不押文德殿常朝班"为不臣、跋扈，闹得沸沸扬扬，司马光认为双方皆有所失③，但具体到宰相是否应该押班这个问题，司马光认为"宰臣理当押班"④，他还是比较看重这一仪式的尊君意义。

自仁宗后期到神宗初年，司马光首先坚信，既然君主是政治秩序的核心，那么其振作、有为就是政治更革的起点。其次，司马光在英宗朝短暂地遇到了新的政治难题——君主不符合期待的"有为"，但因为他已经分疏了人君之道（用人）、德（仁、明、武）、才（创业、守成、夷陵、中兴、乱亡）、职（官人、信赏、必罚），足以定义何为真正履职的君主，所以他还是回到君主身上去寻找答案——他结合现实、舆论指出，英宗、神宗要真正地履职，就必须摆脱宰执的束缚，即所谓"发宸断"。总而言之，一切政治难题都要从君主身上解决。

司马光方案中的矛盾很明显：既然英宗是个固执己见的君主，那又如何说服他履行正确的人君之道、德、才、职？设想宰执本来就是君主坚持己意挑选的，英宗又如何撇开他们发宸断呢？当宋神宗选择王安石开始变法，这些就都成了现实：一个坚持己意的君主，一个执拗的宰相，而且君臣投契，千古一遇。司马光如何应付这个难题？

---

① 《司马光集》卷三六，第 834 页。
② 《司马光集》卷三六《乞不更责降王陶札子》，第 836 页。
③ 参见李昌宪《司马光评传》，第 142—144 页。
④ 《司马光集》卷三六《宰臣押班第二札子》，第 831 页。

三　神宗朝的难题及应对:政体与得人

熙宁二年二月,王安石参知政事,并成立了制置三司条例司,变法开始。从熙宁二年七月均输法开始,各项新法陆续推出,司马光也开始了对新法的抨击。

司马光一开始并非批评新法本身,而是针对新法的实施方式。熙宁二年八月五日,司马光向神宗上《体要疏》,观点与之前有明显差别。《体要疏》的缘起,是当年四月神宗下诏求言,提到"今百度隳弛,风俗偷惰薄恶,灾异谴告不一,此诚忠贤助朕忧惕,以创制改法,救弊除患之时"①。司马光一直到八月才应诏言事,针对性是非常明显的。

前面已经提到,司马光在仁宗时就指出,真正的变革不在创法立制,而是君主之振作有为;在英宗朝又强调人君之职有三(授官、赏功、罚罪)。在《体要疏》中,司马光就是沿着这一脉络而说的,但重点已悄然变化:

> 臣闻为政有体,治事有要,自古圣帝明王,垂拱无为而天下大治者,凡用此道也。何谓为政有体?君为元首,臣为股肱,上下相维,内外相制,若网之有纲,丝之有纪……古之王者,设三公、九卿、二十七大夫、八十一元士以纲纪其内,设方伯、州牧、卒正、连帅、属长以纲纪其外。尊卑有叙,若身之使臂,臂之使指,莫不率从。此为政之体也。
>
> 何谓治事有要?夫人智有分而力有涯,以一人之智力兼天下之众务,欲物物而知之,日亦不给矣。是故尊者治众,卑者治寡;治众者事不得不约,治寡者事不得不详,约则举其大,详则尽其细,此自然之势也……是故王者之职,在于量材任人、赏功、罚罪而已,苟能谨择公卿牧伯而属任之,则其余不待择而精矣;谨察公

---

① 《司马光集》卷四〇,第897页。

卿牧伯之贤愚善恶而进退诛赏之，则其余不待进退诛赏而治矣。

然则王者所择之人不为多，所察之事不为烦，此治事之要也。①

这里"治事有要"的部分，其实就是重申了他在英宗朝所上《陈治要上殿札子》的内容，明确"王者之职，在于量材任人、赏功、罚罪而已"。但是，《体要疏》首先提出的"为政有体"部分，却透露出很不同的原则：政治体是一个层级鲜明的有机结构，每个部分都缺一不可，有自己的功用，有自己的运作方式；君主在整个政治体中不再是唯一重要的部分。

司马光晚年在未完之著作《潜虚》中设计了一幅"体图"，呈现了从王到庶人十等的金字塔等级结构，并附有简单的解说②。他指出，"治具"的成立依赖于立"纪纲"，也就是"一以治万，少以制众"的等级原则。而这种等级结构中，"心使身，身使臂，臂使指，指操万物，或者不为之使，则治道病矣"。这就是说，每个等级对于"体"的维系都不可或缺。有意思的是，"体图"的最后四等，即卿、大夫、士、庶人出现了"诎"：在卿一等，本来应该处于主位（左）的"王"到了从位（右），大夫一等则王、公居于从位，士一等则王、公、岳居于从位，庶人一等则王、公、岳、牧皆居于从位。这就表示了"王"在整个政治体等级结构中的作用是有限的。《潜虚》"体图"的这种观念与《体要疏》的"政体"部分是吻合的，说明司马光到了晚年一直坚信"政体"是基础、先行原则③。

如果领会了"为政有体"（"政体"）的先行原则，那么司马光《体要疏》重申"治要"（人君之职）的意义就与英宗治平时有所不同了：当治平时，司马光陈述"治要"的时候，主题是君主的职责问题，即君主对臣僚之任、赏、罚。但是，如果将"政体"原则摆在"治要"之前，则理解就会非常不同：重点其实在君主所任、赏、罚的对象，即构成"政体"之主体的百司、群臣。

---

① 《司马光集》卷四〇，第897—899页。

② 司马光撰，刘力耘、方诚峰点校《潜虚》，第598—599页。

③ 参见方诚峰《司马光〈潜虚〉的世界》，《清华大学学报》2017年第1期，第179—182页。

理解了司马光的这一意思，就能明了接下来他对新法实施方式的具体批评。他指出，神宗登基三年以来，非常努力，但一直没有很好的效果，问题就在于未得体、要：

> 祖宗创业垂统，为后世法，内则设中书、枢密院、御史台、三司、审官、审刑等在京诸司，外则设转运使、知州、知县等众官，以相统御，上下有叙，此所谓纲纪者也。今陛下好使大臣夺小臣之事，小臣侵大臣之职，是以大臣解体不肯竭忠，小臣谄上不肯尽力，此百官所以弛废，而万事所以隳颓者也。而陛下方用为致治之本，此臣之所大惑也。①

司马光罗列了在京诸司、在外众官，认为这种设置即"所谓纲纪者也"，而在新法实行过程中对这种设置的侵蚀、破坏，乃是最大的危机所在。他批评制置三司条例司的设置，其实是侵夺三司之事；朝廷屡派使者出访，是干涉地方之事②；他还直接批评了神宗本人"好于禁中出手诏指挥外事"③。总结起来就是：问题不是出在神宗一个人身上，而是整个政治体的运作出了问题。

以《体要疏》作为标志，司马光的政治主张开始更多地强调政治体作为一个系统的特点，他当然不会说君主不重要了，而是提高了君主之下的整个政治系统的重要性④。一旦确立了这个立场，就可以自然地生发出另一个问题：如何维持政治体？对这个问题的解答，就构成了司马光此后批评新法并提出替代方案的基础。

司马光的答案是"得人"。熙宁二年十一月十七日，司马光进读《资治通鉴》，至曹参代萧何为相国事，先是抨击了当时变祖宗旧法，最

---

① 《司马光集》卷四○，第899页。
② 同上书，第900—901页。
③ 同上书，第903页。
④ 这当然不是司马光第一次提出政治体的等级原则，《资治通鉴》的第一条"臣光曰"其实就谈到了政治体的上下等级，以腹心与手足、根本与枝叶比拟；该条的奏进时间大概在治平四年的四月末到九月末（梁太济《从每卷结衔看〈资治通鉴〉各纪的撰进时间》，收入氏著《唐宋历史文献研究丛稿》，第2—3页）。但是，这条"臣光曰"的核心论点还是"天子之职，莫大于礼"，即天子要维持上下之分。

后说："为治在得人,不在变法也。"宋神宗质疑说："人与法亦相表里耳。"司马光的回答是："苟得其人,则无患法之不善;不得其人,虽有善法,失先后之施矣。故当急于求人,而缓于立法也。"①在司马光看来,得人与变法是二择一的问题,通过选择正确的人在正确的位置,从而保证政治体的良好运作,则各种创法立制就是多余的。

这种"得人"之说与他仁宗时代所说的君主之职首在"官人"也已经不同。所谓人君之职在官人,强调的是君主的作用,用司马光嘉祐二年的说法就是："自古人臣有功者,谁哉? 愚以为人臣未尝有功,其有功者,皆君之功也。"②而在熙宁时期,司马光将重点放在了"得人"的宾语,即所得之人上。如果仅从字面来说,司马光的很多言论在前后期往往类似,但若考虑语境和他试图回答的问题,则可作不同的理解。

以司马光经常用到的宅第之喻为例,熙宁二年十一月十九日,吕惠卿在经筵讲《咸有一德》,在法当不当变的问题上,与司马光发生了激烈的争执,司马光又将一个政治体比作宅子：

> 譬之于宅,居之既久,屋瓦漏则整之,圩墁阙则补之,梁柱倾则正之,亦可居也。苟非大坏,岂必尽毁而更造哉? 苟欲更造,必得良匠,又得良材,然后可为也。今既无良匠,又无良材,徒以少许之缺漏,乃欲尽毁之,更欲造之,臣恐其无所庇风雨也。③

这次,他的重点不是房屋的主人,而是良匠、良材,这与《五规·惜时》形成了鲜明的对比。基于这种认识,司马光既批评神宗任用王安石是个错误,也批评王安石任用非人,这些抨击见于他熙宁三年二月的《乞罢条例司常平使疏》④《与王介甫书》⑤,熙宁七年四月的

---

① 江少虞《宋朝事实类苑》卷一五《顾问奏对·司马温公》,第181—182页。
② 《司马光集》卷七一《功名论》,第1437—1442页。
③ 司马光著,李裕民校注《司马光日记校注》,第102—103页。参见《宋朝事实类苑》卷一五《顾问奏对·司马温公》,第183页。
④ 《司马光集》卷四一,第919—920页。
⑤ 《司马光集》卷六〇,第1256页。

《应诏言朝政阙失事》①，元丰五年秋的《遗表》②。一言以蔽之，新法导致整个政治体上下各位置的人选皆失当，多属奸谀之辈，这才是最根本的弊端。

回顾仁宗、英宗时代的司马光，其政治主张的关键词是"君主""有为"；而在熙丰时代，他将重点放在了作为整体的政治体上，因而提出"政体""得人"。

剩下的问题是：怎么让王朝重回正轨？司马光在英宗朝就遇到了同样的问题，那个时候他的建议是，英宗需要予夺、决断、有为，摆脱大臣的左右。司马光会把这个未经实践的方案用到神宗朝吗？

他确实试图这样做。熙宁二年八月所上的《体要疏》其实可以分为两个部分，第一部分已如上所论，第二个部分重点就在人君之决断上："人君者，固所以决是非、行刑赏也。"③他进一步指出："今陛下听群臣各尽其情以议事，此诚善矣。然终不肯以圣志裁决，遂使群臣有尚胜者，以巧文相攻，辩口相挤，至于再，至于三，互相反复，无有限极。臣愚深恐亏朝廷之政体，损陛下之明德。"④这句话当然是针对王安石说的。熙宁四年二月，司马光又上疏神宗：

> 今陛下唯安石之言是信，安石以为贤则贤，以为愚则愚，以为是则是，以为非则非，谀附安石者谓之忠良，攻难安石者谓之谗慝。⑤

这种批评与司马光在治平年间濮议中的陈述是非常类似的：大臣专权，君主之意为大臣所左右。既然如此，如果神宗能够不专信王安石，问题就解决了。但是，既然神宗极度信任王安石，又如何让他摆脱王安石"以圣志裁决"呢？

在熙宁七年四月的应诏言事中，司马光再度提起了这一问题，他

---

① 《司马光集》卷四五，第 965 页。
② 《司马光集》卷五七，第 1202—1203 页。
③ 《司马光集》卷四〇，第 904 页。
④ 同上书，第 905 页。
⑤ 《宋朝诸臣奏议》卷一一五《上神宗论王安石》，第 1255 页。

认为,既然神宗因灾异下诏求言,说明他已经认识到了问题,"陛下诚知其如是,复能断志无疑,不为左右所移",那么今日之灾异就可变为"宗庙生民之福",他在上疏的最后说:

> 陛下诚能垂日月之明,奋乾刚之断,放远阿谀,勿使壅蔽,自择忠谠为台谏官,收还威福之柄,悉从己出……如此则中外欢呼,上下感悦,和气薰蒸,雨必沾洽矣。彼阿谀之人附会执政者,皆缘新法以得富贵,若陛下以为非而舍之,彼如鱼之失水,必力争固执而不肯移,愿陛下勿问之也。[1]

熙宁七年四月王安石罢相,司马光肯定感觉这是一个纠正朝政错误的机会。但情况没有朝他预计的方向变化。元丰年间,王安石已不在朝廷,但新法并没有被抛弃;事实上,元丰时期的宋神宗比任何时候都乾纲独断,不为任何人所左右[2]。在元丰五年的《遗表》中,司马光几乎是绝望地劝神宗"毅然奋乾刚之断,悔既往之失,收将来之福",若能如愿,"则臣没胜于存,死荣于生,瞑目九泉,无所复恨矣"[3]。

元丰年间的司马光肯定觉得自己陷入了死胡同。当年他向仁宗、英宗进人君之道、德、才、职的时候,希望的无疑是一个宋神宗式的君主。但是,神宗的有为却完全不符合他对于"有为"的期待,从出发点和施行方式上都是他所不能认同的。作为一种应对,熙宁以后的司马光将自己政治主张的重点放在了政治运行的整体性上。可是,最令他难以接受或者绝望的是,他的这种主张在神宗统治时期几乎无法实现,因为神宗之意不可改变,期待他"奋乾刚之断,悔既往之失"是没有结果的。

如果这就是司马光政治设想之终点的话,无疑有致命的缺陷:既不具备太多的创造性,也没能解决现实问题。

---

① 《司马光集》卷四五《应诏言朝政阙失事》,第 964、971—972 页。
② 参见本章第三节第一部分。
③ 《司马光集》卷五七,第 1206 页。

四　元祐更化与司马光的设计

从仁宗朝到神宗朝,司马光都是作为一个批评者在发言,没有机会实践自己的主张。但元丰八年三月神宗去世、哲宗少年即位、高氏垂帘听政后,司马光主政的机会终于来了,他如何在实际的措置中破解他此前面临的困局?

回顾从仁宗、英宗到神宗朝的司马光,会发现他并不因面临新的政治问题而否定自己之前的主张,而只是有新的重点或补充。他所形成的认识主要有两点。

第一,君主是政治秩序的重中之重,也是一切政治更张的起点。这一点即使他经历了神宗朝的挫折,也并没有放弃。元丰八年四月二十一日,司马光将自己在神宗初作的《作中丞初上殿札子》(即《修心治国之要札子》)献给哲宗和太皇太后高氏,并附了《进修心治国之要札子状》加以说明,自称这是他"竭尽平生之思虑"所得,乃"天下之本源";他在《状》中说:"夫治乱、安危、存亡之本源,皆在人君之心。仁、明、武,所出于内者也;用人、赏功、罚罪,所施于外者也。"①司马光在这个时候进"修心治国之要",当然不是泛泛而谈,主要是希望从太皇太后高氏开始推动对"熙丰新法"的更张。四月二十七日,司马光就在《乞去新法之病民伤国者疏》中,特别说到了"天子之孝""以母改子"云云②,将"修心治国之要"落到了实处。

第二,司马光从熙宁开始更多地强调政治体是一个等级、权责分明的有机体系,任何一个部分,包括君主在内,都有自己特定的职责,不能越俎代庖。这是他从熙丰新法得出的教训,也是对自己仁宗时代政治主张的补充。

但是,要维系这两点是很困难的。只要君主有为,就必然决断;只要决断,必然有选择;只要有选择,就有可能是错误的。不幸熙丰时代

---

① 《司马光集》卷四六,第 985 页。
② 《司马光集》卷四六,第 991—992 页。

正是如此,而且君主未能纠正自己的"错误"。现在神宗已作古,其错误"有幸"在其母高氏的主持下得以改正,但怎么保证未来不会出现类似的问题?

为此,司马光要回到更为原初性的问题:第一,如何保证君主在修养上不断接近完美,也就是圣人,那样他就不会作出错误的选择;第二,什么样的政治措置,可以使君主不总是坚持己见,特别是当己见是错误的时候。如果通过这两个问题去看待元祐初年司马光的施政,就会看到种种举措背后的逻辑所在。

对于司马光来说,元祐时代的好处就是提供了一个从头开始培育君主的机会。宋哲宗赵煦元丰八年三月登基时虚岁仅十岁,实际才八岁多。对于赵煦这张"白纸",司马光精心选择了"作画人"。他清醒地意识到,自己在修养、心性方面不具有权威,因此他将哲宗的培育交给了在这方面更有发言权的人物,比如说程颐、韩维、吕公著等。这个问题比较复杂,需要专门讨论,要言之:元祐士大夫培育赵煦,特别注重道德的养成,注重讲读之余、平居之间的涵养、熏陶;这是深受当时性理之学感染的结果;其着眼点,并非在于眼下政策之反复,而是一种培育圣人的伟大理想①。

君主的培育复杂微妙,且是一个长期过程,更为迫切的其实是如何防止君主固执己见。

这个问题的答案虽不唯一,但也不复杂,司马光在神宗朝已有了。前面已经说到,司马光认为,宋神宗固执己见,王安石也独任己意,而且上下之人也多是奸谀之辈,因此整个朝廷只有一种声音。为了改变这种状况,司马光说神宗要"奋乾刚之断",而另一方面他也对臣僚提出了期待——这是随着他强调政治体的整体性而来的。

司马光期待的,就是臣僚能立异于神宗、王安石。熙宁四年二月,司马光向神宗说:"臣之不才,最出群臣之下,先见不如吕诲,公直不如范纯仁、程颢,敢言不如苏轼、孔文仲,勇决不如范镇。"他指出,这几人

---

① 参见本书第三章第一节"哲宗赵煦的经历及其意义"。

都是敢于批评王安石、提不同意见者:吕诲在王安石始知政事时,"已言安石为奸邪,谓其必败乱天下";"纯仁与颢皆与安石素厚",却能"极言其短";"轼与文仲皆疏远小臣,乃敢不避陛下雷霆之威、安石虎狼之怒,上书对策指陈其失,隳官获谴无所顾虑";范镇"睹安石荧惑陛下",颠倒是非,故"不胜愤懑,抗章极言,自乞致仕,甘受丑诋,杜门家居"①。还有刘恕,是司马光修《资治通鉴》的助手,逝于元丰元年,司马光在为其《十国纪年》一书所作的序中,叙述了刘恕从被王安石赏识到获罪的过程,并赞扬曰:

> 方介甫用事,呼吸成祸福,凡有施置,举天下莫能夺。高论之士,始异而终附之、面誉而背毁之、口是而心非之者,比肩是也。道原独奋厉不顾,直指其事,是曰是,非曰非。或面刺介甫,至变色如铁;或稠人广坐,介甫之人满侧,道原公议其得失,无所隐……如道原者,可以为刚直之士乎!②

这些人的共同特征就是刚直、敢言,那么这种处事方式有什么实际的政治作用呢?

司马光想说的是:只有当不同意见汇聚一堂的时候,才能将利害分析清楚,决策者才能不偏向一端,或者纠正其极端化的主张。熙宁十年四月,他致信当时的宰相吴充,望罢青苗、免役、保甲、市易、开边,那如何操作呢?司马光提出了"开言路":

> 欲去此五者,而不先别利害,以寤人主之心,则五者不可得而去矣;欲寤人主之心,而不先开言路,则人主之心不可得而寤矣。③

元丰五年,司马光在《遗表》的最后也说:

> 臣窃见十年以来,天下以言为讳,大臣偷安于禄位,小臣苟免于罪戾。闾阎之民憔悴困穷,无所控告,宗庙社稷危于累卵,可为

---

① 《宋朝诸臣奏议》卷一一五《上神宗论王安石》,第1255页。
② 《司马光集》卷六五《刘道原十国纪年序》,第1352—1353页。
③ 《司马光集》卷六一《与吴相书》,第1275页。

寒心。人无贤愚贵贱，莫不知之，而讫无一人敢发口言者。陛下深居九重，徒日闻谀臣之言，以为天下家给人足，太平之功十已八九成矣。臣是以不胜愤懑，为陛下忍死言之。①

结合上文所论，司马光的意思就更圆满了：政治的改善，确实需要神宗"毅然奋乾刚之断，悔既往之失"，但他已经暗示，这靠神宗个人是做不到的，因而需要臣僚的努力，即以"异议"之汇聚，改变神宗的意志。这就是他所谓的"开言路"：如果要使君主不为某一种意见（王安石）所左右，就要保证其收到的意见总是多元的。

也许有人会说，"开言路"只不过是劝君主纳谏，这是一个帝制政治下老生常谈的话题，由司马光提出来，并没有什么特殊之处。这种说法只是部分正确。与"得人"一样，司马光并非从君主的角度谈论"开言路"，而是强调臣僚的"异论"推动君主选择的多元化，从而避免陷入某一种错误不可自拔，或纠正某种偏颇。他的潜台词是，靠君主主动纠偏是很困难的，在当时，几乎是不可能的，因此必须由臣僚推动。

如果观察司马光在元祐时期的措置，就能更好地理解司马光这一主张的实质与复杂性。神宗去世后，司马光给高氏所进的第一条建议就是开言路。元丰八年三月二十三日，他在给高氏的《谢宣谕表》中，就说："陛下实有圣德，知所先务，听政之初，首开言路。"②三月三十日，司马光正式上了《乞开言路札子》。他先指出，神宗朝的问题，不是神宗本人的，而是"罪在群臣"；因为近年以来，"士大夫以偷合苟容为智，以危言正论为狂，是致下情蔽而不上通，上恩壅而不下达"③。所以，当今最为紧急之务，就是广开言路，"不以有官无官之人，应有知朝政阙失及民间疾苦者，并许进实封状，尽情极言"；"如此则嘉言日进，群情无隐，陛下虽深居九重，四海之事如指诸掌，举措施为，惟陛下所

---

① 《司马光集》卷五七，第 1205—1206 页。

② 《司马光集》卷四六，第 982 页。

③ 同上书，第 983 页。

欲"。元丰八年五月、六月,司马光又先后上了《乞开言路状》①《乞改求谏诏书札子》①《乞申明求谏诏书札子》②敦促开言路的彻底落实。

与乞开言路同步,司马光上疏要求罢废新法。元丰八年四月二十七日,司马光上《乞去新法之病民伤国者疏》③,意思基本上和他元丰五年所作的《遗表》是一致的,"择新法之便民益国者存之,病民伤国者悉去之",但其实在他看来新法没有什么便民益国的内容;司马光又提出最急之务是保甲、免役、将官这三项,并在随后的四月二十七日分别上了三状,乞罢此三种新法。五月二十八日又上《请更张新法札子》④;十二月四日又上《革弊札子》⑤敦促落实。

一般认为,司马光请开言路,就是为了罢废新法。确实,章惇在反击司马光请罢免役法时提道:"(司马光)称:'臣民封事言民间疾苦,所降出者约数十章,无有不言免役之害,足知其为天下之公患无疑。'臣看详,臣民封事降出者,言免役不便者固多,然其间言免役之法为便者亦自不少,但司马光以其所言异己,不为签出,盖非人人皆言免役为害,事理分明。"⑥说明司马光力执己见,处心积虑罢废新法;但这条材料也说明,开言路意味着多种选择,不一定要罢新法,更不一定要彻底罢废新法。这就与司马光本人的意志相左。

对于这个矛盾,司马光是如何应对的?有记载提到,苏轼与司马光商议役法问题,意见不合,苏轼归家后连呼"司马牛! 司马牛!"⑦又称,范纯仁向司马光建议缓行差役,司马光不同意,故范纯仁叹曰:"是又一王介甫矣!"⑧总之,似乎司马光走上了王安石的老路:执拗、听不进不同意见。如果真是如此的话,司马光自己都未能践行自身的主张。

---

① 《司马光集》卷四七,第 1003—1006、1008—1010 页。
② 《司马光集》卷四八,第 1015—1016 页。
③ 《司马光集》卷四六,第 987—992 页。
④ 《司马光集》卷四七,第 1007—1008 页。
⑤ 《司马光集》卷四九,第 1037—1040 页。
⑥ 《长编》卷三六七,元祐元年二月丁亥条,第 8824 页。
⑦ 蔡絛《铁围山丛谈》卷三,第 59—60 页。
⑧ 《长编》卷三六七,元祐元年二月丁亥条,第 8839 页。

要说司马光的性格有与王安石类似的固执,大概没有问题。但司马光是否能在政治实践中避免这种固执的危害性,则必须考察元祐时期各项新法到底是被如何处置的。下面举几个例子。

(一)役法

元祐元年正月二十二日,司马光抛出了他的《乞罢免役钱依旧差役札子》,"寻得旨依奏"①。但是,这份札子引起的争议却难以平息。右司谏苏辙说:"今但备录札子,前坐光姓名,后坐圣旨依奏。"监察御史孙升也说:"敕文独坐司马光之言。"②这说明,其他的宰执都持保留意见。当时的三省宰相是蔡确和韩缜,执政有司马光、张璪、吕公著、李清臣,枢密院长贰则是章惇、安焘。其中,除了司马光和吕公著,其他皆所谓"熙丰旧臣",不支持罢免役法也属自然,章惇就有长篇文字逐条批驳司马光札子的矛盾、疏漏。

可是,即便非"熙丰旧臣"者,即便认为章惇的批驳是"处心积虑,欲以倾光"③者,也不完全同意司马光的意见。苏辙、王觌、孙升、刘挚都提出了不同的意见④。范纯仁更认为,"法固有不便,然亦有不可暴革,盖治道惟去太甚者耳","缓行而熟议则不扰,急行而疏略则扰"⑤。同为执政,又是司马光同道的吕公著,虽不满枢密院长贰章惇、安焘"大段不通商量",但也建议"望宸衷详酌,或选差近臣三数人,专切详定闻奏"。在他的建议下,终于成立了详定役法所,"宜差资政殿大学士兼侍读韩维、吏部尚书吕大防、工部尚书孙永、给事中兼侍读范纯仁专切详定以闻"⑥。

详定役法所的成立,意味着关于役法的争议超出了司马光个人的控制。在这之后,参与役法讨论的还有范百禄、吕陶、赵瞻、文彦博、苏

---

① 《司马光集》卷四九,第 1043 页。
② 《长编》卷三六六,元祐元年二月乙亥条,第 8788、8790 页。
③ 《长编》卷三六六,元祐元年二月乙酉条,第 8814 页。
④ 《长编》卷三六六,元祐元年二月乙亥条,第 8788—8790 页;《长编》卷三六七,元祐元年二月丁亥条,第 8830—8834 页。
⑤ 《长编》卷三六七,元祐元年二月丁亥条,第 8839 页。
⑥ 同上书,第 8837 页。

轼、上官均、刘昱、傅尧俞等。详定役法所内部的意见完全不能统一，苏轼就因为意见不同而请辞详定役法①。元祐元年十一月，平章军国重事文彦博又提出，役法事不能自上而下讨论，而应该自下而上，也就是交由"逐处亲民官及监司相度"，因此朝廷"诏令详定役法所限两月结绝，如限满有未了事，并送户部施行"②。但这只是改变了详定的方式，争论并未停止。

而司马光在元祐元年正月抛出建议后，续又于二月十七日上《乞坚守罢役钱敕不改更札子》③；详定役法所成立后，又上了《乞申敕州县依前敕差役札子》④；元祐元年六月，又上《申明役法札子》⑤。这些都说明，司马光一直在努力"推销"自己的役法方案，但他的威望也无法将己意贯彻下去，他的意见只是诸多意见的一种⑥。

（二）与西夏的关系问题

司马光于元丰八年十二月的《革弊札子》中说："臣观今日公私耗竭，远近疲弊，其原大概出于用兵。"⑦他认为，正是因为用兵，才有钱财之需求，才导致诸多刻剥之新法，因此与西夏的和平是罢废新法的先决条件。

关于元祐时期宋对西夏之"绥靖"策略及相关争论，李华瑞《宋夏关系史》已述之⑧。这个问题至少包含着是否息兵、是否弃地、弃地多少三个层次。息兵在当时并没有太大的争议，首先提出息兵论的是知

---

① 《长编》卷三七八，元祐元年五月辛巳条，第 9186 页。
② 《长编》卷三九二，元祐元年十一月壬午条，第 9548 页。
③ 《司马光集》卷五〇，第 1061—1062 页；时间见《长编》卷三六六，元祐元年二月丙子条，第 8797 页。
④ 《司马光集》卷五一，第 1069—1070 页；时间见《长编》卷三六七，元祐元年二月丁亥条，第 8838 页。
⑤ 《司马光集》卷五三，第 1107—1110 页；时间见《长编》卷三八一，元祐元年六月甲寅条，第 9275 页。
⑥ 关于元祐初年役法争论的具体内容及实施情况，参见黄敏捷《两宋役钱研究》，华南师范大学博士学位论文，2015 年 12 月，第 59—72 页。
⑦ 《司马光集》卷四九，第 1037 页。
⑧ 李华瑞《宋夏关系史》，第 85—90 页。

庆州范纯仁,他于元丰八年十月建言:"伏望圣慈以陕西生灵之故,稍从其欲。"①差不多同时,韩维更明确提出"兵之不可不息者有三,地之不可不弃者有五"②。但争议就在是否弃地、弃地多少上。

元祐元年二月,司马光提出了自己的对西夏策略,见于他的《论西夏札子》③。他在札子中提出了两个策略:"一者返其侵疆,二者禁其私市。"前者即将神宗时代所获西边境土放弃,以怀柔换和平;后者是以重法控制对西夏的贸易,是为以制裁迫使其屈服。关于这两个策略,司马光还分别致书枢密院、三省商议④。

司马光认为前者是上策,而后者是下策,但实际上朝廷先采用的是其下策,即禁私市⑤;故司马光深为不满:"岂可弃上策而用下策,舍完全而就有失也!"⑥司马光坚信当"因天子继统,旷然赦之,归其侵地,与之更始",他非常强硬地说:"若有执政立异议,乞令其人自立文字,若依从其议,它日因此致引惹边事,当专执其咎。"⑦

但是,司马光的强硬并非阻止争论。支持司马光弃地之议的有苏辙、王岩叟、刘挚、傅尧俞⑧;其中刘挚又认为不能一下就全弃与西夏,当"度其效顺坚决,至于再,至于三,然后以岁月予之",因此与司马光实则有区别;苏轼也认为,当"艰难其请,不急于和"⑨。与刘挚、苏轼的意见类似但程度不同的是安焘,他在神宗朝就提出,"有非要害处固宜予以示恩",但绝不同意司马光那种无条件的以土地换和平策略⑩。

---

① 《长编》卷三六〇,元丰八年十月丁丑条,第8607页。
② 同上书,第8623—8627页。
③ 《司马光集》卷五〇,第1051—1057页。
④ 《司马光集》卷六三《密院咨目》《与三省密院论西事简》,第1316—1319页。
⑤ 《长编》卷三六五,元祐元年二月庚午条,第8769页。
⑥ 《司马光集》卷五〇《乞未禁私市先赦西人又札子》,第1059页。
⑦ 同上书,第1058、1059页;《又札子》,第1061页。
⑧ 《长编》卷三八二,元祐元年七月壬戌条,第9304—9310页;《长编》卷三九三,元祐元年十二月戊戌条,第9560—9561页。
⑨ 《苏轼文集》卷二八《因擒鬼章论西羌夏人事宜札子》(元祐二年九月八日),第800页。
⑩ 《长编》卷三八二,元祐元年七月癸亥条,第9311—9312页。

尚书右丞李清臣则提出，吕大防、范纯仁"久在西塞"，"其人明审详练，为众所称"，应该访问他们的意见，"以其奏付三省、枢密院，与司马光所言参决利害"；或者应该派遣一人行视边塞，与逐路将帅商量①。而吕大防和范纯仁的意见果然与司马光不同。

吕大防认为，弃地之说，"盖思之未熟也"；他主张优择边帅，因为"今日西夏无继迁、元昊之强，中国有练卒精甲之备，苟将帅得人，固无足畏"②。与吕大防意见相同的是吕公著，他认为"先朝所取，皆中国旧境，而兰州乃西蕃地，非先属夏人。今天子嗣守先帝境土，岂宜轻以予人？况夏戎无厌，与之适足以启其侵侮之心，且中国严守备以待之，彼亦安能遽为吾患？"③此外，元祐元年正月派去"相度措置熙河兰会路经制财用事"的孙路、穆衍，也明确反对弃地④。林旦也曾上言，"谓弃地有十不可"⑤。左谏议大夫梁焘后来于元祐四年说："朝廷昨来割弃陕西、河东堡寨，已失于前，今外议又传大臣欲以兰州定西一带割赐西人……大臣不务画策制伏外敌，使远人怀德而畏威，但日欲割弃疆土以损国势，非尽忠也。"⑥说明他也反对弃地。另外，据说"范育任熙河经略使日，于元祐弃地画疆之时，独能抗朝廷意指……又尝陈进筑之策"云云⑦。

在弃地问题上，范纯仁的意见接近司马光，但又有所不同。范纯仁认为，不能无条件把土地还给西夏，而是要用土地"换易陷蕃军民生口"⑧。元祐元年三月，环庆路经略使范纯粹提出了和范纯仁一致的主张："趣令先以前后战阵掳陷官员、使臣、将吏、丁夫悉归朝廷，其所

① 《长编》卷三六六，元祐元年二月乙亥条，第8791—8792页。
② 《长编》卷三六六，元祐元年二月丙子条，第8793、8795页。
③ 《长编》卷三八二，元祐元年七月癸亥条，第9312—9313页。
④ 《长编》卷三六四，元祐元年正月辛丑条注，第8707页。
⑤ 《长编》卷三八二，元祐元年七月甲戌条，第9319页。
⑥ 《长编》卷四二九，元祐四年六月丁未条，第10367页。
⑦ 《长编》卷四九〇，绍圣四年八月壬辰条，第11625页。
⑧ 《长编》卷三六六，元祐元年二月丙子条，第8796、8797页；又见《长编》卷三八二，元祐元年七月癸亥条，第9310页。

削之地并从给赐。"①到元祐元年七月，宋廷基本采用了他们的建议，达成了以土地换陷蕃汉人的策略②。

促使最终定议的重要因素还有老臣文彦博。元祐元年二月时，文彦博就明确同意息兵③，但在弃地的问题上他有所犹豫，元祐元年三月时说："若议及疆土，须庙堂之上众谋大同，苟有后艰，同任其责。或取与之间谋有同异，各述利害，理须明白，后或不应，谋果不臧，自任其责。"④这时文彦博没有明确发表意见，只是建议宰执熟议。但到了元祐元年六月，文彦博的态度变得很明确——以土地换暂时和平，"可以粗得整齐兵势，全养民力"⑤。文彦博的这一转变，李焘认为其"论与光合，众不能夺"⑥。

综上，自元祐元年二月司马光进《论西夏札子》后，异论纷纷；元祐元年三月，司马光又进《乞抚纳西人札子》，并进《抚纳西人诏意》⑦；元祐元年六月又进《论西人请地乞不拒绝札子》⑧。他一直是整个策略争论中的一员，他所主张的内容也没有变化，即坚持无条件弃地以换取和平。但是，最终朝廷的策略只是部分和司马光的主张相合：先禁私市，又用降人换土地，最终用来交换的土地也是"除元系中国旧寨及顺汉西蕃境土外"的地方，与司马光的设想也大不相同。更何况随后西夏国内形势的变化也超出了当时人们的估计⑨。

上面役法、西夏两个例子说明，在重要事务上，司马光的主张不过是多种意见中的一种。在有些场合，司马光占据优势，但并不总是如此。除此之外的罢青苗、将兵法，乃至用文彦博为平章军国重事上，情形都是类似的。可以确凿地认为，司马光主政期间，在多数重要政事

---

① 《长编》卷三七二，元祐元年三月壬申条，第9008—9009页。
② 《长编》卷三八二，元祐元年七月癸亥条，第9313页。
③ 《长编》卷三六七，元祐元年二月戊子条，第8842—8843页。
④ 《长编》卷三七二，元祐元年三月壬申条，第9006页。
⑤ 《长编》卷三八一，元祐元年六月甲寅条，第9283—9284页。
⑥ 《长编》卷三八〇，元祐元年六月壬寅条，第9222页。
⑦ 《司马光集》卷五二，第1089—1091页。
⑧ 《司马光集》卷五三，第1105—1106页。
⑨ 参见李华瑞《宋夏关系史》，第90页。

上,都做到了各种意见的并存。而多元总是伴随着纷争,可在司马光看来,这就是真正的"开言路",就是避免政治体走入歧途的最有效方法。纷争本身就是有价值的,就说明了政治的活力和弹性。

也许有人会说,这种异论、纷争很难说是司马光设计的结果,只不过是他无法控制局面而已。看起来似是如此,但可作为反驳证据的是,元丰八年六月,司马光向高氏奏进"职位卑微如堪大任者",他提供的名单是:自己素所熟知的刘挚、赵彦若、傅尧俞、范纯仁、唐淑问、范祖禹;本不熟悉的吕大防、王存、李常、孙觉、胡宗愈、韩宗道、梁焘、赵君锡、王岩叟、晏知止、范纯礼、苏轼、苏辙、朱光庭;国之老成则有文彦博、吕公著、冯京、孙固、韩维①。从这个复杂的名单可见,司马光从来没有将自己的标准加于他所看重的臣僚,这么多臣僚之间的争议是他从一开始就必然估计到的,从上面举的两个例子也可见,他接受了这一局面。用苏轼的话来说:"光至诚尽公,本不求人希合。"②

但问题并非到此为止。当议论纷纭之时,如何保证它们不会伤害政治秩序本身?司马光的答案早就有了:当官僚的选任都合理的时候,特别是当官员都有德行的时候,即使出现纷纷异论,也不会伤害到政治体的运转。

在才德问题上,司马光始终坚持"重德轻才",此点李昌宪《司马光评传》已述之③。庆历五年的《才德论》④、嘉祐六年的《论举选状》⑤、英宗治平元年的《贡院乞逐路取人状》⑥、神宗熙宁二年的《议学校贡举状》⑦诸文中,司马光一直都在阐述德行为先的主张,并推销自己的荐举之法。元祐主政后,司马光终于得以践行自己的策略。

---

① 《长编》卷三五七,元丰八年六月戊子条,第8553—8554页。

② 《苏轼文集》卷二八《大雪论差役不便札子》,第807页。

③ 李昌宪《司马光评传》,第209—300页。

④ 《司马光集》卷七〇,第1430—1431页。此文中,司马光所谓"德"者即"善恶逆顺"。

⑤ 《司马光集》卷一九,第549—551页。

⑥ 《司马光集》卷三〇,第729页。

⑦ 《司马光集》卷三九,第887—894页。

在科举问题上,他对神宗朝以经术取人极为赞同,只是批评"王安石不当以一家私学欲盖掩先儒",因此调整了考试的经义科目;更重要的是他在进士科外,又推出"经明行修科"的方案①。元祐元年七月,他又推出了自己的"十科举士"方案,"十科"即行义纯固可为师表科、节操方正可备献纳科、智勇过人可备将帅科、公正聪明可备监司科、经术精通可备讲读科、学问赅博可备顾问科、文章典丽可备著述科、善听狱讼尽公得实科、善治财赋公私俱便科、练习法令能断请谳科②。可以看出,十科在强调德行的同时,强调为不同性质的岗位选择合适的人才。

其中,司马光特别对监司的选任倾注了很多精力。元祐元年正月,他致书三省云:"朝廷今欲整治天下,苏息疲民,先须十八路各得好监司一两人,忠厚晓事,忧民忘私,使之进贤退不肖,兴利除害。"他还说道:"前日所草监司资格及委官荐举文字,不知诸公曾遍见未?若如此可行,则早告进呈施行。"③随后二月,朝廷即下诏举监司,乃用司马光之意④。司马光还认为,王安石变法以来所置提举常平官,"乃病民之本源"⑤。根据其建议,朝廷下诏罢诸路提举官,并重申了诸路宪、漕的本职,且对其候选人的资序提高了要求⑥。八月,针对御史韩川提出的"监司不当拘限资格,专任举主,当令宰相自加选择"之说,司马光又进行了反驳,重申了监司的人选应该"累任亲民",且指出执政数人所见、所选有限,故自己的十科方案中有"公正聪明可备监司科"⑦。

总体而言,荐举在司马光德行为先的选材策略中占据很重要的位

---

① 《司马光集》卷五二《起请科场札子》,第 1081—1087 页;《乞先行经明行修科札子》,第 1092 页。

② 《司马光集》卷五三《乞以十科举士札子》,第 1113—1115 页。

③ 《司马光集》卷六三《三省咨目》,第 1314 页。

④ 《长编》卷三六五,元祐元年二月丁卯条,第 8764 页。

⑤ 《司马光集》卷五一《乞罢提举官札子》,第 1064 页。

⑥ 《长编》卷三六八,元祐元年闰二月丙申条,第 8877 页。《长编》卷三七五,元祐元年四月乙巳条,第 9100 页。

⑦ 《司马光集》卷五五《论监司守资格任举主札子》,第 1133—1134 页。

置。他任相期间密集发布荐举条令;元祐元年九月,翰林学士苏轼言:"臣请略举今年朝廷所行荐举之法,凡有七事:举转运提刑一也,举馆职二也,举通判三也,举学官四也,举重法县令五也,举经明行修六也,举十科为七。"①

因此,司马光主政期间对官员选任的重视,特别是对官员德行的强调,成为元祐政治的第二个特点。这种主张并非新创,而是司马光原来就有的,但在此时的政治安排中,却具有了特殊的针对性。

提倡多元意见与官僚选任,构成为司马光元祐施政的两大支柱。罢废新法只是具体的政事,而贯穿这些政事的理念是他从仁宗、英宗、神宗朝不断思索政治现实的结果。回顾司马光自仁宗后期至哲宗元祐元年间的政治主张和实践,可以说,正是最后一年的执政使得他的政治理论体系得到了补完。

司马光相信,强调君主在政治秩序中的核心作用,无论在什么时候都是正确的,所以他对仁宗、英宗、神宗、哲宗说了差不多的话。但是,英宗朝,特别是神宗朝给他的这一观点带来了极大的困扰,如何纠正一个作出了错误选择的君主,如何将政治秩序恢复正常? 司马光开始侧重政治体的整体性,强调发挥君主之外的政治系统的有效性。他尤其认为,保证政治体中各种意见的并存、交锋,不但不会破坏政治体的稳定,反而会有拨乱反正的效果,会巩固政治体的基础。这种可谓"异论相搅"的观点,也使得司马光一直所强调的人才、德行优先具有了新的针对性——选贤任能,德才孰先是一个老生常谈的话题,但在司马光多元意见并存的立场上,这种对人才,特别是对德行的强调,成了消解政治争议副作用的有效手段。

五 本节结语

当研究者探讨中国古代政治家的思想时,最容易出现的问题并非不注意政治家的实践,而是将其思想、实践视为一种定格的事物。在

---

① 《苏轼文集》卷二七《论每事降诏约束状》,第786页。

帝制政治体制中,政治家所能发挥的创造性始终是有限的,一位伟大的政治家,并不是总能提出别出心裁的政治理论,而是能将固有的政治主张作不同的强调、不同的组合。这是中国古代政治理论的特色所在。

孤立地看司马光的任何一项政治主张,根本不会有什么吸引人的地方。但引人之处在于,司马光不断地思考着解决政治难题的方法——即使他武器库里的选择总是那么有限。到了晚年,他坚信找到了将政治秩序永恒地维持下去的武器组合;他相信自己经历、考虑了破坏政治秩序的主要危险,并找到了解决方案。司马光是历史学家,心目中最主要的政治问题是王朝的兴衰起落,所以他的最高目标就是如何能够避免本朝的衰落,这是他一生所致力于解答的问题,而他在晚年所得到的答案是:一个理想的君主可以保证政治正确,一个多元意见并存的政治局面可以保证君主不选择歧路,德行为先的选才策略可以保证多元意见不伤害政治秩序的稳定。这一组合,就是司马光的建设性所在。

理解了这一“建设性”,司马光对新法的“破”就更容易理解了:罢废新法就是为了恢复一个有效的政治体;进而通过当下的努力,该政治体中的君主是理想的,各级臣僚也选择合理,上下各位置的人都发挥作用——这就是一个“虽亘千万年无颓坏”的“巨室”①。正是这种理念,使司马光坚信全面、快速罢废新法是必须的,且其副作用都是可以忽略的,有人提醒他更张熙丰法度可能会有后患,司马光的回答是:“天若祚宋,必无此事。”②

当然,元祐以后的政治绝非像司马光所预想的那样展开,这在本书第二章将重点阐述。但无论如何,上述就是司马光的蓝图,元祐政治的重要起点。下节将要讨论的,则是元祐政治的另一重要起点:垂帘体制。

---

① 《司马光集》卷一八《进五规状·惜时》,第 540 页。
② 孙升述,刘延世录《孙公谈圃》卷上,第 147 页。

第三节　垂帘体制的确立

元丰八年三月神宗去世后，继承皇帝权力的不是一个人，而是两个：幼主哲宗赵煦以及权同处分军国事的太皇太后高氏[1]。在司马光的建议与敦促之下，高氏要"以母改子"，罢废新法。但是，高氏的这一选择其实面临不小的困难。首先，垂帘格局之下虽然"母权"凸显，但实际上的王朝首脑仍是年幼的君主[2]。其次，本章第一节已指出，高氏、司马光二人在反新法者中实是"少数派"。由于这些因素，所谓的"以母改子"，不是高氏高拱无为就可以做到的，一个有效的"垂帘体制"对于高氏—司马光这一组合贯彻自身意志而言至关重要。

这个"垂帘体制"，不仅指女主代行君权，而且王朝的整个中枢结构都要随着她的垂帘听政而做出调整。本节的核心任务，就是要考察元祐垂帘体制的建立过程，了解其特色所在。当然，为了理解这一体制，对于此前的人事与制度格局又不能不略作涉及，故本节将先从神宗朝熙宁、元丰时代的政治体制谈起。

一　从熙宁到元丰的中枢

元丰三年至五年间，宋神宗对中央文官体系进行了一次大规模的改革，主要涉及两个方面：一是完成了自职事官阶官化向设置寄禄阶体系的转化，二是中枢行政设置由中书—枢密院体制改为三省—枢密院体制[3]。元丰改制可以被理解为宋神宗对唐代中后期以来官失其守现象的大规模整理。但整齐制度仅是目的之一，元丰改制更是为了调整权力格局，解决政治生活中所遇到的现实问题，为的是与神宗自身独特的统治风格相适应，人事安排也是与之配套的。

---

[1]　《长编》卷三五三，元丰八年三月戊戌条，第 8456 页。

[2]　参见杨联陞《国史上的女主》，收入《国史探微》，第 63—75 页。

[3]　邓小南《"祖宗之法"与官僚政治制度——宋》，收入吴宗国主编《中国古代官僚政治制度研究》，第 253 页。

　　如果进一步追溯,神宗朝的官制改革其实在熙宁时代就开始了。《神宗正史·职官志》在述及元丰改制时,先将北宋前期"百有余年,官浸失实"的情形略作叙述,随即叙述了熙宁时期一系列的制度变化,最后说:"亹亹乎董正治官之实举矣,然名未正也。"①学者们据此指出,元丰改制正是以熙宁时代一系列的机构调整为先声的②。这是正确的,但从另一个角度看,元丰改制针对的就是熙宁改制造成的问题。

　　先从《神宗正史·职官志》的叙述说起:

　　　　谓中书政事之本,首开制置中书条例司,设五房检正官,以清中书之务。又置制置三司条例司,以理天下之财。

这里指出,熙宁改制首先调整的是中书门下,以"清中书之务"为目的,意即试图将宰相从丛脞冗杂的事务性工作中解脱出来,使他们专意于国家大事,即所谓"论道经邦,燮理阴阳"。但深究之下,"清中书之务"并不是那么单纯。

　　《神宗正史·职官志》的叙述是有问题的。首先动作的不是制置中书条例司,而是制置三司条例司,事在熙宁二年二月,由知枢密院事陈升之、参知政事王安石提领③;编修中书条例始于当年九月④;中书检正官则设于熙宁三年九月⑤。

　　制置三司条例司是当时变法的总枢纽,均输法、青苗法、农田水利法都是由它负责制定、发布的⑥。之所以要在中书之外另设一个机构主持变法,一大原因是为了避开中书其他宰执——富弼、曾公亮、唐介、赵抃的阻挠⑦。另一原因应是出于现实的考虑:新法虽以理财为

---

　　①　《宋会要辑稿》职官 1 之 74、75。
　　②　参见龚延明《北宋元丰官制改革论》,《中国史研究》1990 年 1 期,第 134 页。张复华《北宋中期以后之官制改革》,第 14—16 页。邓小南《"祖宗之法"与官僚政治制度——宋》,第 252 页。李国强《北宋熙宁年间政府机构改革述论》,《中华文史论丛》2010 年第 3 期。
　　③　《宋会要辑稿》职官 5 之 1。
　　④　《宋会要辑稿》职官 5 之 9。
　　⑤　《长编》卷二一五,熙宁三年九月戊子条,第 5230 页。
　　⑥　漆侠《王安石变法》,第 101 页。
　　⑦　迟景德《宋元丰改制前之宰相机构与三司》,载《宋史研究集》第 7 辑,第 616—619 页。

首,但各项措施都是牵涉面很广的工程,没有一个部门的职能与之契合,故以"制置三司条例"的名义新设一机构,以宰执提领,颇为恰当。但是,这个机构的设立,却为提领的宰执带来了诸多新的事务,而当熙宁三年五月制置三司条例司最终罢归中书后[1],这些事务也就随之转到了中书门下。这就给已然事务繁重的中书带来了更多的压力。

在这种情况下,熙宁三年九月朝廷设置了新的宰属——中书检正官,《神宗正史·职官志》称其目的是"清中书之务"。不过,中书检正官一改之前宰相属官的吏人性质,而是高选士人,以朝官充,且事权颇广,涉及编订、详订诏敕条例,督察诸司公事,提举在京诸务,奉使巡查、处置地方政务等多方面[2]。这远远超出了宰属原有的纠正省务、点检文字职能。可以说,中书检正官其实是部分接替了原来制置三司条例司的角色[3]。这样的话,中书检正官的设置,与其说是为了"清中书之务",不如说是为了应付新增加的事务。

而在这个过程中,真正的"清中书之务"其实落实到了"编修中书条例"上。熙宁二年九月,编修中书条例所开始工作,其目的即清理中书繁冗之务以归有司[4],到了熙宁三年八月,该所才报上"合归有司二十二事"[5]。该所一直维持到熙宁八年十月,其间它清除的中书事务有几十项,故有"事归有司者浸多,而中书之务清矣"的评价[6]。但揆

---

[1]　《宋会要辑稿》职官 5 之 6-7。

[2]　迟景德《宋神宗时期中书检正官之研究》,《国际宋史研讨会论文集》,第 637—642 页。裴汝诚、顾宏义《宋代检正中书五房公事制度研究》,载《宋史研究论丛》第 5 辑,第 99—101 页。

[3]　参见迟景德《宋神宗时期中书检正官之研究》,第 629—631 页;陈克双《熙丰时期的中书检正官——兼谈北宋前期的宰属》,第 20—26 页。学者亦指出,制置三司条例司罢归中书后,"新法"的一些内容,实交由司农寺具体执行;而司农寺长官,则有来自检正官者,有来自台谏者,亦有来自两制官者,大抵皆为王安石掌握。参见王曾瑜《北宋的司农寺》,《宋史研究论文集》(一九八七年年会编刊),第 8—35 页。

[4]　邓广铭《熙宁时代的编修中书条例所——熙宁新法述论之一》,《邓广铭全集》第 7 卷,第 334—339 页。

[5]　《宋会要辑稿》职官 5 之 10。

[6]　《宋会要辑稿》职官 5 之 11。

诸史实,中书所清之务都是一些冗杂的事务性工作。

可见,在熙宁改制中,清中书之务与增中书之事是两条并存的线索,但后者显然更加突出:出于推行新法的需要,王安石所期望的是更少的掣肘、更大的事权;故熙宁改制的方向,其实是使中书能管辖、处理更多的事务,即以扩张事权为目的。

因此,王安石变法及相应的制度安排带来的客观结果是:宰相机构事权的扩大。如果明白了这一背景,就可更好地理解元丰改制的内容——它正是为了离析过于集中的宰相事权。

元丰改制涉及的内容当然很多[①],主要的内容就是本节开头所说的两个部分,而从中书门下体制到三省制的变革,又是其中最核心的部分。唐开元十一年(723),中书令张说奏改政事堂为中书门下,标志着中书门下体制的建立,而宋神宗要在三百多年后重新施行三省制,绝不仅因为其复古的理想,更是由于现实需要。

神宗以《唐六典》为蓝本采用三省六部制,回应了自仁宗朝以来的"正官名"的呼声[②],这是现实需要之一。但如果仅仅正官名的话,枢密院应该废除,而中书门下体制则不是非改不可的。仁宗嘉祐三年,胡宿、刘敞等人就认为,"即欲改正官制,当以院事还中书及尚书兵部"[③],即要取消枢密院。而元丰改制在将中书门下改为三省的同时,又保留了枢密院,说明神宗更在乎的不是整齐,而是"互相维制":一是继续保留祖宗以来的二府制衡格局;二是将中书门下分为三省,事权也相应地分割,即在二府维制之外,又在三省之间增加了制衡。因此,三省制既满足了北宋长期以来正官名的需求,也满足了神宗分割事权、增加制衡的需求。

---

① 龚延明《北宋元丰官制改革论》,《中国史研究》1990 年 1 期,第 135—137 页。元丰改制的具体步骤,参见宫崎圣明《元丰官制改革の施行过程について》,《史朋》37(2004.12):20—39。

② 有学者指出,仁宗朝的官制改革议论与真宗以前不同,后者强调恢复唐制,而仁宗朝则不再满足以唐制为目标,而是要求恢复"周礼"。见宫崎圣明《北宋前期における官制改革论と集议官论争——元丰官制改革前史》,《东洋学报》86.3(2004.12),第 60—62 页。

③ 刘敞等《上仁宗论详定官制》,《宋朝诸臣奏议》卷六九《百官门》,第 755 页。

如果追究元丰三省制的成立过程，这个目的就看得更为清楚了。

改制之初，"官制所虽仿旧三省之名，而莫能究其分省设官之意，乃厘中书门下为三，各得取旨出命，既纷然无统纪"，至六月，神宗下诏："自今事不以大小，并中书省取旨，门下省覆奏，尚书省施行。三省同得旨事，更不带'三省'字行出。"①这样的话，元丰三省制的形成分为两个阶段：第一个阶段是"厘中书门下为三，各得取旨出命"，时间从改制初（四月末五月初）到六月；第二个阶段就是六月以后，形成了中书省取旨、门下省覆奏、尚书省施行的格局，也就是人所熟悉的元丰三省制。

不能真的以为官制所不理解《唐六典》才导致了两个阶段之分，其实这是两种不同的权力分割方式，也就是不同的尝试。"厘中书门下为三，各得取旨出命"的具体方式应是：

> 三省并建政事，自以大事出门下，其次出中书，又其次出尚书，皆以黄牒付外，众以为当然。②

"黄牒"就是敕牒，即中书门下牒奉敕的文书形式。敕牒的标志性特征是由中书门下宰相签署，而不具备三省分工的签署程序，其出现的背景是中书门下作为宰相裁决政务常设机关的出现，故是中书门下体制取代三省制在文书程序上的重要反映③。既然如此，以事情大小来分割三省的职权，各得以黄牒付外，就没有从本质上改变中书门下体制，而是将其按照事情大小一分为三罢了。

现有材料可以说明，这种三省分割不是意外之失，而是刻意之设计。如元丰五年四月二十三日，也即刚下诏来月行官制之日，详定官制所上过一份关于告身的文件，其中说道："今拟阶官、职事官、选人，凡入品者皆给告身；其无品者，若被敕除授则给中书黄牒，吏部奏授则

---

① 《长编》卷三二七，元丰五年六月乙卯条，第 7871 页。

② 同上书，第 7872 页。

③ 刘后滨《唐代中书门下体制研究——公文形态·政务运行与制度变迁》，第 344、352—353 页。

给门下黄牒。"①说明当时确实设计了中书省黄牒、门下省黄牒这样的文书,当时的三省确实是按照事情大小而分,所谓三省其实是三个并列的中书门下。

实践证明这种分割不可取,因为"各得取旨出命"不但造成"纷然无统纪"、政出多门,而且也达不到有效的权力制衡,因为门下相(尚书左仆射兼门下侍郎)本是首相,若门下省仍掌大事,且兼有决策、执行的能力,则易造成首相的独大。这可以和改正后作一对比:

> 中书省掌承天子之诏旨及中外取旨之事。②
>
> 门下省受天下成事,凡中书省、枢密院所被旨,尚书省所上有法式事,皆奏覆审驳之。③
>
> 尚书省掌行天子之命令及受付中外之事。④

首先,三省—枢密院关系不再像元丰改制之前的中书门下和枢密院之间那样相对泾渭分明,而是随着三省(尤其是门下、尚书省)与枢密院联系的加强,形成了"犬牙交错"的格局⑤。其次,三省之中,"中书独为取旨之地,门下、尚书奉行而已"⑥,即中书省地位较为突出,这与之前官制所分省以门下为首、中书其次、尚书又次有很大不同。改正之后的中书相(尚书右仆射兼中书侍郎)虽有取旨之权,但毕竟是次相,又须经门下之省覆,故权力仍不会失衡。而另一方面,门下相虽是首相,却没有取旨权。

同时,"门下、中书省执政官兼领尚书省者,先赴本省视事,退赴尚书省"⑦,即门下、中书相先各自在门下、中书省治事,然后一起到尚书省治事。不过,门下相和中书相在尚书省的时间是有区别的,"左相日

---

① 《宋会要辑稿》职官 56 之 8;《长编》卷三二五,元丰五年四月甲戌条,第 7826 页。

② 《宋会要辑稿》职官 3 之 3。

③ 《宋会要辑稿》职官 2 之 2。

④ 《宋会要辑稿》职官 4 之 4。

⑤ 详见方诚峰《走出新旧:北宋哲宗朝政治史研究(1086—1100)》,北京大学博士学位论文,2009 年,第 138—140 页。

⑥ 徐自明著,王瑞来校补《宋宰辅编年录校补》卷九,元丰八年七月戊戌条,第 527 页。

⑦ 《长编》卷三二三,元丰五年二月癸丑条,第 7775 页。

日入省,以门下无事耳;右揆间日留中书,自有法,以中书事繁也"①。也就是说,因为门下省的省覆功能实际上难以发挥,所以其实门下相的主要精力都放在尚书省,而非门下省;而因为中书省取旨之事任实繁重,故中书相的主要精力在中书省,尚书省只是兼任。而在元丰三省制中,尚书省看起来是"奉行"的角色,但实际却是政务运行的重心所在②。这种情况下,虽然看似因门下相不掌握取旨权而易使中书相权力独重,实际上在操作中并不会如此。

总结来说,元丰改制其实是一种精心设计的权力分割,它所针对的就是熙宁时期因为变法而导致的宰相机构事权过大问题。

但是,分割、制衡带来了新的问题,就是效率低下:"比之旧中书稽延数倍,众皆有不办事之忧。"③究其原因,如后来苏辙所云,"凡事皆中书取旨、门下覆奏、尚书施行,所以为重慎也……一切依此,则迁缓之弊所从出也";而且,过去许多小事"皆执政批状直付有司,故径而易行。自行官制,遂罢批状,每有一事辄经三省……求事之速办,不可得也"④。司马光也批评元丰三省制"文字繁冗,行遣迂回"⑤,即元丰之制过于强调宰执间的制衡,以致效率低下。但此制终神宗之世不改,其原因就在于:元丰改制的核心不在效率,而是神宗要借着一新官制的机会,分割宰相机构的事权。

更进一步地,元丰时期神宗乾纲独断、宰执奉行成令的统治模式,部分抵消了效率低下的问题。神宗去世后,元丰八年七月,吕公著上言:

> 国朝之制,每便殿奏事,止是中书、枢密院两班。昨来先帝修定官制,凡除授臣僚及兴革废置,先中书省取旨,次门下省审

① 《长编》卷四五五,元祐六年二月丁巳条,第 10914 页。
② 邓小南《"祖宗之法"与官僚政治制度——宋》,第 253 页。
③ 《长编》卷三二六,元丰五年五月辛卯条,第 7848 页。
④ 《栾城集》卷三八《论三省事多留滞状》,第 663 页。
⑤ 《司马光集》卷五五《乞合两省为一札子》,第 1138 页。

覆，次尚书省施行，每省各为一班。虽有三省同上进呈者，盖亦鲜矣。[①]

每省分班奏事就是三省制衡在御前会议上的表现，吕公著进一步说："此盖先帝临御岁久，事多亲决，执政之臣大率奉行成命，故其制在当时为可行。"也就是说，元丰时期神宗更多地走向前台，亲力亲为，不再像熙宁时期依赖王安石那样的宰相。

还有类似的说法。如"上临御久，群臣俯伏听命，无能有所论说，时因奏事有被诘谪者"[②]。即宰相在当时非常弱势，绝不如王安石那样气盛。元丰首相王珪，号称"三旨宰相"："上殿进呈，云'取圣旨'；上可否讫，又云'领圣旨'；既退，谕禀事者，云'已得圣旨'。"[③]王珪这种奉行成令的形象，不但是个性使然，更是当时宰相地位、事权的反映。次相蔡确虽非"三旨宰相"，但王安礼当着他的面问神宗："陛下用确为宰相，岂以材术卓异有绝人者，抑亦叙次迁陟，适在此位耶？"神宗的回答是："适在此位。"并强调说："固适在此位。"[④]一点面子都不给。再如哲宗元祐元年二月，左司谏苏辙在论及蔡确、韩缜、章惇、张璪、李清臣、安焘这些熙丰臣僚时说："陛下必谓此等皆先帝旧臣，不欲罢去。然不知先帝以绝人之资独运天下，特使此等行文书、赴期会而已。至于大政事、大议论，此等何尝与闻。"[⑤]正如刘安世所说："元丰之初，人主之德已成，又大臣尊仰，将顺之不暇，天容毅然，正君臣之分，非与熙宁初比也。"[⑥]或朱熹说的，元丰年间的神宗"事皆自做，只是用一等庸人备左右趋承耳"[⑦]。

高氏、司马光继承的就是这样一种中枢体制：首先，强调宰执间的权力分割与制衡。其次，效率低下，政务处理过程迂回迟缓。最后，君

---

① 《宋会要辑稿》职官1之22—23。
② 《长编》卷三二七，元丰五年六月乙卯条，第7873页。
③ 《长编》卷三五六，元丰八年五月庚戌条，第8517页。
④ 《长编》卷三二七，元丰五年六月乙卯条，第7872页。
⑤ 《栾城集》卷三六《乞选用执政状》，第634页。
⑥ 马永卿辑，王崇庆解《元城语录解》卷上，第10页。
⑦ 《朱子语类》卷一三〇《自熙宁至靖康用人》，第3096页。

主本人角色突出,宰执弱势,奉行成令而已。

这些特点中的任何一个都不适于新的形势。高氏不是没有独断的意图,但宋代政治传统对女主角色的定义限制了这种可能性,年幼的哲宗则根本谈不上独断与否。元祐之政要贯彻高氏—司马光的意志,一刀切地罢废新法,自然容不下太多的制衡,更是容不下迁缓。这说明,元祐中枢体制必然要全面改变元丰之成规。

二　元祐三省:同取旨、聚议与"三省事通为一处"

"垂帘"当然是元祐时期所有中枢体制调整的出发点,但"垂帘体制"的完全确立并不是随着神宗去世就马上成立,与之相适应的有一系列关于宰执人事、制度的调整。

首先,元丰三省的严格分工与神宗的乾纲独断、事皆自做分不开,又有效率低下的弊端,因此,随着哲宗的登基、高氏的垂帘,这一状况必须得到改变。而三省要整合起来,可以分为三个层次:一是共同参与御前会议,即"同取旨";二是三省共同商议政务,即所谓"都堂聚议";三是三省融为一体,类似元丰改制前的中书门下,时人谓之"三省事通为一处"。

先看"同取旨"的问题。元丰八年五月,神宗留下的门下相王珪去世,于是中书相蔡确继补,知枢密院事韩缜升任中书相,门下侍郎章惇知枢密院事,而本来知陈州过阙的司马光则升任门下侍郎[1]。之后七月六日,吕公著任尚书左丞,十一日即上疏建议三省同进呈取旨,史称:

> 自元丰五年改官制,政柄皆归中书省。王珪以左相在门下,拱手不复校。王安礼每愤懑不平,欲正其事,而力不能也。公著被命未受,即为上陈之。后遂诏应三省合取旨事及台谏章奏,并同进呈施行。[2]

---

[1] 《宋宰辅编年录校补》卷九,哲宗元丰八年五月戊午条,第510—513页。
[2] 《宋会要辑稿》职官1之23。

王安礼相继为尚书右丞、左丞①，而吕公著亦以尚书左丞的身份呼吁三省同进呈。那么，为什么王安礼做不到的事，吕公著却做到了呢？

刘挚对此有个解释，他认为原因就在蔡确身上：蔡在元丰时任中书相，"畏之者不敢言，附之者不肯言，故三省不得而合也"；而蔡确升任门下相后，担心"去中书之位则无差除之权"，于是"阴令御史中丞黄履上言以为请，朝廷从之，于是差除方归三省合班取旨矣"②。对于这个解释，有学者认为是合理的③，但其实颇可疑④。前面已经指出，元丰时期的门下相与中书相的权力远远达不到失衡的地步。而且，在神宗时代，首相王珪已经请求"尚书省官及诸道帅臣许臣同议"，神宗也答应了⑤。因此，门下相并不是全无差除之权。正因如此，对于所谓的"政柄皆归中书省"现象，王珪才会"拱手不复校"。必须要指出的是，中书省权重与中书相权重是两个概念。确实，在元丰三省制中，中书省的重要性远远高于门下省，但这绝不意味着中书相压过了门下相。理由前面已经说了。

如果刘挚的这个解释不甚合理，那么原因何在呢？刘挚还提到了蔡确"阴令御史中丞黄履上言以为请，朝廷从之，于是差除方归三省合班取旨矣"。按黄履于元丰八年九月，也就是吕公著上言两个月后，劾韩缜"自领中书以来，曾未数月，朝廷差除及缜姻戚者屡矣"；于是朝廷"遂诏三省合取旨事及台谏章奏并同进拟，不专属中书"⑥。对此，李焘在小注中说："按吕公著八年七月入朝，便有此申请，不缘确意。"如果综合这些记载的话，直接促成三省同取旨的，先后有吕公著、黄履二人的上言，而当时的中书相则是韩缜。这就带出了一个值得追踪的事

---

① 《宋史》卷三二七《王安礼传》，第 10556 页。

② 《长编》卷三六三，元丰八年十二月戊寅条，第 8677 页。

③ 王化雨《北宋后期三省奏事班次考》，《北京大学学报》2013 年 2 期，第 107—108 页。

④ 关于蔡确在元丰改制中的"阴谋"，宫崎圣明已从改制过程、史料来源的角度，作了一些辨析。见宫崎圣明《元丰官制改革の施行过程について》，《史朋》37（2004.12）：30—32。

⑤ 《长编》卷三二七，元丰五年六月乙卯条，第 7872 页。

⑥ 《长编》卷三五九，元丰八年九月乙巳条，第 8596 页。当时的"三省合取旨事"到底包括哪些，见王化雨《北宋后期三省奏事班次考》，第 108—109 页。

实：中书省独取旨之权是在韩缜任中书相时开始失去的。

韩缜本知密院，王珪去世后接替蔡确为右相，其事有深意在焉：

> 神宗上仙，王珪病薨，蔡确迁左仆射，宣仁问确："右仆射阙，谁合做？"确对曰："以即今班序论之，即知枢密院事韩缜合做。若以祖宗故事论之，则东厅参政合做。东厅参政，即今门下侍郎章惇也。"宣仁识确语意主惇，因曰："且只依今班序。"①

在韩缜与章惇之间，太皇太后将蔡确所不喜的韩缜提拔为中书相。后来绍圣年间，给事中叶祖洽弹劾韩缜，说他交结张茂则、梁惟简以取宰相②。其中，梁惟简是高氏尤其亲信的宦官，元祐元年时就已经"在太皇太后殿祗候近二十年"③，可印证韩缜"依靠"高氏而进。

这一点对于之后的政治形势有重要影响。因为在当时的情况下，中书相其实是唯一的宰相。蔡确接替王珪升任首相后，也要接替他的神宗山陵使之职。山陵使总领皇帝丧葬事宜，领有"山陵使司"负责措置大行皇帝丧礼诸事，故作为山陵使的时候，宰相实无法履行其政府首脑之职。而且，山陵使还要陪护灵柩前往永安县，在他离开京师的这段时间，正是政治角力的时机。据说：

> （韩）缜素不平确与章惇、邢恕等谋诬罔宣仁。及确为神宗山陵使，缜于帘前具陈确奸状，由是东朝与外廷备知之。④

北宋皇帝都遵七月葬期之制，神宗逝于元丰八年三月，灵柩于十月六日起发，二十四日下葬永裕陵⑤。因此，自元丰八年五月任相至十月，蔡确都难以完全履行首相的职能，而且在十月还需离开京师十数日。在这种情况下，次相韩缜不能不成为关键性的人物。如上所说，蔡确的失势很大程度上是韩缜借机居中运作的结果，李焘说："确先罢，缜

----

① 《长编》卷三五六，元丰八年五月戊午条注引吕本中《杂说》，第8520页。
② 《长编》卷四八七，绍圣四年五月己巳条，第11572页；卷四九六，元符元年三月甲戌条，第11811页。
③ 《长编》卷三八九，元祐元年十月丙戌条，第9449页。
④ 《琬琰集删存》卷三《韩太保缜传》，第53a叶。
⑤ 《宋会要辑稿》礼37之14。

尚少留,当缘发确等奸状,故东朝以为忠耳。"①

　　元丰时期之所以维持的"每省各为一班"的情况,主要原因如前所述,乃在于神宗"事多亲决,执政之臣大率奉行成命"。神宗去世后,三省同取旨的这一最大阻力便没有了。但是,三省同取旨的另一种阻力则来自宰执。设想一下,在分班奏事的情况下,中书省班是韩缜、张璪,门下省班是蔡确、司马光,尚书省班是蔡确、韩缜、吕公著、李清臣,枢密院班则是章惇、安焘。这样分班的话,高氏所引入的司马光、吕公著基本难以发挥作用:他们两人不仅被淹没在熙丰众臣中,还被分隔在两班;司马光处于相对不太重要的门下省,吕公著虽在尚书省,可上面还有两位宰相以及同为执政的李清臣。而作为熙丰臣僚的蔡确等人,为了维持熙丰政策,自然乐得保持这种局面。

　　这样的话,三省同进呈取旨为什么在元丰八年九月得以实现就能理解了。在高氏主导之下,韩缜升任中书相,因此他的阻力基本就被化解了。蔡确又因山陵使在身而无法履行宰相职责,所以又排除了蔡的阻力,三省同进呈终于得以实现②。

　　再来看三省聚议的问题。熊本崇认为,遵循原则、严格执行的三省聚议,是元祐政权取得的最大成果,也是对三省共同进呈的补充;而且,元祐时期对神宗所定官制的改革,最终是为了防止特定一省或者个人的权力膨胀,并维持三省成员的对等性③。这是一个比较有意义的看法。但是,如果考虑到本节第一部分所说,则可知元丰三省制的最重要立意就是权力的分割与制衡,不待元祐时期来完成。

　　三省聚议确实有防止个人权力膨胀的作用,但这里的"个人"是有特指的。元祐元年闰二月蔡确罢相之前,门下侍郎司马光就呼吁聚议:

――――――――――――

　　①　《长编》卷三六〇,元丰八年十月己丑条注,第8630页。
　　②　三省最终完全同进呈,还需要再过三年左右的时间。见王化雨《北宋后期三省奏事班次考》,第110―111页。
　　③　熊本崇《宋元祐三省考――"调停"と聚议をめぐって》,《东北大学东洋史论集》9（2003）:323―423。

先是，执政官每三五日一聚都堂，堂吏日抱文书历诸厅白之，故为长者得以专决，同列难尽争也。光尝恳确，欲数会议，庶各尽所见，而确终不许。①

由此可知，聚议最终要削弱的还是作为尚书省长官的蔡确的"专决"权力，副长官则是韩缜。这当然还是出于为"更化"排除阻力的需要。

问题是，蔡确于元祐元年闰二月罢相后，司马光升任首相，三省聚议还是没有实现。这是有特殊原因的，即自元祐元年正月开始，司马光便"以疾谒告"②。刘挚在正月上疏中说："今司马光老矣，而病羸已甚。"③从正月二十八日始，司马光因病"十有三旬不能出"，直到五月才能入对④。因此，司马光虽在元祐元年闰二月拜相，但实已病到不能至都堂主持日常工作。在这种局面下，如果实行了都堂聚议，则主持者就成了次相韩缜了，他本来就是熙丰之政的参与者。作为一种替代方案，当时采用了另一种议事制度，据司马光称，执政在奏知君主同意之后，可至其家商量公事⑤。这说明了司马光对朝政走向的掌控。

至元祐元年四月，吕公著接替韩缜任次相，吕大防升任尚书右丞，执政中就只有张璪、李清臣两位是熙丰旧臣了。在这种力量对比下，都堂聚议终于可以实现了："公著既秉政，乃日聚都堂，遂为故事。"⑥前引文已经说了，之前不是没有聚议，而是三五日不定期一聚，平时则由吏人将文书分呈宰执过目，故往往出现宰相专决的局面。吕公著任相之后，将这种不定期的聚议改成"日聚"，成为一种日常的理政方式。

再来看第三个层次的"三省事通为一处"问题。从现有材料可以看出，元祐中枢体制调整有一种趋向，就是向过去决策、执行一体化的中书门下体制靠拢。元祐四年（1089），司马光之子康上其父遗奏，其中一份是《乞合两省为一札子》，其中说道：

① 《长编》卷三七七，元祐元年五月丁巳条，第 9147 页。
② 《长编》卷三六四，元祐元年正月己酉条，第 8716 页。
③ 《长编》卷三六四，元祐元年正月丙辰条，第 8729 页。
④ 《长编》卷三六四，元祐元年正月丁巳条，第 8732 页。
⑤ 《长编》卷三七六，元祐元年四月叙事条，第 9141 页。
⑥ 《长编》卷三七七，元祐元年五月丁巳条，第 9147 页。

> 臣等今众共商量，欲乞依旧令中书、门下通同职业，以都堂为
> 政事堂。每有政事、差除及台谏官章奏，已有圣旨三省同进呈外，
> 其余并令中书、门下官同商议，签书施行。事大则进呈取旨，降敕
> 札；事小则直批状指挥，一如旧日中书门下故事。①

这份札子很清楚地说明了什么是"一如旧日中书门下故事"：同进呈、
同商议、同签书施行。前两者到元祐元年四月就已经部分实现了，但
第三者却成了悬案。

该札子写作时间不详，据《传家集》题下标云"元祐元年与三省同
上"，不够具体，且事实上此札当时未上，而是在元祐四年由司马康所
上。该札子最后有一系列的署衔：

> 月日，中书侍郎臣张某等札子。门下侍郎臣韩某。尚书右仆
> 射兼中书侍郎臣某。尚书左仆射兼门下侍郎臣某。

中书侍郎张某即张璪，门下侍郎韩某即韩维，而韩维任门下侍郎是元
祐元年五月的事，那么这时候的尚书左右仆射应该分别是司马光和吕
公著。这一署衔说明：第一，"一如旧日中书门下故事"不是司马光一
人的想法，而是宰执共同的意见；第二，吕公著秉政之后，虽然三省日
聚都堂商议政事，但还没有实现所谓的共同"签书施行"。

元祐二年四月，范纯仁上言：

> 昔时政府只是中书一处，所以事速而人情易通。今分为三
> 省，庶务益更迁滞，兼机事时有漏泄，至如陛下欲别择秦帅，却一
> 面将吕公孺不许辞免诏旨行下。盖是关预处多，不相照应，以致
> 如此。特乞圣旨宣谕文彦博及执政大臣同议，将三省事通为一
> 处，复如昔日中书，庶几政事无壅，天下受赐。②

范纯仁"三省事通为一处"的设想，与司马光"两省合一"的计划是类
似的，反映了当时改制的基本追求。范奏说明，一直到了元祐二年四

---

① 《司马光集》卷五五，第1138—1139页。
② 《长编》卷三九八，元祐二年四月甲午条，第9707—9708页。

月,这一目标仍未实现。

又元祐四年司马康上其父遗稿后:

> 诏以二奏付三省,乙巳进呈,且言今三省皆同奏,事与光时不
> 同,及其所言多已施行。太皇太后宣谕曰:"今已无事,不必改
> 更也。"①

对于这一点,李焘在小注中质疑说:"范祖禹志司马康墓云:'康上光旧
稿,降付三省,而朝廷未遑有行。'不知此所谓多已施行者何也? 当
考。"其实这个问题应该拆开来回答:三省同奏,确实是司马光在世时
就已经施行了的,但司马光所说"两省合一"的关键内容,即共同"签
书施行"在当时御前会议中并没有提及。当时的左谏议大夫梁焘亦
言:"近其子康缴进,未闻朝廷施行,伏乞检会光议,审酌其当而施行。
如旧日中书门下通治政事,省十二房为六房,事可归一,吏无冗员,文
书不繁,行遣径直。"②即没有实现的是"如旧日中书门下通治政事"。

总结三省同进呈、聚议、三省事通为一处这三个问题,前两者皆已
在元祐初完成,一是于元丰八年九月基本实现了三省同进呈取旨,二
是在元祐元年四月三省宰执开始日聚都堂。这说明了元祐中枢体制
努力实践着一定程度的"集体领导",这当然是为了改善元丰三省运作
效率低下的弊端,更是在展示一种政治姿态:更改熙丰之政不是一二
人之一意孤行,而是集体决策的结果。当然,本章第一节就说了,全盘
地、一刀切地罢废新法其实是一种少数派意见,而在高氏、司马光的主
导下,这种少数派意见就通过上述集体决策的方式实现了。

但更进一步的整合并没有发生。"一如旧日中书门下故事""三
省事通为一处""如旧日中书门下通治政事"虽然是元祐时许多宰执
的目标,却并没有实现。或者说,它已经没有必要再实施了。那么,是
不是存在另一种方式,使得元祐三省在同取旨、共聚议的基础上仍能
实现进一步整合呢?

---

① 《长编》卷四三一,元祐四年八月乙巳条,第 10413 页。
② 同上书,第 10414—10415 页。

答案是肯定的，这就是平章军国重事、平章军国事的出现。马端临说："自宋元祐以后，文潞公、吕申公相继以平章军国重事序宰臣上，而宰相之上复有贵官自此始。"①文潞公即文彦博，吕申公为吕公著。这种制度的实施，使得元祐中枢绝对不像熊本崇所说的三省成员有"对等性"，恰恰相反，呈现了一种非常独特的层级结构。

三　平章军国重事、平章军国事

"平章军国重事"之设，出于司马光的建议。元丰八年五月，司马光除门下侍郎，他即"奏乞召（文）彦博，置之百僚之首，以镇安四海"；文彦博当时已经致仕，高氏拒绝了这一建议②。元祐元年闰二月司马光任左相后，又自请仍任门下侍郎，让文彦博"以太师兼侍中、行左仆射"为首相，高氏再次拒绝；而当时司马光也提出了另一种可能，即"凡常程文书只委右仆射以下签书发遣，惟事有难决者方就彦博咨禀，在陛下临时优礼耳"，不同于一般宰相③。

三月底，韩缜乞罢，右仆射兼中书侍郎的位置即将空缺，高氏决定部分采纳司马光的建议，欲以文彦博为太师兼侍中、行右仆射事④。但如果文彦博除右仆射的话，就位司马光之下，这与其资望不符，于是司马光请求自己任右仆射而文彦博任左仆射，被高氏拒绝了，"今若一旦使彦博居卿之上，于予所以待卿之意，深未允当"。对于文彦博的入朝，高氏不是不同意，而是在寻找合适的安排方式。

四月，韩缜罢相。虽然具体安排尚未有结论，但高氏已决定起用文彦博，于是派中使至洛阳召之。这一消息传出后，一些人以为文彦博将要为相，于是御史中丞刘挚、右正言王觌都上言反对，其中王觌建议"使彦博以太师任职，数日一赴讲筵，访以经术；朔望以对便殿，问以

---

① 马端临《文献通考》卷四九《职官考三·宰相》，第 1413 页。
② 《长编》卷三六八，元祐元年闰二月庚寅条，第 8854 页。
③ 同上书，第 8855 页。
④ 《长编》卷三七四，元祐元年四月己丑条，第 9053—9054 页。

大政"①。此外,范纯仁奏乞以文彦博为师臣;朱光庭札子乞尊礼为帝师,勿劳以宰相职事②。这些意见都是反对以文彦博为相,名为质疑其以高龄应付万机的能力,其实是要对其参与政事的程度有所限制。

这些意见都汇总到了司马光那里,他最终提出:

> 若以正太师平章军国重事(彦博今以节度使守太师,犹是使相,若解节去守,则为正太师,位冠百僚,在宰相上),令五日或六日(今缘双日垂帘,故有至六日)一入朝,因至门下、中书、都堂与诸执政商量,重事令执政就宅咨谋,其余常程文书,只委仆射以下签书发遣,如此亦足以尊大臣、优老臣矣。③

于是,五月,文彦博特授太师、平章军国重事:

> 一月两赴经筵,六日一入朝,因至都堂与执政商量事;如遇军国机要事,即不限时日,并令入预参决。其余公事,只委仆射以下签书发遣,俸赐依宰臣例。④

伴随着文彦博入朝而来的人事调整,还有前面提过的吕公著任右仆射兼中书侍郎,韩维任门下侍郎。这样的话,从元丰八年五月开始的中枢人事调整,到元祐元年五月就基本完成了:中枢有平章军国重事文彦博、宰相司马光和吕公著,还有其余执政。

司马光为什么一再要求用文彦博,置之"百僚之首"?这当然不仅是为了"镇安四海"这样空泛的目的,也不仅是因为文彦博反对"新法"。前已述及,元丰宰执更多扮演奉行成命的角色,以文彦博这样的重臣为宰执之首,对扭转三省原有的疲弱形象、提高威望有重要意义。而且,作为仁宗朝以来的元老重臣,文彦博是祖宗朝的象征,而恢复祖宗之制正是高氏、司马光等人努力要传达的政治意图,文彦博的形象

---

① 《长编》卷三七四,元祐元年四月己丑条,第9054页;《长编》卷三七五,元祐元年四月乙巳条,第9109页。
② 《长编》卷三七六,元祐元年四月叙事条,第9140页。
③ 同上书,第9140—9141页。
④ 《长编》卷三七七,元祐元年五月丁巳条,第9148页。

很好地符合了这一要求。用这样一位人物来统御所有宰执，确实有非常之意义。

可是，无论是士大夫还是高氏，都不希望文彦博居宰相之任。这也是可以理解的。主导元祐政治的是高氏，还有她所信任的司马光。文彦博确有"镇安"之用，但又由于他的资历、德望，若其介入的实际政务过多，影响过大，就有可能牵动实际的政策走向，稀释高氏、司马光的主导力，这就是高氏及"元祐诸公"都不乐意看到的。因此，必须有一种方式，既保证平章军国重事与普通宰执的合作，又对其参与的程度有所限制。

设定其参与都堂议事和御前会议的频率，是当时的应对之策。前面已经提到，文彦博是"六日一入朝，因至都堂与执政商量事"，右相吕公著则与执政"日聚都堂"。那么左相司马光呢？

司马光任相后，久在病假，无法日赴都堂。元祐元年五月，高氏诏其"乘轿子三日一至都堂聚议，或门下、尚书省治事"①。司马光以为恩礼太过："伏望圣慈俟臣步履稍有力，拜起得成，参假了日，与诸执政一例供职。"②并于本月十二日力疾入对延和殿，随即入门下省③。可见司马光不希望自己三日一至都堂，而是希望能正常地主持三省政事。

但司马光也不得不承认，自己的身体状况已经不允许了，于是再次上言响应太皇太后"乘轿子三日一至都堂聚议"之诏：

> 伏缘三省、枢密院各有职事，难以臣故必令三日一聚。检会去岁曾有指挥，遇假日有公事，许于东、西府聚议。其东、西府近北旧有便门，臣欲乞于近南更开一便门。臣今有足疾未愈，乞遇假日，或日晚执政出省后，有合商量公事，许乘小竹轿子往诸位商量。其诸执政有欲商量公事者，亦许来臣本位，更不一一奏闻。④

① 《长编》卷三七七，元祐元年五月戊午条，第 9148—9149 页。
② 《司马光集》卷五三《辞三日一至都堂札子》，第 1098 页。
③ 《长编》卷三七八，元祐元年五月戊辰条引王岩叟《朝论》，第 9174 页。
④ 《司马光集》卷五三《乞与诸位往来商量公事札子》，第 1102 页。

这里的东西府、诸位,是指两府执政的官邸。前已论及,在元祐元年四月之前,执政在"奏知"后才去司马光家商量公事,而五月后就不必一一奏闻了。而且,原来在司马光官邸议事,并没有提到时间频率,司马光在此则请求,"遇假日或日晚执政出省后",他与宰执可于官邸往来议事。这虽及不上每日供职,但比三日一次肯定是要频繁、灵活。可见,在无法参与都堂日聚的情况下,司马光努力争取了更多的中枢议事机会。

如此,自元祐元年五月至九月司马光去世,中枢的权力格局是一个有差序的体系:平章军国重事文彦博六日一至都堂;左相司马光于官邸议事,频率介于一日和三日之间;右相吕公著以下则日聚都堂。在这个三级体系中,文彦博作为平章军国重事,其权限有明文规定,他可以干预的事目有:

> 曰除前执政、尚书、节度使、翰林学士、御史中丞,曰除边帅、开封成都知府,曰大典礼,曰赦宥,曰要切边事,曰军马、河防措置事。①

这些事务是有限的,同时又是超越三省、密院之畛域的。与文彦博相比,司马光"每欲以身徇社稷,躬亲庶务,不舍昼夜"②,日常工作都由他来主持。从他不断上疏可以看出③,司马光虽在病中,却还是密切地、有效地关注着朝中的各种事务。他是真正的掌舵者。

司马光于九月去世之后,有人怀疑文彦博会继任宰相④,但一直到元祐三年四月,左相的位置一直空缺,无人继补。这段时间内,文彦博的地位有被边缘化的迹象,他关于用人、制度方面的建议,屡被言官攻击⑤。元祐二年四月,因为文彦博累乞致仕,又诏其"可自今后每十日

---

① 《长编》卷四一〇,元祐三年五月己酉条,第9990页。
② 《长编》卷三八七,元祐元年九月丙辰条,第9415页。
③ 司马光复出后,在15个月内写了百余篇奏疏。见李昌宪《司马光评传》,第256页。
④ 朱光庭《上哲宗论司马光薨当谨于命相》、刘挚《上哲宗论司马光薨当谨于命相》,俱载《宋朝诸臣奏议》卷四七,第508—509页。
⑤ 《长编》卷三九六,元祐二年三月丙寅、戊辰条,第9652、9655页。

一赴朝参，因至都堂议事，仍一月一赴经筵"①。从六日一至改为十日一至，是文彦博在元祐中枢体系中日渐边缘化的标志之一。毕竟，这个时候元祐之政的走势大抵已经明朗，文彦博的作用便不再那么重要了。

到了元祐三年四月，右相吕公著"为司空、同平章军国事，仍一月三赴经筵，二日一朝，因至都堂议事"，同时空缺的左右相位置由吕大防和范纯仁继补②。这样的话，形成了文彦博十日一至，吕公著二日一至，吕大防、范纯仁以下宰执日至这一新的序列。到了元祐四年二月吕公著去世，元祐五年二月文彦博退休，这一序列才完全瓦解。

吕公著同平章军国事，无"重"字，被认为是前所未有的，李焘也以为不知何故。从"三省、枢密院以军国事目当关吕公著者"的令文来看，吕任同平章军国事，而非重事，是精心的设计，而非意外：

凡与三省同施行者：一曰应差除并责降叙复；二曰应三省并三省、枢密院同取旨；三曰边防体大公案，并体量取勘事；四曰支移钱粮数多；五曰诸军班特支；六曰差官按察；七曰馆伴入国接伴、送伴；八曰朝会；九曰国书；十曰近上蕃夷若李乾德、阿里骨等受官袭封；十一曰废置州县；十二曰特立捕盗赏格。

其与逐省同施行者：一曰省曹寺监所上事；二曰体量赈济；三曰应缘大礼事；四曰应科场事；五曰非泛祠祷；六曰应干陵庙事；七曰诸蕃国进奉差押伴官，并进奉回赐；八曰修书；九曰创立改更法令；十曰应缘河防事；十一曰铸造钱宝；十二曰典礼仪制；十三曰捉杀十人以上贼。

其与枢密院同施行者：一曰除授差移管军，三路副都总管至副总管，三路沿边知州带安抚使、管勾安抚司、同麟府路管勾军马，两省都知、押班，枢密院都、副承旨，内臣昭宣使已上；二曰诸路添减军马；三曰更改大法令；四曰议论未决疑难事务；五曰诸班

---

① 《长编》卷三九八，元祐二年四月戊子条，第9702页。

② 《长编》卷四〇九，元祐三年四月辛巳条，第9963页。

直指挥使已上转员;六曰差文臣措置边事;七曰文臣换大使臣;八曰处置边防;九曰辨理疆界;十曰战阵赏罚;十一曰诸路紧切事宜;十二曰国信;十三曰民兵;十四曰马政。[①]

这一令文非常清楚地说明了吕公著作为平章军国事乃一个超越并统御三省、枢密院的角色。而且,与前引文彦博所预事目相比,可知吕公著的头衔虽与他相似,但角色却完全不同。文彦博所预仅是数项最为紧要、礼仪层次最高的事务,而吕公著则要负责几乎所有军国事务。因此,吕公著实"兼三省侍中、中书令、尚书令之职"[②]。进一步可以说,吕公著的作用与文彦博不同,而是更接近司马光,是权力的实际掌控者,故其头衔去"重"字,乃是应有之义。

如上可知,元祐平章军国重事、平章军国事的设置,以及司马光所扮演的角色,实际上已经突破了元丰二相制的格局,宰相之上又有一重臣为首相,统领普通的宰执。在这种情况下,"三省事通为一处"已经变得没有那么必要了。而且,这种设置带来了层级鲜明的中枢权力格局,而这种权力格局就是为了配合当时最基本的政治现实——女主垂帘。

四　垂帘仪制与垂帘体制

元丰八年三月神宗去世,遗制"应军国事并太皇太后权同处分,依章献明肃皇后故事。如向来典礼有所阙失,命有司更加讨论"[③]。据此,礼部、御史台、阁门奏上了"御殿及垂帘仪":

> 每朔、望、六参,皇帝御前殿,百官起居,三省、枢密院奏事,应见、谢、辞班退,各令诣内东门进牓子。
>
> 皇帝双日御延和殿垂帘,日参官起居太皇太后,移班少西起居皇帝,并再拜。三省、枢密院奏事。三日已上四拜,不舞蹈,候

---

① 《长编》卷四一〇,元祐三年五月己酉条,第9989—9990页。标点有改动。

② 杨仲良《续资治通鉴长编纪事本末》(简称《长编纪事本末》)卷一〇一《逐元祐党上》,绍圣元年七月丁巳条,第3230页。

③ 《长编》卷三五三,元丰八年三月戊戌条,第8456页。

祔庙毕，起居如常仪。①

要理解这一仪制的特点，必须对北宋常规的朝参制度略加说明。

北宋朝参制度在元丰年间有一次较大的改革，元丰八年二月神宗去世前又有微调，改革之后的朝参分为日参（常参）、朔参、望参、六参四种。其中，侍从官而上日朝垂拱殿，为常参，其余的朔参、望参、六参都在紫宸殿②。参加六参的是"诸三省、御史台官，寺监长贰，开封府推判官"；此外，"职事官赤县丞以上、寄禄升朝官在京厘务者望参，不厘务者朔参"③。在这样一个朝参体系下，最为重要的自然是垂拱殿的日参，真正的皇帝与宰执御前会议就在起居仪式结束后进行。一般来说，北宋皇帝视事大致有三步，先是垂拱殿听政，接着退至崇政殿继续处理政务，最后是延和殿的"再坐"④。

但是，这里说的只是常规制度，垂帘是特殊时期，故又有所不同。仁宗（1022—1063 在位）前期，刘后垂帘，其时刘后与仁宗"五日一御承明殿，垂帘决事，而上未始独对群臣也"，承明殿即后来的延和殿；即这一时期的军国政务，都要由刘太后来决定，地点即在承明殿。天圣九年（1031），翰林学士兼侍读宋绶请"令群臣对前殿，非军国大事及除拜，皆前殿取旨"，意即恢复皇帝前殿决事，由此深忤太后之意⑤。

这就可以看到，元祐垂帘仪制基本继承了仁宗朝的旧格局。首先，元祐时期，皇帝单独出临百官的机会是五日一次的百官大起居，虽然这一环节也有所谓"三省、枢密院奏事"，但已经没有实质内容，下面会提到，主要是起着臣僚"瞻望皇帝清光"的作用。其次，原来的日参，即垂拱殿每日视事，已经被双日延和殿垂帘所取代了，太皇太后高氏与哲宗赵煦共同出席，是实际的决策场合。这是为了适应太后主政的

---

①　《长编》卷三五三，元丰八年三月乙卯条，第 8462 页。

②　朱瑞熙《中国政治制度通史·宋代卷》，第 106—107 页。

③　《长编》卷三五一，元丰八年二月辛卯条，第 8409 页。

④　参见王化雨《宋朝君主的信息渠道研究》，北京大学历史学系博士学位论文，2008年，第 21 页。《宋会要辑稿》仪制 1 之 1；《宋史》卷一一六《礼志十九》，第 2755 页。

⑤　《长编》卷一一〇，仁宗天圣九年十月己卯条，第 2567 页。

局面在御前会议制度上作出的变化。

但刘氏与高氏垂帘仪制也有不同,最明显的是视事频率。仁宗时刘后五日一垂帘,哲宗朝延和殿垂帘则是两日一次。这直接说明了高氏参与朝廷日常事务的程度超过仁宗前期的刘氏。更重要的是,前面提到的整个中枢权力层级的构造,就是围绕着这一视事频率而展开的。

文彦博先是六日一朝,后是十日一朝;吕公著则是二日一朝,都是在双日,这与太皇太后在延和殿垂帘听政的日子是吻合的。前引司马光奏提供了五日或六日一入朝两个选择,并特意说:"今缘双日垂帘,故有至六日。"最终高氏选择了六日一朝,将文彦博的入朝日安排在垂帘日。关于吕公著入朝日的安排也是如此:

> 诏:"司空、平章军国事吕公著遇后殿垂帘,同三省进呈,六参日仍起居奏事。"自两宫同听政,常以双日于延和殿垂帘,故诏公著二日一入朝,然皇帝乃五日一御前殿视朝,皆只日也。于是公著复请六参日仍起居奏事,庶得瞻望皇帝清光。诏从之。[①]

吕公著坚持六参日在前殿起居奏事,为的是在礼制上尊重君主。但二日一入朝,则是到后殿参与实质的政务商决。

南宋洪迈曾评论文彦博之命说:"潞公此命,可谓郑重费力,盖本不出于主意也。"[②]"郑重费力"之说没有错,司马光与高氏确实就文彦博的任用问题多次往复。但是,"本不出于主意"之论,则是没有看穿高氏的心思——高氏需要的就是文彦博这样的人。作为女主,正值政策变动之际,高氏希望人们相信,朝廷所行乃是她与文彦博、司马光、吕公著这样的重臣、老成之人深思熟虑的结果,以此镇安人心。

比如,上节提到,在元祐元年对西夏的政策问题上,司马光坚持弃地,而臣僚却有很多异议;但是,原来态度模糊的文彦博在元祐元年六月突然变得很明确,也主张以土地换暂时和平,"可以粗得整齐兵势,

---

① 《长编》卷四〇九,元祐三年四月丙戌条,第9969页。

② 洪迈《容斋四笔》卷七《文潞公平章重事》,第698页。

全养民力"①,于是其"论与光合,众不能夺"②。还有一个例子是元祐四年的车盖亭诗案,时宰执范纯仁、王存二人因为不主张严惩蔡确,事后上章乞罢,"皆留中不出,亦不批答,亦不封还,亦不遣使宣押。文彦博同执政入对,遂定议",当晚就锁院草制③。可见,高氏在等待文彦博的意见,再作出最后定夺。有学者指出,仁宗朝刘后垂帘倾向于利用近臣或亲近之人,如宦官、外戚等,而高氏垂帘则更多地仰赖官僚群体④。这一观察应该是合理的。

通观整个元祐垂帘体制,首先是双日延和视事,然后是整个中枢体制相应的调整。这种调整,以三省同进呈、共聚议、宰相之上设"贵官"的方式,突破了元丰三省制,在最高层政治体制中形成了一种有差等、有序列的权力格局。正是这种格局,有力地保证了高氏、司马光等对于政策走向的掌控。

五　本节结语

元祐垂帘体制虽然是非常之制,但是相当有效。类似的过程在北宋历史上发生过不止一次。第一次在真宗(997—1022 在位)、仁宗之际,虽然以"军国事兼权取皇太后处分"的形式完成了政权相对平稳的过渡,但政治的暗潮却不断涌动,刘太后、皇帝、臣僚之间的权力分配始终是个问题⑤。第二次发生在英宗(1063—1067 在位)即位初期,英宗虽已成年,但一度病重,仁宗后曹氏于是"权同处分军国事",但曹后和英宗的矛盾却成为大问题,赖诸多朝臣苦苦调解。历史的经验说明,太后垂帘是权力过渡的有效方式;也说明,太后垂帘在权力分配上

---

① 《长编》卷三八一,元祐元年六月甲寅条,第9283—9284 页。

② 《长编》卷三八〇,元祐元年六月壬寅条,第9222 页。

③ 《长编》卷四二九,元祐四年六月庚子条,第10357 页。

④ 平田茂树《宋代の垂帘听政について》,载《柳田节子先生古稀记念——中国の传统社会と家族》,第85—86 页。同作者《宋代の言路》,收入《宋代政治结构研究》,第62—67 页。不过也有学者指出,高氏除了依靠官僚群体外,对于宦官也比较看重。见 Priscilla Ching Chung, *Palace Women in the Northern Sung*, p. 73。

⑤ 刘静贞《从皇后干政到太后摄政——北宋真仁之际女主政治权力试探》,载《国际宋史研讨会论文集》,第579—605 页。

带来了新的矛盾。但是,在元祐垂帘体制下,高氏通过前述有层次的权力格局有效化解了矛盾,掌控了朝政,保证了她的意志得以贯彻下去,当然司马光的设想也因为得到了政治体制的保证而得以推行。

但是,女主垂帘肯定是暂时之制。后来,绍圣元年(1094)的监察御史周秩说:"遗诏明白,必以嗣君为主,则光岂不知当循皇家父子之正统?"①也就是说,垂帘体制的核心是高氏作为女主掌控朝政,没有考虑到年幼的哲宗,而随着他的成年,这一体制的危机也日益显现。当然,危机还不仅仅在于哲宗的成年,下一章会具体谈到。

综合本章三节的内容,可以对"元祐政治路线"作出较为明确的说明。它可分为三个层次:首先是政策层面的,即反对、试图全面罢废熙丰之政;其次是构想层面的,主要是司马光的设想;最后是体制层面的,即元祐垂帘体制。这一路线有其特点。首先,该组合的三个层次并不是铁板一块,而是各有自己的独立性,面临不同的挑战,有不同的弹性和变化步骤。其次,元祐政治路线本身是一种非常有趣的结合:一个权宜的政治体制,保证了高氏、司马光这种"少数派"的构想,故这种结合肯定是不稳固的,当垂帘这一非常之制走向危机的时候,非主流的政治设计也在被逐渐侵蚀。

---

① 《长编纪事本末》卷一〇一《逐元祐党上》,绍圣元年七月丁巳条,第3229—3230页。

第二章　元祐政治的展开与危机

上章剖析了"元祐政治路线"所包含的三个层次：构想、体制、政策。但这一路线在展开过程中遇到了很大的危机。首先是司马光的政治蓝图遇到的难题。司马光认为，臣僚之间的异议、争论并不可怕，纷争本身可以避免政治体作出极端的选择。但元祐时期，层出不穷的"党争"使得统治集团内部饱受分裂之苦。

其次，垂帘体制随着哲宗赵煦的成年逐渐松动。无论是高氏还是其下的宰执，在元祐四年（1089）、五年左右都开始注意到了哲宗成年、立后、亲政的问题，但如何事先作出安排却是一个难题。如何寻找一种合适的方式，既能容纳哲宗皇帝个人取向，又不完全破坏元祐既定的方针？

最后，罢废熙丰之政的政策也不断面临挑战。事实证明，这种挑战主要不是来自所谓的熙丰臣僚，而是源于"内部"：一是为了维护垂帘体制需要部分牺牲既定政策，二是元祐时期士大夫的主流意见越来越否定这一政策。

本章要分析的就是元祐政治路线在展开过程中遇到的种种危机，特别是这些危机最终如何彻底颠覆了元祐最初的设计。读者也许会发现，这个展开与颠覆的过程，并非因为新旧党争"双方"的力量对比发生了变化，而是权力、体制与政治文化合力的结果。

第一节　元祐诸"党争"的再剖析

元祐时期为什么会出现各种"党"？平田茂树曾将"元祐党人"作为一个政治集团加以考察，认为该集团的核心力量是"刘挚党人"，他们是以"言路官"为中心的政治集团①。而"刘挚党人"的形成,与刘挚的关系网及其出生地、生活地密不可分,即刘挚通过地缘、血缘、婚姻、学问、职业等关系,营建了一个日常关系网②。近又有学者指出,元祐"朔党"领袖皆与韩琦、韩忠彦父子关系密切,所争者私利,主要是排击文彦博、范纯仁等,为刘挚与韩忠彦争宰执之位③。

这样的研究,力图追踪"朋党"的社会基础或利益谱系,自然有重要学术意义。但是,更原初性的问题其实是:元祐诸党,到底是真的存在于现实政治中,还是主要存于议论之间?

本节提供的答案主要是后者,试图传达的观点是:恰是某些政治观念、政治诉求导致了元祐时期诸多"党"名目的出现。本节要探讨发生于元祐前期的几场主要政治风波——苏程之争、言事官之党与韩氏之党、车盖亭诗案,力图呈现诸"党名"的背景。因为同一政治舞台上各角色的政治观念和诉求总是多样的,故导致诸党名出现的原因就也是多样的。

一　苏轼与程颐

元祐政治纷争,最醒目的自是源于邵伯温的洛、蜀、朔党说。对此,王曾瑜先生已经作了仔细的剖析,指出了几个重要的事实:首先,无论是苏轼还是程颐被攻击,都难以纳入洛、蜀、朔党争的背景;其次,从元祐二年(1087)至元祐八年,基本由台谏官所挑起的十起政治纷争,也很难纳入洛、蜀、朔党争的框架;最后,元祐时期层出不穷的政治风波,情况非常复杂,不能简单套用洛、蜀、朔党争说④。

①　平田茂树《宋代的言路》,收入《宋代政治结构研究》,第57—97页。
②　平田茂树《从刘挚〈忠肃集〉墓志铭看元祐党人之关系》,《东吴历史学报》11期,2004年6月,第103—134页。收入《宋代政治结构研究》,第143—160页。
③　梁思乐《朔党与北宋元祐朋党政治新论——以元祐五年以前朔党与韩忠彦、文彦博、范纯仁的关系为中心》,《"10至13世纪中国国家与社会"国际学术研讨会暨中国宋史研究会第16届年会论文集》第二组,杭州,2014年8月,第100—123页。
④　王曾瑜《洛、蜀、朔党争辨》,载《尽心集——张政烺先生八十寿庆论文集》,第351—369页。

如果洛、蜀、朔党争的分析框架是难以成立的，那么如何看待元祐时期一系列的政治纷争？先从苏轼、程颐说起。

苏轼在元祐时期三度在朝，两度出知地方，只有他在朝中的时候，争议才出现。苏轼自己说：

> 臣退伏思念，顷自登州召还，至备员中书舍人以前，初无人言；只从参议役法，及蒙擢为学士后，便为朱光庭、王岩叟、贾易、韩川、赵挺之等攻击不已。①

苏轼于元丰八年（1085）八月自知登州被召还为礼部郎中，十二月任起居舍人；元祐元年三月任中书舍人，四月参议役法，九月任翰林学士。更准确地说，对苏轼本人最直接的批评就出现在他任翰林学士之后。随着苏轼元祐四年三月出知杭州，争议也就暂时平息了，元祐六年苏轼被召还后说："自出知杭州二年，粗免人言。"②当然，元祐六年苏轼回京任翰林学士承旨，元祐七年再回朝任兵部尚书、礼部尚书，都伴随着批评与争议。

翰林学士、六部尚书，是宋代最有可能成为执政的官职。翰林学士自宋初以来就是最有可能执政的"四入头"之一③；元丰以后，六部尚书实任其职，升为执政者多有其人④。因此，苏轼在任翰林学士后成为政治纷争的核心人物，说明有一种较为普遍的、对他入参大政的担忧。这种情绪，在当时有着较为特殊的背景。

元祐元年九月二十二日，苏轼自中书舍人被除为翰林学士，二十八日监察御史孙升上言论祖宗用人重"德业器识"而轻"文章学问"，反例是王安石：

> 王安石擅名世之学，为一代文宗，方其居讨论润色之职，陈古今治乱之言，朝廷为之侧席，中外莫不引颈。一旦遭遇圣明，进居

---

① 《苏轼文集》卷二八《乞罢学士除闲慢差遣札子》，第816页。
② 《苏轼文集》卷三二《杭州召还乞郡状》，第913页。
③ 洪迈《容斋续笔》卷三《执政四入头》，第251页。
④ 参见梁天锡《宋宰相表新编》，"仆射侍丞表"，第164—199页。

大任,至言不践,旧学都捐,摈斥忠良,弃众自用。趋近利,无远识,施设之方一出于私智,以盖天下之聪明。由是言之,则辅佐经纶之业不在乎文章学问也。①

这不是孙升第一次批评王安石,数月前他说:"王安石履君子之操,谈先王之言,先朝委国而听之。然安石天资强愎,弃众自用,趋近利,无远识,非宰相之器。"②这两次上言都认为王安石刚愎自用、所用非所学,相信包括司马光、苏轼在内的很多人都是认同这一看法的。但是,孙升在第一次上奏中,并未认为"王安石履君子之操,谈先王之言"本身是有问题的,而在九月奏中,却将诸多问题的原因归诸"文章学问",得出了"辅佐经纶之业不在乎文章学问"这一结论。

这一结论所指就是苏轼,他在奏章的"贴黄"部分托出了自己的真实意图:

> 苏轼文章学问中外所服,然德业器识有所不足,此所以不能自重,坐讥讪得罪于先朝也。今起自谪籍,曾未逾年,为翰林学士,讨论古今,润色帝业,可谓极其任矣,不可以加矣。若或辅佐经纶,则愿陛下以王安石为戒。③

这就是孙升的"预警":一个像苏轼这样"文章学问中外所服"的人,加之他新法"受害者"的经历,随时有可能成为宰执。同时,苏轼也可能成为第二个王安石,即"至言不践,旧学都捐,摈斥忠良,弃众自用"。

孙升其人,有《孙公谈圃》传世,其意既不满苏轼,也不满程颐,四库馆臣以为系"于党籍之中,又自行一意者"④。余嘉锡则认为,孙升应该是"朔党中人"⑤。无论如何,孙升并非站在苏轼的直接对立面上,也不是单纯为了攻击苏轼而上言。

---

① 《长编》卷三八八,元祐元年九月癸未条,第 9444 页。
② 《长编》卷三六九,元祐元年闰二月庚戌条,第 8927 页;卷三七三,元祐元年三月,第 9050 页。
③ 《长编》卷三八八,元祐元年九月癸未条,第 9444 页。
④ 《四库全书总目》卷一四〇《小说家类·孙公谈圃》,第 1192 页。
⑤ 余嘉锡《四库提要辨证》卷一七,第 1059—1060 页。

　　一年之后,元祐二年九月,侍御史王觌在论及苏程之争时,一方面对苏轼和程颐各打五十大板,认为"若使二人者言行全无玷阙,亦安得致人言如此之多也!"另一方面,王觌将矛头对准了尚任翰林学士的苏轼:

> 　　但庙堂之上,若使量狭识暗、喜怒任情如轼者预闻政事,则岂不为圣政之累耶?然轼之文采,后进少及,陛下若欲保全轼,则且勿大用之,庶几使轼不遽及于大悔咎。①

王觌也认为,苏轼不能"预闻政事",不能"大用"。元祐二年十二月,苏轼所拟试馆职策题再度引发争议,王觌又上言:

> 　　轼习为轻浮,贪好权利,不通先王性命道德之意,专慕战国横捭阖之术。是故见于行事者,多非理义之中;发为文章者,多出法度之外……臣见轼胸中颇僻,学术不正,长于辞华而暗于义理。若使久在朝廷,则必立异妄作,以为进取之资;巧谋害物,以快喜怒之气。朝廷或未欲深罪轼,即宜且与一郡,稍为轻浮躁竞之戒。②

这次上言更为明确地指出了苏轼在朝危险所在,即认为苏轼学术不正,如果进用,则最有可能"立异妄作"。

　　王觌其人,熙宁中为韩绛所赏识,刘攽也荐其"学问通达,不惑异说","孝弟见称","行己有耻";元祐中,吕公著、范纯仁俱荐其可大任③;刘挚则认为王觌为"韩氏所引"④,乃指韩维。以上背景,再观王觌在苏程之争及苏轼两次策题风波中的发言,他也非苏轼的直接政敌,皆就事论事,《宋史》本传称其"清修简澹","持正论始终"是有道理的。

---

① 《长编》卷四〇五,元祐二年九月庚申条,第9867页。
② 《长编》卷四〇八,元祐三年正月丁卯条,第9923页。按,此处王觌批评苏轼"不通先王道德性命之意",实际苏氏之学亦讲性理。见陈植锷《北宋文化史述论》,第234—235页。
③ 刘攽《彭城集》卷二四《荐王觌状》,《景印文渊阁四库全书》第1096册,第249页。《宋史》卷三四四《王觌传》,第10942、10944页。
④ 《长编》卷四一一,元祐三年五月庚午条,第10008页。

最先批评元祐二年末苏轼所拟策题的人是监察御史杨康国，云"于朝堂见百官聚首，共议学士院撰到召试廖正一馆职策题，问王莽、曹操所以攘夺天下难易，莫不惊骇相视"，但杨康国并没有明指策题的作者是苏轼①。数年之后，元祐六年二月，苏辙任尚书右丞，身为右司谏兼权给事中的杨康国对苏轼、苏辙兄弟提出了更为明确的批评：

> （苏）辙有六事而陛下不以为过，此恐陛下以辙兄弟并有文学，所以眷奖之厚而用辙之坚也。果如此，则尤不可也。陛下岂不知王安石、章惇、吕惠卿、蔡确亦有文学乎？而所为如此。若谓辙兄弟无文学则非也，蹈道则未也。其学乃学为仪、秦者也。其文率务驰骋，好作为纵横捭阖，无安静理致，亦类其为人也……其学如此，安足为陛下谋王体、断国论，与共缉熙天下之事哉！王安石以文学进，而天下扰扰，此陛下之所知也。②

杨康国的本意是弹劾苏辙，但连带批评了苏轼，而苏轼正被任为翰林学士承旨，极有可能跨入执政的行列。在杨康国看来，苏轼类似王安石的地方就在于有"文学"却未"蹈道"，"无安静理致"，极易造成类似王安石执政的局面——"天下扰扰"。

杨康国何许人也？他的资料不多，刘安世说他由胡宗愈荐为御史③，但这说明不了什么问题。从种种迹象看来，杨康国与刘挚的关系更近一些。元祐五年八月，刘挚乞罢门下侍郎，身为殿中侍御史的杨康国上言，称刘挚"高材远识，公正不倚，有以大过人者，此不独天下所共知，亦为陛下所知久矣"，请高氏勿听其去④。再者，元祐六年御史中丞郑雍弹劾刘挚时，列出了所谓的刘挚党人姓名三十人，其中就有杨康国⑤。又元祐八年，应杨康国之请，刘挚为其父杨整作

---

① 《长编》卷四〇七，元祐二年十二月壬寅条，第9914页。
② 《长编》卷四五五，元祐六年二月丁未条，第10908—10909页。
③ 刘安世《元城先生尽言集》（简称《尽言集》）卷三《论胡宗愈除右丞不当第三》，第6a叶。
④ 《长编》卷四四六，元祐五年八月丙申条，第10730页。
⑤ 《长编》卷四六七，元祐六年十月癸酉条，第11152页。

墓志铭①。根据这些信息，杨康国可谓"朔党"或"刘挚党"②。则杨康国也非苏轼的直接政敌。

论及元祐二年末苏轼策题的还有赵挺之。杨康国上言数日后，赵挺之才将矛头直指苏轼，先说苏轼所荐王巩、黄庭坚乃"轻薄虚诞"之人；接着因策题批评苏轼"学术本出《战国策》苏秦、张仪纵横揣摩之说"，"设心不忠不正"③。赵挺之为什么攻击苏轼？苏轼自己对此有解释：一是元丰末年赵挺之在德州与黄庭坚结怨；二是赵挺之召试馆职时，苏轼公开说他"聚敛小人，学行无取"；三是苏辙弹劾过赵挺之之妻父④。此外，吕陶曾说，赵挺之"从程颐学"⑤。这些因素加起来，赵挺之可谓苏轼的直接政敌。这是他与杨康国很不同的地方。

除了杨康国、赵挺之，元祐三年五月，刘安世（被指为"朔党"骨干）在论及胡宗愈时也说，"苏轼试馆职策题乃引王莽依附元后取汉室之事以为问目，士大夫皆谓其非所宜言"⑥，十月又言此事⑦。不过刘安世并没有进一步的陈说，此处暂置不论。

元祐时期对于苏轼的批评，还可提及监察御史王彭年于元祐四年二三月之上言。当时苏轼的另一身份是侍读，为哲宗赵煦读史，王彭年对苏轼所讲汉唐史"多以人君杀戮臣下，及大臣不禀诏令，欲以擅行诛斩小臣等事为献"极不认可：

> 若此言者，殊非道德仁厚之术，岂可以上渎圣聪！轼之性识险薄，以至如是，轼之奸谋，则有所在。窃恐欲渐进邪说，大则离间陛下骨肉，小则疑贰陛下君臣。奸人在朝，为国大患，不即远逐，悔无及矣。原轼之心，自以素来诋谤先朝语言文字至多，今日

---

① 刘挚《忠肃集》卷一三《赠朝请郎杨君墓志铭》，第280—281页。
② 参见平田茂树《宋代的言路》《从刘挚〈忠肃集〉墓志铭看元祐党人之关系》，俱收入作者《宋代政治结构研究》，第57—97、143—160页。
③ 《长编》卷四〇七，元祐二年十二月丙午条，第9915页。
④ 《苏轼文集》卷二九《乞郡札子》，第827—828页。
⑤ 《长编》卷四〇三，元祐二年七月乙丑条，第9818页。
⑥ 《长编》卷四一一，元祐三年五月甲戌条，第10013页。
⑦ 《长编》卷四一五，元祐三年十月甲申条，第10073页。

乃欲谋为自完之谋，是以百端奸谲，欲惑天听。若此人者，岂宜久在朝廷！①

王彭年共上了两奏，还提到苏轼于讲筵读史之际"妄论政事"。不过，李焘认为，王彭年的这两份奏疏"或有所假托，未必彭年当时果有此等奏也"②。但王彭年这段批评放在当时还是可以理解的。

又元祐七年苏轼任兵部尚书时，杜纯任兵部侍郎，他在给女婿晁补之（同时也是苏轼的门下士）的信中谈及苏轼，既说二人"联职甚亲"，却又"怪其尚气好辩"③。杜纯本与韩维关系紧密④，而苏轼自言"韩氏之党，一例疾臣"。实际上，杜纯不但与韩氏关系密切，熙宁年间还得到过王安石的赏识，元祐初推荐他的人除了韩维外，还有范纯仁、王存、孙永⑤。

以上简单地陈述了元祐时期对苏轼"有内容"的批评及批评者的背景。除掉有私怨的赵挺之和有疑问的王彭年，其余孙升、王觌、杨康国、杜纯对苏轼的批评有相当的一致性，主要是提到了苏轼的"政治风险"。这种风险最主要的参照者就是王安石，孙升、杨康国都直接指出了苏轼与王安石的相似性，而王觌、杜纯对苏轼的批评也可以毫无障碍地放到王安石身上。

考虑到以上批评者出处不同，故苏轼在元祐时期的遭遇，并非因某一派系与之为敌，而是与当时对王安石变法的反思分不开。有一种主流的政治情绪认为，让王安石、苏轼这样在士人中有高度的号召力、学术上有强烈的吸引力、性格鲜明的人物介入高层政治、行其所学，就极有可能"立异妄作""无安静理致"，这是一种巨大的政治危险。朱熹也看到了这一层意思，他在论苏程之争时说：

---

① 《长编》卷四二二，元祐四年二月丙辰条，第10219—10220页。

② 《长编》卷四二二，元祐四年二月丙辰条注，第10221页。

③ 晁补之《鸡肋集》卷五二《答外舅兵部杜侍郎书》，第4b叶。

④ 吕陶言杜纯"是韩维亲家"，见《长编》卷四〇四，元祐二年八月甲辰条，第9846页。刘挚言，杜纯元祐二年任侍御史，系"由韩维属吕公著"。见《长编》卷四一一，元祐三年五月庚午条，第10008页。

⑤ 《鸡肋集》卷六二《杜公行状》，第7b、10b叶。

> 从其(按,指苏轼)游者,皆一时轻薄辈,无少行检,就中如秦
> 少游,则其最也。诸公见他说得去,更不契勘。当时若使尽聚朝
> 廷之上,则天下何由得平!更是坡公首为无稽,游从者从而和之,
> 岂不害事!但其用之不久,故他许多败坏之事未出。

> 但教东坡作宰相时,引得秦少游、黄鲁直一队进来,坏得
> 更猛。①

朱熹对苏轼执政所可能带来的破坏性之估计,非常恰当地反映了元祐
初年的政治情绪。

在这个基础上,就可以解释程颐为什么屡致人言。可以简单地看
看程颐受到哪些批评。

首先是苏轼,自称"素疾程颐之奸"。苏轼批评程颐什么呢? 根据
吕陶的转述,苏轼在司马光葬礼问题上讥讽程颐"乃枉死市叔孙通所
制礼",大意是讥其腐儒不知变通,不合时宜。邵伯温在概括苏程结怨
之端时说:"正叔多用古礼,子瞻谓其不近人情如王介甫,深疾之,或加
抗侮。"②

孔文仲、吕陶都与苏轼关系比较近,对程颐的批评也很严厉。孔
文仲说:

> 奔走交结,常在公卿之门,不独交口褒美,又至连章论奏。一
> 见而除朝籍,再见而升经筵……访闻颐有家不及治,有禄不及养,
> 日跨匹马,奔驰权利,遍谒贵臣,历造台谏……陛下以清明安静为
> 治于上,而颐乃鼓腾利口,间谍群臣,使之相争斗于下,纷纷扰扰
> 无有定日,如是者弥年矣。③

去掉尖刻的语气,孔文仲认为程颐的主要问题是"奔驰权利",不肯安
静,制造政治纷争。吕陶则说:

> 讲读之罢,往往与内侍密语,非其体也。向者皇帝陛下偶因

---

① 黎靖德编《朱子语类》卷一三〇《自熙宁至靖康用人》,第3109—3110、3122页。
② 邵伯温《邵氏闻见录》卷一三,第146页。
③ 《长编》卷四〇四,元祐二年八月辛巳条,第9829—9830页。

发嗽，未御讲筵，颐乃申请乞今后须得关报，亦骇中外之听，不知义也。详定学制，疏缪无取，礼部逐一驳正，三省至今依违未决，议者非之。①

吕陶之意，主要是批评程颐处朝中言行不得体，略暗示其学术无取。

除了被指为蜀党的吕陶、孔文仲，元祐二年四月，给事中顾临也反对程颐于延和殿讲读的请求②。顾临其人，虽然也曾得到苏轼的称赞，但同样也得到梁焘（被指为"刘挚党"或"朔党"）的称赞③。玩味程颐对顾临的反驳之辞，主要指责顾临不知以道尊君，不知慕先王之道④。《宋史》本传称顾临"通经学，长于训诂"，说明了他和程颐是两种完全不同的学术取向，二人之分歧当源于此。

此外，刘挚被邵伯温指为"朔党"领袖，他说，若认为程颐"特以迂阔之学邀君索价"或者"亟欲得台谏、侍从者"，这样的意见都太过了，但"是非疑似亦不可以不察"，出于围绕程颐的种种争议，刘挚一开始希望不要召用程颐⑤。后来，刘挚又批评程颐所定太学条制"高阔以慕古，新奇以变常"⑥。针对太学条制，胡宗愈也认为程颐的设计没有道理，"因深斥颐短，谓不宜使在朝廷"⑦。

刘安世被指为"刘挚党"骨干，他于元祐三年五月言："欧阳棐自来与程颐、毕仲游、杨国宝、孙朴交结执政吕公著、范纯仁子弟，荐绅之间，号为'五鬼'。"⑧也谈到了程颐"奔驰权利"的问题，这与孔文仲之说接近。

又元祐七年，程颐服除，御前讨论其任命时，苏辙说："颐人朝，恐

---

① 《长编》卷四〇四，元祐二年八月甲辰条，第9847页。

② 《河南程氏文集》卷六《又上太皇太后书》，《二程集》，第549—550页。延和殿即当时垂帘所用之殿，但垂帘在双日，而经筵在单日。此事反对者不只顾临，还有吕陶（《长编》卷四〇三，第9815页）、孔文仲（《长编》卷四〇四，第9831页）。

③ 《宋史》卷三四四《顾临传》，第10939页。

④ 《河南程氏文集》卷六《又上太皇太后书》，《二程集》，第549—552页。

⑤ 《长编》卷三七三，元祐元年三月辛巳条，第9032—9033页。

⑥ 《长编》卷三九〇，元祐元年十月癸丑条，第9494页。

⑦ 《长编》卷四〇四，元祐二年八月辛巳条，第9831页。

⑧ 《长编》卷四一一，元祐三年五月丁巳条，第9997—9998页。

不肯静。"得到了高氏的认可①。同时批评程颐的还有殿中侍御史吴立礼:

> 方其起自布衣,劝讲帷幄,简拔进用,可谓不次矣。不能安命循理图报厚恩,而怙势要权,日走执政、谏官、御史之门,以游说为事业,肆其喜怒,妄以进退人物为己任。盖其言伪而辨,学非而博,足以鼓动搢绅,欺惑当世。②

吴立礼认为,程颐"以游说为事业,以捭阖为功能,邪说诡辞足以乱政",也是针对程颐入朝所带来的风波。吴立礼的资料不多,他被郑雍列为"刘挚党人"③。

又,监察御史董敦逸也批评程颐"怨躁轻狂,不可缕数","奔走权门,动摇言路",又"肆为狂言,至引孔、孟、伊尹以为比,又自谓得儒者进退之义,惑众慢上无甚于此"④。董敦逸以劾苏轼著称,不属于所谓的蜀党,自是无疑。

概览程颐在元祐初与元祐七年所受的批评,并非仅来自某一派系。其中有些批评指责程颐人品低下,多言过其实,范祖禹为程颐辩护说,"颐草茅之人,一旦入朝,与人相接,不为关防,未习朝廷事体,迂疏则固有之。而言者谓颐大佞大邪,贪黩请求,奔走交结;又谓颐欲以故旧倾大臣,以意气役台谏;其言皆诬罔非实也……颐,匹夫也,有何权势动人,而能倾大臣、役台谏?"⑤这些辩解都是可以成立的。

抛开上述批评中的意气之辞,众人的指责多集中在程颐游说乱政、高自标榜,其主张迂阔不合时宜,一言以蔽之——不能安静,这与苏轼受到的批评有类似的地方。范祖禹曾以"自古处士入朝,无有不

---

① 《长编》卷四七一,元祐七年三月丁亥条,第 11240 页。

② 《长编》卷四七一,元祐七年三月乙巳条,第 11254 页。又见《长编》卷四七二,元祐七年四月丙寅条,第 11269 页。

③ 《长编》卷四六七,元祐六年十月癸酉条,第 11152 页。

④ 《长编》卷四七三,元祐七年五月甲申条,第 11282 页。

⑤ 范祖禹《太史范公文集》卷二六《荐讲读官札子二》,第 332—333 页。

被谤毁"来解释程颐的遭遇①，但程颐的问题其实不同于一般的处士被召，他与苏轼一样，在士人中有高度的号召力、学术上有强烈的吸引力、性格鲜明。而这样的特点，在当时以王安石为戒、取于"安静"的政治氛围中，引起了深刻的警惕、反感。

当然，程颐以布衣召，起点与苏轼不可同日而语，但其门人也努力造势，王岩叟"言先生学极圣人之精微，行全君子之纯粹，愿加所以待之之礼，择所以处之之方"；朱光庭"言先生乃天民先觉、圣世真儒"，"又言先生有经天纬地之才，有制礼作乐之具，圣人之道至此而传"；等等②。程颐也自视甚高，自觉是"以道学辅人主"，自以为得圣人之学于遗经，"以身任道"③。如此种种，正是争议之源。

综上所论，关键问题不是苏、程（或洛、蜀）相互之间的矛盾，而是他们二人为什么共同成为批评、警惕的对象。这不是洛蜀朔党争、元祐党内部分裂这样的说法能够解释的，而是一种流行的政治情绪的反映：在王安石及其变法的参照下，"安静"成为一种主流的政治追求；而对"安静"威胁最大的，就是苏轼、程颐这两位文宗、儒宗，他们与王安石的相似性是如此地明显。

需要略作说明的是，这种"安静"，主要是指施政的层面，针对的是王安石变法于"二三年间，开阖动摇，举天地之内无一民一物得安其所者……数十百事交举并作，欲以岁月变化天下"④这一状况。或者说，是以审慎、保守的施政风格取代熙丰时代的更革。而如果要谈到元祐政治的人事层面，则远远谈不上安静，纷争层出不穷，这是下面要讨论的。

二　言事官之党、韩维之党

首先要谈到的还是与苏轼、程颐有关，即元祐元年末的苏轼策题

① 《太史范公文集》卷二六《荐讲读官札子二》，第 333 页。
② 参见李心传《道命录》卷一，第 2b—3a 叶。
③ 《河南程氏文集》卷六《上太皇太后书》，《二程集》，第 542、546 页。
④ 刘挚《忠肃集》卷三《论助役法分析第二疏》，第 56—57 页。

案。十二月,学士院试馆职,其策题乃翰林学士苏轼所拟,其中说:

> 今朝廷欲师仁祖之忠厚,而患百官有司不举其职,或至于偷;
> 欲法神考之励精,而恐监司守令不识其意,流入于刻。[①]

策题原来有三道,第一、二道系邓温伯所撰,第三道乃苏轼所撰,三道皆由苏轼"亲书进入,蒙御笔点用第三首"[②]。这道策题引发了一次较大的政治风波。

右司谏朱光庭认为苏轼贬损祖宗,欲朝廷正其罪,于是朝廷"诏特放罪"——既然是"放罪",那么朝廷还是认为苏轼有罪。但朱光庭对"放罪"的处理不满,"又言轼罪不当放,其言攻轼愈峻,且称轼尝骂司马光及程颐";紧接着苏轼上章自辩,朝廷于是"收回放罪指挥",意味着苏轼实无罪,结果又引来御史中丞傅尧俞、侍御史王岩叟上章,支持朱光庭,认为苏轼不当置祖宗于议论之间[③]。

此后加入战团的是吕陶,他认为苏轼没有置祖宗于议论之间,而是朱光庭的出发点有问题[④],吕陶又被指为苏轼之党。元祐二年正月,王觌也论策题事,一方面为朱光庭和吕陶辩护,"二人者皆不避嫌疑而已";王觌担心,"夫学士命辞有罪无罪,小事也;使士大夫有朋党之名,大患也",故他请"有罪无罪专论苏轼",认为"原轼之意,则不过设疑以发问;按轼之言,乃失轻重之体也"[⑤]。王觌所说的朋党,就是苏轼之党、程颐之党。

苏轼与程颐的矛盾确实是策题风波的起因,但事态的发展完全没有循着苏轼(蜀)、程颐(洛)二党之分而进行。朱光庭上言后,傅尧俞、王岩叟入对,太皇太后高氏对他们说:"此小事,不消得如此,且休。"又说:"言事官有党。此朱光庭私意,卿等党光庭耳。光庭未言

---

① 《苏轼文集》卷七《试馆职策题三首·师仁祖之忠厚法神考之励精》,第210页。
② 《长编》卷三九三,元祐元年十二月壬寅条,第9565页。
③ 同上书,第9565—9568页。
④ 同上书,第9568页。
⑤ 《长编》卷三九四,元祐二年正月壬戌、甲子条,第9589—9590页。

时,何故不言?"①高氏所担心的,并不是围绕着苏轼和程颐的"党名"问题,而是傅尧俞、王岩叟、朱光庭诸言事官有可能结党。

这次入对后,傅尧俞、王岩叟家居待罪,随后殿中侍御史孙升两次上奏,对高氏加以开释,以为傅、王二人绝不党附谏官朱光庭②。此外,监察御史上官均没有卷入这一争议中;宰执吕公著、韩维、吕大防、李清臣、刘挚之间也有不同意见,高氏就没有深究,最终让宰执出面"以上意两平之"③。

在苏轼策题案中,高氏的立场是非常耐人寻味的。苏轼的策题本来就是她点的,苏轼自言他的用意是:

> 台谏所击不过先朝之人,所非不过先朝之法,正是"以水济水",臣窃忧之。故辄用此意,撰上件策问,实以讥讽今之朝廷及宰相、台谏之流,欲陛下览之,有以感动圣意,庶几兼行二帝忠厚励精之政也。④

如果这样的话,则元祐元年末,司马光逝世后,高氏对于一概废除熙丰之政的举措有了犹豫。第一章已经说过了,高氏反新法,主要是一个情感倾向问题。元祐元年末的犹豫,正说明她的立场在某些情况下是可以调整的。另外,高氏也不太关心苏党、程党的问题,而是担忧言事官有党——朱光庭、傅尧俞、王岩叟这些人,都是元祐排击熙丰臣僚的得力干将。这说明了高氏立场的灵活性。

紧接着,元祐二年四月,又发生了张舜民罢御史一事。张舜民论文彦博"优假(刘)奉世",结果罢监察御史⑤。此事在台谏中引起了轩然大波,御史中丞傅尧俞,侍御史王岩叟,殿中侍御史孙升,监察御史上官均、韩川,右谏议大夫梁焘,左司谏朱光庭,右司谏王觌皆累奏谏止。

---

① 《长编》卷三九四,元祐二年正月辛未条,第9598—9599页。
② 《长编》卷三九四,元祐二年正月甲戌条,第9604—9606页;丙子条,第9608—9609页。
③ 《长编》卷三九四,元祐二年正月壬戌条,第9590页;乙丑条,第9592页。
④ 《苏轼文集》卷二七《辩试馆职策问札子二首》,第790页。
⑤ 《长编》卷三九九,元祐二年四月甲辰条,第9722页。

　　这样大规模的言官集体行动，不能不让高氏起疑心。五月，傅尧俞、王岩叟、孙升、韩川、梁焘、朱光庭、王觌七人被召至都堂，宰执宣以高氏之意，希望他们就此打住。但问题又来了：殿中侍御史吕陶、监察御史上官均却不预此召，台长傅尧俞因此怀疑他们实未曾论奏张舜民罢职事，故指责他们"公肆面欺"，于是高氏"诏陶、均分析"；而吕陶和上官均的"分析"，恰恰印证了高氏"言事官有党"的成见。吕陶说：

> 臣伏见近日以来，欲言一事，本台上下往往预先商议，定为一说，以至谏官结为一党，不顾事理是非，务以众力求胜公议，取必朝廷。臣之区区，窃尝患此。[1]

上官均则说："臣愚以为，人臣论事，各须竭尽己见，不当舍己雷同，所以不能随顺傅尧俞、王岩叟等再有论奏。"也是将矛头指向了言事官之党。对于这些"分析"，高氏的御批是："明是须要率众同归己意。若此风浸久，岂不成朋党耶！不知御史台自来言事，许各述己见，为复须相随顺？"[2]

　　因此，张舜民罢御史一事，完全证实了高氏对言事官结党的担忧。紧接着就有了言事官的人事大调整，傅尧俞、王岩叟、孙升、梁焘、朱光庭、王觌皆罢言职。原来监察御史韩川、上官均任殿中侍御史，殿中侍御史吕陶任左司谏；除此之外的台谏成员都是新任的：御史中丞胡宗愈、侍御史杜纯、左谏议大夫孔文仲、右司谏贾易[3]。六月，丁骘又任右正言，赵挺之、方蒙、赵屼为监察御史[4]。七月，杜纯又罢侍御史，王觌代之[5]。

　　这个台谏组合的特点之一，就是诸人背景多元。左司谏吕陶、殿中侍御史上官均作为"不结党"的言事官，继续得到信任。吕陶与苏轼的关系比较紧密，不赘述。上官均则是个比较复杂的人物，他后来又

---

①　《长编》卷四〇〇，元祐二年五月庚申条，第 9753 页。
②　同上书，第 9755 页。
③　《长编》卷四〇一，元祐二年五月戊辰条，第 9761 页。
④　《长编》卷四〇二，元祐二年六月戊申条，第 9709—9710 页。
⑤　《长编》卷四〇三，元祐二年七月辛未条，第 9820 页。

于元祐五年六月任殿中侍御史①，却与台长苏辙不和，为苏辙所劾，罢知广德军②。刘挚曾说道："均为王氏学，有文采，性介洁，守道甚笃。元丰八年，挚在台，爱其前为御史治相州狱守节得罪，故复举之。"③如此，上官均两任御史，皆与刘挚有关。"均为王氏学"，则说明他遵从王安石的学问。

韩川为什么还任言官呢？韩川当初"用刘挚荐为监察御史"④，后也被郑雍列入"刘挚党"，而刘当时刚由尚书右丞升为左丞，正为高氏所信任。

下面谈谈新任言官。台长胡宗愈与苏轼关系不错，但更重要的是他与吕公著的关系，元祐三年十月刘安世弹劾胡宗愈时说："臣尝奏论胡宗愈系吕公著之姻家，昨除御史中丞，乃是公著秉政之日。"⑤监察御史方蒙的任用可能也与吕公著有关⑥。

侍御史杜纯之进，"由韩维属吕公著"⑦，韩维时任门下侍郎，吕公著是唯一的宰相。不过，后来也有人说杜纯是刘挚之党⑧。前面也提到，杜纯于熙宁年间还得到过王安石的赏识，元祐初推荐他的人除了韩维外，还有范纯仁、王存、孙永。杜纯任侍御史时，范纯仁为同知密院，王存为尚书右丞。代杜纯为侍御史的王觌，前已提及，吕公著、韩维、范纯仁都称许他，背景与杜纯其实很类似。

监察御史赵岋常被误作赵屼，赵屼字景山，是赵抃的长子，曾从胡瑗学，嘉祐进士，治平二年（1065）就去世了⑨。赵岋则是赵抃的次

---

① 《长编》卷四四三，元祐五年六月辛丑条，第10655页。

② 《长编》卷四五二，元祐五年十二月甲辰条，第10852页。

③ 同上书，第10856页。

④ 《宋史》卷三四七《韩川传》，第11011页。

⑤ 《长编》卷四一五，元祐三年十月庚子条，第10099页。

⑥ 《长编》卷四○二，元祐二年六月戊申条注引吕公著《掌记》，第9791页。

⑦ 《长编》卷四一一，元祐三年五月庚午条，第10008页。

⑧ 《长编》卷四六七，元祐六年十月癸酉条，第11152页。

⑨ 文同《丹渊集》卷三八《试秘书省校书郎赵君墓志铭》，第1a—2b叶。《苏轼文集》卷一七《赵清献公神道碑》云赵抃长子名"岏"，非"屼"（第522页），然与《赵君墓志铭》所指实即一人。

子①,在元丰时就任过监察御史②。元祐三年(1088)四月,赵岏罢监察御史,因"与孙固亲嫌故也"③;当时孙固正除守门下侍郎,自己在辞免的时候,又"以文彦博亲嫌为言",而孙固与文彦博的渊源可以上溯至庆历七年(1047)的贝州之乱④。此外,赵岏还向苏轼请求为赵抃作墓志铭,时间正在元祐二年⑤。元祐三年二月,赵岏为因张舜民事被罢的部分言官求情,包括傅尧俞、王岩叟、梁焘、孙升,但却没有提到朱光庭和王觌⑥。而后二者是攻苏轼最力的,前四人中除傅尧俞外又皆被指为"刘挚党"。

右司谏贾易后被指为程颐之党,但程颐恐怕没有能力影响到言官的任命。元祐六年左谏议大夫郑雍说:"易出韩氏门下……易大率所言多为韩氏报恩怨。"⑦韩氏即指韩维而言。差不多同时,吕大防还说:"易乃王安礼所善,安礼尝以十科荐之。"⑧这一说法本身可能没有问题,但元祐二年时贾易的进用,当与王安礼无关,而与门下侍郎韩维有关的可能性更大。

右正言丁骘是御史中丞胡宗愈的妻族,监察御史赵挺之也是胡宗愈所荐⑨;而吕公著、苏辙、孔文仲、王觌等也称许丁骘⑩;吕陶又说赵挺之"从程颐学"⑪。

左谏议大夫孔文仲则与苏轼兄弟比较亲近。又,作为同年,元祐元年苏颂为刑部侍郎时,还称孔文仲"智识明敏、操守专固",请以自代;宰相吕公著也称赞孔文仲荐举得当⑫。刘挚也称赞孔"端方该博,

----

① 《苏轼文集》卷一七《赵清献公神道碑》,第 522 页。
② 《长编》卷三三八,元丰六年八月癸未条,第 8143 页。
③ 《长编》卷四〇九,元祐三年四月庚寅条,第 9970 页。
④ 同上。《宋史》卷三四一《孙固传》,第 10874 页。
⑤ 《苏轼文集》卷一七《赵清献公神道碑》,第 516 页。
⑥ 《长编》卷四〇八,元祐三年二月辛卯条,第 9936 页。
⑦ 《长编》卷四六三,元祐六年八月壬辰条,第 11061 页。
⑧ 《长编》卷四六三,元祐六年八月辛卯条,第 11059 页。
⑨ 《长编》卷四一一,元祐三年五月甲戌条,第 10013、10015 页。
⑩ 《长编》卷四〇二,元祐二年六月戊申条注,第 9790 页。
⑪ 《长编》卷四〇三,元祐二年七月乙丑条,第 9818 页。
⑫ 苏颂《苏魏公文集》卷五九《中书舍人孔公墓志铭》,第 902 页。

今为谏议大夫,可谓得人矣"①。

把上述诸人的背景略作梳理如下(表一):

表 一

职官、姓名	背景人物
御史中丞胡宗愈	吕公著、苏轼
殿中侍御史上官均	刘挚、王安石
殿中侍御史韩川	刘挚
侍御史杜纯	韩维、吕公著、刘挚、范纯仁、王存、王安石
侍御史王觌	吕公著、韩维、范纯仁
监察御史赵岏	孙固、苏轼、文彦博(?)、刘挚(?)
监察御史赵挺之	胡宗愈、程颐
监察御史方蒙	吕公著
左谏议大夫孔文仲	苏轼、吕公著、苏颂、刘挚
右司谏贾易	韩维、程颐、王安礼
左司谏吕陶	苏轼
右正言丁骘	胡宗愈、吕公著、王觌

表一绝不是说某言官与其背景人物之间就会结党,而只是为了凸显言官组合的复杂性,说明高氏在言官群中有意维持一种"异论相搅"的态势。也可以看出高氏当时最信任的是吕公著、刘挚,特别是吕公著,是司马光之后真正的主心骨。

这样的话,高氏的"核心关切"就可以看得更明显了,这就是自身权威。原来的言官队伍在高氏主政初罢废新法、排斥"新人"的过程中发挥了重要作用,但作为女主,高氏比其他君主更担心臣僚结党有可能削弱她的权威,故当言事官之"党"的问题浮出水面后,便立即引起了她的警惕,并不惜罢免数位为排击熙丰旧臣出力至多的言官。在新任言官的选择上,她既考虑了背景的多样化,又特别倚重吕公著、刘挚等人。如此种种,都托出了高氏最为焦虑的是权威问题、对局面的掌

---

① 《长编》卷四〇一,元祐二年五月戊辰条,第9766页。

控问题,其他则是可以调整的。王曾瑜先生指出,张舜民罢职一事引发的风波,表现出来的是宰执与台谏之间的冲突,宰执中唯有刘挚同情台谏①。而如果要为这种现象找一个根源,则是宰执在奉行高氏的旨意。

紧接着发生的韩维罢政一事,更凸显了高氏对于自身权威的焦虑。元祐二年七月,突然有御札降付中书省,韩维可罢门下侍郎;御札所提到的原因,是韩维曾面奏范百禄任刑部侍郎时所为不正,之后却又无奏牍,高氏显得很愤怒:"既无明文,何异奸说?"②此令既出,右仆射兼中书侍郎吕公著、中书侍郎吕大防、同知枢密院事范纯仁皆上疏论救,中书舍人曾肇则封还词头。

韩维罢前,吕陶"累章论维",抨击他"怙势任情,阴窃威柄","韩氏之势,诚可畏矣"云云③。韩维被罢后,监察御史赵峣也说,韩维"多引亲党,遂失士论"④。又元祐二年七月,当吕公著上疏救韩维时,太皇太后高氏批示:"览卿所奏,为罪韩维事。维不惟性强好胜,今日观维族人、知识布在津要,与卿孰多?以此人多不平。"⑤又刘挚《日记》说,时"帘中方恶韩氏"⑥。可见,在当时,所谓的韩维树党是一个突出的政治问题。

卷入韩维罢任事的也有言官。张舜民事件后,台谏已经大换血,但新任侍御史杜纯、右司谏贾易却仍以"面欺同列"为名,对留任的吕陶和上官均屡加弹劾。前面提过,杜、贾两人都与韩维有关,韩维罢后,侍御史杜纯被认为与韩氏关系最密,随即罢为右司郎中⑦。八月,

---

① 王曾瑜《洛、蜀、朔党争辨》,载《尽心集——张政烺先生八十寿庆论文集》,第357—358页。

② 《长编》卷四〇三,元祐二年七月壬戌条,第9807页。

③ 《长编》卷四〇三,元祐二年七月甲子条,第9813页;卷四〇四,元祐二年八月甲辰条,第9847页。

④ 《长编》卷四〇九,元祐三年四月庚寅条,第9971页。

⑤ 《长编》卷四〇三,元祐二年七月壬戌条,第9809页。

⑥ 《长编》卷四一一,元祐三年五月庚午条,第10008页。

⑦ 《长编》卷四〇三,元祐二年七月辛未条,第9820页。

右司谏贾易也罢出外，同罢的还有程颐[①]。出于平衡的考虑，韩维罢后的第二天，左司谏吕陶和殿中侍御史上官均也罢言职[②]。事件基本平息后，左谏议大夫孔文仲、左正言丁骘进对，高氏对他们的训示是："一心为国，勿为朋比。"[③]

又，胡宗愈在元祐三年四月被提拔为尚书右丞，言官韩川、刘安世、王觌都上章反对，但只有王觌罢外任，而这是因为"觌亦韩氏所引，已蹈嫌疑矣"[④]。与韩维有关的言官最终皆被罢去。

韩氏自韩亿(972—1044)以来，韩绛、韩缜、韩维皆位至执政，政治上的势力是毋庸置疑的。元祐元年四月韩缜罢相时，罪状之一即是任用亲戚[⑤]。但五月朔，韩维却任门下侍郎[⑥]；且之前神宗刚去世，高氏就"手诏劳问"韩维[⑦]。这说明韩氏家族在政治上的盘根错节，在元祐初非但不是问题，反而颇为高氏倚重。但此一时彼一时，元祐二年七月时，大局已定，韩氏之党的问题就成为高氏不吐不快的心病。与言官之党一样，"韩氏之党"这一名目的出现，说明高氏心中不可退让的底线是对于朝政的掌控权。

以上对于"言事官之党""韩维之党"的梳理说明，这两个党名主要存在于太皇太后高氏的心中，并非士论皆认可，宰执先后都有不同意见。对于"言事官之党"的名目，刘挚的反对最力，这与他出身言路有关。元祐二年十月，刘挚又上言称赞傅尧俞、王岩叟、梁焘、张舜民、贾易等人，又说"近日言路稍异于昔"，"所推荐者非豪强则亲旧，所排击者非孤寒则怨隙，朋比之心，公无忌惮"；最后他呼吁，必须召回上述诸人，方能稳住局势[⑧]。如此则刘挚心中的言官之党与高氏所想完全

---

① 《长编》卷四〇四，元祐二年八月辛巳条，第9828—9829页。
② 《长编》卷四〇三，元祐二年七月乙丑条，第9813页。
③ 《长编》卷四〇四，元祐二年八月丁亥条，第9834页。
④ 《长编》卷四一一，元祐三年五月庚午条，第10008页。
⑤ 徐自明著，王瑞来校补《宋宰辅编年录校补》卷九，元祐元年四月乙丑条，第553页。
⑥ 《宋宰辅编年录校补》卷九，元祐元年五月丁巳条，第561页。
⑦ 《宋史》卷三一五《韩维传》，第10308页。
⑧ 《长编》卷四〇六，元祐二年十月癸卯条，第9887—9889页。

不同。接着,当年十一月,宰执吕公著、吕大防、刘挚、王存同上疏,认为左谏议大夫孔文仲"累有文字论列左司员外郎朱光庭除太常少卿不当,其言殊为乖谬"①。宰执以言官所言不合理虽是常见的事,但数位宰执群起批驳一位谏官言论之谬,则比较罕见,他们所维护的朱光庭正是"言事官之党"的成员。

反对兴"韩氏之党"者更多,吕公著、吕大防、范纯仁皆有不同意见。文彦博和刘挚当时的态度并不明确,但当"韩维之党"名目扩大,至次年五月导致右谏议大夫王觌罢外任时,文彦博、刘挚都曾站出来为王觌说话,范纯仁还特意开陈"朝廷本无朋党"②。吕公著对于御史中丞胡宗愈弹击杜纯也深为不满③。

宰执对高氏处理"言事官之党""韩氏之党"的不满,当出于对政策走向的担心。元祐政治路线的贯彻,韩维、傅尧俞、王岩叟、梁焘、张舜民、贾易等台谏出过大力,如今他们的离去,就给朝政下一步趋向抹上了一层阴影。这样的话,高氏兴朋党之论与元祐既定的政治路线之间,就出现了冲突。

两者之间的张力,很大程度上塑造了未来的言官人事格局。至元祐四年三月,新的台谏组合是:御史中丞李常,侍御史盛陶,殿中侍御史翟思,监察御史赵挺之、方蒙、王彭年;左谏议大夫梁焘,右正言刘安世,右司谏吴安诗。

这个组合最大的特点是御史台和谏官之间的对立之势。御史中丞李常虽然反对王安石变法,但态度并不激烈,司马光就曾说:

> 王介甫初为政,旧日同志峭直之士已渐不用,犹欲用中立之士,如李公择、孙莘老诸人,后来如中立之士亦不用。④

李公择即李常,孙莘老即孙觉。此外,侍御史盛陶在熙宁时就因邓绾

---

① 《长编》卷四○七,元祐二年十一月乙卯条,第9894—9896页。

② 《长编》卷四一一,元祐三年五月癸亥条,第10004—10005页。

③ 《长编》卷四○三,元祐二年七月壬申条,第9821页;卷四一一,元祐三年五月癸亥条,第10004页。

④ 《长编》卷四○四,元祐二年八月辛巳条注引吕本中《杂说》,第9831页。

所荐任监察御史里行①。监察御史王彭年又是孙觉、盛陶所荐。还有侍御史翟思，在神宗朝也当过御史，"其论颇是熙丰而非元祐"②。再加上赵挺之，可以明显地感觉到，整个御史台官员在"新旧"这个问题上持较为温和的态度。而在谏官方面，梁焘是元祐初排击熙丰旧臣的得力干将；刘安世作为司马光的门人，在所谓"新旧"问题上也毫不含糊；吴安诗的情况下面还会谈到。

因此，在当时的御史台和谏院之间，关于"新旧"问题的政治态度有明显的差别。双方也时有冲突，比如在弹劾胡宗愈的过程中，谏官刘安世就批评御史中丞李常、侍御史盛陶在这个问题上"依违观望，不敢深论"③。

在这样一种局面下，元祐时期最为重要的一次政治风波——车盖亭诗案到来了。

三　车盖亭诗案

蔡确于元祐元年闰二月罢相后，一度知安州（治今湖北安陆），于任内作《夏中登车盖亭》绝句十篇，咏及唐臣郝处俊。该组诗在元祐四年四月被知汉阳军（治今湖北武汉附近）吴处厚笺注上奏，认为郝处俊曾谏唐高宗逊位武后，蔡诗实讥讪当时垂帘听政的太皇太后高氏。蔡确因此贬死新州（治今广东新兴），史称"车盖亭诗案"。

对这一历史事件，前辈学者多有论及。钱大昕认为，高氏"于蔡确事不免过当"，成为此后"旧党"被报复的渊源④。后来不断有人指出，车盖亭诗案是"旧党"为了彻底根除"新党"而制造的一起迫害事件⑤。

---

① 《长编》卷二三八，熙宁五年九月庚申条，第5798页。
② 刘宰《京口耆旧传》卷四《翟汝文传》，《景印文渊阁四库全书》第451册，第152页。该书不著撰人名氏，据邓广铭、余嘉锡考证，为宋刘宰所撰。见邓广铭《〈京口耆旧传〉的作者和成书年份》，收入《邓广铭全集》第九卷，第321—326页。余嘉锡《四库提要辨证》卷六《京口耆旧传九卷》，第344—348页。
③ 《长编》卷四二三，元祐四年三月戊寅条，第10235页。
④ 钱大昕《十驾斋养新录》卷一六"蔡确车盖亭诗"，第322页。
⑤ 罗家祥《朋党之争与北宋政治》，第109页。

又因为车盖亭诗案涉及蔡确所谓的"定策功"的问题，因此有学者认为车盖亭诗案的起因乃在神宗建储①。也有人综合诸说，认为新旧之争、元丰末命及其带来的祖孙矛盾，两者都是根本原因；结果也是新、旧两党双输②。

　　综合既有研究，理解车盖亭诗案的基本线索就是两条：一是新旧党争，二是围绕"策立"而导致的高氏之忧虑。二者之中，笔者认为，"新旧"之争只是幌子，高氏之焦虑则确为关键因素之一。除此之外，还需考虑元祐政坛在解决政治分歧问题上的激进思路。

　　吴处厚上奏在元祐四年四月，这个时机经过精心选择。案蔡确于元祐二年二月知安州③，次年二月知邓州（治今湖北邓县）④。车盖亭在安州，因此《夏中登车盖亭》绝句十篇的"夏中"当指元祐二年夏。而吴处厚于元祐元年六月知汉阳军⑤，乃安州之邻郡，故吴处厚得地利之便。这样的话，吴处厚早在诗案发生两年前就有机会笺释蔡确诗。又，吴处厚上奏后，安州报告：

　　　　蔡确所作诗，初题于牌，及移邓州，行一驿，复使人取牌去，尽洗其诗，以牌还公使库。⑥

蔡确移邓州在元祐三年二月后，蔡确于此时尽洗其诗，很可能是听闻不利于己的传言，而此时距诗案仍有一年左右。

---

　　① 赵翼著，王树民校证《廿二史札记校证》卷二六"车盖亭诗"，第 563—564 页。金中枢认为，车盖亭诗案的起因是宋神宗建储，其实质则为新旧党派之争，加以私人恩怨。见《车盖亭诗案研究》，刊《成功大学历史学报》第二期，1975 年 7 月；后收入宋史座谈会编《宋史研究集》第 20 辑，第 183—256 页。文学史界涉及车盖亭诗案的有沈松勤《北宋文人与党争——中国士大夫群体研究之一》，第 137—145 页；同作者在《北宋台谏制度与党争》（《历史研究》1998 年第 4 期）一文中也涉及此事。萧庆伟《车盖亭诗案平议》，《河北大学学报》1995 年第 1 期；亦见同作者《北宋新旧党争与文学》，第 50—56 页。沈、萧的论著都以诗案为文字狱。

　　② 孙泽娟《蔡确研究》，第 39—43 页。

　　③ 《长编》卷三九五，元祐二年二月辛亥条，第 9642 页。

　　④ 《长编》卷四〇八，元祐三年二月癸巳条，第 9937 页。

　　⑤ 《苏轼文集》卷三九《吴处厚知汉阳军、贾种民知通利军》，第 1104 页。《长编》卷三八〇，元祐元年六月壬子条，第 9243 页。

　　⑥ 《长编》卷四二六，元祐四年五月辛未条，第 10297 页。

对吴处厚来说，吴安诗于元祐四年三月为右司谏①，就是良机。吴安诗的父亲吴充在熙宁九年（1076）至元丰三年（1080）间任宰相，"素恶蔡确"；而且，蔡确"治相州狱，捕（吴）安持及亲戚、官属考治，欲钩致充语"②。吴安持是吴充的另一个儿子，吴安诗的兄弟。故吴安诗之于蔡确，可谓负父兄之憾，这是广为人知的事。

吴处厚上疏之后，果然是吴安诗第一个弹劾蔡确，紧接着就是左谏议大夫梁焘、右正言刘安世，这些都是谏官。事发后，梁焘和吴安诗问高氏："言路更有何人论列？"得到的回答是："唯卿等及刘安世外，别无章疏。"于是梁、吴、刘三人上言："今来蔡确悖逆不道，指斥乘舆，而御史台职在按举，曾无一言。"③可见在蔡确诗案上，御史台和谏官的表现迥异。这种区别，有非常特殊的制度背景，笔者已经在他处详论，此不赘述④。制度之外，元祐二年至四年形成的人事格局是更重要的背景，此已见上所论。

前面也指出，这种人事格局的形成，不是所谓的新旧党争的结果，而是高氏维护权威与维护元祐政治路线之间的张力所造就的。所以当蔡确诗案摆在诸人面前的时候，各人的考虑也是非常不同的。五月二日，太皇太后与宰执讨论此事：

> 太皇太后谕执政："确党多在朝。"范纯仁进曰："确无党。"吕大防曰："确诚有党在朝，纯仁所言非是。"刘挚亦助大防，言确诚有党在朝⑤。

后来，太皇太后与辅臣共议再责蔡确，又是"独范纯仁及王存以为不可"⑥，而吕大防、刘挚主张严惩。

---

① 《长编》卷四二四，元祐四年三月乙未条，第 10254 页。

② 《宋史》卷三一二《吴充传》，第 10240 页。

③ 《长编》卷四二五，元祐四年四月戊午条，第 10282 页。

④ 方诚峰《职能与空间——唐宋台、谏关系再论》，《唐研究》第 16 卷，第 475—478 页。还可参见王化雨《宋代皇帝与宰辅的政务信息处理过程——以章奏为例》，《文书·政令·信息沟通：以唐宋时期为主》，第 318—319 页。

⑤ 《长编》卷四二六，元祐四年五月辛未条，第 10298 页。

⑥ 《长编》卷四二七，元祐四年五月丙戌条，第 10323 页。

　　蔡确的问题,涉及高氏本人在元丰末年拥立哲宗时的角色问题,此赵翼、金中枢等已言及。诗案发生时,哲宗赵煦已经十五岁,日渐成年,所以在这个问题上高氏不可能退步。蔡确被贬为英州别驾、新州安置,被指宣传蔡确"定策功"的邢恕,则降为添差监永州在城盐仓兼酒税①。元祐六年,蔡确母明氏请量移蔡确近地,高氏对宰执说:"宫中常说与官家,此人奸邪深险,久远官家奈何不得,于社稷不便,昨来因他作诗行遣,本非谓诗也。""若社稷之福,确当便死。"②高氏如此除恶务尽,说明了她在自身权威问题上的毫不妥协。

　　车盖亭诗案中高氏的立场如上所述,但梁焘、刘安世、范祖禹等认为应该深责蔡确,其出发点和高氏并不一致。他们并非真以为蔡确有意讥讽高氏。范祖禹说,蔡确的主要罪行是"以凶德叨窃相位,作威作福,欺罔先帝,屡起大狱,排陷善良""市恩结党"等,他奉承高氏是为"宗庙社稷之计",而非"一心私喜怒"③。范祖禹的焦点并不在"定策"上。

　　刘安世则说:

> 臣闻上自执政,下至堂吏,确之党与殆居其半,百端营救,齐奋死力……臣窃观二圣临御以来,日新圣政,蔡确之徒,不得逞其奸志,阴怀怨望,窥伺颇急……臣恐祖宗、神灵、天地眷祐,疾恶贯盈,而以此机授陛下也。④

梁焘也说:

> 今因蔡确事,尽见在廷之臣内怀向背,即是非邪正于是分明,不可不行也。⑤

两人都将诗案之外的意义做足,之所以是天赐良机,因为可以通过打

---

①　《长编》卷四二八,元祐四年五月丁酉条,第10343页。

②　《长编》卷四六四,元祐六年八月辛亥条,第11088—11089页。

③　《太史范公文集》卷一五《乞宽刑札子》,第192—193页。

④　《尽言集》卷九《论蔡确作诗讥讪事第四》,第3b—4a页。

⑤　《长编》卷四二五,元祐四年四月戊午条,第10285页。

击蔡确和相关人物,再一次明确元祐既定的政治路线。前面说过,高氏为维护自身权威,兴"言事官之党""韩氏之党",实际危害到了元祐既定的政策。但蔡确事则不同,高氏对权威的焦虑与部分臣僚对路线的担忧,终于可以结合在一起了。

范祖禹和刘安世、梁焘仍有很大不同:后二人希望通过蔡确诗案对在朝官僚队伍进行一次整肃,目标不仅仅在于熙丰臣僚,还在于"元祐诸公"中的温和派。范祖禹则不认可这种做法,他支持蔡确的新州之贬,也支持惩处邢恕这样的"素怀奸心"之辈,但认为,蔡确已经罢相数年,现在朝中臣僚"多非确党",虽然有些人主张薄责蔡确,那也只不过是"所见偏谬"而已,对于这些"偏见异论者,若皆以为党确而逐之,臣恐刑罚之失中,人情之不安也"①。

但是,范祖禹的上言并没有阻止波及面的扩大,最终宰执范纯仁、王存,台官李常、盛陶、翟思、赵挺之、王彭年,中书舍人彭汝砺、曾肇皆外任,因为他们都不主张深责蔡确。在传统新旧分类中,除了赵挺之,这些人皆难以归入所谓"新党"之列,只不过属于立场温和的人物。因此,车盖亭诗案的一个重大意义,就是再度确认了调和统治集团内部分裂的失败,力求肃清异论、统一队伍的激进思路最终胜利了。

这一结局,也为一个自元祐二年即已开始的宰执更替过程画上了句号。自从元祐元年末的苏轼策题案以来,宰执内部的意见就不能统一,大抵可以分为两派:一派主张温和执政,容忍异见,主要是吕公著、韩维、李清臣、范纯仁;另一派则维护元祐政治路线,力图整顿异论纷呈的局面,主要是刘挚、吕大防。在对言官的态度上,前者力抑言官的激烈言论,于事多两平之;后者则多欣赏那些严守元祐之政的言官,主要是"言事官之党"的成员。

车盖亭诗案发生时,李清臣、韩维已罢,吕公著已逝。宰执间的对立以范纯仁、王存为一方,刘挚、吕大防为另一方。刘挚在车盖亭诗案一个月前上疏说:

---

① 《太史范公文集》卷一五《乞宽刑札子》,第 193 页。

> 大抵自司马光不幸死亡之后,朝廷之事,肯不顾患祸,身任其责者少矣。①

司马光之后当政的是吕公著、吕大防、范纯仁。刘挚是元祐路线的坚定执行者,出身言官,对元祐二、三年间纷乱的局面其实深感不满。吕大防对新法的态度虽较温和,但他在元祐时期本无显赫声名,乃是因对边防事务的了解,被吕公著推荐给高氏,从而成为执政、宰相②。正因如此,号称"无党"的吕大防全力支持高氏的主张,深得高氏的信任,故而在诗案中附和高氏严惩蔡确等。因此,车盖亭诗案中宰执的分歧,隐隐透露出两个时代,更是两种类型的人物更替。范、王因车盖亭诗案而罢,标志着这一更替的历史过程的最终完成,权力最终完全过渡到吕大防、刘挚这些新锐激进之人手中。

四　本节结语

本节讨论了苏轼和程颐之争议、"言事官之党""韩维之党"、车盖亭诗案几场重要的政治风波。从中可以看到影响元祐政治展开、演进的几个重要因素。

首先,苏轼和程颐之所以备受争议,并不是因为他们是所谓洛、蜀党的核心人物,而是因为当时以王安石为戒的政治氛围。苏轼、程颐这两位最"接近"王安石的士人领袖,与"安静"这种主流的政治情绪格格不入。

其次,"言事官之党""韩维之党"的出现,乃是高氏自我维护之结果。高氏以女主垂帘,权威始终是自己念兹在兹的核心课题。她为了权威,也因为自己的感情倾向,可以选择与反新法者合作。同样,为了维护权威,对可能的政治集团如言事官之党、韩氏之党,都是不能容忍的——即使这些人在元祐政治路线的确立过程中曾不遗余力。这也说明,高氏的追求与元祐政治路线是有可能冲突的。

---

① 《长编》卷四二三,元祐四年三月甲申条,第 10244 页。
② 朱义群《北宋宰相吕大防的政治生涯析论》,《宋史研究论丛》第 20 辑,第 56—58 页。

最后,车盖亭诗案是最为复杂的一次政治风波。推动它的除了个人恩怨外,最主要的因素有二。首先是高氏维护自身地位。蔡确定策功的说辞,触动了高氏敏感的神经,因此她力求除恶务尽。其次是部分臣僚对元祐政治路线的维护,但更有部分激进的臣僚,希望通过此事清除异论,整肃队伍。由此看来,蔡确党或"新党"之名是幌子,车盖亭诗案波及最多的并非所谓的"新党",而是温和派。在高氏看来,这些人在维护她的权威上不够坚决;而在激进派看来,这批人容忍甚至吸收异见,是对元祐政治路线的大威胁。

综合元祐前期的几次政治风波,可以看到是不同的政治诉求推动了诸"党名"的出现,而非有实际的政治集团崛起,这些风波当然也就主要不是之前的"新旧之争"演进、分化的结果。前人将元祐政治纷争理解为实际政治集团间的针锋相对,各集团有其核心利益,但实际上没有任何人可以顺利地建立严整的集团阵线。在笔者看来,研究北宋中期以后的政治,"名"有时候比"实"更为重要,价值观、权威比现实利益是更贴切的入手点。

第二节　绍述前夜

上节所讨论的政治风波,主要发生在元祐四年之前。元祐后期,政治上将发生一些非常重要的变化,这些变化方向并不一致,但最终的结果是元祐政治路线的崩解。由此最为显眼的问题就是:在元祐整整八年之后,为什么随着宋哲宗的亲政,政治路线迅速转向"绍述"?任何谈及北宋晚期政治的论著,必然会涉及这一转变,但对其原因则多一笔带过。这一转变发生在哲宗亲政后,但其突然性则说明,酝酿和准备的过程必在亲政前的元祐时期。

绍述的背景,是由不同层次的思考与安排所构成的。本节要探讨的问题是:元祐后四年中,太皇太后高氏、宰执及下面的中高级官僚,对于未来政治的走向有哪些考虑? 这又源自什么样的政治形势和政治文化背景?

本节要从"调停"这一政治风波说起。上一节谈到,元祐四年夏的车盖亭诗案,再一次强力明确了元祐政治路线之不可动摇。在这一背景下,元祐五年的"调停"风波显得颇为异常。"调停"的字面意思即调和新、旧两派的分裂。李焘《长编》云:"时宰相吕大防、中书侍郎刘挚建言,欲引用元丰党人,以平旧怨,谓之'调停'。太皇太后颇惑之。"①这一事件,近年有数位研究者注意到了,且多将其与整个元祐时期发生的几次试图调和政治纷争的事件联系起来,认为其出现和失败,意味着北宋"党争"的激烈与进一步深化②。本节不拟重复上述论点,而试图从另外的角度来考虑这一问题。

李焘关于"调停"的记述,实际出自苏辙《颍滨遗老传下》:

> 自元祐初革新庶政,至是五年矣。一时人心已定,惟元丰旧党分布中外,多起邪说以摇撼在位。吕微仲与中书侍郎刘莘老二人尤畏之,皆持两端,为自全计,遂建言欲引用其党,以平旧怨,谓之"调停"。宣仁后疑不决。辙于延和面论其非。退,复再以札子论之……奏入,宣仁后命宰执于帘前读之,仍谕之曰:"苏辙疑吾君臣遂兼用邪正,其言极中理。"诸公相从和之。自此参用邪正之说衰矣。③

苏辙这段话,涉及当时很重要的一些政治动向,同时在叙述上也有不小的问题。下文就以此为出发点,逐步展开辨析。

苏辙所说的"欲引用其党"云云,实指当时邓温伯(润甫)的任用问题。邓在神宗晚年任翰林学士,哲宗初年进为翰林学士承旨,元祐二年八月以母丧去位。身为"熙丰旧人"(或所谓"新党"),他在元祐初年未受太大的冲击。但是,当邓于元祐四年九月除丧之后,他的历

---

① 《长编》卷四四三,元祐五年六月乙卯条,第10669页。

② 罗家祥《朋党之争与北宋政治》,第172—173页。张欣、张淑生《北宋元祐时期"调停"浅探》,《五邑大学学报》第7卷第4期,2005年11月,第75—78页。顾宏义《范纯仁论朋党——兼析元祐年间"调停"说的起因与影响》,《河北大学学报》2009年第3期,第9—16页。李真真《从元祐调停看宋代朋党政治倾向的恶性膨胀》,《社会科学辑刊》2009年第6期,第176—180页。

③ 《栾城后集》卷一三《颍滨遗老传下》,第1027—1029页。

史问题就被挖了出来,其除命几经反复(容后详述),引起的风波持续了好几个月。

邓温伯除命之所以引起争议,绝不是因为他本人有改变政治路线的能力,而是在朝士大夫以其除命为政治的风向标。门下侍郎刘挚说:

> 昨来言者说破温伯实王安石之党人,故进退之际,朋类甚众,邪正之辨、君子小人消长之势,在此一举。既有此说,则中外人情便有向背。自三两月以来,士大夫汹汹于下,造作语言,更相窥伺,人心不安,皆将温伯及(梁)焘等去住,阴卜朝廷意旨。①

邓温伯除命,反映了当时弥漫在士大夫间的对元祐政治路线能否持续下去的疑虑。刘挚所谓"士大夫汹汹于下"云云,说明在朝士大夫中的相当一群人有此疑虑。这是一群什么样的人?

苏辙也说道:

> 臣尝论温伯之为人,粗有文艺,无他大恶,但性本柔弱,委曲从人……若谓其怀挟奸诈,能首为乱阶,则甚矣。盖台谏之言温伯则过,至为朝廷远虑,则未为过也。故臣愿陛下谨守元祐之初政,久而弥坚,慎用左右之近臣,毋杂邪正……伏乞宣谕大臣,共敦斯义,勿谓不预改更之政,辄怀异同之心,如此而后,朝廷安矣。②

苏辙最后一语说明,在当时执政群体内部,对于是否坚持元祐政治路线是有分歧的。在此前,右谏议大夫范祖禹就说:"伏望陛下明谕大臣,凡所措置变改,悉遵故常,无得出意于新旧之间,别立一法。"③李焘《长编》在此札子下特意注云:"《祖禹家传》云,时执政有欲于新旧法别创立者,祖禹深以为不可,故及之。"④因此,所谓的"调停"及围绕它的争议,也反映了朝廷高层在未来政治走向上的犹豫、分歧。那么,

---

① 《长编》卷四四六,元祐五年八月癸卯条,第 10738 页。
② 《栾城集》卷四三《乞分别邪正札子》,第 758 页。
③ 《太史范公文集》卷一六《上殿论法度札子》,第 208 页。
④ 《长编》卷四三三,元祐四年九月乙酉条注,第 10443 页。

范祖禹所谓"欲于新旧法别创立者"的执政、苏辙所谓"不预改更之政，辄怀异同之心"的大臣，都是指什么人？

"调停"发生在元祐五年夏，而车盖亭诗案在四年夏，这说明，即使经过了诗案的整顿，朝廷从上到下对于未来的政治路线仍有不确定感。其原因何在？本节接下来将先论宰执、高氏的问题，然后涉及中高层的士大夫群体。

一　宰执的态度

据前引苏辙《颍滨遗老传》（以下称《遗老传》），要调停的是左相吕大防和中书侍郎刘挚。不过，元祐五年六月时的中书侍郎是傅尧俞，而刘挚则是门下侍郎[1]，苏辙到底指谁呢？

元祐四年九月，邓温伯除吏部尚书，但遭到了左谏议大夫、权给事中梁焘的抵制，他认为，邓苟合于王安石、吕惠卿、吴充、蔡确诸人之间，又曾在制词中赞扬蔡确定策之功[2]。而就在之前的四月至六月，"车盖亭诗案"就专门针对蔡确在元丰末的定策之功进行了一次清算[3]。故梁焘发此议后，朝廷于十月以邓温伯知亳州（治今安徽亳州市）[4]。

但是，到了元祐五年三月，邓温伯又被召为翰林学士承旨[5]。由此引发了新一轮的风波，前后原委，李焘据刘挚《行年后记》作了详细的叙述[6]。这段记载清楚地呈现了邓温伯除命的反复过程（三月十四日翰林学士承旨、四月二日侍读、四月四日知南京、四月六日翰林学士承旨），也展现了高层对于邓温伯的态度。

《行年后记》云：

---

① 《宋宰辅编年录校补》卷九，元祐四年十一月癸未条，第586页。
② 《长编》卷四三三，元祐四年九月己丑条，第10443—10444页。
③ 参见金中枢《车盖亭诗案研究》，《宋史研究集》第20辑，第196页。
④ 《长编》卷四三四，元祐四年十月己亥条，第10455页。
⑤ 《长编》卷四三九，元祐五年三月己卯条，第10577页。
⑥ 《长编》卷四四三，元祐五年六月丁未条，第10663—10664页。下面凡引及《行年后记》者，不再一一出注。

> 先是,苏颂既除左丞(三月七日),翰林学士阙,三省议所补,傅尧俞引邓温伯,刘挚曰:"尝除吏部,以言而罢,事甚近。"尧俞曰:"向者迁也,今旧物尔。"众皆曰然。

这说明,主要推动此事的宰执是中书侍郎傅尧俞,其余宰执也无甚异议,门下侍郎刘挚虽然稍有疑虑,但随即也表示赞成,后来也主动表态说:"昨政事更改皆合人情,无可论。但失意之人无害于政者,合进则与进之可也。"①

但是,刘挚的态度后来有大转变。五年八月,他在给高氏的一封密奏中说:

> 臣等从前同共进拟温伯差遣,止见其人服阕召还旧职,不为过当,即不见得向后人情议论有利害如此。今来实不敢隐默遂非,上误圣政。

他指出,"人情既将此事卜朝廷意旨,则去留之际,中外便生观望,摇动事机,无甚于此",他希望高氏将温伯外任,以"使邪正有所辨,是非有所归"②。刘挚之意,元祐既定的政治路线是不能动摇的,邓温伯一事,导致御史中丞梁焘、左谏议大夫刘安世、右谏议大夫朱光庭皆迁为他职③;而这些人自元祐初年以来坚定不移地推动着朝廷去新立旧、去邪存正,是元祐政治路线的中坚。他们离开言职,在刘挚看来就是危险的信号。

刘挚的担忧,更在于执政圈的变化。五年七月,刘挚力求罢门下侍郎,在高氏的敦促下,于八月复位视事。刘挚自述求罢的理由有三,其中第二点关涉颇大:

> 元祐政事,更首尾者零落无几,独吾与微仲在,余者后至,远者才一年尔。虽不见其大异,然不得谓之趣向同也。或漠然两可,或深藏其意,为不可测。或以异意阴入其害,公肆诋谋。挚近

---

① 《长编》卷四四三,元祐五年六月丁未条,第 10664 页。
② 《长编》卷四四六,元祐五年八月癸卯条,第 10738—10740 页。
③ 《长编》卷四四二,元祐五年五月庚寅、壬辰条,页 10640、10643 页。

因中司一章论政有云："愿戒大臣，共敦此义，勿谓不预改更之事，遂怀同异之心。"于是所谓后至者皆不乐，不乐则意不得不生矣。故政论不一，阴相向背为朋，而吕相亦自都司吏额事后，于吾有疑心。夫共政事者六人，而有异志；同利害者才二人，而有疑心。则岂独孤立之不易，实惧国事之有病也。古人有安国之志、全身之智者，多引避之，此可去二也。①

刘挚深感自己面临两大矛盾。一是自己与左相吕大防之间的矛盾，即所谓"同利害者才二人，而有疑心"。再者就是自己与"后至者"之间的冲突，这种冲突是基于政治理念、路线的差别，是更为根本性的，即所谓"共政事者六人，而有异志"。那么刘挚到底指谁呢？

五年七八月间，宰执的构成如下：左相吕大防、门下侍郎刘挚、中书侍郎傅尧俞、尚书左丞苏颂、尚书右丞许将、同知密院韩忠彦。这六人，除了刘挚自己和吕大防，其余都是所谓"后至者"，其中苏颂最后至（五年三月），傅尧俞先之（四年十一月），许将和韩忠彦又先之（四年六月）。

苏颂向来给人博学多识、明习典章的印象，不太卷入政治纷争。刘挚年轻的时候曾得到苏颂的赏识，两人的私交可能一直不错②。面对微妙的政治局势，苏颂表现得很有远见：

方颂执政时，见哲宗年幼，诸臣太纷纭，常曰："君长，谁任其咎耶？"每大臣奏事，但取决于宣仁后，哲宗有言，或无对者。惟颂奏宣仁后，必再禀哲宗；有宣谕，必告诸臣以听圣语。及贬元祐故臣，御史周秩劾颂，哲宗曰："颂知君臣之义，无轻议此老。"③

第一章已经指出，在元祐中枢体制中，平章军国（重）事、宰执间差等有序的权力分配机制，都是围绕着高氏垂帘而作出的，未太考虑哲宗本人的地位。到了元祐后期，随着哲宗日渐成年，这一体制的危机也逐

① 《长编》卷四四六，元祐五年八月戊戌条，第 10732—10733 页。
② 徐度《却扫编》卷中，第 137—138 页。
③ 《宋史》卷三四〇《苏颂传》，第 10867 页。

渐暴露,苏颂清楚地意识到了这一点,并试图有所补救,《宋史》本传称其"器局闳远",确实很恰当。

再看傅尧俞。如前所述,傅尧俞是邓温伯除命最主要的推动者,随着刘挚在邓温伯事上态度的转变,他对傅尧俞的疑心亦渐重。五年十二月十七日,宰执议及数人除命,其中包括以侍御史孙升为起居郎、以杜纯为侍御史,刘挚当即表示反对,他在日记中说:

> 挚度大防欲用纯者,盖范纯礼所属;用升者,自许将之去,傅尧俞及纯礼之党数数延誉邓温伯,冀引补其阙,而患升之在言路,故先欲动升以待之。升前与梁、刘辈力论温伯,故朋党架造如此。①

许将罢尚书右丞在十二月一日②,刘挚这时很担心邓温伯被傅尧俞引为执政。至元祐六年正月,宰执商量知贡举人选,"始欲用侍御史孙升同知",又因刘挚反对而作罢:"挚意谓邓温伯必进补许将阙,其党疑升必论列,故谋以此五十日拘之也。"③因为知贡举者必被锁院,故无法履行言官的职责。自始至终,刘挚最怀疑的立异之人就是傅尧俞。

再看韩忠彦和许将。元祐四年六月,韩忠彦和许将分别被除为尚书左右丞,右谏议大夫范祖禹言:

> 二人者,皆风节不立,人望素轻,置之庙堂无以重国,不惟无所裨益,未必不为回邪,陛下久当自知之耳。忠彦,韩琦之子,琦之所长一无所有,惟能随时俛仰,观望朝廷,附会权势以取富贵而已……许将亦无才能,唯善希合执政,凡议论多为两可之言,士大夫无不轻之。④

---

① 《长编》卷四五三,元祐五年十二月戊申条,第 10861 页。
② 《宋宰辅编年录校补》卷十,元祐五年十二月辛卯,第 592 页。
③ 《长编》卷四五四,元祐六年正月己巳条,第 10882 页。
④ 《长编》卷四二九,元祐四年六月丙午条,第 10365 页。

在范祖禹看来,韩忠彦和许将都是靠不住的,许将更是态度暧昧。刘挚对许将的评价是:"将性敏惠,明见事理,而所趋甚异。"①吕大防对他的评价是:"潜心怀二,立党偏见。"②且据说许将在元祐任执政时,"自以在先朝为侍从,每讨熙丰旧章以闻"③。

这样的话,元祐五年七八月时的执政六人之中,刘挚所谓"有异志"者,首先是傅尧俞,其次应该便是许将、韩忠彦、苏颂。而邓温伯一事中,真正坚持不懈地引用邓温伯的是中书侍郎傅尧俞(宰相吕大防也赞成);至于刘挚,虽也曾参与其事,但并非主要推动者,后来更是明确反对。因此,苏辙在《遗老传》中所说"吕微仲与中书侍郎刘莘老二人尤畏之,皆持两端,为自全计"云云,与事实有很大的差距。

苏辙这一错误,一方面自是因为时隔甚久,记忆模糊,将中书侍郎傅尧俞与门下侍郎刘挚的角色合并了。苏辙自称,整理《遗老传》时,"予居颍川六年,岁在丙戌"④,即崇宁五年(1106),上距元祐五年已十六年。另一方面,也与苏辙对刘挚的态度有关,他在《遗老传》中这样描述任右相的刘挚:

> 时吕微仲与刘莘老为左右相。微仲直而暗,莘老曲意事之,事皆决于微仲。惟进退士大夫,莘老阴窃其柄,微仲不悟也。辙居其间,迹危甚。莘老昔为中司,台中旧僚,多为之用,前后非意见攻。⑤

是知苏辙对刘挚一直很有意见,故他在十余年后抨击刘挚"持两端,为自全计",也不是纯属记忆有误。"中书侍郎刘莘老"这一错乱的说法,就在时间与情感的双重作用下出现了。

问题是,即使纠正这一错误,元祐五年"调停"也绝非像苏辙所说的,是一二宰执的私意,上述元祐五年七八月间的宰执六人中,有四人

---

① 《长编》卷四五二,元祐五年十二月辛卯条,第 10843 页。
② 《长编》卷四五二,元祐五年十二月甲辰条,第 10857 页。
③ 《宋史》卷三四三《许将传》,第 10909 页。
④ 《栾城后集》卷一三《颍滨遗老传下》,第 1040 页。
⑤ 同上书,第 1033 页。

的政治趋向实皆暧昧不明。这种局面的形成，一定与女主高氏对时局的思考、部署有关。

二 高氏的部署

《行年后记》曰：

> 乃拟上（作者按，即指邓温伯翰林学士承旨除命），太皇太后曰："温伯兼是延安府笺记旧臣，乃随龙人也。"命既下，王岩叟封还，以温伯……确党也。太皇太后谕曰："谓温伯确党，非也。昔论相州狱事，与确大异。今且可罢承旨，以龙图阁学士为侍读（四月二日）。"①而岩叟复封还之，（梁）焘、（朱）光庭及刘安世等皆继论列……

> 已而太皇太后谕曰（四月四日）："言者必疑温伯别有进用，所以如此争论。然止是见得眼前事，向后亦未可知，安能今日扼温伯进也？昨害民之事更改不少，知他久后如何？每思及此，令人不可堪。然台谏之言不可不行。"遂以温伯知南京。（温伯知南京，已附四月二日，其实乃四月四日也。）刘挚进曰："若不忘温伯，异时是可任使。"即谕曰："与记，当待别除差遣。"……

> 后二日（六日）……进白，太皇太后曰："此除本出于执政进拟，若见得允当，固合如此执持。"又曰："言事官当并与稍迁。"而焘等论温伯不已，故皆移官。

从上引记述来看，高氏对邓温伯的态度是明确的、一贯的：尽力将邓留在京师，为此不惜罢去梁焘、刘安世、朱光庭的言职②。高氏的考虑到底是什么呢？

上引文中，高氏在四月二日所说"温伯兼是延安府笺记旧臣，乃随龙人也"这句话很有意思，按宋哲宗在登基前系延安郡王，邓温伯在神

---

① 小注"四月二日"原作"四月二十"，按据《长编》卷四四一，邓温伯除侍读在四月丁酉，即二日。"十"当为"日"之误。

② 《长编》卷四四二，元祐五年五月庚寅、壬辰条，第 10640、10643 页。

宗元丰间任翰林学士时，兼掌皇子阁笺记①。对于这一点，刘安世批评说：

> 前代创业之主，经纶草昧，乃有豪杰之士，用为佐命之臣，谓之攀附可也。继体之君，或由储贰，或自藩邸，春宫王府，咸备僚属，以其有保傅之恩、调护之效，谓之攀附亦可也。恭惟陛下初自妙龄，未遑出阁，诞膺天命，遽践宸极，中间温伯虽曾暂掌笺记，何尝得望清光？而遂以攀附加之，循名考实，显为非据。②

所谓皇子出阁，即自宫中出就藩邸，开府置官③。刘安世的批评指出了一个重要事实：哲宗在登基前，甚至还没来得及出阁④，从而也就没有所谓的潜邸旧人，邓温伯虽任笺记，其实从未有机会得见年幼的哲宗。这一情况，高氏肯定是了然于胸的，但她仍以"随龙人"为由，冀将邓温伯留在京师，肯定是有别的考虑。

四月四日，高氏又有"每思及此，令人不可堪"之语，透露了高氏对未来局势极深的忧虑。元祐五年六月，正当邓温伯事闹得沸沸扬扬之时，高氏对宰相吕大防等说，考虑到皇帝日渐成年，自己曾令入内内侍省检寻仁宗朝的纳后故事，"各为年深，并无稽据"，而"有司故事必有存者，可以讲寻"⑤。即元祐五年夏时，哲宗赵煦的婚事也在高氏心中盘桓，这就意味着她清醒地意识到皇帝的成年、亲政指日可待，女主垂帘的日子则屈指可数。这一局面给她提出了一个全新的课题：她所定下的政治路线怎么能维持下去？因为这是涉及将来她本人历史地位的重大问题。在这一节骨眼上，元祐五年二月，平章军国重事文彦博致仕⑥，而平章军国事吕公著前一年也逝世了，司马光则早就卒于元祐元年。

---

① 《宋史》卷三四三《邓润甫传》，第 10912 页。
② 《尽言集》卷一三《论邓温伯差除不当》，第 1b 叶。
③ 参见谢元鲁《唐代诸王和公主出阁制度考辨》，《唐史论丛》第 12 辑，第 29 页。
④ 参见《长编》卷三五一，元丰八年二月癸巳条，第 8409 页。
⑤ 《长编》卷四四三，元祐五年六月辛丑条，第 10652—10653 页。
⑥ 《长编》卷四三八，元祐五年二月庚戌条，第 10564 页。

在这种老臣、重臣凋零殆尽的情势下,邓温伯的意义就很特别。邓既不同于元祐,亦立异于蔡确,其角色正处于新旧之间。与其将来被动地接受所谓"新党"的涌入,不如现在主动进用像邓这样立场暧昧之人,正可借机调和矛盾。更重要的是,邓温伯与小皇帝还有掌笺记的渊源,虽然只是名义上的,但这也是对宋哲宗本人的一种重视、安慰①。这一点,就不是谏官刘安世辈所能虑及的了。

此后元祐六年闰八月,又有两次未完成的人事安排,透露高氏正在为后垂帘时代作准备。一是安焘。安焘自元丰六年起任同知枢密院事,元祐初又进知枢密院事,一直到元祐四年七月才以母丧去位②。到六年闰八月,安焘除丧:

> 执政检举进呈,吕大防曰:"据理当还旧职。又缘有赵君锡、贾易两章论列。"太皇太后难之,王岩叟曰:"若还旧职,必致人言。"太皇太后随曰:"必致人言。"大防因请除郓州。诏可。③

所谓"太皇太后难之",说明了高氏本意仍以安焘知密院,又担心反对意见太多,人情难安。安焘的经历与邓温伯是类似的,本书第一章已提及,安焘虽然是熙丰之臣,但在新法问题上其实相当中立。

另一次是李清臣和蒲宗孟。吕大防、刘挚欲用李清臣为吏部尚书、蒲宗孟为兵部尚书。此二人皆元丰时的执政,其中李清臣元祐元年由尚书右丞进左丞,到元祐二年四月方罢。对于李、孟之除,据说高氏"有黾勉从之之意",但苏辙提醒:

> 今日用此二人,正与去年用邓温伯无异。此三人者,非有大恶,但与王珪、蔡确辈并进,意思与今日圣政不合。见今尚书共阙四人,若并用似此四人,使互进党类,气势一合,非独臣等奈何不

① 高氏应曾用不同的方式安抚哲宗,比如元祐五年十二月,朝廷本拟差高氏从弟高士敦知邢州,但后来哲宗母舅向宗良陈乞此缺,高氏就指示"依宗良所乞""邢只与宗良"。对此,刘挚称赞她"圣意深远,刻己避嫌"。见《长编》卷四五三,元祐五年十二月甲寅条,第10871页。

② 《宋宰辅编年录校补》卷九,元祐四年七月庚辰,第585页。

③ 《长编》卷四六五,元祐六年闰八月癸亥条,第11101页。

得,亦恐朝廷难奈何矣。①

最后是反对的意见占了上风。

这两次未能完成的任命,高氏或"难之",或"有黾勉从之之意",都说明了她的两难处境:一方面是不可逆料的未来,需要作出安排,故她几次试图将一些立场不甚鲜明的"熙丰旧臣"引入朝中,以缓和局势、稳定哲宗的情绪;但另一方面,这些安排又不能威胁到当前的政治路线,反对的意见又不得不听。在这一基础上,就可更深入地理解元祐末年的几次宰执任命。

一次是元祐七年六月,苏颂升任右相、梁焘为尚书左丞、郑雍为尚书右丞。苏颂的态度已见前说,他对垂帘体制的危机有深刻认识。郑雍其人,"方熙宁、元丰间,大臣更制变化,士大夫有所希合,多不次见用,顾公先朝馆阁旧人,独静默自守,徊翔不进,人称为长者"②,是一个政治立场较为温和的人。

再看梁焘,虽在元祐五年极力反对邓温伯的进用,但在七年五月对高氏说:

> 今来选正中宫,已得贤淑。冬至大礼,自当郊见天地,天意人事,上下协应。惟是政机之繁,久劳同听,归权人主,不可过时。此陛下今日甚盛之举也。退托深宫,颐神内典,远光前人,垂法万世,岂不美欤! 愿早赐处分,以彰全德。③

哲宗立后就在四月,梁焘随即提出结束垂帘,归政人主,即主张主动的权力转移。梁焘次月即被擢为尚书左丞,说明高氏心中也在考虑还政的问题。至十一月南郊合祭天地后,梁焘认为时机已经成熟:"切惟渊衷远虑深识,用臣前言自适其时矣,伏望检会前奏,早赐诏音,断归人主,以全大功。"他还建议:"先帝大臣多以材进,可稍复用,委以别都名

---

① 《长编》卷四六五,元祐六年闰八月甲子条,第 11103—11104 页。

② 綦崇礼《北海集》卷三四《郑公行状》,《景印文渊阁四库全书》第 1124 册,第 738 页。

③ 《长编》卷四七三,元祐七年五月壬子条,第 11289 页。

藩,以全终始。"①看来,随着时间的推移与位置的变化,梁焘对于元祐政治路线的危机有了清醒的认识,转变成了一个调和论者。不过,梁焘最终于元祐八年六月罢执政,史称是其本人力求罢免,且言:"信任不笃,言不见听,而询人材之可用者,非臣敢当也。"②显然对高氏迟迟不还政颇有微词。

再一次就是元祐八年七月,高氏以范纯仁为右相。范纯仁的特点也很鲜明,他一般被认为是所谓"元祐党人",但却是其中最为温和的,屡屡试图调和统治集团内部的分裂③。

范纯仁任相后两个月,高氏就去世了。她去世时,三省宰执安排如下:左相吕大防、右相范纯仁、守门下侍郎苏辙、尚书右丞郑雍。这个组合中,吕大防、苏辙都是高氏意志、元祐路线的坚定贯彻者,而范纯仁、郑雍则是调整派。中书侍郎、尚书左丞两个位置空缺,这就给宋哲宗亲政后留下了用人空间,同时还不必触动旧有宰执。这显然都是高氏的深意。

哲宗首先召用的就是李清臣和邓温伯,苏辙记云:"微仲(吕大防)之在陵下也,尧夫(范纯仁)奏乞除执政,上即用李邦直(李清臣)为中书侍郎,邓圣求(邓温伯)为尚书右丞。"④南宋初马永卿所编的《刘安世言行录》大抵沿用此说,但加了一句:"时大臣卒用调停之说,遂有李、邓之除。"⑤这正说明,绍圣初年李、邓的召用,也是高氏生前一系列部署的自然延续——她将这个机会留给了哲宗本人。

从元祐五年开始,高氏开始为后垂帘时代作政治部署,其中召用邓温伯、安焘、李清臣、蒲宗孟都失败了,但用苏颂、郑雍、梁焘、范纯仁

---

① 《长编》卷四七八,元祐七年十一月乙巳条,第 11397 页。
② 《宋宰辅编年录校补》卷十,元祐八年六月戊午,第 606—607 页。
③ 顾宏义《范纯仁论朋党——兼析元祐年间"调停"说的起因与影响》,《河北大学学报》2009 年第 3 期,第 12—16 页。
④ 《栾城后集》卷一三《颍滨遗老传下》,第 1038 页。右丞当为左丞,苏辙记忆有误。
⑤ 马永卿辑,王崇庆解《元城语录解附行录》,第 45—46 页。按《宋史·艺文志》不载《刘安世言行录》之作者,而据李焘所云,乃"维扬马大年所编次也",大年即马永卿字。见李焘《长编》卷四三六,元祐四年十二月叙事条注,第 10520 页。

为宰执则得以施行。这说明,高氏的重点在调整中枢权力结构,希望之后的政策调整能在其安排的结构下进行,而不是要彻底改变既定的元祐政治路线。高氏生前一直未曾主动还政,说明她无意真正放手。但她前后的部署重点不同:一开始着意进用态度温和的"熙丰旧臣",后期则主要从所谓"元祐臣僚"中选拔,如梁焘、范纯仁。

但是,局势的变化出人意料,发起扫除元祐之局的,竟然并非所谓熙丰旧臣,而是另一批人。

三　何人首倡绍述

元祐九年(1094,四月改元绍圣)二月,以李清臣为中书侍郎、邓温伯为尚书左丞,史称:"清臣首倡绍述,温伯和之。"①又有说法:"哲宗亲政,润甫首陈武王能广文王之声,成王能嗣文、武之道,以开绍述。遂拜尚书左丞。"②这又把首陈绍述之事落在邓温伯(润甫)头上。关于李、邓谁是绍述的首倡者,邓广铭先生即有疑问③。

按元祐八年十一月底、十二月初,杨畏由侍御史迁礼部侍郎:

> 畏寻上疏言:"神宗皇帝更法立制以垂万世,乞赐讲求,以成继述之道。"上即召畏登殿,询畏以"先朝故臣孰可召用者,朕皆不能尽知,可详具姓名,密以闻。"畏即疏章惇、安焘、吕惠卿、邓温伯、李清臣等行义,各加题品。且密奏书万言,具言神宗所以建立法度之意,乞召章惇为宰相,上皆嘉纳焉。④

则杨畏向哲宗陈绍述之议的时候,李清臣、邓温伯都还没被召回。又史称"及宣仁圣烈祔庙,殿中侍御史来之邵乞先逐大防以破大臣朋党,因疏神宗所简之人章惇、安焘、吕惠卿等以备进用"⑤。高氏祔庙在元

---

①　《长编纪事本末》卷一〇〇《绍述》,绍圣元年二月丁未条,第3177页。
②　《宋史》卷三四三《邓润甫传》,第10912页。
③　邓广铭《读〈宋史〉札记》,收入《邓广铭全集》第九卷,第432页。
④　《长编纪事本末》卷一〇一《逐元祐党上》,元祐八年十一月庚寅条,第3213—3214页。
⑤　《长编纪事本末》卷九九《调停》,绍圣元年三月乙亥条,第3176页。

祐九年二月十七日①,而李清臣等人的除命在二月五日,因此来之邵所简之人中没有李、邓,不过李清臣当时"召自真定未至也"②。

杨畏、来之邵都是在元祐后期即任御史。哲宗亲政后,具体的政事变更要到宰执调整差不多完成之后,也就是四月改元绍圣之后才开展;而在此之前,为绍述进行舆论准备的,就有杨畏、来之邵这样的元祐言官。

除了杨、来,在绍述时发挥作用的元祐言官还有数位。比如郭知章,在哲宗亲政前,"以郑雍、顾临荐,为监察御史"③;绍圣元年闰四月,升为殿中侍御史④,随即上言请追责元祐对西夏弃地事;又因"《神宗实录》诬罔事"请贬治吕大防等;请仿神宗朝废元祐所置制科;又请复元丰役法;等等。"大抵迎合时好。"⑤

再如虞策,自元祐五年起,先后任监察御史、右正言、左司谏⑥,哲宗亲政后,即于绍圣元年四月言苏轼讥斥之罪⑦。《宋史》本传说他"在元祐、绍圣时,皆居言职,虽不依人取进,亦颇持两端",在哲宗亲政后,"条所当先者五十六事,后多施行"⑧。

另有一些人,在元祐时任言官,中途因事而罢外任,哲宗亲政后即被迅速召回,亦为绍述之中坚。前述郭知章请贬修《神宗实录》官,事在绍圣元年十一月,同上奏的还有御史黄庆基⑨,"言《神宗实录》隐没先朝良法美意,辄以微言含寓讽刺数十事"⑩。黄于元祐六年

① 《宋会要辑稿》礼10之9。
② 《长编纪事本末》卷一〇〇《绍述》,绍圣元年二月丁未条,第3177页。
③ 《宋史》卷三五五《郭知章传》,第11196页。
④ 《长编纪事本末》卷一〇一,绍圣元年闰四月辛未条,第3217—3218页。
⑤ 《宋史》卷三五五《郭知章传》,第11196页。
⑥ 《长编》卷四四九,元祐五年十月己酉条,第10794页。《长编》卷四六四,元祐六年八月癸卯条,第11082页。《长编》卷四七四,元祐七年六月甲戌条,第11312页。
⑦ 《长编纪事本末》卷一〇五《二苏贬逐》,绍圣元年四月壬子、甲寅条,第3410、3412页。
⑧ 《宋史》卷三五五《虞策传》,第11193—11194页。
⑨ 彭百川《太平治迹统类》卷二四《元祐党事本末下》,绍圣元年十一月,第14b叶。
⑩ 黄𦂅《山谷年谱》卷二六引《国史》,《宋人年谱丛刊》第五册,第3074页。

任监察御史①，八年五月坐言苏轼、苏辙不当而罢为福建路转运判官②。时与黄庆基同罢外任者有董敦逸，哲宗亲政，"复除监察御史，论常安民为二苏之党，凡论议主元祐者，斥去之"③。上官均在元祐时两任御史，后一次任殿中侍御史在五年六月④，十二月为台长苏辙劾去，罢知广德军⑤。绍圣元年四月，上官均被除左正言⑥，"时大防、辙已罢政，均论大防、辙六罪，并再黜大防，史祸由此起。又奏罢诗赋，专以经术取士"⑦。

还有一些绍述中坚人物，元祐后期虽非居言职，亦任职于中央。如徐君平，与虞策同于元祐五年为监察御史，元祐六年三月罢为度支员外郎⑧，未离开朝廷。绍圣三年正月，时任礼部员外郎的徐君平受命编类枢密院"自元丰八年至元祐九年四月终臣僚章疏及陈请事"⑨。翟思于元祐六年被召回为国子司业⑩，哲宗亲政，他迅即于绍圣元年四月被除为左司谏⑪；六月即论"元祐以来，内外奸人附会大臣，诋先朝以希进擢，乞出章疏条例是非，明谕中外，雪先朝之诬谤"；又论追夺司马光、吕公著等人的待遇⑫。

上面列举了杨畏、来之邵、郭知章、虞策、黄庆基、董敦逸、上官均、徐君平、翟思九人的经历。可知在绍圣初年首先推动绍述、排击元祐大臣的士大夫，多是元祐时期便任台谏，或任职其他中央部门。

---

① 《长编》卷四六八，元祐六年十一月己酉条，第11174页。

② 《长编》卷四八四，元祐八年五月辛卯条，第11495页。

③ 《宋史》卷三五五《董敦逸传》，第11177页。董敦逸除监察御史亦与黄庆基同在元祐六年十一月。

④ 《长编》卷四四三，元祐五年六月辛丑条，第10655页。

⑤ 《长编》卷四五二，元祐五年十二月甲辰条，第10852页。

⑥ 《长编纪事本末》卷一〇一《逐元祐党上》，绍圣元年四月甲辰条，第3214页。

⑦ 《宋史》卷三五五《上官均传》，第11181页。《长编纪事本末》卷一〇一《逐元祐党上》，绍圣元年闰四月丁酉条、六月甲戌条，第3219、3222页。

⑧ 《长编》卷四五六，元祐六年三月乙丑条，第10920页。

⑨ 《长编纪事本末》卷一〇一《逐元祐党上》，绍圣三年正月庚子条，第3243页。编类章疏的意义，将在第三章第一节详论。

⑩ 《长编》卷四六八，元祐六年十二月庚申条，第11183页。

⑪ 《长编纪事本末》卷一〇一《逐元祐党上》，绍圣元年四月甲辰条，第3214页。

⑫ 《长编纪事本末》卷一〇一《逐元祐党上》，绍圣元年六月甲戌条，第3221、3226页。

这种继承性是很明显的,故绍圣元年四月时,范纯仁就指出:"今来言者,多是垂帘时擢归言路之臣,当时畏避不即纳忠,今日观望,始有弹奏。"①

　　这就有必要再提到苏辙及其《遗老传》。杨畏于元祐六年四月任殿中侍御史,这是苏辙任尚书右丞时的事;来之邵于七年十月任监察御史,时苏辙任门下侍郎;元祐八九年之交,当杨畏、来之邵正为绍述摇旗呐喊的时候,苏辙仍任门下侍郎。也就是说,对于杨、来二人在元祐、绍圣间的行迹,苏辙是一清二楚的,但他在《遗老传》中却说,在他上言之后,"自此参用邪正之说衰矣"。而且,《遗老传》在论及绍述时,仅仅提及了李清臣、邓温伯"以元丰事激怒上意"。很显然,苏辙在此有故意回避事实之嫌。

　　针对这一点,朱熹看得很透:

　　　　子由深,有物。作《颖滨遗老传》,自言件件做得是。如拔用杨畏、来之邵等事,皆不载了(当时有"杨三变""两来"之号)。②

即对于杨、来的进用,苏辙作为执政是有责任的。绍圣元年,上官均在弹劾吕大防、苏辙时说:"(吕、苏)引用柔邪之臣,如李之纯擢为御史中丞,杨畏、虞策、来之邵等皆任为谏官、御史。"③这不是空穴来风,徐君平、虞策二人于元祐五年十月为监察御史,确实是出于苏辙和邓温伯的推荐④。传言"畏本附辙,知辙不相,复上疏诋辙不可用"⑤。总之,元祐后期一批所谓"反复之徒"的登用,苏辙是脱不了干系的。十几年后,苏辙追忆往昔,痛感政局之剧变,心情必定非常复杂。当他写下"自此参用邪正之说衰矣",又将首发绍述的责任推到李清臣、邓温伯身上时,也就掩盖了杨、来等人的行迹,将自己的责任推得一干二净了。

① 《长编纪事本末》卷一〇五《二苏贬逐》,绍圣元年四月壬子条,第3412页。
② 《朱子语类》卷一三〇,第3118页。
③ 《长编纪事本末》卷一〇一,绍圣元年六月甲戌条,第3222页。
④ 《长编》卷四四九,元祐五年十月己酉条,第10794页。
⑤ 《宋史》卷三五五《杨畏传》,第11183—11184页。

回到这批人在元祐、绍圣间的行迹,其中杨畏被认为是最大的"反复之徒",外号"杨三变",他于绍圣元年致意章惇:"畏迹在元祐,心在熙宁、元丰,首为公辟路。"①畏以此自况,大概有点不合适,但却点出了这群人最核心的特质。那么,为什么他们会呈现观望、反复的政治性格? 当时的核心领导层,是否意识到这批人的存在?

四　主流政治文化

宋代台谏,一般要经侍从荐举或宰执进拟,最后名义上君主亲擢;要么不经臣下,君主直除②。因此,这群人在元祐后期出任言官一事本身,足以说明他们绝非熙丰新法的中坚力量,如此方能得到元祐高层的认可。

但同时,他们又与王安石及其周围之人有千丝万缕的联系。其中有些是王安石的门生故旧,如杨畏"从王安石学"③,"尊安石之学,以为得圣人之意"④;上官均"为王氏学,有文采"⑤;徐君平"久从荆公学"⑥,或曰"受经舒王"⑦;黄庆基则是"王荆公表弟"⑧。有些则在仕途上颇受王安石周围人的知遇,如杨畏,受舒亶、吕惠卿、张璪之荐⑨;来之邵、郭知章受黄履之荐⑩;虞策受王安礼、张璪、邓温伯之荐⑪;还

---

① 《长编纪事本末》卷一二〇《逐惇卞党人》,绍圣元年五月己未条,第 3710 页。
② 虞云国《宋代台谏制度研究》,第 12—20 页。
③ 《长编》卷四三九,元祐五年三月辛卯条,第 10584 页。
④ 《宋史》卷三五五《杨畏传》,第 11183 页。
⑤ 《长编》卷四五二,元祐五年十二月甲辰条,第 10856 页。
⑥ 《太史范公文集》卷五五《手记》,第 735 页。
⑦ 葛胜仲《丹阳集》卷一四《徐太令人葛氏墓志铭》,《景印文渊阁四库全书》第 1127 册,第 543 页。葛氏为徐君平妻。
⑧ 《长编》卷四六八,元祐六年十一月己酉条注引吕公著《掌记》,第 11174—11175 页。
⑨ 《宋史》卷三五五《杨畏传》,第 11183 页。《长编》卷四三九,元祐五年三月辛卯条,第 10584 页。《长编》卷四六七,元祐六年十月甲申条,第 11162 页。
⑩ 《长编》卷三四五,元丰七年五月丙午条,第 8283 页。《宋史》卷三五五《郭知章传》,第 11196 页。
⑪ 《宋史》卷三五五《虞策传》,第 11193 页。《长编》卷四六七,元祐六年十月甲申条,第 11162 页。

有翟思，"其论颇是熙丰而非元祐"，于熙宁三年登进士第①，而据司马光之说，本次科举"阿时者皆在高等，讦直者多在下列"②，即以新法为导向。虽然不知翟思是否在高等，但大抵可以推测，其"是熙丰而非元祐"的政治态度系一贯如此。

可是，这些人虽与王安石或其周围人有不少联系，却绝非新法之骨干，相当一部分人与新法保持着一定距离。如杨畏，在元祐时向新的主政者表忠心：

> 元祐初，请祠归洛。畏恐得罪于司马光，尝曰："畏官夔峡，虽深山群獠，闻用司马光，皆相贺，其盛德如此。"……吕大防、刘挚为相，俱与畏善。③

杨畏的投机，也说明他在熙丰时期未将自己与新法绑定在一起。再如来之邵、郭知章，虽皆由黄履荐为御史，但或迅即被黄本人劾罢，或因故未能真除。董敦逸知穰县（今河南邓州市）时，"方兴水利，提举官调民凿马渡港，云可灌田二百顷，敦逸言于朝，以为利不补害，核实如敦逸言"④。说明他不迎合新法。刘挚眼中的上官均，"性介洁，守道甚笃。元丰八年，挚在台，爱其前为御史治相州狱守节得罪，故复举之"⑤。"治相州狱"云云，指上官均言蔡确治狱惨酷⑥。又如王安石表弟黄庆基，"荆公执政时，深欲引用，以论议不改，沉隐至此"⑦。徐君平，"久从荆公学，当国时不随"⑧。

这种看似矛盾的经历，正造就了这批人独特的性格。他们有意或无意地与新法保持距离，保证了他们在元祐时期能被拔擢至言路。而

---

① 刘宰《京口耆旧传》卷四《翟汝文传》，《景印文渊阁四库全书》第451册，第152页。
② 司马光著，李裕民校注《司马光日记校注》，第123页。
③ 《宋史》卷三五五《杨畏传》，第11183页。
④ 《宋史》卷三五五《董敦逸传》，第11176页。
⑤ 《长编》卷四五二，元祐五年十二月甲辰条，第10856页。
⑥ 《宋史》卷三五五《上官均传》，第11178页。
⑦ 《长编》卷四六八，元祐六年十一月己酉条注引吕公著《掌记》，第11174—11175页。
⑧ 《太史范公文集》卷五五《手记》，第735页。

且，他们都在嘉祐末至熙宁初的十年间（1060—1070）登进士①，也就意味着当熙丰新法如火如荼进行之时，正是他们在政治上走向成熟的阶段，目睹并亲身经历了各项新法的实施。加之他们在学术上、仕履上与王安石或其周围人的渊源，就使得他们对新法的理解，肯定要比一开始就极力反对新法者要深得多。这种背景，就决定了他们更难认同全盘否定熙丰的"元祐之政"。限于史料，他们对于熙丰、元祐之政的观感，已经无法逐一对比说明，但元祐七年关于天地合祭、分祭的讨论，却很能说明当时的一种集体趋向。

元祐七年三月，朝廷诏侍从官及六曹长贰、给舍、台谏、礼官集议郊祀典礼，以决定是南郊合祭天地，还是南郊、北郊分别祭天、地②。神宗以前，北宋的历代皇帝都是南郊合祭天地；神宗元丰六年冬至，神宗"祭昊天上帝于圜丘，以太祖配，始罢合祭天地也"③。但是，神宗还没来得及亲自北郊祭地便去世了。元祐七年的集议，就是为了解决合祭（遵从祖宗旧制）还是分祭（遵循神宗遗意）的问题。这一讨论之所以重要，是因为郊祀是中古王朝最重要的典礼，其改革代表了神宗"复行先王典礼"④、追迹三代的"大有为"之志。

结果，主张合祭的只有8人：顾临、范祖禹、钱勰、李之纯、蒋之奇、乔执中、吴立礼、张璪。但他们仅出于现实的考虑，即担心"北郊未有亲祠之日"，故"请合祭天地，如祖宗故事，俟将来亲行北郊之礼，则合祭可罢"。这只是主张暂时合祭，如果将来"朝廷审能以夏日至盛礼备物，躬祀北郊，举千余年之坠典，此则三王之盛复见于今矣，其谁敢以

---

① 前已经提及翟思为熙宁三年（1070）进士。其余可考者，上官均亦熙宁三年进士（《长编》卷二一〇，熙宁三年四月丁卯条，第5095页）。黄庆基为嘉祐六年进士（1061），董敦逸和虞策是嘉祐八年进士，郭知章是治平二年（1065）进士。参见龚延明、祖慧《宋登科记考》，第285、293、294、302页。徐君平中治平（1064—1067）某年进士（葛胜仲《丹阳集》卷一四《徐太令人葛氏墓志铭》，《景印文渊阁四库全书》第1127册，第543页）。

② 《长编》卷四七七，元祐七年九月戊子条，第11359页。《宋会要辑稿》礼3之4—5。这里的郊祀是指皇帝亲祠的场合，非有司摄事者。

③ 《长编》卷三四一，元丰六年十一月丙午条，第8195页。关于唐宋郊祀的天地合祭、分祭问题，详见朱溢《事邦国之神祇——唐至北宋吉礼变迁研究》，第97—122页。

④ 《宋会要辑稿》礼3之6。

为不然"①。

但是,不愿意遵从这种权宜之计,明确主张分祭天地的则有 22 人:范纯礼、彭汝砺、范子奇、曾肇、王觌、丰稷、韩宗道、刘安世、孔武仲、陈轩、盛陶、宇文昌龄、杨畏、董敦逸、黄庆基、虞策、孙路、欧阳棐、韩治、朱彦、宋景年、阎才。他们认为:

> 南郊合祭天地,不见于经。王者亲祠天而地则阙焉,亦非典礼。神宗皇帝考按古谊,诏罢合祭。元丰六年,止祀昊天上帝于圜丘,配以太祖,又诏亲祠北郊如南郊仪,仍命有司修定仪注,则于承事神祇,礼无违者……唯是北郊,先帝未及躬行,然诏旨明甚,所宜遵守,但当斟酌时宜,省繁文末节,则亲祠之礼无不可为。②

前面提到的杨畏、董敦逸、黄庆基、虞策就在主张分祭之列。很明显,合祭、分祭之间的分野,与所谓的"新旧"之分完全不是一回事,不是说所谓"新党"就支持神宗遗意,"旧党"就支持祖宗之制。

有趣的是,高氏和宰执还是决定采纳少数人的意见,他们的理由都非常现实。吕大防说:"今来皇帝临御之始,当亲见天地……国力有限,今日须为国事勉行权制。"一是因为哲宗初行郊祀之礼,应当并见天地;二是出于费用的考虑。苏颂说:"三代去今,年祀益远……国朝制作,多循汉唐之旧,郊丘宗庙之祀、典章仪物之盛、恩需赉予之费,事与古异,岂胜变复!"苏辙也认为:"此(按,指三年一郊)近世变礼,非复三代之旧,而议者欲以三代遗文参乱其间,亦失之矣。"③苏颂和苏辙的意思是,当下在很多方面已非三代的面貌,为什么单单在某一点

---

① 《长编》卷四七七,元祐七年九月戊子条,第 11360 页。

② 同上书,第 11361 页。

③ 《宋会要辑稿》礼 3 之 6-7。苏辙有《论合祭天地札子》,但未及上奏,事已施行。札子云:"凡今三年一郊,盖已非三代之旧,则其合祭天地,不用三代之故,盖不当复议矣。"(见《栾城后集》卷一五,第 1049 页)

上要去追求三代呢？苏轼也有类似的主张①。

高层虽然有现实的考虑，但不能否认分祭更为符合理想。苏轼于元祐七年九月所草的诏书就反映了这种矛盾，也反映了两种意见的折中。诏书先是回顾了祖宗之制，然后说"元丰间，有司援周制，以合祭不应古义，先帝诏定亲祠北郊之仪，未之及行"，相当于承认元丰之制的合理性，最后说到元祐之礼：

> 今兹禋礼，奠币上帝，祼鬯庙室，而地祇天神久未亲祀，矧朕方修郊见天地之始，其冬至日南郊，宜依熙宁十年故事，设皇地祇位，以答并贶之报，仍令有司择日遣官奏告施行。厥后躬行方泽之祀，则修元丰六年五月之制。俟郊祀毕，依前降指挥，集官详议亲祠北郊事及郊祀之岁庙飨典礼闻奏。②

很显然，最后虽然决定权宜合祭，但也吸收了多数派的意见：将来还是要施行分祭之礼。

在郊祀这个问题上，朝廷中高级官僚一边倒地支持神宗遗意，反对祖宗旧制的因陋就简，这直接说明了神宗之政的号召力。绍圣二年（1095）章惇所撰的《神宗皇帝徽号册文》评价神宗说：

> 绍列圣无疆之休，当百年承平之久。弗恃其安，弗有其治，望古以有为，爱日如不及。悯自晚周以来，王者之迹熄，而言治者无复见古人之大体，慨然以唐虞三代为可复，顾秦汉而下卑不足议。临御之初，即引名世之士，讲明六经之文，得于言意之表，黜诸儒挛拘之论，革千载（抗）［玩］弊之习，兴造事业，作新人才。③

绍圣重修的《神宗实录》基本上沿袭了这一意思④。这大致就是绍述

---

① 《苏轼文集》卷三五《上圆丘合祭六议札子》，第 1004 页。

② 《苏轼文集》卷四〇《集官详议亲祠北郊诏》，第 1137 页。

③ 《宋会要辑稿》礼 58 之 48。

④ 《长编》卷三五三，元丰八年三月戊午条小注，第 8458 页。文曰："（神宗）微旨奥义，从容自得，虽老师宿儒莫敢望。尝以谓先王之迹息灭，时君世主祖述不及三代，其施为卑陋不足法。自初嗣服，慨然思以其所学远者、大者措之于天下，见历世之弊，欲变通之……立政造令，悉法先王。典谟所载，风雅所歌，实稽之以决事，操之以验物。"

以后官方对神宗及其施政的标准评价。它指出，神宗之政"弗恃其安，弗有其治"，不因循苟且；其施政以法先王为目标，且"引名世之士，讲明六经之文，得于言意之表，黜诸儒挐拘之论"，或曰"微旨奥义，从容自得""慨然思以其所学远者、大者措之于天下"。这相当于说，北宋中期以来士大夫对儒家义理、性理的探讨——所谓儒学复兴运动——是熙丰新法的思想源头。新法固然遭到了不少反对，但主要是针对其具体的实施方式，而它对先王之政、对理想秩序追求，实是一代人的共同目标①。

相比之下，元祐政治路线不但是要彻底扫除熙丰之政，而且司马光所提供的蓝图又不以创法立制为追求，政治氛围则以"安静"为尚。这一路线，实际上无法得到士论的全部认可。天地合祭在唐代成为惯例，在北宋成为定制②，正是属于"秦汉而下卑不足议"的内容。礼部侍郎曾肇就批评元祐七年天地合祭的决定："为陛下谋者以古为迂，率意改作，务从苟且，趋便一时故也。"③曾肇在神宗朝曾参与郊祀改革④。正说明，被元祐更化所打断、压制了的政治热情，到元祐后期已重新抬头。推动这一趋向的，正是以杨畏、来之邵等人为代表的，成长

---

①　刘复生指出，王安石变法虽因学术不一而遭到很多反对，但实行变法的总要求和指导变法的总原则（即以儒学义理为指导，以三代为政治榜样），则诸派意见几近一致；此前仁宗朝的情况也是类似。见《北宋"党争"与儒学复兴运动的演化》，《社会科学研究》1999 年 6 期，第 116、117 页。关于熙丰新法的思想背景，参见 W. Theodore de Bary，" A Reappraisal of Neo-Confucianism，" in Arthur Wright, ed.，*Studies in Chinese Thought*，pp. 100-106。侯外庐主编《中国思想通史》第四卷上，第九章"王安石的新学、变法思想和唯物主义哲学"，第 420—495 页。陈植锷《北宋文化史述论》，第 309—314 页；作者也较早指出，北宋中期的诸家儒学，在探讨的问题上实有共同之处，见该书第 218—235 页。此外，还可参见刘复生《北宋中期儒学复兴运动》，第 142—151 页；包弼德《斯文：唐宋思想的转型》第七章，第 222—265 页；余英时《朱熹的历史世界：宋代士大夫政治文化的研究》第一章、第六章，第 184—198、290—315 页；李华瑞《北宋士大夫与王安石变法的兴起》，《史学集刊》2006 年第 1 期，第 11—12 页；刘成国《荆公新学研究》，第 40—48、173—201 页。

②　朱溢《事邦国之神祇——唐至北宋吉礼变迁研究》，第 97—103 页。

③　曾肇《曲阜集》卷二《上哲宗皇帝乞分祭》，《景印文渊阁四库全书》第 1101 册，352 页。

④　《宋史》卷三一九《曾肇传》，第 10392 页。参见《长编》卷三一二，元丰四年四月己巳条，第 7564—7565 页。

于新法时期、本来出入新旧之间的人物。

这些人在元祐后期的表现,也确实引起了主政者的警觉。如元祐五年十二月,刘挚在日记中论及当时的监察御史徐君平:

> 君平江南人,尝从王安石学,苏辙举为御史……彼不知君平异趣,故不疑尔……盖自邓温伯来,梁焘等去,近又召彭汝砺,至今言路复有君平辈,挚每以告大防,而大防顾疑挚分别南北。此深可虑也。①

彭汝砺也在上述支持分祭天地者之列,他在元祐初曾说:"政无彼此,一于是而已。"②在车盖亭诗案中,又极力反对蔡确新州之贬。再加上本为熙丰旧人的邓温伯、身为王安石门生的徐君平,刘挚深感这是政治气候转变的前兆。

吕大防当时看似不同意刘挚,但到了元祐六年八月,时侍御史贾易极力弹劾苏氏兄弟,吕大防表态说:

> 易乃王安礼所善,安礼尝以十科荐之。今群失职之人皆在江淮,莫不与今日执政为仇。易实江淮之士,来自东南。③

看来吕大防不再以刘挚为"分别南北"了。按贾易也是嘉祐六年进士④,他与王安礼的关系说明,其背景与前面提到的言官有些类似。

此外,翰林学士梁焘在六年十二月也上言:

> 臣等累曾奏闻,以谓邪正不可并用……今并用矣。臣等又谓,邪人在外正人在内则可治……今邪人在内矣。臣等又谓,使邪人少正人多则可治……今邪人多矣。以在内众多之邪人,与寡少之正人并用,势自不敌,岂能久安而终无忧悔乎? 奈何与日前之圣意不同邪? ……有向来奸党已用之人,今复在要路者。又有

---

① 《长编》卷四五一,元祐五年十二月辛卯条,第 10842 页。
② 《宋史》卷三四六《彭汝砺传》,第 10975 页。
③ 《长编》卷四六三,元祐六年八月辛卯条,第 11059 页。
④ 龚延明、祖慧《宋登科记考》,第 284 页。

奸党后进之人,今在言路者。①

如果考虑到十一月时,右相刘挚刚刚被言官郑雍(御史中丞)、杨畏(殿中侍御史)、姚勔(左正言)、虞策(右正言)攻去,就可知梁焘不是在泛泛而论,而是实有所指。

又元祐八年五月,董敦逸和黄庆基又力攻苏轼、苏辙,吕大防和苏辙等指出:

> 近日元祐以来,言事官有所弹击,多以毁谤先帝为词。非唯中伤正人,兼欲摇动朝廷,意极不善。若不禁止,久远不便。②

可见,在元祐最后三年中,刘挚、吕大防、梁焘、苏辙等宰执已明显感觉到,朝廷的政治气候正在发生一些缓慢的变化,异趣的声音不断出现,这些异趣者虽然不是所谓的"新党"③,但他们与所谓"熙丰旧臣"联手改变政治路线的危险,已经日益迫切。

本节开头提到,在邓温伯事件中,"士大夫汹汹于下""阴卜朝廷意旨"云云,其"群众基础"正如上所论。这一状况说明,元祐晚期的几年,正值一场重大政治变动的前夜。

五　本节结语

元祐与绍圣两个时期,在政策趋向上可谓截然相反,但绍述的准备工作,其实在元祐后期已在进行当中。

在高层,这一准备工作就表现为"调停"。从太皇太后高氏到宰执中的相当一部分人,都意识到了垂帘体制日益临近尾声,未来政治有相当的不确定性。为此,高层的调整思路主要限于中枢体制:先试图将"熙丰旧人"中被认为危害不大者引入朝廷,比如邓温伯和李清臣,

---

① 《长编》卷四六八,元祐六年十二月辛巳条,第11194—11196页。
② 《长编》卷四八四,元祐八年五月壬辰条,第11503页。
③ 平田茂树认为,元祐五年后"新法党"复活,在中央和地方稳步渗透。见《宋代的言路》,收入《宋代政治结构研究》,第90—93页。按,作者此"新法党"概念虽过于泛化,但其所指出的现象是言之成理的。

元祐初刘挚就说："止欲借二人存之于位，以全国家大体，以成就陛下不忘旧臣之意，而解天下疑异之论。"①元祐四年以后，高氏及一些宰执又期待他们发挥类似的作用，同时也可以抚慰哲宗赵煦的郁结。但是，引用"熙丰旧人"在高氏生前一直没有付诸实施。真正得以施行的是，她在垂帘晚期任命的宰执苏颂、梁焘、郑雍、范纯仁，虽然都不是所谓"熙丰旧人"，但对于元祐政治路线都有所反思：有些人看到的是垂帘体制的危机，有些人看到了全面罢废神宗之政的潜在危险。

另一种"准备工作"则来自朝中的中高层官僚群体。元祐后期高层"调停"思路的出现，是因为未来政治路线之不确定。而这种不确定，一是因为哲宗本人日渐成年，更是因为士大夫的趋向。从元祐后期到绍圣初期的言官有着极强的继承性，绍述的议论正由他们发起、推动。这些人本来就和王安石及其周围人在学术上、政治上关联颇深，熙丰时期也是他们的政治成熟期。因此，他们虽不同程度地与熙丰新法保持距离，但实际上正是"新法"所塑造的一代官僚群体。元祐时期扫除熙丰之政，也背离了他们的政治理想。

上述两个层次的"准备"，虽皆意在调整元祐路线，但其实相互排斥。就高层的"调停"而言，重点是建立一种能够容纳、同时又限定未来政策变化的权力部署。元祐政治路线，如第一章所述，很重要的是基于天子年幼、女主垂帘的政治体制，这一体制包括了精心设计的垂帘仪制、中枢结构，化解或压制了太后与皇帝之间、君臣之间、宰执之间在权力分配上的矛盾。只有依靠这一体制的强力，才能扫除熙丰之政，贯彻司马光设计的蓝图。高氏清醒地认识到了这一点，所以元祐后期的中枢调整相当审慎。所有调整归根结底是为了保证元祐之政在将来得以继续，而非整合"新旧"，更不是推翻之，因此就无法从根本上改变政治体制、宰执结构。

但是，在朝中高层士大夫的"准备"，则是一种长久积累的政治文化。它源于北宋中期以来的儒学复兴运动，由此推动了自仁宗朝以来

---

① 《长编》卷三八九，元祐元年十月壬辰条，第9465页。

长久的变法呼声，以及神宗朝十余年的变法实践。先王之政、大有为之政，成为笼罩北宋晚期政治实践的强势主流观念。在垂帘体制下，这种观念被压制了，成为潜流。但元祐四年、五年间，垂帘体制有了明显的松动迹象，潜流开始涌动。最终，当高氏去世、宋哲宗满怀怨望地亲政后，垂帘体制完全崩解，这股潜流迅速喷发而为明流，将高氏的部署冲刷殆尽。

上节已经谈到，元祐时期层出不穷的"朋党"是某些政治诉求（价值观、权威）所导致的"党名"，而非实际的政治集团。正因为这些诉求的多样性，政治分裂显得细碎而没有严整的阵线，也更难化解，这极大地冲击了司马光生前的构想，实际上也部分冲击了元祐政治路线的政策层面。

元祐"更化"政策的背后，是非常态的垂帘体制和过于现实主义的施政精神。也就是说，"更化"政策所依托的政治结构是临时之制，所提倡的政治文化则是非主流的。这种结合，注定了其不稳定性。元祐后期的有限调整，既没有回归帝制政治结构的常态，也无法容纳主流政治文化，因而迅速被扫荡。

第三章　哲宗亲政与政治文化的嬗变

　　元祐八年(1093)九月三日,太皇太后高氏去世,绍述神宗之政成为哲宗亲政时期压倒一切的政治任务。哲宗亲政的前期,即绍圣年间(1094—1098)的主要工作是恢复熙丰新法,以元符元年六月修成《常平免役敕令》为标志[①],熙丰新法的恢复工作基本完成[②]。

　　到了元符时期(1098—1100),开边成了朝政的重心,即所谓"自绍圣四年以后,诸路兴兵进讨,更出迭入,修筑城寨,未尝休息"[③]。绍符开边在两个方面取得了巨大的成果。一是对西夏方面。依托浅攻扰耕与进筑堡寨的并用,宋朝对西夏取得了决定性的优势,迫使西夏遣使谢罪,双方划定了新的疆界[④]。二是在经营河湟方面,已经分裂的唃厮啰政权归降,宋军进入青唐城(今青海西宁)——上一次中原政权的军队出现在该地还是三百五十多年前的事;当然经略河湟最终的完成还要到徽宗朝[⑤]。

　　恢复新法与开边,可谓绍符时期最大的政治成就,也是其与元祐政治最明显的对立之处。但是,真正决定北宋政治走势的主要不是这种政策上的反复,而是政治文化的改变。具体地说,北宋的"士大夫政

　　①　《长编》卷四九九,元符元年六月戊子条、甲午条,第11876、11882页。按《常平免役敕令》始修于绍圣三年六月,内容包括常平、免役、农田水利、保甲等门,见《宋会要辑稿》食货14之10。

　　②　参见汪圣铎《两宋财政史》,第80—88页;陈振《宋史》,第259—261页;张劲《从更化到绍述——宋哲宗朝的时代与政治》,暨南大学硕士学位论文,2001年,第40—44页。

　　③　《长编》卷五一八,元符二年十一月辛未条,第12321页。

　　④　马力《宋哲宗亲政时期对西夏的开边和元符新疆界的确立》,《宋史研究论文集》(一九八七年年会编刊),第126—154页。李华瑞《宋夏关系史》,第71—81页。曾瑞龙《拓边西北:北宋中后期对夏战争研究》,第99—169页。

　　⑤　祝启源著,赵秀英整理《青唐盛衰:唃厮啰政权研究》,第110—137页。

治"在哲宗亲政时期有了根本性的改变。更准确地说是:失败。

学者认为,所谓"士大夫政治",指士大夫群体乃中国古代官僚政治的主体,它是形成于东汉的一种政治形态①。宋史学界的研究则指出,宋代的"士大夫政治"是一种更为"成熟"的形态,北宋中期以后士大夫有着高涨的政治、社会主体意识与责任感②;士大夫群体对皇帝权力有相当的制约,作为标志,文彦博"与士大夫治天下"一语是最常被阐释的对象③。可以看到,这样一种政治形态由皇帝与士大夫群体两个因素结合而成,它既包括"致君尧舜"的理念与实践,也意味着士大夫是官僚政治的主体。本书所谓"士大夫政治"在哲宗亲政时期的失败,也是从君主与士大夫两个方面而言的。

第一节　哲宗赵煦的经历及其意义

宋哲宗赵煦本名赵佣,即位后改名。他生于宋神宗熙宁九年(1076)十二月,元丰八年三月登基时虚岁仅十岁,实际才八岁多。元祐八年(1093)高氏去世,赵煦于绍圣、元符间亲政数年,元符三年正月病逝,年仅二十五岁。

赵煦的一生虽然短暂,但有关其学业、生活、婚姻、疾病、与臣僚交流的细节,完整地展现了北宋后期的士大夫试图塑造、规范其君主的努力,也透露了一个君主如何处理自身与一种政治文化之间的关系。

---

①　参见阎步克《士大夫政治演生史稿》,第464—477页;陈苏镇《研究中国古代政治文化的力作——读〈士大夫政治演生史稿〉》,《北京大学学报》1998年1期,第148页。

②　参见陈植锷《北宋文化史述论》,第13—23页。刘复生《北宋中期儒学复兴运动》,第132—154页。

③　参考张其凡《北宋"皇帝与士大夫共治天下"略说》,氏著《宋初政治探研》,第62—68页。程民生《论宋代士大夫政治对皇权的限制》,《河南大学学报》1999年第3期。张其凡《"皇帝与士大夫共治天下"试析——北宋政治架构探微》,《暨南学报》2001年第6期。余英时《朱熹的历史世界:宋代士大夫政治文化的研究》,第三章"同治天下——政治主体意识的凸显",第210—230页。邓小南《祖宗之法:北宋前期政治述略》第五章第三节"从'奉行圣旨'到'共治天下'",第398—421页。王瑞来《宰相故事:士大夫政治下的权力场》,第306—308、326—330页。

一言以蔽之,哲宗赵煦的经历,可以从君主的角度回答:士大夫政治在北宋晚期经历了什么命运?

一 圣学:经筵之外

经筵是培育皇帝的主要阵地,内容主要分讲经与读史两部分。一般而言,为了避开寒暑,北宋经筵的举办时间只有一年中的二月到五月、八月到冬至;而在这期间,哲宗朝经筵又是每双日举行一次①;故一年中有大半的时日,皇帝并不御经筵。这就给元祐士大夫提出一个重要的课题:如何跟踪、辅导经筵之外的赵煦? 正是在这一点上,元祐士大夫对赵煦的训导极有特点。

毫不意外地,臣僚呈进了不少配合经筵的经、史材料,以备赵煦"课外阅读"。如元祐二年,兼侍读苏颂"乞诏史官、学士采《新唐史》中臣主所行,日进数事,以备圣览",于是"诏侍读官遇不开讲日,论具汉、唐故事有益政体者二条进入"②。至元祐四年三月,苏颂又将所上汉、唐故事分门编修成册,最终以"迩英要览"为名③。元祐三年八月,范祖禹进《古文孝经说》④。元祐四年正月,范祖禹与崇政殿说书颜复同上《尚书·说命》讲义三册,乃经筵进讲记录⑤。元祐五年二月,经筵讲毕《尚书·无逸篇》后,诏讲官"详录所讲义以进,今后具讲义,次日别进"⑥。讲《尚书》期间,平章军国重事文彦博还进《尚书孝经解》《尚书二典义》,以备赵煦闲时研读⑦。元祐五年六月,赵煦读《孟子》,

---

① 朱瑞熙《宋朝经筵制度》,《中华文史论丛》第55辑,1996年12月;收入氏著《嚠城集》,第279页。

② 《长编》卷四〇七,元祐二年十一月壬申条,第9902页。

③ 《长编》卷四二三,元祐四年三月甲戌条,第10232页。

④ 范祖禹《太史范公文集》卷一四《进古文孝经说札子》,第186页。

⑤ 《太史范公文集》卷一四《进尚书说命讲义札子》,第189页。

⑥ 《长编》卷四三八,元祐五年二月壬寅条,第10559页。《太史范公文集》卷一九《进无逸讲义札子》,第240页。

⑦ 文彦博《潞公文集》卷三一《进尚书孝经解》《又进尚书二典义札子》,《景印文渊阁四库全书》第1100册,第753—757页。"二典"即《尧典》《舜典》。

司马康、吴安诗、范祖禹、赵彦若、范百禄等又进《孟子节解》十四卷①。七月，又诏"讲读官许进《唐实录》《史记》故事"②。八月，范祖禹又进《帝学》③。吕大防还曾进过《仁宗圣学事迹》，元祐六年八月又进仁宗朝《迩英延义二阁记注》，"以备圣览"④。上述经、史读物，一般都是围绕经筵内容而进的。

其中有一种"课外读物"格外引起学者的注意。元祐五年八月：

> 右正言刘唐老言："伏睹《大学》一篇，论入德之序，愿诏经筵之臣训释此书上进，庶于清燕之间以备观览。"从之。⑤

学者据此指出，《大学》最初出现在经筵是迟至元祐五年的事⑥。这略有误解，作为《礼记》的一篇，《大学》早就在北宋的经筵上讲授。如天圣三年（1025）三月，仁宗便开始在孙奭的指导下读《曲礼》⑦，这正是《礼记》的第一部分；而至天圣五年十月，则"以讲《礼记》彻，燕近臣于崇政殿"⑧，整个过程持续了两年多，其中自然是包括《大学》篇的，只不过没有单行，也没有特殊的地位。

刘唐老此言，可能发于元祐经筵讲《礼记·大学》时。当时《大学》还未完全自《礼记》中独立，但其特殊性已经比较明显。除了刘唐老，在哲宗面前强调《大学》的还有不少。如吕公著于元丰八年六月上"修德为治之要十事"，其《修身》部分主要就是结合《大学》进行申说⑨。梁焘在向赵煦劝学时，也特别结合了《大学》的文字进行论说⑩。司马光亦对赵煦说过："所谓学者，非诵章句、习笔札、作文辞也，在于

---

① 《太史范公文集》卷一九《编孟子节解札子》，第 245 页；《传宣进讲义札子》，第 240 页；卷四一《司马君墓志铭》，第 563 页。

② 《长编》卷四四五，元祐五年七月辛未条，第 10714 页。

③ 《长编》卷四四七，元祐五年八月庚申条，第 10760—10762 页。

④ 《长编》卷四六四，元祐六年八月甲寅条，第 11093 页。

⑤ 《长编》卷四四六，元祐五年八月丙午条，第 10742 页。

⑥ 姜鹏《北宋经筵与宋学的兴起》，第 146 页。

⑦ 《长编》卷一〇三，天圣三年三月己酉条，第 2378 页。

⑧ 《长编》卷一〇五，天圣五年十月庚辰条，第 2452 页。

⑨ 吕公著《上哲宗论修德为治之要十事》，收入《宋朝诸臣奏议》卷三，第 24 页。

⑩ 《长编》卷四三七，元祐五年正月庚寅条，第 10543—10544 页。

正心、修身、齐家、治国、明明德于天下也。"①即引《大学》。又范祖禹的《帝学》就特别围绕《大学》来阐释所谓的"帝王之学"②。当然,这一时代还有二程对《大学》的重新排定③。

周予同云:"自宋儒性理之学兴,于是升《孟子》以配《论语》,出《学》《庸》以别《戴记》。"④元祐时代《大学》在赵煦学业中的凸显,正反映了性理之学的扩张对赵煦之"圣学"的影响。陈植锷指出,在北宋仁宗、神宗之交,宋代学术开始从义理之学向性理之学过渡,后者着重探讨心性、道德性命之说;当时的王安石新学与二程洛学,在穷性命之理、窥性命之端一点上是一致的;洛学、关学、蜀学等,莫不以性理之学而自承,心性义理成为当时诸家共同的学术主题⑤。性理之学对于理想人格的探讨,给元祐的皇帝培育事业注入了新的特点,这不仅仅体现在《大学》的凸显上,还体现在:经筵及相关读物不再是成就"君德"的唯一重点,更重要的内容是如何让赵煦在日常生活中涵养道德、体味事理。

一个表现是,士大夫对赵煦日常所观之图关切不已。元祐二年十月,侍读范祖禹留意到,仁宗朝所传下来的《无逸》《孝经》图没有张挂在迩英阁,于是上言:

> 臣欲乞指挥所司检寻,如旧图尚在,乞置之左右。如已不存,即乞特命侍臣善书者书之。其蔡襄所书图序,从来置在御坐之后,昨因修展迩英阁方撤去,却书于屏间。此图乃祖宗旧物,臣窃惜之。伏乞依旧张挂,三图并列,如仁宗朝故事。

不过,当时迩英阁两壁已经挂着《前代帝王事迹画图》了,范祖禹于是

---

① 《司马光集》卷四九《进孝经指解札子》,第1034页。据说司马光亦有《中庸、大学广义》一卷,见陈振孙《直斋书录解题》卷二,第48页。

② 姜鹏《北宋经筵与宋学的兴起》,第134—135页。

③ 《河南程氏经说》卷五《明道先生改正大学》《伊川先生改正大学》,《二程集》,第1126—1132页。

④ 周予同《朱熹》,收入《周予同经学史论著选集》,第168页。

⑤ 陈植锷《北宋文化史述论》,第218、226、234—235页。林岩《北宋科举与文学研究》第三章第三节"仁宗朝的'性命之学':知识界共同话题的出现",第118—132页。

对如何张挂作了设计："如置到《无逸》《孝经》二图,只乞重上张挂,别不换动,即无所妨。"上言两日之后,他再度进读迩英,发现三图皆已张挂①。文彦博也提到,当时的迩英阁南壁挂着《孝经图》②。

元祐五年,范祖禹已不再是经筵官,但在迩英留对时,他谈及仁宗朝的《观文鉴古图记》及《三朝训谏图》,并建议:

> 二图皆尝颁赐臣僚,禁中必有本。臣愿陛下以永日观书之暇,间览此图,可以见前代帝王美恶之迹,知祖宗创业之艰难,不唯有所戒劝,易于记省,亦好学不倦之一端也。③

据王明清所记,所谓《观文鉴古图记》及《三朝训谏图》,皆仁宗初年刘太后命臣僚所作,系图文并茂的儿童读物,"诏翰林待诏高克明等绘画之,极为精妙,叙事于左,令傅姆辈日夕侍上展玩之,解释诱进,镂板于禁中";哲宗朝高氏重新取板摹印,并曾分赐近臣④,这应该便是范祖禹上言的结果。

由此,元祐时赵煦讲读之所张挂着《无逸图》《孝经图》《前代帝王事迹画图》,平日所观则是《观文鉴古图记》《三朝训谏图》等。范祖禹之外,元祐六年三月,宰相吕大防请将仁宗所书三十六事"图写置坐隅,以备观览"⑤;元祐六年五月时,左谏议大夫郑雍也"请延儒臣讨论诚身治国之道在方册者,撮要为图,依仿《无逸》,以警左右"⑥。"依仿《无逸》",当指前面提到的"《无逸》图"。综合起来,诸图要为赵煦营造一个士大夫所期望的居处环境。士大夫不可能将小皇帝整日置于眼皮底下,但这些图作为历史与经典的生动再现,使他们的影响能更深入赵煦的日常生活。

---

① 《太史范公文集》卷一四《乞置无逸孝经图札子》,第 182—183 页。言"二"者,指《无逸图》与《孝经图》;言"三"者,当因《孝经图》分二。

② 《潞公文集》卷三一《进尚书孝经解》《奏孝经图事》,《景印文渊阁四库全书》第 1100 册,第 753、755 页。

③ 《太史范公文集》卷一九《迩英留对札子》,第 244 页。

④ 王明清《挥麈后录》卷一,第 53 页。

⑤ 《长编》卷四五六,元祐六年三月庚申条,第 10917 页。

⑥ 綦崇礼《北海集》卷三四《郑公行状》,《景印文渊阁四库全书》第 1134 册,第 739 页。

另一个表现是,士大夫还特别规定了赵煦习字的内容。元祐二年九月,以经筵讲《论语》终篇,赐执政及讲官御宴,内出皇帝御书"唐贤律诗"分赐臣僚;次日,臣僚于延和殿帝前谢,吕公著进言:

> 臣职在辅导,无能裨补,辄于《尚书》《论语》及《孝经》中节取要语共一百段进呈。圣人之言,本无可去取,今惟取明白切于治道者,庶便于省览,或游意笔砚之间,以备挥染,亦日就月将之一助也。

后来,高氏特意对吕公著说:"所进《尚书》《论语》等要义百篇,今皇帝已依所奏,每日书写、看览,甚有益于学问,与写诗篇不同也。"①李焘《长编》于太皇太后高氏语后又说:"公著与同列皆言,此圣人经训,有补于治,日宜亲阅。"吕公著的这一进言,也被系于范纯仁名下②,故此奏当是数位宰执同上的。此后,元祐三年四月,范祖禹先是在讲筵时"指陈《尚书》要切之语,望陛下因习笔札,书之以置座右";后又于《尚书》《孝经》《论语》之中,截取"切要之语、训戒之言,得二百一十九事,以备圣札,所冀陛下手书之、目观之、心存之,庶可以少助进德之万一"③。

吕公著、范纯仁、范祖禹等人一再为赵煦练习书法限定对象,即儒家经典之语,当是不满赵煦书写唐人律诗。事实上,赵煦对于书写诗篇一直比较喜爱。南宋岳珂见过赵煦所书魏野(960—1019)诗句"洗砚鱼吞墨,烹茶鹤避烟",系元祐四年五月二十九日"清燕之余,间御宸藻,以为当时臣下之赐者也";岳珂还提到,南宋秘阁藏有"一扇面及幅纸,亦各书此联,盖以赐任婆婆者,皆帝肆笔"④。魏野此诗描写的是所谓山居意趣,却屡入赵煦之笔。又元祐五年九月,"宰相、执政、讲

---

① 《长编》卷四〇五,元祐二年九月庚午条,第9872页。
② 范纯仁《范忠宣公集》卷六《进节尚书、论语表》,《景印文渊阁四库全书》第1104册,第604页。
③ 《太史范公文集》卷一四《进经书要言札子》,第185—186页。
④ 岳珂《宝真斋法书赞》卷一《哲宗皇帝御书魏野诗联帖》,《景印文渊阁四库全书》第813册,第573—574页。

读、记注官各赐御书诗一首,上亲书姓名于其后"①,而苏轼所得乃唐人紫薇花绝句②。对于赵煦多书诗篇的偏好,士大夫极力想以儒家经典取而代之。

第三个表现,是赵煦日常生活的细节也常被士大夫所关注、放大。元丰八年九月,神宗出葬之前,宫内传出由赵煦所撰的《神宗挽词》二首,"付外歌习",于是侍读韩维上札子云:

> 伏惟大行皇帝灵驾发引在近,陛下方当擗踊号慕,以致孝思,秉笔缀文,恐非其时。若陛下自为之,则恐未合礼意;若使侍臣润色,则是示天下以伪。惟诚与孝,人主要道。陛下嗣位之初,举动语默,实系四方观听,不可不慎。③

同时,韩维也给太皇太后高氏上了一封札子:

> 臣愚窃记《孝经》"居亲丧,言不文"。恐于此时未是皇帝制作文章之时,辄具札子上奏皇帝,伏望太皇太后陛下更同皇帝详议,及挽辞未甚宣布,早赐收还,以合经训。④

在韩维看来,赵煦以"挽词"这种辞章之学的方式表达"孝思",就道德、政治高度而言是错误的。而且,韩维的压力不单是施加给赵煦本人的,更是施加给其祖母高氏的,高氏必须对抚养、培育赵煦尽心尽责,必须将士大夫对赵煦的期待、约束准确无误地转达到赵煦身上。

又如元祐元年二月,侍读韩维进读《三朝宝训》,至真宗怜悯宫人、羔羊事,他借题发挥"仁术"云:"外人皆言陛下仁孝发于天性,每行见昆虫蝼蚁,辄违而过之,且敕左右勿践履,此亦仁术也。臣愿陛下推此心以及百姓,则天下幸甚。"⑤当时苏轼正为起居舍人,他记录说:

---

① 《长编》卷四四八,元祐五年九月壬午条,第 10770 页。

② 《苏轼诗集》卷二九,第 1541—1544 页。苏轼自注"上前此未尝以御书赐群臣"。

③ 韩维《南阳集》卷二六《元丰八年九月二十三日札子》(时为侍读上皇帝),《景印文渊阁四库全书》第 1101 册,第 727 页。

④ 《南阳集》卷二六《上太皇太后札子》,《景印文渊阁四库全书》第 1101 册,第 727 页。

⑤ 《长编》卷三六六,元祐元年二月甲戌条,第 8783 页。

　　　　轼时为右史，奏曰："臣今月十五日侍迩英阁，切见资政殿学
士韩维因读《三朝宝训》至真宗皇帝好生恶杀，因论皇帝陛下在宫
中不忍践履虫蚁，其言深切，可以推明圣德，益增福寿。臣忝备位
右史，谨书其事于册，又录一本上进，意望陛下采览，无忘此心，以
广好生之德，臣不胜大愿。"①

至三月，程颐侍讲时，又一次提起了赵煦避让虫蚁之事：

　　　　颐闻帝宫中盥而避蚁，因讲毕，请曰："有是乎？"帝曰："然，
诚恐伤之耳。"颐曰："推此心以及四海，帝王之要道也。"帝
称善。②

本来是读《三朝宝训》真宗朝事，涉及赵煦行避虫蚁这件小事，韩维便
将其与真宗朝事联系起来，推广为"仁术"。此事又经苏轼书之于册，
冀小皇帝由此"广好生之德"。接着，程颐又再提避蚁事，云其心乃
"帝王之要道"。赵煦生活中的一个细节，由此被士大夫一再关注、放
大、拔高。此外，刘安世还提过程颐谏赵煦折柳事，不过李心传已驳其
不可信③。

　　在所有人中，程颐确实最积极地主张士大夫应该深入小皇帝的
生活。他刚任崇政殿说书即乞朝廷"慎选贤德之士，以侍劝讲"，而
且讲读后还要"留二人直日，夜则一人直宿，以备访问"，希望"皇帝
习读之暇，游息之间，时于内殿召见，从容宴语"④。这是要在学业上
对哲宗有"全天候"的跟踪。程颐还提出，赵煦"左右扶侍祗应宫人、
内臣"，应该选择年龄在四十五岁以上的"厚重小心之人"；且赵煦之
"服用器玩"皆要质朴，"一应华巧奢丽之物不得至于上前"；他还希
望"择内臣十人充经筵祗应，以伺候皇帝起居，凡动息必使经筵官知

---

①　苏轼《东坡志林》卷二《记讲筵》，第 29—30 页。
②　《长编》卷三七三，元祐元年三月辛巳条，第 9033 页。
③　马永卿辑，王崇庆解《元城语录解》卷上，第 7 页。李心传《道命录》卷一，第 10a—
10b 叶。
④　《河南程氏文集》卷六《论经筵第一札子》，《二程集》，第 537 页。

之"①。在程颐看来,生活的每个细节都关系到皇帝的道德成长,故经筵官有权利和责任了解、掌控皇帝的日常生活。此外,御史中丞梁焘也建议高氏:"宫中遴选茂俊之人,以诱掖诵说;审择谨厚之人,以辅视兴寝。服勤道义,为聪明睿智之助;疏远纷华,为康宁寿考之资。"②亲政后,赵煦回忆说:"元祐初,太皇太后遣宫嫔在朕左右者凡二十人,皆年长。"③徽宗也提到,哲宗"饮食皆陶器而已"④。正如程颐、梁焘等人所愿。

程颐之学,强调整齐严肃与主一无适,要求人在外在的容貌举止及内在的思虑感情两方面约束自己⑤。元祐时期对赵煦的培育,特别注意如何在日常生活中对赵煦进行关注、引导、约束;注重讲读之余、平居之间的涵养、熏陶。这些看起来最贴合程颐的主张,但如上所举例,诸多士大夫在此问题上实有相当的共识,程颐只是其中比较突出的一位。有学者认为,"旧党训导宋哲宗的基本指导思想,即主要是防止哲宗亲政后政局出现反复"⑥。这只是就结局而论出发点。必须要注意到,在当时性命道德之学兴起的背景下,年少的赵煦,给了士大夫一个塑造皇帝、从根本上"致君尧舜"的机会,元祐士大夫对于赵煦无所不在、无孔不入的注视、规训,必须要放在这样一个思想背景下方能得到合理解释。

士大夫的这些举动,也深刻影响了高氏与士大夫、高氏与赵煦之间的关系。范祖禹、韩维、程颐等人,不但力图将自己的触角伸展到赵煦生活的各个细节,也不断给高氏施压,期待高氏与他们联合约束赵煦。而高氏也确实努力按照士大夫的要求去做了,这一点从上面的图画、习字、挽词诸事,都有所体现。

此外如元祐四年末,宫内在坊间寻找乳母,于是传闻有宫女怀孕,

---

① 《河南程氏文集》卷六《论经筵第二札子》,《二程集》,第538—539页。
② 《长编》卷四三七,元祐五年正月己丑条,第10545页。
③ 《长编》卷四三六,元祐四年十二月,第10517页。
④ 《长编》卷五二〇,元符三年正月己卯条注,第12359页。
⑤ 陈来《宋明理学》,第105—107页。
⑥ 罗家祥《朋党之争与北宋政治》,第175页。

刘安世、范祖禹便上疏赵煦、高氏苦谏，范祖禹对高氏说：

> 臣尝见司马光言：章献明肃太后保护仁宗皇帝最为有法……
> 臣考之《国史》，仁宗在乳褓，章献使章惠太后护视。章献临朝，仁
> 宗起居饮食，章惠必与之俱，所以保佑扶持，恩意勤备。然则章惠
> 保护仁宗，乃章献太后之意也。今陛下临朝，日有万几，至于左右
> 护视皇帝，臣不知有如章惠者乎？……陛下以朝事责宰相，以边
> 事责将帅，人君阙失、群臣邪正责谏官御史，皇帝学问责讲读官……
> 至于皇帝早夜起居之节，嗜欲之际，此最切身之事，岂可无任其责
> 者乎？①

面对这样严厉的指责，高氏不得已对宰相吕大防说："官家常在老身榻
前阁内寝处，宜无此。老身又尝究治，果无之。可说与安世，令休人文
字。"②后来赵煦回忆，他某日觉身边宫女"十人者非素使令，顷之十人
至，十人还，复易十人去，其去而还者皆色惨沮，若尝泣涕者"；后来明
白，这是"因刘安世上疏，太皇太后诘之"③。高氏将范祖禹等人的批
评认真地放在了心上。

赵煦一生对其祖母没有太多感情，而诸事表明，祖母高氏给赵煦
施加的种种压力，往往来自士大夫，而非单出于高氏本人。高氏最终
获得"女中尧舜"这样高的政治声誉，绝非仅因为她在元祐时期施政的
成功，更是因为她小心翼翼地扮演了士大夫给她设定的角色，她与士
大夫关系非常融洽。

有一些细节透露了当时年少的赵煦如何应对种种压力。元祐六
年三月，赵煦已十六岁，签书枢密院事王岩叟一日"从容劝上读书"，并
指点了"如何得入道深"，但赵煦突然开始"论射"，王岩叟于是进言：
"此读书之余聊以适性则可，然非帝王之所学也，不宜专留神以妨圣
学。就射之中，亦有修身、治天下之道。"并随即就《礼记·射义》发挥

---

① 《太史范公文集》卷一八《上太皇太后乞保护皇帝圣体疏》，第233—234页。
② 《长编》卷四三六，元祐四年十二月，第10515页。
③ 同上书，第10517页。

到"武有七德"："陛下常以七德为心，则陛下之武无敌于天下矣。"①数日之后，高氏对臣僚说："皇帝每于内中看读余暇，颇亦习射……才执弓矢，即已精熟，近日已射数斗力弓矣。"②看来，赵煦之所以主动与王岩叟论射，是因为自己刚开始习射，颇有兴趣，绝非期待王岩叟发挥到"武有七德"，更不期待"非帝王所学"的回答。

同年八月，王岩叟再次劝赵煦惜时以"留意经史"，赵煦则云："朕在禁中，尝观书不废也。"③次年七月，王岩叟再度问赵煦："陛下宫中何以消日？"赵煦答云："并无所好，惟是观书。"④赵煦的这两次回答，令人想起元祐二年高氏对宰执说的话："皇帝好学，在宫中别无所为，惟是留心典籍。"⑤不能说祖孙二人的回答是违背事实的，但置之当时的情境之下，也可作这样的理解：高氏很早就意识到士大夫要求赵煦什么，也知道士大夫要求她如何教导赵煦，因此她在元祐二年的回答，反映了她对士大夫心思的理解；而元祐六年赵煦本人的回答，则说明他也已很能理解士大夫的心思了，并能投其所好。

赵煦年幼登基，与仁宗赵祯颇相仿，因此"仁宗故事"是元祐士大夫常常提到的，至有赵煦"克类仁宗"之语。但实际上，两个时代有着迥异的政治文化背景，故赵煦的处境与赵祯很不同。简而言之，仁宗登基时，朝廷政事尚在立国初所培育的一批官僚士大夫掌握之中，所谓北宋中后期的"新型士大夫群体"——有着综合的能力与更强的责任感——尚待其亲政之后才全面登上政治舞台⑥。但赵煦所面对的官僚士大夫，在思想上经历了儒学复兴运动的洗礼，对于性命道德之学的关注前所未有，是不同学派的一致追求。在政治上，他们经历了从仁宗到神宗朝的政治革新运动，对"三代"口号下的理想政治秩序怀有

---

① 《长编》卷四五六，元祐六年三月癸亥条，第 10919—10920 页。
② 《长编》卷四五六，元祐六年三月丁亥条，第 10929 页。
③ 《长编》卷四六四，元祐六年八月甲寅条，第 11093 页。
④ 《长编》卷四七一，元祐七年三月甲申条，第 11238 页。
⑤ 《长编》卷四〇五，元祐二年九月庚午条，第 9872 页。
⑥ 陈植锷《北宋文化史述论》，第 13—23 页。邓小南《祖宗之法：北宋前期政治述略》，第419—420 页。

无比的热情,"致君尧舜"正是其中非常重要的一个环节①。这一思想、政治背景的结合,使得赵煦面临的压力远比赵祯为大。元祐士大夫试图从生活的各层面、各细节推进"圣学""君德",这一点绝非仅着意眼下政策是否反复,而是一种伟大的政治理想之产物。

二　皇后:从孟氏到刘氏

元祐七年四月,孟氏被立为赵煦的皇后。孟后之立,被认为是"旧党与高氏综合各方面的因素,反复权衡利弊的结果",是为了防止哲宗亲政后政局出现反复②。不过,以宋代的政治传统,一旦人主亲政,皇后预政的情形很少。孟后之立,不能如此直接地与政治联系在一起,也必须放在皇帝与士大夫关系的视角下去理解。

孟氏并非皇后的第一选择,择后之事经历了反复的商量。早在元祐五年六月,太皇太后高氏就意识到"皇帝春秋渐长",便命宰相讲寻纳后仪式③。至八月,又从宰相吕大防之请,手诏令礼官检详纳后礼④。但要特别注意的是,一直到元祐七年四月,主要的纠结并非纳后仪制,而是皇后的人选问题。元祐六年四月、八月、十二月,次年二月、四月御前都议及此事⑤。

在商议皇后人选过程中,高氏及臣僚都极为关心皇后出于什么家族,看重所谓"门阀"。针对狄青的后人狄谘之女,吕大防说:"狄青勋臣,好门户。"⑥元祐六年七月,吕大防劝高氏考虑一下高、向这两个后族,并说:"自古选后,多出勋戚之门。"⑦八月,御前议及勘婚一事,他

---

①　邓小南《祖宗之法:北宋前期政治述略》,第408页。

②　罗家祥《朋党之争与北宋政治》,第175—176页。

③　《长编》卷四四三,元祐五年六月辛丑条,第10652—10653页。

④　《长编》卷四四六,元祐五年八月乙未条,第10729页。

⑤　《长编》卷四五七,元祐六年四月辛亥条,第10945—10948页;卷四六三,元祐六年八月己丑条,第11051—11052页;卷四六八,元祐六年十二月庚辰条,第11187—11188页;卷四七二,元祐七年四月戊午条,第11265页。

⑥　《长编》卷四五七,元祐六年四月辛亥条,第10945页。

⑦　《长编》卷四六一,元祐六年七月乙丑条,第11021页。

说："若太拘忌,则恐近下臣僚家或有相当者,而门阀不相称,尤为不便。"①十二月,延和议立后事,吕大防又说："若门阀不可,虽有容色,亦难取。"②元祐七年四月,御前再及勘婚事,吕大防仍说："虽云勘婚,先须门阀,于门阀中勘乃可。"王岩叟亦云："不取于勋德之家,无以服人心。"③这些言论,都把"门阀"放在第一位。

但是,最终所立的孟氏,乃孟元之孙女,元"少隶禁军"④,起自行伍,绝非世家子弟。其子孟在则被认为"善人,小官,门户静,别无事"⑤,显然也非大家。虽然如此,高氏在给学士院的手书中仍说,孟氏乃"阀阅之后,以礼自持,天姿端靖,雅合法相"⑥。显然,元祐对"门户"或"门阀"的看重,与唐以前的婚姻问阀阅,意义有极大的差别。

这如何理解呢?元祐五年十一月,范祖禹因立后上疏太皇太后:"闺门之德,不可著见,必视其世族,观其祖考,察其家风,参以庶事,亦可知也。"⑦高氏本人也说:"大凡人家女子,养于闺阁,贤与不贤,人安得悉知,选择之际,惟见门阀与人物耳。"⑧由此可知,元祐立后时种种对门户、门阀、族姓的强调,最终的立意都在于所谓"闺门之德",并非真正的门第高下。高氏对宰执说:"孟家女入内能执妇礼。"⑨因此,尽管孟氏并非出自势家,但门户安静——什么样的家风、家法,决定了她是否能"执妇礼"。相比之下,最初入围的狄谘女系庶出,且其嫡母悍妒,致此女被逐出家门,寄养在伯父家。

元祐七年四月出立后制,五月四日范祖禹就将《周易·家人》卦的解义进入,说:

① 《长编》卷四六三,元祐六年八月己丑条,第11051页。
② 《长编》卷四六八,元祐六年十二月庚辰条,第11187—11188页。
③ 《长编》卷四七二,元祐七年四月戊午条,第11264页。
④ 《宋史》卷三二三《孟后传》,第10460页。
⑤ 《长编》卷四七二,元祐七年四月戊午条韩忠彦语,第11266页。
⑥ 《长编》卷四七二,元祐七年四月戊午条,第11266页。
⑦ 《太史范公文集》卷二〇《论立后上太皇太后疏》,第252页。
⑧ 《长编》卷四六三,元祐六年八月己丑条,第11052页。
⑨ 《长编》卷四七二,元祐七年四月戊午条,第11266页。

> 伏睹中宫初建,将行嘉礼,实为正始之道,王化之基……今陛下纳后以承天地,以奉祖宗,内尽孝养,外美风化,将以为万世法,臣愚窃为陛下重之。谨案《周易·家人》之卦,乃圣人所以定天下之端本。臣辄不自揆,敢撰集所闻先圣先贤之言,为解义一篇,谨录上进,以代奏事,伏望圣慈少赐省览。①

北宋中期的士大夫对《周易·家人》的阐发是比较常见的,他们"通过对于《家人》的阐发,组接出了一串理想形态下的链条:女正—家道正—天下正"②。进一步地,范祖禹在阐释如何"正"的时候,以《大学》八纲目为准,将"正心"作为各正其位的唯一路径,这是他区别于传统注疏的新见③。如果考虑到范祖禹一再强调"正君心"乃治天下或正天下之本④,就可以理解他对于"女正"的这一阐释,乃是将皇后的选择与整个天下秩序的建立直接联系在一起了。

范祖禹在前引《论立后上太皇太后疏》的"博议"部分还说:"进言者必曰,此陛下家事,非外人所能预。自古误人主者,多由此言也。"范祖禹反对立后乃皇帝家事,可与唐代故事作一个对比。唐高宗废王立武之时,李勣说:"此是陛下家事。"陈寅恪先生指出,这是武则天、李勣代表的山东寒族与王皇后所代表的关陇集团之间的斗争,李勣实以弃权表示支持废王立武⑤。而范祖禹在此反对"此陛下家事"的说法,已然没有任何政治集团联姻的暗示了,而是强调:赵煦的婚姻是天地、祖宗、孝道、风化及永恒秩序的组成部分,是士大夫构建整个天下秩序的关键之一。因此,元祐立后承载了一个时代的士大夫所期待的秩序理念,成为元祐时代的标签之一。

正因如此,当赵煦有了更为宠爱的女子时,士大夫所赋予其婚姻

---

① 《太史范公文集》卷二三《进家人卦解义札子》,第 286 页。

② 邓小南《"内外"之际与"秩序格局":兼谈宋代士大夫对于〈周易·家人〉的阐发》,收入邓小南主编《唐宋女性与社会》,上海辞书出版社,2003 年,第 108 页。

③ 姜鹏《北宋经筵与宋学的兴起》,第 140—142 页。

④ 如《太史范公文集》卷一四《劝学札子》,第 187 页;卷一五《正始札子》,第 191 页;卷一八《上太皇太后乞保护皇帝圣体疏》,第 233 页。

⑤ 陈寅恪《记唐代之李武韦杨婚姻集团》,氏著《金明馆丛稿初编》,第 273—279 页。

的意义，就成为他沉重的压力。绍圣三年九月，孟后被废①；元符二年九月，刘氏被立为皇后。废孟立刘的渊源自然更早，史载刘氏于绍圣元年四月封平昌郡君，次年五月进美人，十月进婕妤②。故赵煦与刘氏应该在元祐时就认识，只是到了亲政后才有公开的宠爱③。

刘氏相貌很美，蔡京以"三十六宫人第一"称之④。《宋史》本传也说刘氏"明艳冠后庭，且多才艺"，还提到另一个重要特点——"能顺意奉两宫"⑤。两宫即指赵煦嫡母向太后与生母朱太后。徽宗即位后，问及元符立刘后事，垂帘的向太后说：

> 是时先帝来殿中云："章惇等乞立中宫。"答云："此事官家更子细。"先帝云："宰臣等议已定，欲以初七日降制，若如此如何了得？"太母云："且更相度。"……从初废瑶华时亦来商量，亦答他云："此大事，不可不慎。"先帝云："避不得，然已恕。"⑥

废瑶华即指废孟后。可见向太后在赵煦废孟后、立刘后两个问题上，虽都持较为审慎的态度，但并未明确表示反对。元祐立后，本来便是祖母高氏一手操办的，嫡母向氏、生母朱氏似未能介入太多⑦，故对其之废，当没有太多介怀，而刘氏既然"能顺意奉两宫"，向氏、朱氏就没有太大理由反对赵煦废孟立刘。

对于赵煦来说，废孟立刘的主要压力来自官僚士大夫，而为了塞

---

① 《长编纪事本末》卷一一三《立后（废后附）》，绍圣三年九月甲寅条，第3686—3687页。

② 《宋会要辑稿》后妃1之5。

③ 前述元祐四年末的乳母事有一些蹊跷，虽然高氏说是"先帝一二小公主"尚需母乳，但其实神宗的女儿们这时都过了食母乳的年纪（见王菡《宋哲宗》，第60—61页）。因此当时有一种说法，宫中"雇乳母者为刘氏也"，即指后来的刘后（《长编》卷四三六，元祐四年十二月小注，第10520页；王菡《宋哲宗》，第226页）。不过，刘氏卒于政和三年（1113），享年三十五岁，则她生于元丰二年（1079），元祐四年时年十一，既不会因为生育需要乳母，自己也不需要乳母。总之，一定要将元祐四年的乳母事与刘氏联系起来是有困难的。

④ 张邦基《墨庄漫录》卷四《蔡元长贴子词》，第128页。

⑤ 《宋史》卷二四三《昭怀刘皇后》，第8638页。

⑥ 曾布《曾公遗录》卷九，元符三年四月庚戌，第280页。

⑦ 王菡《宋哲宗》，第90—91页。

臣僚之口,他在此事上经营许久。孟氏被废一年前,绍圣二年九月赵煦大飨明堂,"刘美人侍上于斋宫"①。女子入侍斋宫本不合礼法,其人又非皇后而是宠妃,说明赵煦早已属意刘氏,与孟氏的关系出了大问题。绍圣三年九月,赵煦以宫中法水符箓之事为由,锻炼成狱,废了孟皇后。曾布记载了赵煦与宰执间的一段对话:

> 是日,上谕辅臣曰:"朕待后有礼,不意其所为如此。朕日夜怵惕,至为之废寝食。今日之事,诚出于不得已。"上言及此,恻怛见于颜色。臣惇、臣清臣、臣布、臣将、臣卞奏曰:"废后大事也,臣等见案辞如此,不敢复有开陈,陛下为社稷宗庙大计,诚出于不得已。愿少宽圣心以幸天下。"②

赵煦的故作姿态与心虚很明显。宰执们虽也有些异议,但大抵都能"体会"赵煦的苦心,《宋史》章惇、曾布、蔡卞传都提到了他们三人在废孟后问题上的推动作用③。但有的士大夫如殿中侍御史陈次升、侍御史董敦逸都先后表示反对,其中后者还参与了推鞫禁中狱事;为了不引起更大的波澜,赵煦竟只能强压怒火,涵容董敦逸④。

赵煦废孟氏三年之后才将刘氏立为皇后,也是在等待时机——刘氏产子。元符二年八月贤妃刘氏生皇子,九月即立为皇后。刘氏尚为婕妤之时,就曾与孟后争"朱鬣金饰"之座,受了委屈之后,内侍郝随谓曰:"毋以此戚戚,愿早为大家生子。此座终当为婕妤有耳。"⑤此外,张邦基记云:

> 泰陵时,蔡元长为学士。故事供贴子,皇太后、皇帝、皇后阁

---

① 《长编纪事本末》卷一〇六《常安民罢察院》,绍圣二年九月壬戌条,第3419页。

② 《长编纪事本末》卷一一三《立后（废后附）》,绍圣三年九月丙辰,第3691页。

③ 《宋史》卷四七一《章惇传》《曾布传》,第13712、13715页;卷四七二《蔡卞传》,第13729页。

④ 《长编纪事本末》卷一一三《立后（废后附）》,绍圣三年九月丙辰、十月壬戌、十月丁丑,第3697—3700页。

⑤ 《长编纪事本末》卷一一三《立后（废后附）》,绍圣三年九月丙辰,第3688页。

各有词,诸妃阁同,用四首而已。时昭怀刘太后充贵妃,元长特撰四首以供之,有:"三十六宫人第一,玉楼深处梦熊罴。"①

"梦熊罴"乃生子之兆。这时候孟氏尚是皇后,刘氏为贤妃,蔡京之用典说明在孟后被废之前,赵煦欲立刘氏之意已为臣下琢磨透了,而其前提便是皇子诞降。孟氏废后,此事更确凿无疑。元符二年五月,刘氏已怀孕许久,曾布对赵煦说:"若皇嗣降生,此朝廷莫大之庆,中宫不日亦必有定议矣。"②

皇子出生于元符二年八月八日,次日,赵煦便遣人告诸陵、太庙、社稷、高禖,在曾布面前,他"喜见于色,遂及中宫事"③。八月二十六日,赵煦突然对曾布说:"满月在近。"曾布当时未了其意,但稍后即明白"盖议中宫尔,故有满月之问";次日曾布就对赵煦说:"昨日蒙宣谕皇子满月,臣仓卒间奏对有所未尽。皇子降生,嫔御例有恩命,圣意必已素定。"赵煦笑云:"已令三省检故事。"④曾布日记中的这几个细节,将哲宗的心情表露无遗:这是他等待多年的机会。

最终,九月七日(丙午)赐宰臣诏立后,次日正式下制立后,并诏于本月二十七日行册礼⑤。九月七日夜晚,赵煦还亲自指示翰林学士蒋之奇如何命词⑥。九月二十六日,"习册后仪于文德殿,雨未已,得旨令习庭下及廊上仪,又设幕幄以覆宫架"⑦。即使下雨也要抓紧习册后仪这个细节,可见赵煦是何等地期待此事。

与废孟氏一样,赵煦立刘后也得到了宰执的支持,章惇、曾布都曾积极经营此事⑧,宇文粹中所撰《昭怀皇后谥议》亦将刘氏之立归于

① 《墨庄漫录》卷四《蔡元长贴子词》,第128页。
② 《曾公遗录》卷七,元符二年五月庚申,第109页。
③ 《曾公遗录》卷八,元符二年八月己卯,第147页。
④ 《曾公遗录》卷八,元符二年八月丙申、丁酉,第156—157页。
⑤ 《长编》卷五一五,元符二年九月丙午、丁未,第12238页。
⑥ 《曾公遗录》卷八,元符二年十二月末,第208—209页。
⑦ 《曾公遗录》卷八,元符二年九月乙丑,第167页。
⑧ 《曾公遗录》卷八,元符二年八月丙申,第156—157页。

"宰辅建言"①。虽然有宰执的支持,但赵煦仍等待数年之久,用曾诞的话来说就是:"方孟后之废,人莫不知刘氏之将立,至四年之后而册命未行,是天子知清议之足畏也。"②所谓畏"清议",其实就是赵煦试图小心地处理与士大夫之间的关系。《宋史·安惇传》云:

> 刘后之受册也,百官仗卫陈于大庭,是日天气清晏,惇巍立班中,倡言曰:"今日之事,上当天心,下合人望。"朝士皆笑其奸佞。③

此事说明,赵煦试图赋予刘后之立在"秩序"中的正当性,因为孟氏之立就被元祐士大夫赋予了特殊的意义,赵煦无疑希望刘氏之立也能得到士大夫同样的认可。

不过,即使赵煦小心翼翼,也无法避免反对声,其中谏官邹浩之辞最为激烈:

> (陛下)何不于孟氏罪废之初……便立之乎?必迁延四年,以待今日,果何意邪?必欲以此示天下,果信之耶?兼臣闻顷年冬享景灵宫,贤妃实随驾以往,是日雷作,其变甚异。今又宣麻之后,大雨继日,已而飞雹。又自告天地祖宗社稷以来,阴霾不止,以动人心,则上天之意盖可见矣。④

赵煦隐忍数年,小心翼翼,邹浩却告诉他:冬雷、飞雹、淫雨等,说明皇后刘氏在天地秩序中的正当性从未得到认可。赵煦看到邹浩奏后,据说"持其章踌躇四顾,凝然若有所思"⑤。但从对邹浩的处理来看,赵煦的反应极为迅速、激烈,据曾布日记:"正言邹浩自试院中出数日,乃以(九月)二十五日上殿,论册后事不当。是日批出:除名勒停,新州羁

---

① 《宋会要辑稿》礼 34 之 2。
② 《宋史》卷三四五《曾诞传》,第 10960 页。
③ 《宋史》卷四七一《安惇传》,第 13718 页。
④ 邹浩《道乡先生邹忠公文集》卷二三《谏哲宗立刘后疏》,第 158—159 页。
⑤ 《宋史》卷三四五《邹浩传》,第 10957 页。

管,仍令开封府当日差人押出门。"①此外,同情或者明确支持邹浩的还有尚书右丞黄履②、翰林学士蒋之奇③,以及田昼、王回、曾诞等这些邹浩"所与游"者④。

从孟氏之立、废到刘氏之立,赵煦很清醒地意识到,孟氏是元祐士大夫心目中理想秩序的一部分,因此皇后的废立,在感情上虽是自己的选择,但关键是自己与士大夫的关系如何处理。从孟氏到刘氏,深刻说明了赵煦的矛盾:一方面他抗拒士大夫将其生活"上纲上线"的意图;另一方面他极为忌惮士大夫理念的压力,因此经营、等待了多年。绍符废孟立刘之举,得到了章惇、曾布、李清臣、蔡卞等宰执的支持,同时也为陈次升、蒋之奇、董敦逸、邹浩、田昼、王回、曾诞等人所反对,可见臣僚对于赵煦的态度也已分化。

三　疾病、子嗣与臣僚

在赵煦去世前的大半年中,他的健康日益恶化,又有得子、立后之喜,还经历了子女相继夭折的惨剧,残存的《曾公遗录》对于这些过程都有提及,其中就展示了赵煦与"熙丰旧臣"交流的一些细节。这些细节呈现了与元祐时期完全不同的君主形象。

元符二年五月时,赵煦告诉知枢密院曾布"久嗽及肠秘,密服药,多未效",说明他已经在遭受某种慢性病的折磨了,曾布还为赵煦分析病理、推荐医官⑤。六月,赵煦还颇觉曾布所荐医官用药有效,只是埋怨"味苦辣,颇难吃"⑥。

至七月,赵煦的病情有所恶化。七月二十日,医者告诉曾布,"诊

① 《曾公遗录》卷八,元符二年十二月末叙事,第 207 页。
② 《宋史》卷三二八《黄履传》,第 10574 页。《曾公遗录》,元符二年闰九月辛巳、壬辰,第 170—171 页。
③ 《宋史》卷三四三《蒋之奇传》,第 10916—10917 页。《长编纪事本末》卷一二九《邹浩》,崇宁元年闰六月甲戌,第 4042 页。
④ 《宋史》卷三四五《邹浩传附田昼、王回、曾诞传》,第 10959—10961 页。
⑤ 《曾公遗录》卷七,元符二年五月庚申,第 108—109 页。
⑥ 《曾公遗录》卷七,元符二年六月乙亥,第 119 页。

脉医官皆留宿不出,已三日"①。次日,赵煦本当御垂拱殿(前殿),后来改御崇政殿(后殿),必和他的病情有关;在崇政殿上,宰执问及他的身体,他说:"两日前似霍乱,昨夕腹散,犹八九次,胸满,粥药殊不可下。"可见其生理上的痛苦较五月已大增,在这种情况下,曾布又为赵煦分析病理与治疗方案。再对时,曾布看出"玉色殊未和",赵煦对他说:"虽粥不可进,饮食固不敢不慎也。"②二十二日,赵煦告诉大臣,自己仍无食欲,但腹泻已经停止了,曾布回应:"今日玉色极康和,非昨日比,然正须调护颐养。"③

二十三日,大雨,赵煦深以为忧,敦促宰执择日祈祷,但突然又说自己"脏腑亦未全已";曾布再对时,便说:"阴湿尤非腹疾所宜,当避阴冷,休息颐养。"赵煦回答说自己"只在一阁子中偃卧,未尝敢冒犯"。曾布又说:"自延和至崇政,行甚远,冲冒风雨,亦非所宜也。"④关切甚至。

八月十二日,赵煦因病"前后殿皆不坐",遣宦官告诉宰执别无大碍,"只为饮食所伤";次日,又因"气力未完"不视事⑤。十四日,他终于与宰执相见,说:"以饮食所伤,服孔元软金丸动化、耿愚进理中丸之类,初觉吐逆,多痰涎,每吐几一盏许,今已宁帖,但不喜粥食,心腹时痛。"孔元、耿愚都是当时曾布所称许的医官。从自述来看,他的症状又有了一些变化,不但痰咳、无食欲,还伴随着呕吐、心腹痛。当日曾布再对时,赵煦又主动告诉他"全未能进粥食",二人对话如下:

> 曾布:"近经服药,再伤动化,固须如此。然不可劳动,自延和至崇政甚远。"

> 赵煦:"亦不妨,欲更一两日后殿视事。"

---

① 《曾公遗录》卷七,元符二年七月辛酉,第137页。
② 《曾公遗录》卷七,元符二年七月壬戌,第137页。
③ 《曾公遗录》卷七,元符二年七月癸亥,第137页。
④ 《曾公遗录》卷七,元符二年七月甲子,第138页。
⑤ 《曾公遗录》卷八,元符二年八月壬午、甲申,第148页。

> 曾布："更三五日亦无妨。"
>
> 赵煦："不妨。"①

曾布的关切之情溢于言表。八月十五日,赵煦又对宰执说:"只是全未喜粥食。"宰执对以"气未和,食不可强"。曾布再对,赵煦"亦再三顾语如初"②。

从上面曾布日记可见,宰执对于赵煦病情的掌握是非常具体、及时的,一旦病情发生变化,赵煦也必然会向曾布等人主动吐露。作为对比,元祐时期,赵煦也曾有一次"疮疹":

> 先是,颐赴讲,会上疮疹,不坐已累日。退,诣宰相问曰:"上不御殿,知否?"曰:"不知。"曰:"二圣临朝,上不御殿,太皇太后不当独坐。且上疾而宰相不知,可为寒心。"翌日,吕公著等以颐言奏,遂诣问疾。③

在这件事中,宰相数日不知小皇帝已经病了,而程颐在得知此事后,最关心的问题却是太皇太后当不当独自临朝的问题。这与绍符时期曾布等人的回应形成鲜明的对比。

在疾病缠身的同时,皇子降诞给了赵煦巨大的安慰。八月八日戊寅,皇子出生,赵煦极为高兴,曾布日记云:

> 己卯,同三省外殿致贺,上亦遣近珰宣答,皆再拜。既对,面庆,皆以为此宗社大庆。上亦喜,仍云:"两宫尤喜。"众云:"非独两宫,此天下所共庆悦。"④

八月十八日:

> 再对,余独问上云:"皇子诞降已旬日,中外庆喜。"上云:"闾巷之间亦皆欣悦,今日已十日,极安帖无事。"喜见于玉色。⑤

---

① 《曾公遗录》卷八,元符二年八月乙酉,第149页。
② 《曾公遗录》卷八,元符二年八月丙戌,第150页。
③ 《长编》卷四〇四,元祐二年八月辛巳条,第9831页。
④ 《曾公遗录》卷八,元符二年八月己卯,第147页。
⑤ 《曾公遗录》卷八,元符二年八月戊子,第151页。

皇子的出生,给他带来了为贤妃刘氏"正名"的机会,这只是意义之一。对赵煦这样一个长期压抑且为病痛所折磨的人来说,子嗣的出生,必使他看到自我赓续的希望,给他巨大的心理安慰。

八月二十二日,庆贺皇子诞生的"龙喜宴"在集英殿召开,曾布留意到"天颜甚悦":

> 中歇,遣使赐从官以上罗花,二府、亲王别赐小花五十枝,花甚重,殆不可胜戴。再坐,遣御药劝二府、亲王酒,饮必釂,仍每盏奏知。既退,遣御药刘瑗押赐对衣、金带、鞍、辔、马于都堂,制作皆精……又各赐银一合,夔三千两,余二千两……是日,闻亲王亦有此赐。①

一般而言,北宋燕集赐臣僚罗帛花,礼数最高为滴粉缕金花②。元符龙喜宴上从官及二府、亲王所得之罗花、小花,当即分别为罗帛花、滴粉缕金花,是已为赐花礼数之极。又龙喜宴后遣御药刘瑗赐宰执于都堂,则属皇子诞降后的"密赐"之礼,"颁诸宰相,余臣不可得也","必金合,多至二三百两,中贮犀玉带或珍珠瑰宝"③。据曾布所记,当时所得赐器物,宰相章惇共 110 两,其余执政则为 95 两,虽没有多至二三百两,但如上引,诸物之外尚分别有银三千、二千两;且宰执之外,亲王亦得密赐,实为非常之礼。这些安排,都突出了皇子降诞给赵煦带来的慰藉。

元符二年八九月间,大概是赵煦一生心情的顶点。九月八日皇子满月,降制册立刘氏为后,再加上对西夏、青唐战事的进展,正如曾布所说:"朝廷庆事何以如此!"④在这种气氛下,赵煦的健康也有好转的迹象,曾布在日记中提到,八月十八日,宰相章惇"是日不复问圣体"⑤。进入九月以来,曾布日记中很少提及赵煦的病情。

---

① 《曾公遗录》卷八,元符二年八月壬辰,第 152 页。
② 蔡絛《铁围山丛谈》卷一,第 18 页。
③ 《铁围山丛谈》卷四,第 61 页。
④ 《曾公遗录》卷八,元符二年九月丁未,第 162 页。
⑤ 《曾公遗录》卷八,元符二年八月戊子,第 151 页。

但这种状况没有维持多久,九月末至闰九月初,情况突变。九月二十五日,邹浩诅咒式的谏立刘后疏使得赵煦怒不可遏。之后,闰九月十五日,赵煦告诉宰执,皇子发惊了:"自初六日已作,至十一日后无日不发,医者已用硫磺之类治之,云小便不禁,大肠青,皆阴寒之候。"为此,曾布还特意供进了自己曾用过的"伏火丹砂"①。从此之后,宰执无日不问皇子安否,赵煦的心思也随着皇子的病情而动。二十日,他又告诉宰执,皇子"风势未定,现服丹砂之类",再对时,曾布又推荐医官乐坼的伏火十二年丹砂,"上欣然",还特意提到皇子的福相:"鼻隆,人中长,生得极好。"②他的紧张、自我安慰,都从这句话透露出来。

闰九月二十六日是赵煦喜悲起落最大的一天。他先是亲自告诉二府"皇子已安",且喜见于色;在久不御后殿之后,他当日"对从官于延和",君臣都深感庆幸;但当日傍晚,曾布得到阁门报告,说皇子已薨,辍视事三日③。从以为皇子病情稳定到暴卒,赵煦在一天内经历了巨大的心理落差,其余"闻者莫不震骇"。三日之后,又传宣更不视事三日,并又有更不幸的消息传来:他的女儿懿宁公主也在当日夭折了④。她的墓志透露了一些细节:"年三岁,元符二年闰九月二十八日夜暴得惊疾,趋国医诊脉,医至,疾已革。越翌日薨。"⑤

数日之内,幼子幼女相继夭折,这彻底摧垮了赵煦。十月三日,赵煦派人到宰执官邸传宣:"以惨戚中意思不安,医官见进药,今日方进常膳,以此相见未得,直俟初八日垂拱相见。"⑥但十月八日,赵煦并没有在垂拱殿见宰臣,而是改在了崇政后殿,说:"皇子久病,终不救。懿宁病尤仓猝,四更二点不得出,四更夭去,医者云,解颅,因发急风,不

---

① 《曾公遗录》卷八,元符二年闰九月甲申,第171—172页。
② 《曾公遗录》卷八,元符二年闰九月己丑,第173页。曾布还提到,宰相章惇也推荐了一名医官,名初虞世。
③ 《曾公遗录》卷八,元符二年闰九月乙未,第174—175页。
④ 《曾公遗录》卷八,元符二年闰九月戊戌,第175页。
⑤ 蔡京《杨国公主墓志》,收入中国文物研究所、河南省文物研究所编《新中国出土墓志·河南》[壹·下],第321号。
⑥ 《曾公遗录》卷八,元符二年辛丑,第176页。

可治。虽三岁,未能行,然能语言,极惺惺。"按"解颅"指囟门未闭合,头缝开解①。宰执也知道,子女连续夭折之事,实乃"人情之所难堪",只好以"此天命,无如之何"安慰赵煦;可是赵煦的病情已再有反复:"至今饮食未复常,加之嗽。"②十一月中,赵煦还是说自己"嗽不已"③。

进入十二月,曾布留下的记录透露了赵煦最后的煎熬。自十二月十四日之后,赵煦便觉"倦怠不快",他自己描述说:"口为吐逆,早膳至晚必吐,饮食皆出,兼嗽,食减,又坐处肿痛。"十五日,曾布发现赵煦很畏寒,在紫宸殿令内侍益火,在垂拱殿则"颐颔寒噤,语极费力,色益不快",赵煦告诉曾布,自己"吐逆、痰嗽皆未退"。十六、十七、十八日,赵煦都说自己"吐未已,嗽亦不减",身体极为虚弱④。至二十一日,赵煦又告诉三省:"吐逆未已,早食晚必吐。又小腹痛,下白物。"⑤每次谈及病情,曾布也必会帮赵煦分析病理,提出用药及将养之方。

十二月二十五日,曾布的日记写道:

> 上自十四日以后愆和,至是日甚一日,辅臣无日不问圣体安否。但云吐逆或泄泻,饮食不美,补暖药服之甚多,未有效。医者亦屡来告以圣体未康,脉气虚弱。然宫禁中莫敢言者,虽两宫亦不敢数遣人问安否。余不胜其忧。⑥

所有人都知道,赵煦的大限将至。

元符三年正月四日,曾布又云:"上自十二月苦痰嗽、吐逆,既早膳,至晚必吐,又尝宣谕以腰疼,便旋中下白物。医者孔元、耿愚深以为忧,以谓精液不禁,又多滑泄。"正月五日,三省宰执"皆以上疾为忧"。⑦之后赵煦接受了"灼艾",三省又安排了大赦、祈祷,正月十二日是曾布最后一次见到这位皇帝:

---

① 李经纬等主编《中医大辞典》(第2版),第1851页。
② 《曾公遗录》卷八,元符二年十月丙午,第177页。
③ 《曾公遗录》卷八,元符二年十一月乙亥,第185页。
④ 《曾公遗录》卷八,元符二年十二月,第205页。
⑤ 《曾公遗录》卷八,元符二年十二月戊午,第206页。
⑥ 《曾公遗录》卷八,元符二年十二月壬戌,第207页。
⑦ 《曾公遗录》卷九,元符三年正月辛未、壬申,第210页。

至内东门，须臾召对，见上于御榻上。两老媪扶掖，上顶白角
冠，披背子，拥衾而坐。上虽瘦瘁，面微黑，然精神峻秀，真天人
之表。

这是曾布眼中赵煦最后的形象，其描述充满了无限的感情。这时赵煦
还安慰宰执："朱砂等皆已服，喘亦渐定，卿等但安心。"还问及祈祷所
需礼数①。当日还宣布，正月十五日的宣德门观灯取消②。次日凌晨，
赵煦去世了，年仅二十五岁③。

本节之所以不厌其烦地描述赵煦生命最后数月中的一些细节，主
要是为了突出其与宰执相处的方式与元祐时不同。根据曾布所录，赵
煦常向宰执谈及自己的病情：有时候是宰执问圣体，很多时候则是他
主动谈及。从上文的描述可见，越往后，赵煦的病情越"不雅"，但他毫
不掩饰自己呕吐、腹泻这些细节，从不掩饰自己的痛苦与虚弱。赵煦
去世之后，生前服侍他的几位乳母、宫人被责降，因为她们隐瞒皇帝病
情不报，皇太后一直到了很晚才知道赵煦已病入膏肓④。前引曾布日
记也说，一直到元符二年十二月二十五日前后，"两宫亦不敢数遣人问
安否"。从这些迹象看来，赵煦并不太和母亲们吐露自己的病情，而更
愿意与曾布等大臣交流。君臣之间的交流、关心充满人情味。前面提
到，曾布经常给赵煦讲解病理，时常留意他脸色的变化，向他推荐自己
信任的医生甚至药物。

此外，曾布笔下的赵煦也是一个充满幽默感的皇帝。元符元年八
月时，赵煦的身体应该还好，他和曾布谈起邓绾，问："绾曾击章惇云
何？"曾布引述云："人言惇与惠卿为刎颈之交、半夜之客，又目之为城

---

① 《曾公遗录》卷九，元符三年正月戊寅，第212页。
② 《长编》卷五二〇，元符三年正月戊寅条，第12356页。
③ 关于赵煦的病情，笔者咨询过两位西医，但他们无法就史料提供的病情描述对赵煦
作出确切的诊断。根据他们的推测，赵煦最有可能死于两种恶性肿瘤：食道癌、胃癌，各种症
状或是癌细胞扩散的结果。赵煦病中所服用的药物，应该也增加了其病情的复杂性。也有
学者认为赵煦死于纵欲，可备一说（见张邦炜《宋徽宗角色错位的来由》，《四川师范大学学
报》2002年1期，第90—91页）。
④ 《长编》卷五二〇，元符三年正月壬辰，第12382—12383页，尤其是小注。

狐社鼠。惠卿既逐,而惇未去,绾又击之,云'如粪除一堂之上而留其半'。"赵煦听了这话之后,"再问粪除之语,大笑"①。元符二年十一月,赵煦和宰执开玩笑:当时他和曾布谈及其弟曾肇,乘机揶揄曾布说:"言是奸臣之弟。"②过了几天,他又和曾布一起嘲笑一位官员将"仇"写作"酬"③。

在元祐时期,臣僚在形容赵煦时,用得最多的词就是"渊默"或者"恭默"——"渊默谦恭""端拱渊默""恭己渊默""渊默临朝""天衷渊默""渊默不言""恭默不言""恭默自养""恭默靖重""恭默思道",等等。显然,面对士大夫及祖母的督导,赵煦极少表露自己的想法。而曾布所记绍符时期的细节则说明,在自己所选择的另一士大夫群体面前,赵煦呈现了颇为触动人心的另一侧面。

这就涉及另一个问题:亲政以后,赵煦为什么抛弃了原先培育他的元祐士大夫,转而选择章惇、曾布这些熙丰旧臣?原因当然不止一个,但赵煦必然有着非常现实的考虑。本书第二章第二节已经指出,赵煦年幼登基,没有宋代君主在即位初期非常倚赖的"潜邸旧人"势力。既然如此,赵煦如何建立自己的班底呢?

赵煦亲政之后,首次人事命令是关于宦官的。元祐八年(1093)十月末,赵煦通知宰执,欲"替换内中旧人";十一月二日,密院即"出刘瑗以下十人姓名,并换入内供奉官",其中冯景、黄悦、刘瑗、李宪四人被宰执以不同的理由驳回不行;至十日,密院又出内批,"以刘惟简随龙权入内押班,梁从政、吴靖方先帝随龙,除从政内侍省都知,靖方带御器械"④。范祖禹曾说,神宗朝著名宦官李宪、王中正之子都在被召之列⑤。

这些人中,梁从政、吴靖方是神宗的随龙人;刘惟简是神宗亲信,

---

① 《长编》卷五〇一,元符元年八月丙戌,第 11933—11934 页。
② 《曾公遗录》卷八,元符二年十一月丁亥,第 195 页。
③ 《曾公遗录》卷八,元符二年十一月丙申,第 198 页。
④ 苏辙《龙川略志》卷九《议除张茂则换内侍旧人》,第 55—56 页。
⑤ 《长编纪事本末》卷一〇一《逐元祐党上》,元祐八年十一月戊戌,第 3210 页。李宪可能即李宪之子。

且"哲宗在藩时,惟简奔奏服勤"①;冯景与刘瑗都是神宗朝的内侍②,且亦在哲宗赵煦的随龙人之列③。此外,神宗的亲信内侍宋用臣,亦于"绍圣初,召为内侍押班,进瀛州刺史"④。这些内侍中,一些曾短暂照顾过他,故被视为"随龙人"。除此之外,赵煦不得不,或者说很"自然"地先进拔与其父有感情的旧人,以建立自己的亲信班底。如吴靖方,赵煦说他"每语及先帝,即流涕被面"。曾布也说:"此众所共知,乃出于至诚也。"⑤

在外朝臣僚中,赵煦也用这种方式建立自己的班子。赵煦极不信任高氏所用的元祐臣僚,绍圣元年七月诏云:"(司马光、吕公著)引吕大防、刘挚等,或并立要途,继司宰事;或迭居言路,代掌训词;或封驳东台,或劝讲经筵。顾予左右前后,皆尔所亲。"⑥高氏去世前夕,就对当时的宰执吕大防、范纯仁等人说:"公等亦宜早求退,令官家别用一番人。"⑦她显然清楚赵煦对元祐臣僚的反感。

在此背景下,赵煦将熙丰旧臣视为更可靠的依赖对象。元祐八年十一月,他对侍御史杨畏说:"先朝故臣,孰可召用者,朕皆不能尽知,可详具姓名,密以闻。"杨畏于是"疏章惇、安焘、吕惠卿、邓温伯、李清臣等行义,各加题品",以应赵煦之求⑧。次年二月,李清臣和邓温伯皆被用为执政,《哲宗实录》即云:"上以清臣、温伯皆先帝旧臣,故用。"⑨赵煦亲政后组建宰执班子的工作,在当年六月就基本完成了:宰相章惇、门下侍郎安焘、中书侍郎李清臣、尚书右丞郑雍、知枢密院

①　《宋史》卷四六七《刘惟简传》,第 13647 页。

②　《长编》卷三二九,元丰五年八月丙辰条,第 7919 页;卷三六一,元丰八年十一月壬寅条,第 8637 页。

③　《长编》卷五〇六,元符二年二月丙子条,第 12050—12051 页。

④　《宋史》卷四六七《宋用臣传》,第 13642 页。

⑤　《长编》卷五一四,元符二年八月己丑条,第 12222 页。

⑥　《长编纪事本末》卷一〇一《逐元祐党上》,绍圣元年七月戊午,第 3235 页。

⑦　《长编纪事本末》卷九一《宣仁垂帘》,元祐八年八月丁卯,第 2902 页。

⑧　《长编纪事本末》卷一〇一《逐元祐党上》,元祐八年十一月,第 3213 页。

⑨　《长编纪事本末》卷一〇〇《绍述》,绍圣元年二月丁未条注引,第 3177 页。

事韩忠彦、同知密院曾布①,本来还应该有尚书左丞邓温伯,但他在五月就去世了。绍圣二年十月右丞郑雍罢,又增加了右丞蔡卞、左丞许将②。

这一宰执组合的基本架构,一直维持到赵煦辞世,章惇、曾布、蔡卞、许将自任宰执之后,终哲宗之世都没有被罢。研究者已经指出,这些宰执之间其实矛盾重重③,但却长期共存。对于他们之间的矛盾,赵煦持不支持、不反对,甚至利用的态度④,其理由就在于:赵煦既然不满元祐臣僚,则"熙丰旧臣"就是他唯一的选择。

因此,赵煦之所以选择熙丰旧臣,现实的理由就在于上述登基的背景——在没有潜邸旧臣的情况下,他要建立自己的班子,就不得不从宦官到朝士都倾向于选择所谓其父的"旧人"。本书第一章第一节就指出,高氏之所以选择司马光等人,也是出于他们与其夫英宗的历史渊源。这里所述赵煦的情况也是类似的,元丰八年(1085)他登基的时候,继承了君位与少许的权威,基本没有实际的权力。元祐八年他亲政后,亟待建立自己的权威、掌握权力,他自然需要抛开祖母高氏,以自身的历史渊源用人——实际上是其父的渊源。这样,臣僚的更迭随之发生,随之而来的是政策的变化。进一步,君臣关系的变化则是潜移默运的:元祐士大夫跟踪、规训赵煦的努力,致赵煦为尧舜之君的努力,一切都随之消逝。

四 本节结语

上文主要是对皇帝赵煦日常生活各种细节的描绘,由此回到本节开头所提出的问题:从君主的角度而言,士大夫政治在北宋晚期经历

---

① 徐自明《宰辅编年录校补》卷一〇,绍圣元年闰四月、五月、六月,第625—626页。

② 《宰辅编年录校补》卷一〇,绍圣二年十月甲子、甲戌,第627—628页。

③ 参见裴汝诚、顾宏义《宋哲宗亲政时期的曾布》,收入裴汝诚《半粟集》,第211—220页;罗家祥《曾布与北宋哲宗、徽宗统治时期的政局演变》,《华中科技大学学报》2003年第2期;汪天顺《章惇与曾布、蔡卞交恶及其对绍述政治的影响》,《中国史研究》2009年第1期。

④ 残本曾布日记此类例子不少,不赘述。朱熹论曾布日记,云章惇和曾布常留身相互攻击,"哲宗欲两闻其过失,亦多询及之"。见《朱子语类》卷一三〇,第3124页。

了什么命运？

首先，赵煦的经历说明，北宋晚期的士大夫政治对君主角色、形象提出了新要求。这种要求，所涉并非通常讨论较多的皇帝权力大小问题，而是意识形态层面的皇帝身份属性问题。在帝制政治中，皇帝身份的公私二重性是与生俱来的，如何抑制皇帝的私人性、强调君主的"圣德无私"，是士大夫群体面临的巨大挑战。一般而言，臣僚对于君主的制约，主要着眼于行政体制，特别是在政令颁行中消除皇帝的私人性，突出命令的"公"属性；对唐宋文书运行制度的研究已说明，君主在政事上的权限是有较清晰的边界的①。

但是，仍未解决的问题是：君主作为个人，在整个王朝政治中是什么属性？自先秦以降，君主便常与"圣人"这一概念联系在一起。秦始皇自命圣王，强调自己法度、功德的成就；汉代天子虽少以圣人自居，但臣下的"圣人"论则很多，标准是王者行礼乐教化、施德泽于民，以及天生状貌形体的特异②。总而言之，在秦汉时代的政治观念中，皇帝已经被"圣人化"了，这既有助于君主的合法性，也是对君主的一种期待与压力。但是，究竟如何实现以圣人治天下，秦汉时代并没有特别具体而有效的制度途径，而主要依托于源自阴阳五行的圣人受天命之说③。

只有到了北宋中期，经由张载、王安石、二程等人对于"性"学的探讨，最终明确得出了圣人可由学而至，甚至必须由学而至的结论④。这种学为圣人之说，绝非对君主神圣性的一种破坏，而是为政治实践提供了切实可行的基础。如在程颐那里，"学"即"穷理"，而因为"凡一物上有一理"，故穷理的方式就是多种多样的，"或读书，讲明义理；或

---

① 关于唐宋以皇帝名义而下的政令之颁行，参见中村裕一《隋唐王言の研究》，东京：汲古书院，2003年；张祎《制诏敕札与北宋的政令颁行》，北京大学历史学系博士学位论文，2009年。

② 邢义田《秦汉皇帝与"圣人"》，原刊《国史释论——陶希圣先生九秩荣庆祝寿论文集》，台北：食货出版社，1988年；收入氏著《天下一家：皇帝、官僚与社会》，第50—83页。

③ 萧璠《皇帝的圣人化及其意义试论》，《中研院史语所集刊》62本1分，1993年，第24—37页。

④ 陈植锷《北宋文化史述论》，第276—282页。

论古今人物,别其是非;或应接事务而处其当,皆穷理也"①。这种认识论,既"在更高、更普遍的理性立场上理解道德法则"②,同时又有可操作性。

这就赋予北宋中期的"致君尧舜"新的内涵:通过君臣共同的努力,现实中的皇帝就可以成为圣君。元祐年间的士大夫极关心赵煦的学问,不但着意经筵,更对其阅读、观画、习字、居处、举止、婚姻等方面进行训诫,诸方面都被上升到政治、道德、秩序的高度。在这种安排下,君主不但在行政体制中,而且在学业、日常居处、婚姻等生活的各方面都凸显"君德",呈现皇帝的"公"属性。元祐士大夫对赵煦日常生活的拔高,即是根除皇帝身份公私二重性的一种手段。因此,北宋晚期的"致君尧舜",本质上强调君主作为一个政治、道德、秩序符号的非人格化。

其次,赵煦从元祐到绍符的变化,说明了宋代"士大夫政治"内在的困境。程颐提出:"皇帝在宫中语言、动作、衣服、饮食,皆当使经筵官知之。"又说:"君德成就责经筵。"③宣称拥有全方位规训君主、介入君主生活的权力与责任。但是,程颐们短暂的成功,完全是因为赵煦的年幼及高氏垂帘、代行君权。即在皇帝之上,又有垂帘的女主配合士大夫的行动:士大夫政治落实于君主身上,依赖于女主垂帘这样一种特殊的政治体制;而帝制政治的正常结构,从未真正赋予士大夫规训君主的权力与权威。

因此,一旦回复到正常的皇帝体制,皇帝个人在建立自己的权威、权力结构的过程中,完全可以重新选择自己的角色、形象。理论上,"圣人化""非人格化"对于赵煦的"权威"是有利的,但这对于个人是一种极大的约束。更现实的是,赵煦亲政后,迫切要求把握"权力",故而抛弃了元祐臣僚,无论内臣还是朝士都倾向于选择熙丰旧臣。而随着臣僚的变动,元祐时期建立的一套与圣学、婚姻相关的系统也就随

---

① 《河南程氏遗书》卷一八《伊川先生语四》,《二程集》,第 188 页。
② 陈来《宋明理学》,第 113 页。
③ 《河南程氏文集》卷六《论经筵札子第二、第三》,《二程集》,第 539、540 页。

之崩解,赵煦的"生活空间"也就不断拓展,他或暗或明地抵制士大夫对他生活的安排,展现了毫无掩饰的欲望、感情与痛苦,极力避免自身被化约为一个政治符号。

回顾北宋历史,仁宗年幼、刘后垂帘时期,所谓的"新型士大夫群体"尚未登场,接下来的英宗、神宗又是长君即位,已经没有机会接受士大夫的彻底塑造,故赵煦是北宋士大夫唯一从根本上"致君尧舜"、培养"圣学"的机会。因此,元祐的特殊性及绍符的后续变化,正说明了"致君尧舜"在现实政治中的恒久困局。

第二节　"文字"与新旧问题的"终结"

上节探讨了士大夫政治文化的重要组成部分——"致君尧舜"理想在哲宗统治时期君主方面的失败,本节主要讨论另一方面:士大夫群体。这并非说士大夫不再是官僚政治的主要成分,而是强调,自北宋中期以来形成的、士大夫高涨的政治和社会主体意识、责任感的终结。这种结局,与哲宗亲政时期如何解决自神宗朝以来的"新旧"分裂直接联系在一起。

哲宗亲政后,迅速开始重谪元祐臣僚,甚至挑起了涉及废立大事的"同文馆狱",受到波及的所谓"元祐党人"一共三十余人[1]。但是,这仅仅是绍符政治整顿的一小部分,真正对士大夫群体造成致命打击的是另一些举措:重修元祐《神宗实录》、将元祐臣僚章疏加以编类、对元祐看详诉理所之旧案重加审定。这三者,看似互不相关的睚眦必报之举,实则贯穿着一个主题:对元祐时代留下的不同类型"语言文字"的处理。而"语言文字"的背后,正是士大夫的议论、思想、立场。而且,这三事所涉及的人数,大大超越了前述三十余"元祐党人"的范围,可谓对整个官僚队伍拉网式的排查。不理解哲宗朝政治史上针对士大夫"文字"的整顿,就无法理解北宋晚期的政治走势。

---

[1]　参见王茁《宋哲宗》,第102—180页。

一 重修《神宗实录》

北宋《神宗实录》的修纂,据学者的研究,前后凡五修,成书四部[1]。其中最重要的是两种:一为元祐本(元祐六年成书,1091),二是绍圣本(绍圣三年成书,1096)。对这两次《神宗实录》的修纂,学界已有不少细致的叙述[2]。这里主要讨论这两次改修的立意及方式。

绍圣重修《神宗实录》前,蔡卞上言:"先帝盛德大业,卓然出千古之上,发扬休光,正在史策。而实录所纪,类多疑似不根,乞验索审订,重行刊定,使后世考观无所迷惑。"[3]以彰显"先帝圣德大业"为重修目的,点明了欲重新评定神宗朝政治是非的用意。绍圣元年五月,重修开始,相关的工作分为两个方面:一是对其内容取舍的审定,二则是对纂修人员的处理,两者是相互配合的。

绍圣重修《神宗实录》在内容取舍上的争论,主要围绕王安石和司马光的日记而展开。绍圣元年五月,翰林承旨、修国史曾布请取王安石《日录》参照编修《神宗实录》[4],又云:"神庙《实录》,司马光等记事不实,乞用王安石手自编写《奏对日录》进入重修。"[5]之所以如此重视王安石《日录》,据曾布说,是因为"元祐所修《实录》,凡司马光日记、杂录,或得之传闻,或得之宾客,所记之事,鲜不遍载;而王安石有《日录》,皆当日君臣对面反覆之语,乞取付史院照对编修,此乃至公之论"[6]。有关王安石《日录》与司马光记事间的争论,确实贯穿了《神宗

---

① 蔡崇榜《宋代修史制度研究》,第82—98页。

② 黄汉超《宋神宗实录前后改修之分析》(上、下),《新亚学报》,7/1,1965年2月,第363—409页;7/2,1966年8月,第157—195页。胡昭曦《〈宋神宗实录〉朱墨本辑佚简论》,《四川大学学报》1979年第1期,第71—78页。熊本崇《欧阳修传四种——墨本修传·朱本修传的对比为中心》,《石卷专修大学研究纪要》3,1992年,第1—39页。相关的还有熊本崇《〈四朝国史〉欧阳修传的形成过程》,载《中国における历史认识と历史意识の展开について》,科学研究费补助金总合研究研究成果报告书,1994年。

③ 《宋史》卷四七二《蔡卞传》,第13728页。

④ 陈均《皇朝编年纲目备要》卷二四,绍圣元年五月,第586页。

⑤ 陈次升《谠论集》卷五《附:待制陈公行实》,《景印文渊阁四库全书》第427册,第383页。

⑥ 《长编纪事本末》)卷一二九《陈瓘贬逐》,建中靖国元年八月甲寅条,第4019页。

实录》的修撰过程。

关于王安石《日录》，陈瓘说，此书乃王安石"退居钟山，著此讪书以授蔡卞，卞当元祐之时，增损润色，九年笔削"①。但这一说法实不可信，朱熹即说："以为蔡卞撰造之言，固无是理。况其见诸行事深切著明者，又已相为表里，亦不待晚年恣笔有所增加而后可为罪也。"②对于王安石追记、蔡卞删改之说，丁则良先生有较详细的分析③。

关于王安石《日录》的性质，陈瓘自己也曾说："臣伏闻王安石《日录》七十余卷，具载熙宁中奏对议论之语。"④又据《文献通考》："此书起熙宁元年四月，终七年三月；再起于八年三月，终于九年六月，安石两执国柄日也。"⑤可见，此《日录》乃是熙宁时期王安石当政期间的君臣奏对记录，故《宋史·艺文志》著录有"王安石《熙宁奏对》七十八卷"⑥，朱熹称其为《熙宁奏对日录》⑦，郑樵《通志》也著录此名⑧。其实吕惠卿也有类似的《奏对日录》⑨。而既然是君臣奏对的逐日记录，王安石记忆力再强，恐也无法在退居钟山之后再作此书。

至于司马光的《日记》，其流传情况不明，今残存三卷，记事从熙宁二年（1069）八月到熙宁三年十月。一般认为，日记集中的记事时限，应当是从治平四年（1067）正月到熙宁三年十月⑩。司马光是在熙宁三年九月出知永兴军的⑪，从此离开了朝廷，这和《日记》的记事时限

---

① 陈瓘《四明尊尧集》卷五《总论下》，第 732 页。

② 朱熹《晦庵先生朱文公文集》（简称《晦庵集》）卷七〇《读两陈谏议遗墨》，《朱子全书》（修订本）23，第 3378 页。

③ 丁则良《王安石日录考》，原刊《清华大学学报》1941 年第 13 卷第 2 期，收入丁则勤、尚小明编《丁则良文集》，第 46—61 页。

④ 陈瓘《上徽宗乞别行删修绍圣神宗实录》，载赵汝愚编《宋朝诸臣奏议》卷六〇，第 657 页。时元符三年（1100）五月。

⑤ 马端临《文献通考》卷一九七《经籍考二四》，第 5684 页。

⑥ 《宋史》卷二〇三《艺文志》，第 5106 页。

⑦ 朱熹《晦庵集》卷八三《跋王荆公进郏侯遗事奏稿》，《朱子全书》，第 3903 页。

⑧ 郑樵《通志二十略》，《艺文略第三》"杂史"，第 1544 页。

⑨ 《长编》卷二六八，熙宁八年九月辛未条，第 6563 页。

⑩ 司马光著，李裕民校注《司马光日记校注·前言》，第 4—6 页。

⑪ 《长编》卷二一五，熙宁三年九月癸丑条，第 5247—5248 页。

是相符合的。司马光写作《日记》的目的，是为了编写《通鉴后纪》神宗朝部分①。正因如此，其《日记》所记，也颇回溯及仁宗朝的一些故实，且多标明资料来源。他的其余著述如《手录》《琐语》《记闻》，都与《通鉴后纪》这一计划有关。

很明显，王安石《日录》和司马光《日记》的记事时限很不一样，而且他们在日记写作时所处位置不同，写作目的也差异很大。从现在残存的《日录》《日记》文字来看，王安石和司马光政治态度上的差异确实是显而易见的，但二人记事重合之处并不多。因此，所谓元祐纯取司马光日记、杂录而绍圣仅取王安石《日录》，反映的主要是政治立场；并非真的舍此取彼就能解决问题。

绍圣时期对元祐史官的处置是与内容审查结合在一起的。绍圣元年六月，朝廷命黄庭坚、范祖禹"各于开封界居住，报应国史院取会文字"②。黄、范二人皆为元祐史官，此次"报应国史院取会文字"，其实就是当面对质。《国史》黄庭坚本传云：

> 章惇、蔡卞与群奸论实录诋诬，俾前史官分居畿邑以待，摘千余条示之，谓为无验证，继而院吏考阅，悉有据依，所余才三十二事，殊细琐。庭坚书铁龙爪治河有同儿戏，至是首问焉，对曰："庭坚时官北都，亲见之，真儿戏耳。"凡有问，皆直辞以对，闻者壮之。③

这说明，绍圣重修《神宗实录》的初步工作，乃是从原文中择取条目，逐一审查，然后与原史官对质。这里提到，黄庭坚是《实录》铁龙爪治河条的纂者，他又称材料来自本人任官北京大名府时的亲见。按黄庭坚自熙宁五年至元丰元年任北京国子监教授，"亲见"确有可能。但司马光《涑水记闻》亦云："是时，天下皆言浚川铁杷、龙爪如儿戏，适足以资谈笑。"④考虑到元祐修《神录》时对司马光记事的重视，《实录》中写

---

① 《司马光日记校注·前言》，第 3 页。
② 黄㽦《山谷年谱》卷二六，绍圣元年七月，第 3072—3073 页。
③ 《山谷年谱》卷二六，绍圣二年，第 3077 页。
④ 司马光《涑水记闻》卷一五，第 297 页。

入这段文字,应是黄庭坚继承司马光所记的结果。这也说明,绍圣重修《神录》对司马光日记、杂录的记载不是简单地删削,而是与对取材者、编纂者的审查结合在一起的。

黄庭坚的例子说明,绍圣重修《神宗实录》时,对旧实录文字的审查是事事落实到人的。在这一过程中,对相关文书的取证是重要工作。依惯例,"实录草沓",史官可"各收一本照证",故元祐六年《神录》修完后,朝廷将实录草沓"各分一本与见在提举修撰官,以备照证";绍圣元年重修时,朝廷便令范祖禹将所得草沓送纳国史院,于是范祖禹将"所得草沓并事目共二百一十沓"缴送;且"草沓外有官簿五册,系是院例检阅实录文字",也一并送纳①。这里的事目、官簿之具体情况虽不明,但绍圣时的调查之所以能将原《实录》条文落实到相应的元祐史臣,必是与这些材料的保留有关的。

至绍圣元年十二月,因修元祐《神宗实录》而被贬谪的臣僚有:范祖禹永州(治今湖南永州)安置,赵彦若澧州(治今湖南澧县)安置,黄庭坚黔州(治今重庆彭水)安置②。又绍圣二年(1095)正月,"吕大防特追夺两官,赵彦若、范祖禹、陆佃、曾肇、林希并追夺一官,除林希在职日浅外,曾肇与小郡,陆佃候服阕与小郡,庭坚特追一官,当用过回授恩泽"③。林希参与了绍圣重修《神录》④,事实上等于未受罚。此外,晁补之"坐修《神宗实录》失实",自知齐州降通判应天府(治今河南商丘南)、亳州(治今安徽亳州),又贬监处(治今浙江丽水)、信(治今江西上饶)二州酒税⑤。秦观"以御史刘拯论其增损《实录》",自通判杭州贬监处州酒税⑥。邓润甫在元祐时期也是实录修撰⑦,但在绍圣时却未受波及。就得罪轻重而言,吕大防、范祖禹、赵彦若、黄庭坚、

---

① 《太史范公文集》卷六《国史院取索实录草沓奏状》,第 84 页。
② 《皇朝编年纲目备要》卷二四,绍圣元年十二月,第 590 页。
③ 《山谷年谱》卷二六,绍圣二年,第 3077 页。
④ 《宋史》卷三四三《林希传》,第 10913 页。
⑤ 《宋史》卷四四四《晁补之传》,第 13111 页。
⑥ 《宋史》卷四四四《秦观传》,第 13113 页。
⑦ 《宋史》卷三四三《邓润甫传》,第 10912 页。

晁补之、秦观是一类,他们轻则监当,重则安置;陆佃、曾肇、林希、邓润甫是另一类,仅降一官略示薄惩,或者根本没有受波及。史臣遭遇的差别,正是对旧实录文字细致审查的结果①。

《实录》本身涉及的主要是史臣,但实录院中保留的某些原始材料,则涉及了当年的材料提供者。比如,常秩(1019—1077)本来是处士,熙宁年间深得神宗的重用,其子常立也因此沾光。哲宗亲政后,绍圣三年,蔡卞欲推荐常立为崇政殿说书、谏官,但曾布却对哲宗说:"人言立元祐中曾上文字,云其父不悦先朝故事而去。"哲宗便要求调查,故曾布"以立事质于史院",最终发现,常秩的门人赵冲所撰集的"秩行事、言论并墓铭"两册,由常立于元祐中上于史院,《行状》中说王安石退位后"天下官吏阴变新法,民受荼毒",又说"上下循默,败端内萌,莫觉莫悟,公独见几,知其必败"。哲宗由此震怒,以"常立元祐中供纳实录院文字,其间门人赵冲叙常秩事迹内有不逊词语",常、赵二人皆受责②。常秩《行状》事非由修史而起,而是因曾布与蔡卞的矛盾而发,但也说明了绍圣修史其实是审查官僚的手段之一。

绍圣重修《神宗实录》可与北宋历史上重修《太祖实录》作一比较。重修《太祖实录》时,除了补充史料外,政治上的考虑有二:一是解决太祖本人称帝的合法性问题,以"宋受周禅"代替"兵变夺国"的形象;二是为宋太宗兄终弟及正名③。这些都只涉及皇帝的合法性问题。但是,绍圣重修《神宗实录》的上述做法,内容上不是为了补充史料,而是借史料择取重新评价政治是非;而且,绍圣修史虽然号称意在显明先帝"盛德大业",但矛头所指其实是士大夫如何思考所谓先帝之业,即士大夫的政治立场,因此不单是修改实录中的记载而已,更是将实录、材料之文字与史臣、作者对质,其得罪轻重便系于其文字。

---

① 朱熹提到,陆佃也有《供答史院取问状》,可见也受了审查。见《晦庵集》卷七〇《读两陈谏议遗墨》,《朱子全书》,第3378页。今本陆佃《陶山集》系四库馆臣于《永乐大典》中辑出,不载此状。

② 《长编纪事本末》卷一〇六《常立以诬贬责》,第3429—3435页。

③ 蔡崇榜《宋代修史制度研究》,第71—76页。

当然,《实录》改修所涉文字毕竟有限,参与纂修、提供材料的士大夫也有限,但一般臣僚皆有章疏,故哲宗亲政后,对它们的"编类",是比重修《神录》更有冲击力的政治事件。

二　编类章疏与看详诉理文字

编类章疏与看详诉理文字,此前李瑞已略有涉及,惜述之不详①。"编类"即按类编集,一般作为文书整理、保存的手段。如神宗熙宁年间曾令中书门下、枢密院编类"自熙宁以来创立、改更法度",并根据这些"编类"修成了《熙宁政录》一书②。此外,朝廷还经常下令编类诸种敕令,以整齐之。

所谓"编类章疏",即"编类元祐臣僚章疏"的省称,或称"编排元祐臣僚章疏",指绍圣、元符时,朝廷将神宗去世(1085)至哲宗亲政(1093)间的臣僚章疏加以编集。编类文书虽很常见,但"祖宗以来,臣僚所上章疏,未尝置局编写"③,故"编类章疏"是绍圣的创举。

据说绍圣元年五月曾令"编类元祐群臣章疏及更改事条"④,不过就目前所见材料而言,大规模的编类当始于绍圣二年底:

> 十二月乙酉,曾布言:"文彦博、刘挚、王存、王岩叟等皆诋訾先朝,去年施行元祐之人多漏网者。"(章)惇曰:"三省已得旨编类元祐以来臣僚章疏及申请文字,密院亦合编类。"上以为然。许将再奏曰:"密院已得指挥编修文字,乞便施行。"上从之。⑤

从章惇之语可知,此前三省就已经开始编类。十二月乙酉即二十三日,当月十五日发布过一份"类定责降人姓名"⑥,当与之前三省的编类有关。徽宗即位后,曾肇说,编类"臣僚章疏及申请事件",乃"自绍

---

①　Ari Daniel Levine, *Divided by a Common Language: Factional Conflict in Late Northern Song China*, pp. 141–142.

②　《长编》卷二五二,熙宁七年四月壬辰条,第6175页。

③　《长编纪事本末》卷一〇二《逐元祐党下》,元符三年四月辛酉条,第3285—3286页。

④　《宋史》卷一八《哲宗本纪》,第340页。

⑤　《长编纪事本末》卷一〇一《逐元祐党上》,绍圣二年十二月乙酉条,第3241—3242页。

⑥　《长编纪事本末》卷一〇二《逐元祐党下》,绍圣四年正月丙午条,第3251页。

圣二年冬置局,至今已及五年"①,则大规模编类章疏当是在绍圣二年十至十二月间开始的。

"编类"的对象除了臣僚章疏外,还有所谓"事状"。后者始于绍圣四年三月,时中书舍人、同修国史蹇序辰言:"朝廷前日追正司马光等奸恶,明其罪罚,以告中外……欲望圣慈特赐指挥,选官将贬责奸臣所言所行事状并取会编类,人为一本,分置三省、枢密院,以示天下后世之大戒。"朝廷于是差徐铎、蹇序辰负责此事②。据徐铎之言,这些事状"多于章疏内节出文意类编成书",故与编类章疏"事体一同"③。这里蹇序辰提到的"前日追正司马光等奸恶"一事,是指绍圣四年二月朝廷对司马光、吕公著等三十一人的进一步贬谪④。除了绍圣元年已经被处置过的几位宰执外,其余多是元祐时期的侍从、台谏等近臣,这当与绍圣二年冬开始的编类章疏有关。

此外,元符二年七月,根据臣僚建议,朝廷又令六曹诸司专门就神宗"法度政事遭元祐变毁者","随事编类,并著所任官姓名";具体的做法是"取会某事因何人申请而废,因何人勘当而罢,各开当职官姓名及谤讪之语"⑤。六曹诸司的编类,虽是以"所言所行"为主,不过却不是"人为一本",而是"随事编类",因此又是另一变种。

编类开始后,其范围便不断扩大。最初是三省的编类,既而又增加了枢密院,当时曾布的建议是:"止于两府、侍从、台谏可也,其他且已。"⑥绍圣四年二月至闰二月被贬谪者大抵是符合这一范围的。但是,元符二年七月"六曹诸司"的编类,则显然已突破了"两府、侍从、

① 《长编纪事本末》卷一〇二《逐元祐党下》,元符三年四月辛酉条,第 3285 页。

② 《宋会要辑稿》职官 71 之 29;并见《长编纪事本末》卷一〇二《逐元祐党下》,绍圣四年三月壬午,第 3265—3266 页。

③ 《长编纪事本末》卷一〇二《逐元祐党下》,元符三年四月癸亥,第 3287 页。

④ 参见《长编纪事本末》卷一〇二《逐元祐党下》,绍圣四年二月,第 3251—3262 页。王菡《宋哲宗》,第 156 页。据朱义群的研究,绍圣四年二月至闰二月,朝廷至少贬逐了 59 位"诬诋先帝"之人。见朱义群《北宋晚期党禁的形成与展开(1085—1125)》,北京大学历史学系博士学位论文,2018 年 6 月,第 85—91 页。

⑤ 《长编》卷五一三,元符二年七月癸丑条,第 12195 页。

⑥ 《皇朝编年纲目备要》卷二四,绍圣二年十二月,第 594 页。

台谏"的范围。邹浩就说："臣窃契勘自元丰八年四月以来,曾任六曹诸司及所属职事人数极多。"①

最终编类章疏、事状涉及多少人,没有一个明确的数字。哲宗去世后,曾肇上疏:

> 据本局人吏,已编写一千九百册投进,又各写净册纳尚书省、门下省。乞见今进写枢密院、中书省净册未尝申纳,续准中书送下章疏约五百余件,见行编类次。②

编类"事状"是"人为一本",编类章疏可能因人而异。但编类章疏局投进了1900册章疏,至少是数百人的规模了,且当时仍在进行当中。元符二年,负责编类的给事中刘拯说："编类元祐臣僚章疏,伏见河南(符)〔府〕尹材系知河南府孙固以遗逸荐于朝廷,特授虔州司户参军,上太皇太后书语言狂妄指斥,罪不胜戮。"③像尹材这样的遗逸末臣都已在列,说明编类章疏(事状)应当包括了大部分有章疏可查的士大夫。

凡"编类"者,多有总结、整理之意,编类章疏的初衷之一,也是恐有漏网之人;而在实际运作中,编类章疏已不止着眼于报复元祐臣僚,亦在于提供未来官僚选任的依据。

如元符元年,枢密院都承旨缺,曾布提议用赵峣,三省先是都表示同意,尔后曾布又说要再商量:

> 蔡卞笑以为然,遂托章惇并黄履阅峣章疏,惇曰："已阅一策,无他语。"布曰："峣元祐中尝攻范纯礼不当为太常少卿。"是日甲戌,许将、蔡卞皆不入,履独封峣章疏示布,曰："尝乞召还傅尧俞、王岩叟、梁焘、孙升,云此数人学术器业为世所称,忠言嘉谋见于已试。又言王安石用事,子弟亲戚布满华要,自是习以为常,乞如

---

① 《长编》卷五一三,元符二年七月癸丑条,第12196页。
② 《长编纪事本末》卷一〇二《逐元祐党下》,元符三年四月辛酉条,第3285页。
③ 《长编》卷五一八,元符二年十一月癸未条,第12332页。

祖宗故事。仍云，虽云内举不避嫌，其实不能无私意于其间也。
履以谓擢之必有议论，恐并以故栖不保，不若默已为佳尔。"①

赵岄的章疏虽被编类，却并未因此得罪，而在成为枢密院都承旨的人
选后，章疏文字就成了考察他的决定性依据。之后，哲宗再度问起：
"赵岄可用否？"曾布回答说："臣固欲用岄，但以元祐尝在言路，恐不免
人言。圣意谓可阔略，乃可除。"面对这一请求，哲宗的第一反应是：
"有文字否？"听了曾布和蔡卞的反馈后，哲宗说："如此即不可，只为
有文字。"②

又如元符元年九月，邹浩任右正言，一开始曾布向哲宗推荐邹浩，
哲宗的回答是"待子细询问"，"于是三省呈浩元祐间所上疏……凡十
余事，皆深中当时议论者之病，众莫不称之，遂擢授谏职"③。邹浩可
能是尝到了甜头，故于元符二年七月请编类元祐时期那些"不为时势
所屈而尊君奉法，挺然如初"者，以这些"特立自重之人"为正面
榜样④。

哲宗本人也常翻阅编类章疏，以为责降臣僚之根据。如元符元年
十月、十一月，驸马都尉张敦礼、王师约都因为在元祐时上言而受责⑤，
其起因乃是"上因检寻余爽文字，遂见张敦礼、王师约所上书"⑥。又
英州刺史知泸州王献可再任满，又再任时，哲宗对曾布说："献可元祐
中亦有章疏"，后来亦受责降⑦。再如元符二年五月诏"朕因阅元祐臣
僚所上章疏，得陈次升任监察御史日一二奏，观其微意，极其奸邪，附
会权臣，诋毁先政"云云⑧。这些例子都说明，哲宗本人也认为元祐章

---

① 《长编》卷四九八，元符元年五月，第 11864—11865 页。
② 同上书，第 11866 页。
③ 《长编》卷五〇二，元符元年九月壬子条，第 11954—11955 页。
④ 《长编》卷五一三，元符二年七月癸丑条，第 12196 页。
⑤ 《长编》卷五〇三，元符元年十月癸卯条，第 11988 页；卷五〇四，元符元年十一月庚
戌条，第 12000 页。
⑥ 《长编》卷五〇四，元符元年十一月乙巳条，第 11998 页。
⑦ 同上书，第 11997 页。
⑧ 《长编》卷五一〇，元符二年五月戊辰条，第 12147 页。

疏乃评价臣僚之重要依据。

除了章疏,当时能见到的元祐文字还有"诉理状"。元祐时曾置"看详诉理所",凡熙宁、元丰时期得罪之人,可进状诉理,朝廷差官看详①,因此留下了大量的诉理状及相关的看详文字。至元符元年六月,御史中丞安惇言:"欲乞朝廷差官,将元祐中诉理所一宗公案看详,如合改正,即乞申明得罪之意,复依元断施行。"于是诏蹇序辰、安惇、徐铎看详,"内元状陈述及诉理所看详语言于先朝不顺者,其职位姓名别具以闻"②。元符时的看详诉理,必然会涉及案情重审,但这里特别提出的则是诉理状的"陈述"及看详状的"语言"。因此,与编类章疏类似,看详"诉理所一宗公案"的重点其实是语言文字。邹浩说:"臣伏见看详诉理文字所节次看详过文字进呈,已蒙朝廷施行了毕。臣契勘元降看详指挥,系分两等,一谓语及先帝,一谓语言过当。"③无论是"语及先帝"还是"语言过当",都是语言文字的问题。下面举几个例子。

元符元年十月,看详诉理所言:"元祐臣僚上言乞展诉理所限日,所贵衔冤之人皆得洗雪,可以推广圣恩,感召和气。按所言于先朝不顺。"④直接责任人王觌被重责。数日之后,三省又上言:

> 看详诉理所奏:"公案内陈述于先朝不顺者,具职位、姓名闻奏。本所除已节次贴说外,今来照得有进状内语言止系称美元祐置诉理事,未审合与不合闻奏?"

最终,"诏语言过当者贴说"⑤。此事印证了邹浩之语,即元符时对诉理文字有两项关注内容:直接批评神宗朝的,或者对元祐诉理之举称美"过当"的。如吴居厚曾在诉理状中说:"罪止缘公,今遭遇朝廷推广恩惠,凡有罪戾,尽蒙贷渝洗,人情莫不悦豫。"此即"语言过当"者,

---

① 《长编》卷三六九,元祐元年闰二月丙午条,第8904—8905页。
② 《长编》卷四九九,元符元年六月壬寅条,第11886页。
③ 《长编》卷五一三,元符二年七月癸丑条,第12196页。
④ 《长编》卷五〇三,元符元年十月戊子条,第11979页。
⑤ 《长编》卷五〇三,元符元年十月丁酉条,第11982页。

被元符看详诉理所贴说、闻奏①。

还有谢景初"昨任成都府路提刑,与倡女逾违,特追两官勒停",至元祐初,谢氏已亡,孙永、李常、韩忠彦、王存等人于是代其"自直",元祐诉理所批示:"事出暧昧,显涉冤抑,特与奏雪。"元祐二年,谢景初的儿子谢愔又上状称谢:"非今日朝廷清明,何以雪幽冤于泉下!"哲宗亲政后,元符看详诉理所审查了这桩案件,对提出诉理的孙永等人的意见是:"以有为无,语言不逊,无所忌惮。"认为元祐看详诉理所意见"委属不当",最终"诏谢愔特勒停,韩忠彦、王存各赎金三十斤"②。这个例子中,孙永等涉"语及先帝";元祐诉理所系断案不当;而谢景初子谢愔则属"语言过当"。

再如"陈舜俞不奉行常平法降监当"一案,元祐时亦予以雪除;此由陈舜俞子陈禹功提出诉理,他称:"臣父所言,即非狂妄。"又称:"今睹圣朝开设诉理司以来,天下冤抑例得伸雪。臣父灵识足以伸决于幽冥,而万世抑压沉郁之恨,一悟圣聪若冰释。"这些语言皆被元符看详诉理所贴说、闻奏,最终"诏陈禹功特送邻州编管"③。又元符二年二月,"吏部员外郎孙谔与合入差遣,以元祐诉理有衔冤饮恨之语故也"④。所谓"衔冤饮恨之语",即属"语言不顺"⑤。此外,元符二年闰九月,有二十一人被责降,"并坐诉理言涉诋讪故也"⑥。

这些例子说明了元符看详诉理文字的重点和方式:对旧案的重审固然是一个方面,但更重要的是对元祐诉理状和看详中的"语言"一一审查。看详旧案本来也很常见,"自祖宗以来以至今日,被罪之人鲜有不乞叙雪者,今日断遣、明日诉雪者比比皆是"⑦,但元符时对诉理文字的审查,重在语言文字而非断遣,则是引人注意的新现象。

---

① 《长编》卷五〇四,元符元年十一月辛卯条,第12016页。
② 《长编》卷五〇四,元符元年十一月乙未条,第12019页。
③ 《长编》卷五〇四,元符元年十一月丁酉条,第12020页。
④ 《长编》卷五〇六,元符二年二月丙申条,第12064页。
⑤ 《长编》卷五〇七,元符二年三月甲寅条,第12074页。
⑥ 《长编》卷五一六,元符二年闰九月丁丑条,第12273页。
⑦ 《长编》卷五〇五,元符二年正月甲子条,第12040页。

从上面的例子也可见,每件诉理案可能涉及诉理者(当事人若物故,则另有亲友)、看详者及称谢者数人,故当元符旧事重提的时候,每案就可牵连多人。因此,元符看详诉理事涉及的人数比编类章疏更多。元符元年六月时,曾布就说,"取索到理诉者凡八百九十七人",三省宰执有人担心牵涉太广,对看详诉理文字之事迟疑未决;但宰相章惇认为,"惟其人数多,尤宜改正,此乃元祐人欲彰先朝滥罚之多也"①。到了元符二年三月时,涉及人数更多,安惇提到,"陛下委官考阅案牍凡千余人"②。元符看详诉理最终到底处理了多少人,并没有一个准确的数字。有史料云罹元符诉理之祸者七百余人③,有的则说"士大夫得罪者八百三十家"④。但曾布又说:"惟上意终缓,故被祸害者亦鲜。"⑤言数至七八百、上千者,当是指"考阅"所及人数;曾布言少者,当是回护哲宗之辞,他也说过"缘诉理被祸者,凡七八百人"⑥。

有一个例子可以说明看详诉理波及范围之广。曾布曾对哲宗说:"兼今日来看详所,近上臣僚悉已行遣,执政中唯臣与蔡卞不预,章惇而下皆不免指陈,侍从、言事官、监司亦多已被责,今所余者不过班行、州县官之类,何从穷治?"不过最终令"元祐诉理事件内公人、军人、百姓,其语言非于先朝不顺者,令看详诉理文字左右司更不看详"⑦。可见,元符看详诉理文字不但涉及上层的侍从、言事官、监司等官僚,也涉及下级的州县官和武资官,吏人、军人、百姓则除非对神宗朝有不顺之语,其他就不必理会了。与编类章疏(事状)相比,看详诉理文字涉及更多没有章疏可寻,却语涉神宗朝的中下级官僚。

---

①　《长编》卷四九九,元符元年六月壬寅条,第11887页。

②　《长编》卷五〇七,元符二年三月己未条,第12079页。

③　徐自明著,王瑞来校补《宋宰辅编年录校补》卷一〇,绍圣四年闰二月壬寅,第655页。

④　《宋史》卷四七二《蔡卞传》,第13729页。

⑤　《长编》卷五〇四,元符元年十一月乙巳条,第11998页。

⑥　《长编》卷四九九,元符元年六月壬寅条,第11886—11887页。

⑦　《长编》卷五〇五,元符二年正月甲子条,第12039—12040页。

三　政治整顿与"士类"之变

重修实录、编类章疏、看详诉理文字诸事，是政治整顿的手段，其最为核心的特质，是以"文字"，即出于士大夫之手、涉及神宗朝政事的各种文类为对象，包括史撰、行状、章疏、案牍。这样的话，哲宗亲政以后的政治整肃，不限于肃清传统意义上的政敌，更是对士大夫的议论、思想、立场的审查，因此对官僚队伍思想整肃的力度，是此前的任何政治整顿所不能比的。

对北宋士大夫而言，其种种政治议论的背后，是宋代所谓"祖宗涵养士类"的传统。宋太祖"不诛大臣、言官"（或"不得杀士大夫及上书言事人"）誓约虽属存疑，但该说反映的宽容精神是不能否认的。即使在蔡确因《车盖亭诗》而面临重责时，范纯仁尚以"不可以语言文字之间暧昧不明之过诛窜大臣"为解①。长期以来，正因如此，才会有宋儒"开口揽时事，论议争煌煌"的器局②。"世谓儒者论议多于事功"③，形于文字的"论议"，正是宋代士大夫参与政治的重要方式，也成为宋代政治文化的主要特点。

因此，对北宋中期以后的士大夫而言，"文字"有着核心的意义，是其心血所寄，也代表了一种北宋立国以来日积月累所形成的政治文化传统。学者指出，庆历新政至熙丰变法时期，是"两宋文化的高峰"，宋学中最著名的人物、重要的著作，都产生于此时④。可以说，哲宗朝之前，是北宋议论最盛、文字最盛之时。

哲宗亲政后针对"文字"的政治整顿，是由士大夫中的一部分人发起的，他们对"文字"之于自身的意义深为洞悉，故其做法正切中了当时士大夫的要害。这种做法，保证了哲宗亲政后的政策走向，也彻底

---

① 《长编》卷四二七，元祐四年五月丙戌条，第 10323 页。
② 欧阳修《欧阳修全集》卷二《镇阳读书》，第 35 页。
③ 《宋史》卷一七三《食货一》，第 4157 页。
④ 李华瑞《论北宋政治变革时期的文化》，原载《文献》1999 年第 2 期，收入氏著《宋史论集》，第 117—134 页。

改变了北宋"涵养士类"的传统。士大夫群体的面貌也发生了明显变化,主要反映在其独立性、责任感、主体意识的消亡,成为权势之依附。为此,可以考察一下绍符重修《神录》、编类章疏、看详诉理诸事的主要负责人以及他们在当时官僚队伍中的角色。

重修《神宗实录》由宰相章惇提举,而蔡卞是比较主要的参与者和主持者,邓洵武的角色也很突出,"史祸之作,其力居多"①。他们都是宰执。就编类章疏、看详诉理文字而言,章惇是主导者之一,据说他曾请发司马光、吕公著冢,哲宗不从,于是又请编类元祐诸臣章疏②。蔡卞是另一位主导者,徽宗即位后,言官指陈蔡卞、蔡京兄弟"大罪有六":"编排元祐章牍,蝥菲语言,被罪者数千人,议自卞出,四也……塞序辰建看详诉理之议,章惇迟疑未应,卞即以二心之言迫之,惇默不敢对,即日置局,士大夫得罪者八百三十家,凡此皆卞谋之而惇行之,六也。"③

曾布身为枢密院执政,在这些事情上都有保留意见,也插不上手。如枢密院编类章疏虽起于曾布"多漏网者"之语,但他却不支持这种做法。当时诏沈铢赴枢密院编类,他却辞免,曾布向哲宗解释说:"此事外议多不以为然,故铢亦不愿。且元祐中妄论者非一,此令一行,则人不安。"④绍圣三年二月,曾布又对哲宗说"三省编排,自前岁累曾奏陈……今方编排章疏,中外人情不安,恐难施行"云云⑤。总体而言,虽然编类章疏分成三省与枢密院两个系统,但枢密院只占很小的部分,且编类章疏局"以给舍、都司郎官兼领"⑥,二者也是三省的人员,曾布难以插手。至于看详诉理文字,曾布语云:"自祖宗以来以至今日,被罪之人鲜有不乞叙雪者,今日断遣、明日诉雪者,比比皆是。"⑦

---

① 《宋史》卷三二九《邓绾传附子洵武传》,第10599页。
② 《宋史》卷四七一《章惇传》,第13711页。
③ 《宋史》卷四七二《蔡卞传》,第13729页。
④ 《皇朝编年纲目备要》卷二四,绍圣二年十二月,第594页。
⑤ 《长编纪事本末》卷一〇一《逐元祐党上》,绍圣三年二月条,第3245—3246页。
⑥ 《长编纪事本末》卷一〇二《逐元祐党下》,元符三年四月辛酉,第3285页。
⑦ 《长编》卷五〇五,元符二年正月甲子条,第12040页。

对元符时期看详元祐诉理文字之举不以为然。他又说："诉理事在三省，臣所不知。"①显然在此事上也没有发言权。

故在绍圣、元符时期的政治整顿中，章惇、蔡卞是主导者，而曾布与其他宰执的作用则不突出。而这些整顿的具体执行者，如前面已经提到的邓洵武、蹇序辰、安惇、刘拯、徐铎，基本也是出自章、蔡门下。如邓洵武，《宋史》本传称其"议论专右蔡卞"。再如蹇序辰，曾与范镗一起下狱，曾布对哲宗说："惇、卞各有所主，卞主序辰，惇主镗。"②还说"安惇亦只是章惇门下人"③。又说刘拯"与卞甚密"④，"乃卞之门人也"⑤。徐铎则被指"率视章惇好恶为轻重"⑥。可见，修史、编类章疏、看详诉理三事，大抵皆为章、蔡所主导，其执行者也是出自他们的门下。

这种状况决定了当时官僚士大夫的趋向，即更多的士人投入章、蔡之门。绍圣四年九月，就有人批评章惇和蔡卞、蔡京兄弟以私意用人，尤其说："四方瞻望，愿登蔡氏之门者惟恐不及。"⑦曾布也不断强调这一意思，元符二年他对哲宗说："大约今日士人，皆分隶惇、卞门下……他奔竞好进之士，不趋惇则趋卞。"⑧又说："卞与惇皆有党，而卞之党为多……惇之党衰，卞之党盛。"⑨在曾布看来，士人多隶章、蔡的根本原因在于他们所掌权势："如许将、黄履既不能有所主，亦不为人所趋，故亦无门下士。臣在西府，亦无以威福人，兼亦无所党与，故门下亦无人。"⑩又说："三省能祸福人，兼事如意，必迁擢；若违忤，祸

---

① 《曾公遗录》卷七，元符二年五月戊申，第 98 页。

② 《长编》卷五一〇，元符二年五月戊申条，第 12134 页。

③ 《曾公遗录》卷八，元符二年十一月庚辰条，第 189 页。

④ 《长编》卷五一七，元符二年十月己酉条，第 12298 页。

⑤ 《长编纪事本末》卷一二〇，绍圣元年十月丁亥条，第 3712 页。

⑥ 《宋史》卷三二九《徐铎传》，第 10607 页。

⑦ 《长编》卷四九一，绍圣四年九月李深上言，第 11668—11669 页。

⑧ 《曾公遗录》卷七，元符二年五月戊申，第 99 页。

⑨ 《曾公遗录》卷八，元符二年十一月己卯，第 189 页。

⑩ 《曾公遗录》卷七，元符二年五月戊申，第 99 页。

患立至。密院不惟不能祸福人，兼臣亦不敢如此，人亦不怕。"①

　　因为章、蔡掌握着当时对整个官僚队伍的整顿之权，就拥有了别人所没有的"威福人"或"祸福人"的权力，故士人选择投其门下。这也解释了为什么曾布当时总以"中正不倚"的形象出现。有学者认为，这是因为曾布有依违于君臣、同僚间的独创的官场哲学②。但所谓的"官场哲学"，都是现实政治压力的产物，曾布之所以要以中立的形象出现，重要原因之一是他在这时的官僚队伍整顿运动中没有什么发言权，不得不另辟蹊径。

　　这种政治压力在徽宗即位后仍然持续。崇宁元年（1102）九月，"籍元符末上书人为邪正等"，其做法正是绍圣、元符以来审查臣僚文字之举的延伸：

　　　　初，上出其书付蔡京，京以付其子攸与其客强浚明、叶梦得看详，第为正上、正中、正下、邪等尤甚、邪上、邪中、邪下七等，计五百八十二人。诏中书省籍记姓名。③

此后到崇宁三年间，朝廷三次立元祐党籍碑；崇宁元年末还有所谓"元祐学术"之禁④。学者指出，崇宁党籍是徽宗用来终结政治分裂的手段⑤，但如前所论，这一工作的主要部分其实在哲宗绍圣、元符时代就已经完成了，徽宗朝所为只不过是余绪。当然，与哲宗朝士人登章惇、蔡下之门类似，徽宗朝的"执政大臣皆他（蔡京）门下客"⑥，亦是拜此所赐。

　　经历了哲宗亲政以来此番政治洗礼的士大夫，其气象与他们的前

---

　　①　《曾公遗录》卷七，元符二年五月己巳，第115页。
　　②　罗家祥《曾布与北宋哲宗、徽宗统治时期的政局演变》，《华中科技大学学报》2003年第2期，第52页。
　　③　《皇朝编年纲目备要》卷二六，崇宁元年九月，第664页。
　　④　《长编纪事本末》卷一二六《徽宗皇帝·州县学》，崇宁元年十二月丁丑条，第3918页。
　　⑤　罗家祥《朋党之争与北宋政治》，第259—260页；Patricia Ebrey, *Emperor Huizong*, pp. 107–113。
　　⑥　《朱子语类》卷一三〇，第3127页。

辈已截然不同。学者已然痛陈过北宋晚期士风之弊①,附于权臣之门只是其中的一个方面。建炎元年(1127)的诏书感慨:"朕惟祖宗创业守成垂二百年,涵养士大夫至矣。靖康变故,仕于中都者,曾无仗节死难之士,而偷生取容何其众也。甚者乘时为奸,靡所不至,实为中国羞。"②王朝大厦将倾之时,最高政治舞台上的"士类",全无北宋中期士大夫那样的担当。这种士风堕落、人才凋零的状况,在有的学者看来,关键在于士大夫阶层的两重性:既在理念上追求高尚的人格,又在经济上依附于皇权③。不过,具体到这段特殊的历史时期,这样的景况要从北宋后期"士类"的上述遭遇出发,才能得到解释。

四　本节结语

在北宋历史上,凡政策有所变动之时,政治整顿皆有不同程度发生。如庆历新政失败,时人有"一时俊彦,举网而尽"之叹。王安石主政期间,一些对新法有异议的官僚或被外任或得宫观等闲职。元祐初年,熙丰臣僚也因与时政不合而被斥逐,元祐四年的车盖亭诗案也是一次政治清洗。将绍符时期的政治整顿理解为哲宗与熙丰臣僚的复仇,自然是有道理的,但这种政治整顿为什么会聚焦于"文字"——以思想整肃的方式进行?

陈瓘《尊尧集》序云:

　　臣闻先王所谓道德者性命之理而已矣,此王安石之精义也。有《(二)[三]经》焉,有《字说》焉,有《日录》焉,皆性命之理也。蔡卞、塞序辰、邓洵武等用心纯一,主行其教。其所谓大有为者,性命之理而已矣。其所谓继述者,亦性命之理而已矣。其所谓一道德者,亦以性命之理而一之也。其所谓同风俗者,亦以性命之理而同之也。不习性命之理者,谓之曲学。不随性命之理者,谓

---

① 张邦炜《论北宋晚期的士风》,《四川师范大学学报》2003 年 2 期,第 76—84 页。
② 李纲《李纲全集》卷一七八《建炎时政记上》,第 1654 页。
③ 张邦炜《论北宋晚期的士风》,第 82 页。

之流俗。黜流俗则窜其人,怒曲学则火其书。故自卞等用事以来,其所谓国是者,皆出于性命之理,不可得而动摇也。①

陈瓘本意在批判王安石之学(性命之学),此前辈学者多有论及。其语也说明,绍符以来政治运动的实际目的固然是复杂的:排除异己、巩固权势、终结纷争,但文饰种种实际追求的,则是"性命之理"这样高度学术化、形而上的旗帜。这当然是由于北宋中期性命道德之学(或性理之学)流风所及,而其中关键的一重,就是陈瓘所提到的:"其所谓一道德者,亦以性命之理而一之也。其所谓同风俗者,亦以性命之理而同之也。不习性命之理者,谓之曲学。不随性命之理者,谓之流俗。黜流俗则窜其人,怒曲学则火其书。"也就是思想统一旗号下的党同伐异。

北宋中期有一批士大夫认为,理想的天下秩序有一个关键,就是"一道德、同风俗"。此说本出自《礼记·王制》:"司徒修六礼以节民性,明七教以兴民德,齐八政以防淫,一道德以同俗,养耆老以致孝,恤孤独以逮不足,上贤以崇德,简不肖以绌恶。"这一段讲司徒的职责,根据孔颖达等《正义》的解释:"道,履蹈而行,谓齐一所行之道,以同国之风俗。""道"在这里就是指"履蹈而行"。"德",《正义》在解释"明七教以兴民德"时说,"德者,得也",就是得其所②。故《正义》所谓道、德皆针对民而言,"一道德"者,乃指民之所行,须齐一之。

不过,北宋中期的士大夫不是这么理解的。所谓的道德,被理解为圣人之道、先王之道。这样的理解见于王安石(1021—1086)③、刘敞(1019—1068)④、曾巩(1019—1083)⑤、程颢(1032—1085)⑥、范纯

---

① 陈瓘《〈四明尊尧集〉序》,第711页。
② 郑玄注,孔颖达正义,吕友仁整理《礼记正义》卷一九,第547页。
③ 王安石《临川先生文集》卷七二《与王深甫书二》,第11a叶;卷七五《与丁元珍书》,第6b叶;卷八三《涟水军淳化院经藏记》,第10a—10b叶。
④ 刘敞《公是集》卷三八《三代同道论》,《景印文渊阁四库全书》第1095册,第728—731页。
⑤ 曾巩《曾巩集》卷一一《新序目录序》,第176—177页。
⑥ 《河南程氏文集》卷一《请修学校尊师儒取士札子》,《二程集》,第448页。

仁(1027—1101)①、吕陶(1031—1107)②。虽然各人理解的圣人之道不同,但皆非历史的概念,而是形而上的概念,因此超越具体而具有终极的、先验的正确性。正是在这种理解之下,一道德才是可能的,也是值得努力的方向。因此,在思想交锋甚为激烈的北宋中期,这一思想统一运动可以成为不同士大夫共同标榜的目标。

一道德怎么进行呢?根本的当然是要明圣人之道、圣人之学,这是北宋中期道德性命之学的主旨。在具体的层面,多数人都将学校作为最重要的措置,即教育养成之。王安石也改革科举、颁布官方经义。不过,这一方式虽然着眼根本、长远,但都不能解决在朝士大夫的问题,故对于官僚队伍的思想整齐,其实自有脉络。神宗熙丰时代,不过是将异论之人外放或处以闲职③。元祐时期,司马光主张异议的合理性,但他去世后纷争层出,本书第二章已经指出,元祐四年的车盖亭诗案,即以对蔡确"新党"的态度为试金石,将处在"新旧"或"正邪"之间、态度暧昧的侍从臣僚清出朝廷,以解决君子立朝却纷争不断的现实。这也可以视为"一道德"理念在人事安排上的实践。哲宗亲政后,重修《神宗实录》、编类章疏、看详诉理诸措施的相互配合,对官僚队伍的整顿范围之广前所未有。

因此,从王安石变法、元祐车盖亭诗案、绍符文字整顿的序列可见,北宋中期以来"一道德"的呼声与政治现实结合,逐步异化为政治上的清洗,也为思想整肃提供了士大夫所能接受的旗号。唯其如此,整顿才得以推行,且能不断深入。

结合上一节所论,哲宗亲政时代意味着宋代的"士大夫政治"在君主与士大夫两个方面的失败。这种"失败"是有特定意义的,并不是说君主的权力失去了制约或士大夫不再是王朝政治的主体,而是政治理

---

① 范纯仁《范忠宣集》卷一〇《王尊道先生讲(学)[堂]记》,《景印文渊阁四库全书》第 1104 册,第 642—643 页。

② 吕陶《净德集》卷一五《论略》,《景印文渊阁四库全书》第 1098 册,第 111—112 页。

③ 参见罗家祥《朋党之争与北宋政治》,第 53—58 页。

念的失败。从君主的方面,"致君尧舜"失败了,士大夫无法以自己的努力培养理想的君主。从士大夫群体的方面,"一道德、同风俗"异化为政治清洗,士大夫群体的面貌也因此被扭曲。

当然,理想政治的口号并没有被废弃,那么,在士大夫政治文化已经发生质变的背景下,理想之花要结出什么样的果实呢? 这就要看徽宗朝了。

第四章 徽宗朝的权力结构

元符三年（1100）正月徽宗即位，同时向太后权同听政，一直到七月"还政"，徽宗很快于元符三年十月下诏"绍述"①，这份诏书虽然以继神宗之政为志向，但用语还比较审慎："朕于为政用人，无彼时此时之间，斟酌损益，惟义所在，嘉与有位，共图康功，以成绍述。"②不过，建中靖国元年（1101）宰相曾布之子曾纡所作的《景灵西宫记》说：

> 今皇帝践祚之七月，哲宗复土泰陵，议广原庙于显承殿之左，一日顾谓辅臣曰："神考盛德大业，越冠古今，而原庙之制，实始元丰……"……皇帝持其说益坚，卒破浮议，计不中却，无有内外，若臣若子，皆延颈企踵，知皇帝之继志述事，如是其笃且至也。③

这段话出自事后之追记，但不是没有道理的。按景灵西宫的建设定于元符三年八月④，根据曾纡之《记》，动土于十月。宋代的景灵宫，经过宋神宗元丰时期的改建，正式成为宋代的第二太庙——原庙⑤，这是神宗在礼制上的一大成果。宋徽宗即位伊始，便大规模兴建景灵西宫，再结合当时所下绍述之诏，其继述神宗之意当然不难看出。

曾纡的《景灵西宫记》还具体回顾了神宗的盛德大业，"凡可举之事，世以为难济而不敢建者必为；可革之弊，众之所甚愿而不能改者必革"，最终的效果是：

---

① 伊沛霞（Patricia Ebrey）认为，徽宗初年引入了一些"保守派"，这不是出于向太后的旨意，而是徽宗自己的决定。见氏著 *Emperor Huizong*, pp. 520—523。
② 陈均《皇朝编年纲目备要》卷二五，元符三年十月，第 635 页。
③ 李攸《宋朝事实》卷六《景灵西宫记》，第 101 页。
④ 《皇朝编年纲目备要》卷二五，元符三年八月，第 630 页。
⑤ 汪圣铎《宋代政教关系研究》，第 600—603 页。

> 事为之制，曲为之防，典章区式，纤悉备具。乃至尚方武库之兵，犀利坚劲；期门羽林之士，简炼精锐，皆昔者之所未有。外则郡县五溪，授以冠带；开拓洮陇，建之旄节；岭梅绝域，重译请吏。天地顺纪，风雨以时。年谷屡登，闾里安悦。英声茂实，充塞宇宙。非至神大智，谁能与于此乎！

也就是说，神宗之政带来了兵强、国富、民安的局面，当然接下来"中更元祐之变"是挫折。不过，曾纾没有提到的徽宗之兄哲宗，亲政的时间虽然很短，但从"绍述"的角度讲还是非常成功的：大致恢复了熙丰之法，开边方面更是完成了神宗未竟之业。

这就带来一个问题：既然神宗本来已经"典章区式，纤悉备具"，之后哲宗"绍述"又继承并发扬了其事业，那么未来的路应该怎么走，从而成就新的政治事业？哲宗的早逝，就将这个难题留给了徽宗赵佶。因此，在探讨徽宗朝政治史的时候，必须时刻留意这个问题：徽宗究竟如何超越父兄之治？

本书在接下来的三章中，将从统治方式、内容两个方面探讨这个问题。所谓的统治方式，主要是指徽宗朝的政治体制，本书第四、五两章将择取公相制、御笔与御笔手诏、应奉御前三个方面作集中探讨。所谓内容，既是指徽宗朝迭出的"新政"，更是指诸多施政所欲表达的政治意图，如第五章所讨论的"丰亨豫大"之说，第六章所论的道教、礼乐、祥瑞。

从政治体制的基本面来说，整个宋代也谈不上什么本质的变化。但是，徽宗朝在权力结构上有很引人注目的现象。比如，一方面是蔡京的权势被时人与后人大肆渲染；另一方面御笔、御笔手诏又常被认为是徽宗突破了既有的对君权的限制，乃其专制独裁之体现。这两方面虽说不是不能兼容，但其中明显的冲突也需要解释。本章就将针对这两个方面的内容进行辨析。

总的来说，本章围绕徽宗皇帝在王朝政治中的角色而展开。多数人对于赵佶作为皇帝的评价很负面，笔者对此也能赞同，毕竟北宋在他手里崩溃。但诸多批评的内容其实是相互矛盾的——一方面说玩物丧志,另一方面又说专制独裁。前者自然是由靖康之难倒推而出的结论,后者则基本是缺乏严密论证的标签①。在笔者看来,徽宗朝权力格局(或者说得更大一点,统治方式)的特色,就源自于赵佶对自身君主角色的刻意经营。伊沛霞在《宋徽宗》一书中,论述了徽宗个人的信仰、兴趣给当时政治带来的特色。本章则试图说明,在权力结构的层面,徽宗极为在意自身的"存在感"。为此,在权力操控的技术层面,徽宗建立了一套有效的方式,既使用,又限制蔡京;在权力的象征层面,他在既有的命令颁行方式上,全面突出了"御笔"形象。

第一节　"公相"蔡京

蔡京在徽宗朝四度主政,时间分别是:崇宁元年(1102)七月至五年二月、大观元年(1107)正月至三年六月、政和二年(1112)五月至宣和二年(1120)六月、宣和六年十二月至七年四月。其中最后一次是徽宗在情势危急之下的病急乱投医,蔡京也已老疾目盲,可不置论。但无论如何,蔡京四度主政本身就说明了他在徽宗朝政治中不可或缺的位置及他对权力的牢固把握②。

然而,蔡京的屡罢,也说明徽宗朝的权力结构一直在不断调整。林大介指出,所谓"蔡京专权体制"在建中靖国、崇宁时期成立,经历了大观、政和年间的动摇,最终在政宣之际崩坏③。有学者也留意到,政和、宣和年间,蔡京与郑居中、王黼、童贯诸同僚之间矛盾不断,政治势

---

①　参见侯旭东《中国古代专制说的知识考古》,《近代史研究》2008 年 4 期,第 26—28 页。

②　因为蔡京,有学者甚至将徽宗朝作为皇权象征化的典型。参见王瑞来《徽宗と蔡京——权力の络み合い》,《徽宗とその时代》,第 34—44 页。

③　林大介《蔡京とその政治集团——宋代の皇帝·宰相关系理解のための一考察》,《史朋》35,2003 年,第 1—28 页。

力由此被削弱①。但是,在认识到"蔡京专权"体制有着成立、动摇、崩坏这一过程的同时,还必须注意到,蔡京第三次主政从政和二年至宣和二年,时间长达 8 年;其间他还获得了"公相"的身份,即以三公(太师)而兼相任,总治三省之事。在制度史的理解中,政宣"公相"制度正是蔡京专权的结果②,为其之前两度相任的自然延续。也就是说,在所谓的动摇、崩解期,蔡京的主政时间反而是最长的,名号也是最高的。

因此,对蔡京的政治生命,仅作由盛而衰或长期专权的理解都有局限。这一矛盾正凸显了一种刻意安排的权力结构:在这一结构中,蔡京处于制度的顶层,地位超越普通宰相,貌似到达了权力的巅峰;但他参与政事的实际程度,却又因"公相"之制受到精确、有效的限制。这种限制,一方面是"公相"制度本身所带来的;另一方面亦是由于蔡京之下的三省、枢密院长贰人选,特别是他们与蔡京、徽宗的关系所造就的。本节要探讨的,就是徽宗朝这样一种权力操控方式是如何实现的、有什么意义。

一　"公相"的出现

政和二年二月,已经致仕的蔡京复太师,在京居住,至五月己巳,又诏:

> 太师、楚国公致仕蔡京落致仕,三(月)[日]一至都堂治事,每日赴朝参。退至都堂聚议,于中书省前厅直舍治事;毕直,即以尚书令厅为治所。仍押敕札。③

同月壬申:

---

①　何忠礼《宋代政治史》,第 246—250 页。杨小敏《蔡京、蔡卞与北宋晚期政局研究》,第157—172 页。

②　张复华《北宋中期以后之官制改革》,第 92、94 页。杨小敏《蔡京、蔡卞与北宋晚期政局研究》,第 197 页。

③　《长编纪事本末》卷一三一《蔡京事迹》,政和二年五月己巳条,第 4121 页。

> 太师、楚国公蔡京言："门下省乃覆驳之地，臣欲兼而冒处，实有妨嫌，委紊官制。望许臣免书门下省文字。"从之。①

可见蔡京第三度主政伊始，就以太师的身份总治三省之事，日赴朝参，不过都堂治事的频率是三日一次，随后又辞免签书门下省文字，故实仅主持中书省、尚书省事务。此外，蔡京"押敕札"，所谓"敕札"，即敕牒与尚书省札子，它们都是宰相机构用以处理日常政务的文书，在元丰改制后由尚书省长贰负责签发②。蔡京"押敕札"，说明他确实介入朝廷日常事务的处理。

蔡京的这种身份，在随后九月的官制改革中得到了进一步的确认。这次改官制涉及宰执的部分即"稽三代公孤之名，考左辅右弼之号，是正名实"，主要内容是：一、以太师、太傅、太保为三公，少师、少傅、少保为三孤；二、门下侍中改称左辅，中书令改称右弼，罢尚书令，尚书左仆射改称太宰，尚书右仆射改称少宰；三、凡任三公，即为真宰相之任，非虚名③。因此，官制改革后，除了原来的左、右相改为太宰兼门下侍郎和少宰兼中书侍郎之外，还在其上增加了作为真宰相的三公——"公相"。官制改革本身并未改变权力结构，而是在制度上确认了蔡京的身份。

必须注意到，蔡京以太师的身份主持中书省、尚书省，在职权上实际相当于次相，即尚书右仆射兼中书侍郎；而当时唯一的宰相是尚书左仆射兼门下侍郎何执中，蔡、何之间的关系，下文将详谈。可以说，蔡京在名义上的地位超越了普通宰执，但实际的职权却既因为实际掌领的部门，也因为治事的频率(三日一至都堂)而受到明确的限制。

政和六年四月庚寅(二十七日)，本来每日赴朝参、三日一至都堂的蔡京，又增加了三日一朝的"礼遇"：

---

① 《长编纪事本末》卷一三一《蔡京事迹》，政和二年五月壬申条，第4121—4122页。

② 宋代的敕牒、札子的问题，参见张祎《制诏敕札与北宋的政令颁行》，第106—141页；李全德《从堂帖到省札——略论唐宋时期宰相处理政务的文书之演变》，《北京大学学报》2012年第2期。

③ 《宋会要辑稿》职官56之33-34。

> 三省机政,事无巨细,自合总治外,可从其优逸之意,自今特
> 许三日一造朝,仍赴都堂及轮往逐省,通治三省事,以正公相之
> 任,事毕从便归第。①

这是降低了其参与御前会议的频率。五月,又安排:

> 不赴朝日,许府第书押;不押敕札,不书钞。②

敕札已见前说,所谓"钞"即奏钞,也是元丰改制后尚书省长贰签发的、用以指挥日常政务的文书③。"不押敕札,不书钞"意味着,除了每三天一次的都堂治事外,蔡京在其余时日已较少介入日常事务。到了八月,蔡京又奏:"今臣疾病既已痊复,筋力尚可勉强。伏望许臣日奉朝请,其治事即依已降指挥。"④于是又恢复到了日朝、三日一至都堂治事的格局,但仍维持着"不赴朝日,许府第书押;不押敕札,不书钞"。

政和七年十一月,蔡京的礼遇进一步"提高":

> 其诸细务特免签书,可五日一朝,次赴都堂治事。⑤

所谓"诸细务特免签书",其实与此前"不押敕札,不书钞"是同样的意思,只不过从"不赴朝日"扩大为一种常态。因为如前所述,敕牒、札子、奏钞都是当时宰相机构指挥日常政务的文书,"诸细务特免签书"也就意味着不再签署上述政令文书。朝参也从日赴改为五日一赴。

在俄藏黑水城文书中,有一份政和八年二月吏部奏钞,系为武功大夫赵进忠子德诚拟补承节郎事,其中尚书省检查签书的环节,蔡京

---

① 《长编纪事本末》卷一三一《蔡京事迹》,政和六年四月庚寅条,第4123页。

② 同上书,政和六年五月甲午条,第4123页。

③ 元丰以后的奏钞制度大抵仿唐制,"事有成法,则六曹准式具钞,令、仆射、丞检查签书,送门下省画闻"。见陈均《皇朝编年纲目备要》卷二一,元丰五年四月,第505页。唐代的奏钞,参见中村裕一《唐代公文书研究》,第177—183页;刘后滨《唐代中书门下体制研究——公文形态、政务运行与制度变迁》,第89—111页。宋代的奏钞制度研究,见刘江《〈宋西北边境军政文书〉所见荫补拟官文书类型再考释》,氏著《北宋公文形态考述——以地方公文及其运作为中心》,第114—122页。周曲洋《奏钞复用与北宋元丰改制后的三省政务运作》,《文史》2016年第3期,第185—207页。

④ 《长编纪事本末》卷一三一《蔡京事迹》,政和六年八月庚辰条,第4123—4124页。

⑤ 《宋大诏令集》卷七〇《太师京五日一朝次赴都堂治事诸细务特免签书》,第342页。

的名衔下即写着"不书"①。这份文书就是蔡京"不书钞"的实例。另外,《金石萃编》中著录了一份《崇佑观牒》②,这份敕牒的签发时间是政和八年九月十一日,最后的签署是:

> 通议大夫 守 左 丞 王(押)起复少傅太宰(押)少保少宰(押)
>
> 太师鲁国公(不押)

以上按照次序分别是守尚书左丞王黼、太宰兼门下侍郎郑居中、少宰兼中书侍郎余深、太师蔡京。这就是蔡京不押敕牒的例子。

进一步地,宣和元年,蔡京"复自陈乞免三省文书系衔,从之"③,等于闲退。故宣和二年六月蔡京乞致仕时说:"又使间朝五日,疲老余生,遂得休佚;三省职事,许不省治,而恩礼频烦,有加无替。"④这说明,政和七年十一月以后,随着蔡京"诸细务特免签书",他已很少介入三省日常政务运行。

总结蔡京八年"公相"的经历,虽然备极荣宠,但明显可见其职权在几个方面受限。首先是参与最高层决策的频率。所谓几日一朝,就是其参与御前会议的频率,政和二年起为每日入朝,政和六年四月一度改为三日一朝;七年十一月之后降为五日一朝。其参与都堂治事的频率,从政和二年五月开始为三日一至,政和七年十一月之后则降为五日一至。其次,他身为"公相",名义上总治三省,但实际上只限于中书省和尚书省;政和六年、七年之后,又逐步不过问尚书省的日常事务。

因此,在政和、宣和时期的权力结构中,"公相"蔡京是个矛盾的结

---

① 《俄藏黑水城文献》第 6 册,第 212 页。孙继民《俄藏黑水城所出〈宋西北边境军政文书〉整理与研究》,第 95—96 页。孙著将此文书定名为"尚书吏部员外郎张动奏状为武功大夫赵进忠子德诚拟补承节郎事";而据文书的体式,当为元丰改制后的尚书省奏钞,而非奏状,孙著定名有误。见刘江《〈宋西北边境军政文书〉所见荫补拟官文书类型再考释》,第 114—122 页。

② 王昶《金石萃编》卷一四七,《石刻史料新编》第 1 辑第 4 册,第 2724 页。

③ 徐自明著,王瑞来校补《宋宰辅编年录校补》卷一二,宣和二年六月戊寅,第 792 页。

④ 《宋会要辑稿》礼 47 之 14。

合体：他在名号与礼遇上达到了巅峰，但在实际政治运作中处处受制。王朝政治的展开，显然还必须依靠那些普通的宰执，而其人选在当时的权力结构中颇意味深长。

二　"公相"蔡京与三省宰执

（一）何执中

政和二年蔡京复相时，尚书左仆射何执中独相。何自大观三年（1109）六月接替蔡京任左仆射，一直到政和六年四月才致仕罢相。不仅如此，自崇宁四年正月至大观三年六月，何执中已经历任尚书左丞、中书侍郎、门下侍郎了。也就是说，自崇宁四年至政和六年，何执中连任宰执十一年，历观蔡京两度起落，也见证了赵挺之、张商英的沉浮，基本不受权力斗争、政局变化的影响，这是蔡京也无法比拟的。

何执中在哲宗朝任诸王府记室参军、侍讲[1]，故徽宗即位后被视为潜邸旧人。其大观三年左仆射制云："为世名儒，事朕潜藩。"[2]政和六年何执中以太傅致仕，其制又曰："粤祗事于潜邸，旋登庸于揆路。"[3]何执中与徽宗的关系，是其长期屹立于政坛最高层的决定性因素。

何执中与蔡京是什么关系呢？史称其"一意谨事京，（大观）三年，遂代为尚书（左丞）[左仆射]"；后来何执中与张商英并相，"执中恶其出己上，与郑居中合挤之"，由此迎来了蔡京以公相第三度主政；而"执中与蔡京并相，凡营立皆预议，略无所建明"。太学生陈朝老说：

> 陛下知蔡京奸，解其相印，天下之人鼓舞，有若更生。及相执中，中外默然失望。执中虽不敢肆为非法若京之蠹国害民，然碌碌庸质，初无过人。天下败坏至此，如人一身，脏腑受沴已深，岂

---

[1]　《长编》卷四九三，绍圣四年十二月乙酉条，第 11711 页；卷五〇三，元符元年十月癸未条，第 11977 页。

[2]　《宋宰辅编年录校补》卷一二，大观三年六月辛巳，第 752 页。

[3]　同上书，政和六年四月辛未，第 776 页。

　　　　庸庸之医所能起乎?执中夤缘攀附,至位二府,亦已大幸,遽俾之
　　　　经体赞元,是犹以蚊负山,多见其不胜任也。①

以陈朝老之论,作为极得信任的徽宗潜邸旧人,何执中并不被视为蔡
京党羽,他只是忠实拥护蔡京施政路线,在政见上是跟随者,故能与蔡
京合作。

　　(二)郑居中、刘正夫

　　政和六年四月,何执中致仕,蔡京亦以"年逮七十,加之疾病"为
由,"三上章乞致仕"②,此二事不是孤立的。如前所述,徽宗将蔡京入
朝的频率由每日改为三日,并随即令其不赴朝日即不签书敕、札。这
些安排降低了蔡京介入日常政务的程度,接下来徽宗又将郑居中自知
枢密院事升为太宰兼门下侍郎、将刘正夫由中书侍郎升为少宰兼中书
侍郎③。这些说明,徽宗对于何执中之后的权力配置肯定有过深思
熟虑。

　　对于蔡京而言,郑、刘与何执中全然不同。郑居中与宠冠后宫的
郑贵妃、后来的郑皇后曾相互利用,"论为从兄弟";与后宫的关系,使
得郑居中比较容易把握徽宗的趋向,与刘正夫一道促成了蔡京第二次
入相④,自己随即于大观元年闰十月同知枢密院事⑤。但郑居中很快
与蔡京龃龉,却更获徽宗赞赏,于大观三年四月进知枢密院事,正是蔡
京罢相前夕。不过,大观四年十月郑氏被立为皇后⑥,郑居中即罢,其
原因系"皇后郑氏上表,以与居中为同族,不欲使之预政事"⑦。另外,
《宋史·郑居中传》称,蔡京再次罢相之后,"居中自许必得相,而帝觉

---

　　① 《宋史》卷三五一《何执中传》,第11101—11102页。
　　② 《长编纪事本末》卷一三一《蔡京事迹》,政和六年四月庚寅、八月庚辰条,第
4123页。
　　③ 《宋宰辅编年录校补》卷一二,政和六年五月庚子,第777页。
　　④ 《宋史》卷三五一《郑居中传》,第11103页。
　　⑤ 《宋宰辅编年录校补》卷一二,大观元年闰十月丙戌,第743页。
　　⑥ 《宋会要辑稿》后妃1之5。
　　⑦ 《宋宰辅编年录校补》卷一二,大观三年四月癸巳,第745页;大观四年十月丁酉,第
758页。《宋史》卷三五一《郑居中传》,第11104页。

之,不用"。实际上,徽宗已于大观三年四月先任命了"一意谨事京"却又没有主见的何执中为左相,又于四年六月任张商英为右相,试图有所更张。郑居中本来便没有机会。

《宋史·郑居中传》又称,政和三年五月,郑居中再知枢密院,"时京总治三省,益变乱法度。居中每为帝言,帝亦恶京专。寻拜居中少保、太宰,使伺察之"。由此,公相与宰相不再相安无事,而是冲突不断,史载:

> 政和末,蔡京以太师领三省,与宰相郑居中每议论辄不相下。及居中将除母丧,京恐居中复相位,乃收用懋。由是论其父定策功,倾王珪,以沮居中。盖居中王珪婿也。①

按懋即蔡确子,蔡确与王珪同为神宗元丰末年的宰相。郑居中于政和七年八月以母忧罢,又于十一月起复,但最终还是于政和八年九月"乞持余服"②。宣和三年五月,郑居中服除,领枢密院事,而此时蔡京已经致仕了。

除了郑居中,少宰刘正夫也是公相蔡京的掣肘。刘正夫先于大观三年四月除尚书右丞,四年八月又除中书侍郎,一直到政和六年五月除少宰,十二月因病致仕,连续任宰执七年余,也极为难得。刘正夫有助于蔡京再相,但同样于蔡京再入之后,与之不和,在中书侍郎任上时不时反对蔡京的主张,"帝皆为之止,益喜其不与京同,政和六年,擢拜特进、少宰"③。

（三）余深、王黼

刘正夫任相几个月后即因病致仕,少宰的位置空缺了近一年,至政和七年十一月才由余深接任。这一时机颇有深意。因为刘正夫政和六年十二月因病致仕,之后政和七年八月郑居中以母丧罢,于是蔡京之下没有任何宰相在位。在这种情况下,徽宗在政和七年十一

---

①　《宋宰辅编年录校补》卷一三,靖康元年二月癸卯,第 822 页。

②　《宋史》卷二一《徽宗纪三》,第 398、399、401 页。

③　《宋史》卷三五一《刘正夫传》,第 11100 页。

月先令蔡京五日一朝、次赴都堂治事，接着又令郑居中起复，然后才将余深自门下侍郎升任少宰①。究其原因，乃是"（余）深谄附蔡京，结为死党，京奸谋诡计得助多者，深为首"，自大观至宣和，余深与蔡京同进退，其政治生命全系于蔡京②。因此，徽宗先降低了蔡京参与御前会议、三省治事的频率，又起复了郑居中，然后才将余深升任宰相。

余深任相，说明政宣时期的蔡京仍有极大的政治影响力。除了余深外，明确为其党羽的还有薛昂。薛昂自政和三年到八年，相继任尚书右丞、左丞、门下侍郎，"始终附会蔡京，至举家为京讳"③。绍兴时，言者论薛昂"党附蔡京，同恶相济，稔成今日艰危之祸"④。薛昂于政和八年九月罢门下侍郎后，余深就成了宰执中唯一的蔡京"死党"。

宣和元年正月余深升任太宰的同时，王黼任少宰。王黼先后委身何执中、蔡京、郑居中、梁师成，每次投机都非常成功，得以晋身⑤。更重要的是，他还能揣摩徽宗的意思。大观年间张商英主政，王黼就"揣知徽宗之意，数条奏京政事，且劾商英去位"，作为回报，蔡京在政和初再入相后荐之；但随着"郑居中与京不合，而数荐其才，京以黼为叛己"，由此王黼、蔡京也决裂了⑥。王黼最后投靠宦者梁师成，真正确定了其在徽宗心中的地位。蔡條说："吾识黼于未得志时，鲁公独忽之，后常有愧色于吾。黼始因何丞相执中进，后改事郑丞相居中，然黼首恃奥援，父事宦者梁师成，盖已不能遏。"⑦史称：

> 黼特事宦者梁师成为父，与折简必呼之为恩府先生。方上躬揽权纲，故每谓群臣多宰相门人，如黼独首出朕门下。黼每进见，

---

① 《宋史》卷二一《徽宗纪三》，第 399 页。
② 《宋史》卷三五二《余深传》，第 11121—11122 页。
③ 《宋史》卷三五二《薛昂传》，第 11122—11123 页。
④ 李心传《建炎以来系年要录》卷七二，绍兴四年正月癸酉条，第 32 页。
⑤ 徐梦莘《三朝北盟会编》卷三一，靖康元年正月二十四日，第 232 页。
⑥ 王称《东都事略》卷一〇六《王黼传》，第 904 页。
⑦ 蔡條《铁围山丛谈》卷三，第 56 页。

> 上每为前席，论外事动移时，专恃憸险，能先事中意……丁父忧起
> 复，遂除左丞，迁中书侍郎，乃有大用意，时政和八年也……未久
> 拜相，委听愈专。①

正是因为与宦官梁师成的关系，王黼才会被徽宗视为出己门下。当
然，宣和以后王黼极力支持联金灭辽，又独领应奉司为徽宗搜罗钱财，
也是他被徽宗看重的重要原因。宣和二年六月蔡京致仕，十一月余深
罢相，随之而来的就是王黼任太宰，一直独相到宣和六年九月。

以上是对蔡京任公相期间三省宰执人选的梳理。"公相"虽然位
高，但蔡京的政治羽翼逐渐淡出；随着"公相"介入日常政务频率的降
低，宰执中蔡京的亲信愈少、政敌日多。这看起来可理解为"蔡京专权
体制"的动摇、瓦解过程，但必须注意到，无论如何动摇，蔡京仍是不可
或缺的。如果依据林大介的理解，所谓"蔡京专权体制"在崇宁时期成
立后，立即便进入了动摇期。大观、政和、宣和长达十余年的"动摇"，
无疑说明当时的政治并不以清除蔡京及其影响为目的，所谓"动摇"更
应该理解为"调整"：徽宗在寻找一种合适的权力结构，既发挥蔡京的
作用，又限制其权。政宣"公相"制度及宰执配置，都是朝着这一方向
努力的。

蔡京与枢密院的关系，尤其是他在燕云之役中的角色，更说明了
政宣权力结构的特点。

三　从联金灭辽之议看蔡京与枢密院长贰

蔡京与枢密院事务是什么关系？前已提及，公相蔡京主政伊始就
辞免书门下省文字，蔡絛对此的解释是："鲁公惧权重，固辞此任，丐免
书门下省者，以枢密院事皆过门下省，不欲任兵柄故也。"②按枢密院
的录白、画旨要经门下省的省覆，这是元丰改制后的新情况③。不过，
蔡絛所谓蔡京"不欲任兵柄"，明显是在为蔡京开脱——联金灭辽的议

---

① 《三朝北盟会编》卷三一，靖康元年正月二十四日，第 232 页。
② 《长编纪事本末》卷一二五《官制》，政和二年九月癸未，第 3892 页。
③ 《长编》卷三二三，元丰五年二月癸丑条，第 7775 页。

论,正是在蔡京任公相后期出现的。事实上,蔡京虽然不签书门下省文字,但其"死党"余深从政和二年一直到政和七年十一月都是门下侍郎;七年十二月,继为门下侍郎的薛昂也是其党羽;政和八年九月,薛昂罢门下侍郎,而次年正月余深又升任太宰兼门下侍郎。所以,蔡京绝非没有过问门下事务的途径。

　　但即使如此,门下省与枢密院毕竟是两回事。从政和三年五月到政和六年五月,一直是郑居中知枢密院事,而蔡、郑的关系如前所述,蔡京确实没有太多插手的机会。政和六年以后,接替郑居中知枢密院事的是邓洵武,一直到宣和三年正月。邓洵武在建中靖国时进《爱莫助之图》,倡议绍述,认为非相蔡京不可,故史称"洵武阿二蔡尤力,京之败乱天下,祸源自洵武起焉"①。

　　不过,政和六年以后的枢密院,正在发生前所未有的变化,邓洵武虽然知枢密院,但宦官童贯已成为枢密院实际上的掌控者,领枢密院事也取代了知枢密院事成为长官:

> 　　政和初,贯奉使契丹还,益用事,庙谟兵柄皆属焉。遂领六路边事,以太尉为陕西、河(南)[东]、河北宣抚使,迁开府仪同三司,权签书枢密院河西、河北两房事。于是,徽宗曰:"元丰官制,枢密院官置知院、同知院事,其签书院事未尝除授。赵瞻、王岩叟、刘奉世并系元祐差除。今童贯宣抚陕西等路,带行签书,与官制有碍。贯见系仪同,即宰相之任也。可改为权领枢密院事,拜太保、河中节度,迁太傅、封益国公。"②

童贯领六路边事在政和五年二月,宣抚陕西、河北在政和六年正月③,实际上应该是宣抚陕西、河北、河东三路④。《宋史·宰辅表》提到,政和六年十一月,童贯自节度使、开府仪同三司、陕西河东河北宣抚使除

---

① 《宋史》卷三二九《邓洵武传》,第 10601 页。
② 《宋宰辅编年录校补》卷一二,第 773 页。
③ 《宋史》卷二一《徽宗纪三》,第 394、395 页。
④ 《宋会要辑稿》职官 41 之 19。

签书枢密院事①，这个"签书枢密院事"，实际应指上引史料提到的"权
签书枢密院河西、(河北)[北面]两房事"②。到了政和七年三月，终以
童贯为权领枢密院事，十二月领枢密院事③。

　　童贯主掌枢密院以及枢密院制度上的变化，都与当时正在兴起的
联金灭辽之事有关。这就涉及收复燕云的发端与蔡京的作用，蔡京在
其中的角色之变，正是徽宗时期权力结构变化的反映。

　　《三朝北盟会编》开篇叙海上之盟的缘起说：

　　　　先是，政和元年，朝廷差童贯副郑允中奉使，辽人有马植者，
　　潜见童贯于路……(马植)见契丹为女真侵暴，边害益深，盗贼蜂
　　起，知契丹必亡，阴谋归汉，说贯以边事。是时，童贯奉密旨，使觇
　　其国，于是约其来归。植数上书奏，上喜，赐姓李，名良嗣。蔡京、
　　童贯力主之，以图取燕。④

所谓政和元年童贯奉密旨觇国，"北讨之意已形于此"，随即马植南归
云云，基本出自蔡絛《北征纪实》⑤，但这些记载是有问题的。按女真
起兵在天庆四年(1114)九月，而女真人对辽朝的统治造成实质威胁，
应该在天庆五年九月攻陷黄龙府，又于十二月击败天祚帝亲征的援军
之后。因此，既然马植"见契丹为女真侵暴，边害益深，盗贼蜂起"云
云，那么其南归绝不会早于辽天庆五年，即宋政和五年⑥。蔡絛将这些
事情提前到政和元年，只不过是想说，燕云之役在其父任公相前即已
发端，责任不在他。

　　有学者指出，蔡京本来是参与了收复燕云的倡议和谋划，但因为

　　①　《宋史》卷二一二《宰辅表三》，第5523页。
　　②　枢密院北面房改为河北房在南宋绍兴五年(1135)。见《宋史》卷一六二《职官二》，
第3800页；《宋会要辑稿》职官3之40。
　　③　《宋史》卷二一《徽宗纪三》，第397、399页。
　　④　《三朝北盟会编》卷一，第1页。
　　⑤　同上。
　　⑥　参见赵铁寒《宋金海上之盟始末记(一)》(原载《大陆杂志》第25卷第5期)，收入
《大陆杂志史学丛书》第二辑第三册，第248—249页。

和童贯争权，后来又屡屡从中作梗①。不过，蔡京反对燕云之役的记载，主要出自其子蔡絛的《北征纪实》②与《铁围山丛谈》③；其次出自《清波别志》，系引陈公辅转述蔡京门下高揀的陈述④，这些都是为蔡京文饰之辞，实不可信。问题的关键不在蔡京态度的转变，而在于蔡京和童贯在当时的权力结构中处于不同的位置，故在联金灭辽一事上发挥着不同的作用。

政和五年以后，边臣的种种情报传至朝廷，宋廷即开始运作其事，而在初始阶段，蔡京与童贯确实共同主持燕云之役。政和五年马植南归，先以蜡书投雄州，"和诜具其事闻奏，上令太师蔡京、太尉童贯共议可否"，最终是蔡京与童贯联合上奏，主张接纳⑤。政和七年高药师等浮海至登州，"登州守王师中具以奏闻，上命中使押诣蔡京第，令童贯佥议"，二人联名提出了以买马为名，从海上结约女真的策略⑥。至重和二年(1119)正月，女真人遣渤海人李善庆等至京师，"馆于宝相院，上令蔡京、童贯、邓文诰见之议事"⑦。始终是蔡京与童贯共同处理北盟之事，高层决策由蔡、童共同完成。正因如此，邓洵武《家传》述及他屡驳蔡京、童贯二人的燕云之说，草泽安尧臣上疏亦谓"今者中外之人咸谓贯深结蔡京，同纳燕人李良嗣，以为谋主，共唱北伐之议"⑧。《宋史·郑居中传》亦云："朝廷遣使与金约夹攻契丹，复燕云，蔡京、童贯主之。居中力陈不可。"⑨

不过，一旦涉及具体落实，童贯明显发挥着更为实质的作用。政

① 杨小敏《蔡京、蔡卞与北宋晚期政局研究》，第 177—184 页。伊沛霞也有类似的观点，见 *Emperor Huizong*, pp. 523-525。
② 《长编纪事本末》卷一四二《金盟上》，政和七年七月注引，第 4433—4436 页。《建炎以来系年要录》卷一，正月辛卯条注引，第 17—18 页。
③ 《铁围山丛谈》卷二，第 32—33 页。
④ 周煇《清波别志》卷上，第 147—149 页。
⑤ 《三朝北盟会编》卷一引《封氏编年》，第 2 页。
⑥ 《三朝北盟会编》卷一，第 1 页。
⑦ 《三朝北盟会编》卷三，第 16 页。
⑧ 《三朝北盟会编》卷一，第 4 页；卷二，政和八年五月二十七日，第 13 页。
⑨ 《宋史》卷三五一《郑居中传》，第 11104 页。

和七年五月,身为陕西、河东、河北路宣抚使的童贯上言:"今具合用属官六员:内文臣二员充宣抚判官,文武臣二员充参议官,文武臣二员充勾当公事。"①开府置属,独立的宣抚司成立,将负责落实接下来的一切相关事宜。政和七年,高药师受宋廷之命,从海上结约女真,但至彼境后却不敢靠近而回:

> 于是上为赫怒,专下宣抚司,委童贯措置,应元募借官过海人并将校一行并编配远恶。委王师中选有智勇能吏,再与药师过海,体问事宜,通好女真,军前讲买马旧好。降御笔,通好女真事,监司、帅臣并不许干预,如违,并以违御笔论。

最终,童贯与王师中选马政、呼延庆等同高药师去女真军前②。在这个过程中,徽宗始终与童贯及登州守王师中沟通,没有蔡京。

又宣和元年三月,女真使李善庆离京后,宋方遣呼延庆使女真,直到次年二月才回到京师,"王师中遣其子瓛同呼延庆赴阙见童贯议事";三月,又遣赵良嗣、王瓌赴女真议夹攻契丹,系童贯"受密旨"而为之③。正因落实海上之盟的是童贯,所以当他因方腊起义南下时,其事便陷于停顿:

> 先是,女真往来议论,皆主童贯。以赵良嗣上京阿骨打之约,欲便举兵应之,故选西兵宿将会京师。又诏环庆、鄜延军与河北禁军更戍。会方腊叛,贯以西兵讨贼,朝廷罢更戍指挥。登州守臣以童贯未还,留曷鲁等不遣,曷鲁狷忿,屡出馆,欲徒步至京师。寻诏马政、王瓌引之诣阙。

按曷鲁于宣和三年二月至登州,五月至京师,逗留了三个多月,一直在等待童贯回京④。

---

① 《宋会要辑稿》职官41之19-20。
② 《三朝北盟会编》卷一,第3页。
③ 《三朝北盟会编》卷四,宣和二年二月二十六日、三月六日,第25页。童贯受密旨云云,据《长编》,当出自汪藻《金盟本末》,见杨仲良《长编纪事本末》卷一四二,宣和元年正月丁巳条注,第4444页。
④ 《三朝北盟会编》卷五,第32页。

由此可见,在联金灭辽一事上,童贯、蔡京虽共同决策,但落实皆由童贯负责。如前所论,政和七年十一月之后,蔡京五日一朝并至都堂治事,这种参与高层决策的频率,决定了他在燕云之议中参与程度有限且逐渐淡出:

> 初,童贯附蔡京以进,既显,浸与京异,久则抗衡,弗肯下京,京嫉之。及贯兼宣抚河北,遂欲专北事,京愈不堪……于是京罢省细务,五日一朝,贯时领枢密院,遂日出赴朝班。若京是日入,则贯避不复朝,他日则如故。①

童贯专负责北伐具体事务,故其避蔡京而入朝,就日渐将蔡京排挤出了联金灭辽事务。蔡絛也说:“时童贯已大用事,故独主海上通好,密令往来,不复使外廷知矣。”②这是指政和八年时事,虽出于回护其父的目的,但考虑当时童、蔡二人的分工,也是实情:蔡京参与了决策,但最终徽宗将此事交给童贯去施行。

联金灭辽一事,很好地体现了蔡京在政宣时期的政治角色。北伐乃朝廷最为重大的决策,绝非枢密院独自所能处理。蔡京、童贯、郑居中、邓洵武等二府宰执都参与了议论,郑、邓都是反对者;少宰刘正夫于致仕之前也特意论及此事,反对兴兵③。此外,宋辽边境的守臣也不全支持北伐,比如真定府路安抚使洪中孚、中山府路安抚使韩粹彦、保州通判张毘④。徽宗有意完成有宋百年不遂之志⑤,建立不世功业——这也是超越父兄之治的重要方面。但是,仅仅靠徽宗自己与亲信宦官童贯,难以压制反对意见。在这种情况下,蔡京两度为相的经历、强大的政治影响力就显得极为关键。而且,徽宗也需要蔡京的理

---

① 《宰辅编年录校补》卷一二,第 774 页。

② 《长编纪事本末》卷一四二《金盟上》,政和七年七月注引蔡絛《北征纪实》,第 4434 页。

③ 《宋史》卷三五一《刘正夫传》,第 11100 页。

④ 《三朝北盟会编》卷一九,宣和六年九月癸丑引《北征纪实》,第 136—138 页。

⑤ 参见赵铁寒《宋金海上之盟始末记》(一),《大陆杂志史学丛书》第 2 辑第 3 册,第 249—251 页;张天佑《宋金海上联盟的研究》(原刊《中国历史学会史学集刊》第 1 期,1969 年 3 月),收入《宋史研究集》12 辑,第 185—191 页。

财能力,作为燕云之役的支撑①。但另一方面,蔡京的政治能量又是徽宗极为防范的,北伐这种需被赋予极大权力的事务,徽宗不可能放心地交由蔡京处理。因此,一旦北伐方针确立,随着具体事务逐步展开,蔡京也就越来越边缘。

四　徽宗朝权力结构的调整

从上述公相制度以及蔡京与宰执关系看来,政宣时期权力结构的关键是如何安排蔡京的位置。这种安排最后之所以落实于"公相"制度及相应的人事安排,一是基于制度,二是源于徽宗长期的努力。

首先看制度。政和二年九月改官制诏的口号有二:绍述神宗及复古②。绍述之说,是为了将政和官制改革接续神宗元丰改制。而在儒学复兴运动的影响下,复古之说则是北宋中期以来政治上最常见的说辞。神宗以降,这两者常常是一而二、二而一的问题。

但是,"公相"制度更为直接的渊源,还是宋哲宗元祐时期出现的"平章军国(重)事"之制。出于政治路线的冲突,这一点在徽宗朝是不可能明言的。对于"平章军国(重)事"的出现,本书第一章已经有了详细的论述。初期的情况是,"平章军国重事"文彦博六日一至都堂;左相司马光于官邸议事,频率介于一日和三日之间;右相吕公著以下日聚都堂。在这个格局中,文彦博、司马光的地位都超越普通宰相,但其中文彦博的权力仅限于军国要事。司马光去世后,到了元祐三年四月,又以右相吕公著为"同平章军国事",这样就形成了文彦博十日一至(元祐二年四月改),吕公著二日一至,吕大防、范纯仁以下宰执日至都堂这一新的序列;吕公著接替的,其实是司马光的位置。元祐时期的平章军国重事、平章军国事,是女主垂帘的特殊政治环境下出现的,目的就是既发挥文彦博、司马光、吕公著等重臣、元老的"镇安"之用,又不至于影响女主高氏对朝政的掌控。

---

① 《三朝北盟会编》卷一:"朝廷既有意于燕云,而蔡京为国兴利,以备兵兴支用。"(第3页)

② 《宋会要辑稿》职官56之33。

"公相"同样是所谓"宰相之上复有贵官",但在马端临看来,此制"文、吕以硕德老臣为之宜也",蔡京则是"卑宰相而不屑为,而必求加于相"①。实际上,早在宣和七年即有言者论"公相"之制"特出于大臣自营专权之私耳"②。当代的研究者也继承了这些观点。然而,如本节所述,"公相"位宰相之上只不过是问题的表象。制度变化必须结合政治形势的变化理解。政和年间,宰相之上有贵官之制再度出现,与徽宗登基以来十几年的政局演变有关:如何在委任蔡京的同时又遏制其不断膨胀的权势。

蔡京最大的成就是理财。他采用种种财政手段,力推弱外以实内的财赋分配政策,大大增加了中央财政收入及御前钱物数量。虽然没有这时期总岁入的数据③,但政和五、六年,正是蔡京任公相期间,京师榷货务盐课收入达到四千万贯,系有宋以来的最高数字④。有了财政收入的基础,徽宗才有可能推行宗室、学校、慈善、礼乐方面的政策,乃至收复燕云。徽宗之政,始于绍述父兄,也必然试图超越父兄之治、自我作古,但没有蔡京搜刮财赋及文饰太平的能力,一切都无从谈起。因此,巨额的财政收入与巨额的财政支出并存,是徽宗朝施政的基本特点⑤。蔡京屡罢屡起,直接说明他对于徽宗之政是不可或缺的。宣和二年蔡京的离开,一方面是因为其年老,另一方面也是因为有了王黼来取代蔡京,成立应奉司、经制司开辟新的利源(此见下一章详论),支持燕云之役,深得徽宗之心。

但蔡京在为自己赢得稳定政治地位、积累庞大政治势力的同时,其权力的膨胀逐渐成为徽宗不得不面对的问题。崇宁五年蔡京第一次罢相时,即有"今内外皆已为大臣之党"的议论⑥,徽宗本人也有类

---

① 马端临《文献通考》卷四九《职官考三》,第 1413 页。

② 《宋宰辅编年录校补》卷一二,第 811 页。

③ 南宋叶适有五千万一说,参见郭正忠《两宋城乡商品货币经济考略》,第 349 页。

④ 汪圣铎《两宋财政史》,第 88—102、700—702 页。

⑤ John Chaffee, "Huizong, Cai Jing, and the Politics of Reform," *Emperor Huizong and Late Northern Song China: The Politics of Culture and the Culture of Politics*, pp. 57-59.

⑥ 《宋宰辅编年录校补》卷一一,第 717 页。

似的不满①。当时其罢相的直接理由是天变,但背后是大量臣僚弹劾蔡京,其中就有太庙斋郎方轸的猛烈抨击:

> 睥睨社稷,内怀不道。效王莽自立为司空,效曹操自立为魏国公。视祖宗神灵为无物,玩陛下不啻若婴儿。专以绍述熙丰之说为自谋之计,上以不孝劫持人主,下以谤讪诋诬恐吓天下。威震人主,祸移生灵,风声气焰,中外畏之。②

史称"崇宁五年,上书观望者五百余人,禁中悉以焚毁"③。没有徽宗的许可,不可能出现如此多、如此严厉的对首相蔡京的批评。

大观元年蔡京复出,徽宗竟然颇有深意地将方轸的奏疏给蔡京看,蔡京阅后上札子云:

> 臣读之骇汗,若无所容。臣以愚陋,备位宰司,不能镇伏纪纲,讫无毫发报称,徒致奸言,干浼圣听。且人臣有将必诛之刑,告言不实,有反坐之法。臣若有是事,死不敢辞。臣若无是事,方轸之言不可不辩。伏望圣慈付之有司,推究事实,不可不问。④

徽宗给蔡京看的肯定不止方轸一疏,崇宁五年"上书观望"的五百余人中,"内二十人情重,令择其尤甚者李景直、曾纵、黄宰、方轸四人,诏景直除名编管新州,纵依前断,轸、宰以他罪鞫治未竟,轸寻编管岭南"⑤。在蔡京再相后提起这些"尤甚者",无疑是对蔡京的敲打。

大观三年六月,蔡京的第二次罢相同样由天变引发:

> (郭天信)见蔡京乱国,每托天文以撼之,且云:"日中有黑子。"帝甚惧。言之不已,京由是黜。⑥

---

① 参见杨小敏《蔡京、蔡卞与北宋晚期政局研究》,第 138 页。
② 《宋宰辅编年录校补》卷一一,第 723—724 页。
③ 《皇朝编年纲目备要》卷二七,大观元年九月,第 692 页。
④ 王明清《挥麈后录》卷三,第 112 页。
⑤ 《皇朝编年纲目备要》卷二七,大观元年九月,第 692—693 页。
⑥ 《宋史》卷四六二《郭天信传》,第 13525 页。

按：“日中有黑子、黑气、黑云，乍三乍五，臣废其主。”①而当时批评蔡京的刘安上、石公弼、毛注、陈朝老、何昌言诸人，都是以蔡京位高权重、擅作威福、党羽盘踞为言②，此景与崇宁五年非常类似。大观三年十一月，蔡京又被勒令守太师致仕；大观四年五月又有彗见，蔡京进一步降授太子太保、依旧致仕③。其降授太子太保致仕制曰：“擅作威福，妄兴事功……聚引凶邪，合成死党……屡有告陈之迹，每连狂悖之嫌。”④

蔡京的前两次起落说明，徽宗需要蔡京的理财能力并利用他推进新政，也需要蔡京替他承担种种批评；同时，他也忧虑蔡京的政治能量及盘根错节的政治势力。但在崇宁、大观时期，徽宗之于蔡京，要么委任，要么罢相，没有两全其美的办法。

政和二年，蔡京再度复出，贾志扬（John Chaffee）认为，张商英贬谪之后，在朝的蔡京主要政敌已被排挤一空，所以蔡京的复出只是时间问题⑤。但如本节所论，政和二年蔡京再次复出后，局面与崇观时期大不同，徽宗找到了既使用又限制蔡京的方式，这是政宣“公相”体制下权力结构的特点。

对于政宣时期权力结构的变化，蔡京有着很直接的感受。这从蔡絛的一些叙述可以看出来。蔡絛在《铁围山丛谈》中数次谈到了政和年间徽宗所谓“自揽权纲”之举。如“政和初，上始躬揽权纲，不欲付诸大臣，因述艺祖故事，御马亲巡大内诸司务”；或“政和四年，太上始自揽权纲，不欲付诸臣下，因踵艺祖故事，检察内诸司”云云⑥。蔡絛又云：

---

① 《晋书》卷一二《天文志中》，第 317 页。

② 刘安上《给事集》卷一《论蔡京》《再论蔡京》，《景印文渊阁四库全书》第 1124 册，第 9—10 页；《宋宰辅编年录校补》卷一二，大观三年六月丁丑条，第 747—750 页。

③ 《长编纪事本末》卷一三一《蔡京事迹》，大观三年十一月己巳条，第 4116 页；大观四年五月甲子条，第 4118 页。关于徽宗朝的天象与政治，参见韦兵《异常天象与徽宗朝政治：权力博弈中的皇帝、权臣与占星术士》，《国学研究》第 28 卷，2011 年。

④ 《宋宰辅编年录校补》卷一二，大观三年六月丁丑条，第 749 页。

⑤ John Chaffee, "Huizong, Cai Jing, and the Politics of Reform," p. 52.

⑥ 《铁围山丛谈》卷六，第 18、97 页。

> 及政和三四年，由上自揽权纲，政归九重，而后皆以御笔从
> 事，于是宦者乃出，无复自顾藉……政和末，遂浸领枢筦，擅武柄，
> 主庙算，而梁师成者则坐筹帷幄，其事任类古辅政者。一时宰相
> 执政，悉出其门，如中书、门下徒奉行文书。①

这里提到了御笔与宦者。御笔并非始于政和三四年，但徽宗朝关于御
笔的禁令是逐渐加强的，政和三年确实是个重要的时间点："凡应承受
御笔官府，稽滞一时杖一百，一日徒二年，二日加一等，罪止流三千里，
三日以大不恭论。"②即增加了御笔违限的禁令。而林大介也指出，
"蔡京专权体制"的最终崩坏，与政和以降获得徽宗信赖的宦官、宠信
势力的抬头有直接的关系③。

蔡絛还说：

> 自建储后，君臣多间，伯氏因背驰而大生异，吾遂得罪几死，
> 于是鲁公束手，有明哲之叹矣。盖自七十岁至八十，徒旦夜流涕
> 不已。④

按徽宗建储在政和五年二月⑤。所谓"伯氏因背驰而大生异，吾遂得
罪几死"，则是指蔡京与蔡攸父子反目，以至攸、絛兄弟相残⑥。蔡絛
谓"吾遂得罪几死"，系重和元年之事，他在《诉神文》中说："臣举家兄
弟诸侄皆投名请受《神霄秘箓》，独臣不愿受，于是九重始大怒。"全赖
蔡京入宫拜恳，遂得不死⑦。蔡京卒于靖康元年（1126），所谓"自七十
岁至八十"，其实就是政和六年以后。

---

① 《铁围山丛谈》卷六，第109—110页。
② 《宋史》卷二〇〇《刑法二》，第4991页。系年据陈均《皇朝编年纲目备要》卷二七，大观三年五月，第696页。
③ 林大介《蔡京とその政治集团——宋代の皇帝・宰相关系理解のための一考察》，第15—17页。
④ 《铁围山丛谈》卷二，第28页。
⑤ 《宋史》卷二三《钦宗纪》，第421页。
⑥ 《宋史》卷四七二《蔡攸传》，第13731页。
⑦ 《长编纪事本末》卷一三一《蔡京事迹》，重和元年十一月戊申条注，第4126—4127页。按徽宗亲御宝篆宫传度《玉清神霄秘箓》在同年十月，见《长编纪事本末》卷一二七《道学》，重和元年十月癸卯条，第3948页。

　　徽宗朝担任过公相的还有王黼。宣和五年五月,王黼因收复燕云加太傅,由此成为蔡京之后的第二任公相①。自宣和二年十一月至宣和六年九月,王黼长期独相,故他加太傅总三省事应该只是名号上的改变,实际责权未变,也未形成如蔡京任公相时的权力格局。但宣和六年九月,据说因为徽宗觉察到王黼与梁师成交结之状,故拔用白时中、李邦彦为太宰、少宰,以分其权②,虽然十一月王黼即致仕,但这最后两个月中的权力格局,与蔡京在位时非常类似。这说明,徽宗已将"公相"加普通宰执的体制,作为其权力分配的一种常规手段。宣和六年十二月,本已致仕的蔡京又落致仕,以太师、鲁国公领三省事,五日一赴都堂治事。但这个时候的他老疾目盲,不能挽狂澜于既倒,次年四月复致仕,且最终下诏"三公止系阶官,更不总领三省"③,公相之制由此终结。

　　五　本节结语

　　蔡京的任用一直是徽宗的一个难题,该难题在政宣时代终于得以解决:一方面是蔡京自宰相而成为"公相",被置于政治制度的顶端,在政治路线、重大决策中仍发挥举足轻重的作用;另一方面,又通过治事频率、宰执配置等安排,精确、有效地控制了其权势,避免了崇宁、大观时期一再上演的"弄权"问题。

　　君主如何实现对权力的实际操控,这是王朝政治史研究中一个乏味却难以回避的问题。除了权力象征外,君主的手段无非制度与人事两方面。在制度上,主要是中枢权力如何分割,宋史研究者常提到的二府制、三省制,皆指在同一层级进行以事任或程序的分工。就人事而言,研究者常用"异论相搅"来描述某些人事安排。政宣权力格局的基本精神也是上述两个方面。

　　但是,在政宣"公相"以及元祐"平章军国（重）事"制度中,北宋晚

---

① 《皇朝编年纲目备要》卷二九,宣和五年五月,第749页。
② 《皇朝编年纲目备要》卷二九,宣和六年九月,第755页。
③ 《宋宰辅编年录校补》卷一二,宣和七年四月庚申,第809—811页。

期的权力分割不再限于同一层次,而是致力于建设一种有差等的中枢格局:越往上的层级,所处理的事务范围、参与决策的频率越受限制;可谓地位越高,权力越有明确的边界。在这种格局下,"异论相搅"也主要存在于不同的差等之间,特别是宰相之上的"贵官"与普通宰相之间。这与通常理解中的越往上权力越集中有一定的差异。这是徽宗朝的统治方式上一个比较有趣的特点。

进一步地,是否能认为徽宗是一个"独裁"君主,或者这时期"皇权"高涨呢?这个问题永远存在争议,但需要厘清的是,公相制度(以及平章军国重事、平章军国事之制)和相应的人事安排,都是君主操控权力的一种技术手段。首先,这种手段并非以拓展君主自身所能处理的事务为取向,而是如上所述,其目的是在中枢进行更有层次的权力分配。其次,既然是技术手段,就永远充满不确定性,是多变的。无论是平章军国(重)事还是公相制度,其成长、变化与死亡,尽管可能是在一些高度概念化的口号下进行的,但实际是政局变动的结果。从这个角度来说,与权力配置相关的技术手段是不稳定的,随时有可能变化,无法反映"皇权"起落的某种固定趋势。

"公相"制度的展开,实际是徽宗朝权力结构变化的一个方面——而且是一个比较技术层次的问题。下一节将要探讨的是御笔、御笔手诏的全面流行,这是一个相对象征性的层次。

第二节　御笔、御笔手诏及其政治意义

御笔、御笔手诏在徽宗朝非常流行,学界对其多有讨论。在具体分析之前,也许应该简单谈一谈一般的君主命令颁行方式。

在帝制时代,皇帝之意与朝廷之令常有着不可避免,甚至有意为之的混淆。不过,至少在唐宋时期,皇帝本人的批示与以其名义发布的正式命令之间,还是有着明显区分。以皇帝名义而下的命令,隋唐称"王言之制",宋代还有"命令之体"的称谓,这都是指正式的诏令文书。而据中村裕一的研究,隋唐的口敕、口诏、御札、宣这些在唐代经

常出现却细节不详的文书,则属于"私的王言",有别于正式的"王言之制"(公的王言)①。这种公、私之分,在宋代虽有所不同(如"御札"是七种"命令之体"之一,"布告大号令则用之")②,但却比唐代更加分明。一般而言,宋代皇帝的意志,在最初并非正式的命令,而是要先批示给宰相机构或学士院,然后才以正式的"命令之体"行下。在这一过程中,命令经历了由"私"向"公"的转化。

在这一背景下,徽宗朝大量出现的以御笔、御笔手诏为名的文书,其属性就非常暧昧。有学者认为,宋代御笔是诏令的一种,但与普通诏令不同,它由皇帝直接行下,不容商量,是专制君权极度膨胀、权佞得幸的结果③。也有学者认为,御笔手诏是宋代正常的权力制约机制被破坏的结果,是未经政府审议监督的、不合法的诏令④。或认为它是对宋代旧有文书体系、权力制约体系的突破,开了皇帝直接指挥六部以下行政机关的先河⑤。亦有学者将御笔或御笔手诏与宋代史料中出现的御札、御批、手书、手诏、手札、内批、内降、上批归为一类,称为"御前文字",认为它们是"来自于皇帝个人的文书",相当于"私的王言"⑥。无论如何,学者们都承认,御笔或御笔手诏是皇帝"私意"对朝廷"公令"的侵害。

对御笔、御笔手诏等命令方式的批评在徽宗当时即有,徽宗退位以后更甚,现代学者对它们的分析、批判,很大程度也源于此。不过,对于御笔、御笔手诏的实际体式,则罕有人问津。因此,本节首先要探

①　中村裕一《隋唐王言の研究》,第 273—300 页。

②　根据北宋元丰以后的材料,所谓"命令之体"有七种:册书、制书、诰命、诏书、敕书、御札、敕榜。见《皇朝编年纲目备要》卷二一,元丰五年四月,第 504 页;《文献通考》卷五一《职官考五·中书省》,第 1456 页;《宋史》卷一六一《职官一·中书省》,第 3783 页;《宋会要辑稿》职官 3 之 3 引《神宗正史·职官志》。

③　王育济《论北宋末年的"御笔行事"》,《山东大学学报》1987 年第 1 期,第 54—58 页。杨小敏《蔡京、蔡卞与北宋晚期政局研究》,第 357—362 页。

④　杨世利《论北宋诏令中的内降、手诏、御笔手诏》,《中州学刊》2007 年第 6 期,第 186—188 页。

⑤　德永洋介《宋代の御笔手诏》,《东洋史研究》第 57 卷第 3 号,1998 年 12 月,第 402—419 页。

⑥　丁义珏《宋代的御前文字》,北京大学历史学系硕士学位论文,2009 年,第 9—27 页。

讨最为基本的问题:御笔或御笔手诏,到底是些什么样的文书? 它们与宋代既有的文书体系有什么关系? 在此基础上,本节将分析其在徽宗朝政治中的意义,尤其是:作为一个在政治上"新政"迭出的时代,北宋徽宗朝如何在"以文书御天下"方面呈现自身统治方式的独特性?

一　御笔与内批

御笔、御笔手诏这些说法,其实包括了三个相关的概念——御笔、手诏、御笔手诏。它们之间是什么关系?

首先看御笔。宋仁宗朝蔡襄云:"其御笔二字,前代碑文少有称者,只是臣下不敢直言至尊,故云'御'。"①南宋前期的吴曾则说:"天子亲札,谓之御笔。"②"御笔"的字面意思无疑即皇帝亲笔,正如蔡京季子蔡絛所云:"崇宁有亲笔,乃称御笔。"③因此,就字面而言,"御笔"主要是一个修饰用语,并非特定的文书形式。

在这种情况下,"御笔"二字可以和各种文书名目组合使用,如南宋高宗建炎二年(1128)四月,福建路提刑司言:

> 靖康元年以前所降御笔手诏、或御批手诏、或御笔、或手诏、或御宝批、或御笔依奏、或御宝批依奏、或御笔依拟定之类,未审合与不合亦同御笔手诏引见行条法。④

这里就提到了御笔手诏、御笔、御笔依奏、御笔依拟定这些名目。这种"御笔某"的组合,即可省称为"御笔"或"某",如宣和七年六月,臣僚上言:

> 恭览宣和六年二月二十八日奉御笔手诏……诏旨风动,群情翕然……若不少加裁正,臣恐前日手诏遂为虚文……伏愿陛下执

① 蔡襄《蔡襄集》卷二六《看详奉神述札子》,第451页。
② 吴曾《能改斋漫录》卷二《御笔》,第26页。
③ 岳珂《宝真斋法书赞》卷二《历代帝王法帖·徽宗皇帝诸阁支降御笔》引蔡絛《国史后补》,《景印文渊阁四库全书》第813册,第579页。
④ 《宋会要辑稿》刑法1之33。

> 此之令,坚若金石;行此之令,信如四时,申命有司,检会前项诏
> 旨,凡所该载事件毕举而行之……职在弹纠,惟知遵奉陛下御笔
> 丁宁之意。①

这一上言中,诏旨、手诏、御笔都是指宣和六年二月二十八日颁下的
"御笔手诏"。

不过,前引建炎二年福建路提刑司的上言也说明,徽宗朝的"御
笔"也会被视为一种特定的文书类别,与御笔手诏并列。又如政和七
年起居郎李弥大奏云:"惟王言之大,莫如手诏及御笔……欲乞今后官
司承御笔等并行关报,逐日修入。"②这就将御笔与手诏区别为不同的
"王言"。

那么,作为一种特定文书的"御笔"是什么呢? 南宋李心传说:
"祖宗时,禁中处分事付外者,谓之内批;崇观后,谓之御笔。其后,或
以内夫人代之。"③即李心传认为,徽宗朝的"御笔"就是之前的"内
批"。所谓内批,就是指从禁中以皇帝的名义批出的指挥。蔡絛在其
《国史后补》中也说:

> 内降自祖宗来有之,但作圣旨行下。崇宁有亲笔,乃称御笔。
> 大观四年夏,始诏违御笔以违制论。④

"内降"的含义较为宽泛,不过根据蔡絛所云"作圣旨行下"可知,这
里的"内降"即指内批。"作圣旨行下"的意思,即内批指挥降出后,
会以札子(中书札子、枢密院札子,前者元丰后为尚书省札子)的形
式颁下施行,这些札子中有"奉圣旨"这样的固定用语⑤。结合李心
传与蔡絛二人的叙述,可以认定徽宗朝的"御笔"其实是之前"内批"
的变种。

---

① 《宋会要辑稿》职官 3 之 11—12。
② 《宋会要辑稿》职官 2 之 16。
③ 李心传《建炎以来朝野杂记》乙集卷一一《故事·亲笔与御笔内批不同》,第 671 页。
④ 《宝真斋法书赞》卷二《历代帝王帖·徽宗皇帝诸阁支降御笔》,第 579 页。
⑤ 张祎《制诏敕札与北宋的政令颁行》,第 144—146 页。李全德《从堂帖到省札——
略论唐宋时期宰相处理政务文书之演变》,《北京大学学报》2012 年第 2 期,第 112 页。

确实，在徽宗朝御笔之名出现后，二府札子中就有了"奉御笔"字样，取代了原来的"奉圣旨"。今宁波鄞州区有一通题为"省降御笔"的碑刻，收录了政和七、八年间明州收到的几件尚书省札子，皆是"准尚书省札子，奉御笔云云"的格式①。又如宣和元年十一月，王安中除尚书右丞，他在辞免札子中说："臣今月二十七日准尚书省札子，奉御笔，除臣尚书右丞。"②这两例是省札。

枢密院札子也是如此，宣和四年三月，真定府路安抚使赵遹奏："臣近准本月十三日枢密院札子，奉御笔：虏界为女真所侵，兵势瓦解……"③此外，俄藏黑水城所出宋代军政文书中，有一份系宣和末某年保安军牒第七将，其保安军牒又准鄜延路经略司牒，经略司牒又准枢密院札子，相关部分录文如下：

8 [施]行。伏乞早降处分。右奉

9 御笔依所乞。今札付鄜延路经略司 [施]

10 行。仍关牒合属去处，请一依

11 御笔处分，疾速施行。……④

显然，牒文所据的枢密院札子乃"奉御笔"而下。

徽宗朝二府札子中"奉御笔"往往取代"奉圣旨"而出现，不但说明了"内批"与"御笔"的继承关系，也说明内批、御笔在行下方式上一脉相承。宣和四年八月二十日，少师、太宰王黼言：

（枢密院）若缘恭奉御笔，或事干急速，合即施行，不当更录送门下省。即不特非元丰条制，（令）[今]中书省被奉御笔及急速

① 章国庆编著《宁波历代碑碣墓志汇编》，第128页。
② 王安中《初寮集》卷三《辞免右丞札子》，《景印文渊阁四库全书》第1127册，第46页。
③ 《三朝北盟会编》卷五，宣和四年三月十七日，第34页。
④ 陈瑞青《从俄藏黑水城文献看宋代公文的贴黄制度》，《中华文史论丛》2007年第2辑，第347页。孙继民《俄藏黑水城所出〈宋西北边境军政文书〉整理与研究》，第29—30页。图版见《俄藏黑水城文献》第6册，第179页。

文字,皆行录黄,送门下省审省覆奏。内急速不可待画者,止许先
次报行。①

王黼此奏的本意在强调枢密院文字亦需经门下省然后行出,但"中书
省被奉御笔及急速文字,皆行录黄,送门下省审省覆奏"一语说明,徽
宗朝"御笔"仍沿袭着之前"内批"固有的流程,在行下方式上无本质
改变。

因此,学界通常认为的"御笔"就是越过二府的"非法"命令,实是
一个误解。钦宗朝余应求说:"臣伏睹近年以来,凡有中旨,皆降御笔
施行,期限严促,稍有稽违,置以不恭之罪。三省、有司奉行不暇,虽有
违戾法宪、前后重复者,不敢执奏。或被受即行,不申三省。"②余应求
这段话说明,"御笔"既有经三省的,亦有"不复关三省"而直接付给有
司的。这一特点,正是它从"内批"继承而来的。在崇宁以前,"内批"
有时越过宰执而直付有司、臣僚,对这种命令方式的批评,自仁宗朝以
降便成为士大夫议论不绝的话题③。在士大夫的政治理念下,皇帝之
令必须经宰执机构付出,公私转换是必要的过程。但"帝制"下的实际
政务运行中,皇帝直接指挥有司、官员是不可避免的。这两者之间的
紧张,在北宋中期以后一直存在,但大体平衡。对徽宗朝"御笔"越过
二府的现象,必须从它与"内批"的关系上理解,方能得到合理的解释,
决不能认为凡"御笔"即不经二府的皇帝命令。

最后总结一下徽宗朝的"御笔":它有两种含义,一是皇帝亲笔之
意;二是一种特定的文书,即内批,是从禁中以皇帝的名义批出的
指挥。

---

① 《宋会要辑稿》职官 1 之 39。
② 余应求《上钦宗论御笔中旨》,收入赵汝愚编《宋朝诸臣奏议》卷二三,第 233 页。
③ 参见赵汝愚编《宋朝诸臣奏议》卷二三《诏令下·内降》,第 222—234 页。关于内批
制度的简要讨论,见丁义珏《论北宋仁宗朝的"内降"——制度、政治与叙事》,《汉学研究》第
30 卷第 4 期,2012 年 12 月,第 67—70 页。作者在文中也指出,仁宗朝的"内降"问题其实是
臣僚间政争的反映,不是纯粹的制度问题。

二 手诏

御笔手诏还涉及"手诏"的概念。中村裕一将唐代"手诏"归入"惯用的王言"中,即在关于"王言之制"的专门记载中不见其名,实际上却经常使用;他认为,手诏反映了皇帝特别的想法,令他人起草,以诏书、慰劳敕书的形式行下,有时称"优诏"[1]。"手诏"在宋代也很常见,在关于宋代"命令之体"的诸记载中,也没有专门提到手诏。张祎认为,宋代出现了和用于"大号令"的"御札"不同的"御前札子",其标志之一就是有着"付某"形式;而因为"不允手诏"就是这种形式,所以"手诏"有时即为这种"御前札子";而对于"御前札子"的性质,作者强调其有着皇帝亲笔的标志,区别于一般诏敕[2],似对应着中村裕一所谓"私的王言",有非正式的意味。

南宋赵升说,手诏"或非常典,或示笃意,及不用四六句者也"[3]。诏,在汉唐都是皇帝命令文书的总称,而非单独的一种文书[4]。宋代的诏,在文体上既可以用四六文,也可以用散文[5]。揣摩赵升的解释,"手诏"应是不用四六句的一种"诏":用于政事上的"非常典",或用于表示对臣僚的"笃意"。

不过这样还不足以清楚地说明"手诏"的性质,在曾任词臣的宋人文集中,存留有不少"手诏",它们的归类明确显示了这种文字的性质(见表二)。从这些文集,特别是王珪《华阳集》和苏辙《栾城后集》的编排来看,"手诏"的确就是"诏"的一种,属于翰林学士所草内制。钱若水在太宗朝为翰林学士,"时方隅未宁,边候屡警,在于内署,实司密命。每天子临便坐、决章奏,军书手诏,急于星火,斧扆之侧,授简立

---

[1] 中村裕一《隋唐王言の研究》,第321—329页。

[2] 张祎《制诏敕札与北宋的政令颁行》,第54—59页。

[3] 赵升《朝野类要》卷四《文书·手诏》,第83页。

[4] 汪桂海《汉代官文书制度》,第32—34页。王溥《唐会要》卷五四《中书省》,第1086页。

[5] 王应麟《玉海》卷二〇二《辞学指南·诏》,第3699页。

成,曲尽事机,不加点窜,秉笔者推之"①。如此就能理解为什么关于宋代"命令之体"的记载中没有"手诏"的名目,因为它是"诏"的一种。

表　二

出　处	手　诏	所属类别
宋祁《景文集》卷三二	赐章得象让职第三表不允断来章手诏	内制
苏颂《苏魏公文集》卷二三	赐文彦博辞免两镇恩命不允手诏 不许手诏	内制
王珪《华阳集》卷一八	赐宰臣富弼乞退不允手诏 赐宰臣韩琦不赴文德殿立班待罪不允手诏 赐宰臣曾公亮不赴文德殿立班待罪不允手诏 赐宰臣曾公亮已下议宗室封爵不当待罪特放手诏	制词/诏
《华阳集》卷二一	赐宰臣韩琦免恩命不允手诏 赐枢密使文彦博免恩命不允手诏 赐宰臣富弼乞外任不允手诏	
《华阳集》卷二二	赐判大名府韩琦便宜从事手诏 赐宰臣富弼乞解机政不允手诏	
《司马光集》卷五六	赐文彦博乞退不允手诏 赐枢密使守司空兼侍中文彦博不允手诏	制诏
欧阳修《内制集》卷四	赐充国公主陈让恩命不允手诏	内制
《内制集》卷八	赐宰臣富弼乞退不允手诏	
《苏轼文集》卷四〇	太皇太后赐门下手诏二首	内制诏敕
苏辙《栾城集》卷三三	太皇太后明堂礼成罢贺赐门下手诏	北门书诏/诏敕
《栾城后集》卷一四	改园陵为山陵手诏	诏
《栾城后集》卷一五	拟合祭天地手诏	

---

① 杨亿《武夷新集》卷九《钱公墓志铭》,《景印文渊阁四库全书》第1086册,第461页。

由于"手诏"是"诏"的一种,故手诏常被省称为诏。如表中苏轼所拟《太皇太后赐门下手诏二首》,在收入《宋大诏令集》时,一作《太后令褒崇皇太妃诏》,一作《太皇太后减圣节大礼生辰亲属恩泽诏》①。又如文彦博集中,收有皇祐元年(1049)任宰相时仁宗所赐手诏一道②,《宋朝诸臣奏议》在收入文彦博等人的《上仁宗答诏论星变》前,也录有这份手诏全文,不过已被省称为"诏",而文彦博等人的上奏则尊称其为"圣诏"③。

再如神宗熙宁八年(1075)十月彗星现,神宗先是手诏赐王安石等,李焘《长编》在收录此手诏后,接着说:"遂诏中外臣僚直言朝政阙失。"④虽然李焘称"诏"中外臣僚,但其实是一份手诏,《宋朝诸臣奏议》所收富弼《上神宗答诏论彗星》前,就附有此诏全文,内容与赐王安石等人的手诏相同,只是结尾不同。富弼在上奏中明确说:"又闻别降手诏,许中外臣僚直言朝政阙失。"⑤可见,神宗因为彗星事两下手诏,一是给王安石等"在廷之臣",另一份则给所有"中外臣僚"。

此外,苏辙记《太皇太后明堂礼成罢贺赐门下手诏》的制作过程云:

> 元祐四年,上再享明堂,三省以章献皇后故事,将俟礼毕,百官班贺于会庆殿。具仪注取旨,太皇太后宣谕曰……群臣称叹,以为不可及,请降手诏,明示中外。辙时在翰林,请至都堂宣圣旨,撰诏曰:"皇帝临御,海内晏然……"⑥

文中手诏、诏通用。再如政和元年五月《公私当十钱改当三诏》⑦,实

---

① 《宋大诏令集》卷一七,第85页;卷一一,第53页。
② 文彦博《潞公文集》卷一六《仁宗皇帝赐手诏》,《景印文渊阁四库全书》第1100册,第682页。
③ 《宋朝诸臣奏议》卷四○,第404页。
④ 《长编》卷二六九,熙宁八年十月戊戌条,第6597页。
⑤ 《宋朝诸臣奏议》卷四二,第437页。
⑥ 苏辙《龙川略志》卷六《享祀明堂礼毕更不受贺》,第32页。
⑦ 《宋大诏令集》卷一八四,第669页。

际也是一份"手诏"①。

诏书的形式本来就不固定，手诏的形式相应地也很多变。前面已经提到，常见的"不允手诏"，一般都以"付某"结尾。其实不仅"不允手诏"如此，凡有特定赐予对象的"手诏"，都是这样的形式。如《赐宰臣曾公亮已下议宗室封爵不当待罪特放手诏》，末云："所待罪特放。付公亮已下。"②再如《赐判大名府韩琦便宜从事手诏》，最后是："付韩琦。"③"付某某"字样，意为特别针对某人，应该就属于赵升所说的"示笃意"。

但是，所谓"诏告百官……诏者，告也"④，除了这些有特定付授对象的手诏外，大量的手诏都不是针对特定数人的，因此就没有"付某某"字样，而是用一般诏书用语。如前述皇祐元年仁宗赐宰执手诏，末云："咨尔股肱，咸体予意。"再如苏轼《太后令褒崇皇太妃诏》及苏辙《太皇太后明堂礼成罢贺赐门下手诏》末皆云："故兹诏示，想宜知悉。"⑤前述政和《公私当十钱改当三诏》，末句则云"咨尔中外，咸体朕怀"。这些都是诏书常用的结尾。宋代皇帝在遇到军国大事、灾异的时候，手诏访问臣僚的例子很多，这大概就属于赵升所说的"非常典"。

手诏作为"或非常典，或示笃意"的诏书，其性质与"内批"自然有很大的区别。内批乃自禁中批出，是皇帝或者其身边的内夫人、宦官代笔，它其实是朝廷命令形成之前的一个环节。相比之下，"手诏"则是一种规格较高的诏，是重要的"命令之体"。虽然二者在字面上都有皇帝亲笔书写的意思，容易令人混淆，但其性质上的区分还是清晰可辨的。

如宋仁宗嘉祐七年（1062）二月，学士院言：

---

① 《长编纪事本末》卷一三六《当十钱》，政和元年五月戊辰条，第4273—4274页。
② 王珪《华阳集》卷一八，《景印文渊阁四库全书》第1093册，第132页。
③ 《华阳集》卷二二，第162页。
④ 刘勰著，王利器校笺《文心雕龙校证》卷四《诏策第十九》，第134页。
⑤ 苏辙《栾城集》卷三三《太皇太后明堂礼成罢贺赐门下手诏》，第572页。

> 臣僚上奏并札子陈请事,唯宰臣、亲王、枢密使方降手诏、手书,自参知政事、枢密副使已下即无体例。去年三月,因枢密副使陈升之请郡,内批令降不允手诏,当直学士胡宿亦曾论奏,以手诏体重,乞只降不允诏,而不从其请。窃缘近禁动成故事,恐成例隳废典故。乞自今除宰(执)[臣]、亲王、枢密使有所陈请事依例或降手诏、手书,自余臣僚更不降手书、手诏,许从本院执奏。①

这段材料说明:一、"手诏"较一般之诏更为体重;二、明确凸显了"内批"与"手诏"的区分。皇帝批示学士院降不允手诏,这是"内批";学士根据皇帝"内批"之意,拟成"手诏"颁降。手诏一般由词臣拟定,唐代便是如此②。总之,内批不是正式的命令,而手诏则是规格较高的"命令之体"。

仁宗嘉祐四年(1059)发生过一件手诏除授内人的事件:

> 周、董既以生皇女进秩,诸阁皆求迁改,诏中书出敕、诰,中书以其无名,覆奏罢之。求者不已,乃皆以手诏授焉。③

"诏中书出敕、诰"一语中的"诏"不能理解为正式的命令之体,而是指仁宗批示中书门下,即内批。为什么要求中书出"敕、诰"两种文书呢?这是北宋前期人事任命中常见的敕牒、官告并行现象,相比于仅具委任凭证意义的官告,宰执签押敕牒才是具有实际效力的命令文书④。在这个例子中,中书拒绝出"敕、诰",所以后宫的迁改之令就不能成立。

但是,仁宗却以"手诏"的形式改迁后宫,这个"手诏"是什么呢?后来同知谏院范师道上疏说:"窃闻诸阁女御以周、董育公主,御宝白制,并为才人,不自中书出诰,而掖庭觊觎迁拜者甚多。"⑤则"御宝白制"即指手诏。所谓"白制",即指翰林学士所草内制。自唐以来,因

---

① 《宋会要辑稿》职官 6 之 50。
② 中村裕一《隋唐王言の研究》,第 329 页。
③ 《长编》卷一八九,仁宗嘉祐四年六月丁卯条,第 4567 页。
④ 张祎《制诏敕札与北宋的政令颁行》,第 147—155 页。
⑤ 《长编》卷一八九,仁宗嘉祐四年六月丁卯条,第 4568 页。

为翰林学士所掌制诏用白麻纸,所以出现了以白麻、麻制指翰林内制的说法。所谓"御宝",则是指手诏上所用之印,可能是"书诏之宝"——"翰林诏书、敕、别录、敕榜用之"①。这次事件中,正因为"手诏"属正式的命令之体,所以才有可能取代敕牒、官告而成为委任的命令、凭证。而内批作为正式命令形成之前的环节,尚未完成由"私"向"公"的转化,不具有这一效力。

理解了手诏与内批之间的本质区别,就能体会治平四年(1067)神宗为什么痛斥当时的参知政事吴奎:"以手诏为内批,三日不下。"②皇帝对于两者之间的区分很清楚、敏感。

附带还可以提一下"御宝批"的问题。李心传云:"近世所谓御宝批者,或上批,或内省夫人代批,皆用御宝。又有所谓亲笔者,则上亲书押字,不必用宝。"③如此看来,所谓"御宝批"即用"御宝"的内批。汪藻所撰滕康墓志铭云:

> 武义大夫康义用登极恩迁遥郡刺史,公封还词头,力陈:"……康义乃以御宝批降特旨迁一官,而暗升五等之秩,观此有异于墨敕斜封之时乎?"凡再降旨令行下,终不从命。人莫不重公有守。④

康义乃内侍康履之父,滕康时试中书舍人。这一事例中,高宗的"御宝批降"显然是先给宰相,然后由宰相出词头令中书舍人草制,说明它实际就是内批。

要注意的是,这里的"御宝"与前面提到的"书诏之宝"不同。辽宁省博物馆藏有一通题为《行书方丘敕》的法书,后附徽宗大观四年十二月郑居中所上札子⑤,札子之前有徽宗所批"依奏",并加盖了"御书

---

① 《文献通考》卷一一五《王礼考十·圭璧符节玺印》,第3531页。
② 《皇朝编年纲目备要》卷一七,神宗治平四年四月,第401页。
③ 《建炎以来朝野杂记》乙集卷一一《亲笔与御笔内批不同》,第671页。
④ 汪藻《浮溪集》卷二六《滕子济墓志铭》,《景印文渊阁四库全书》第1128册,第252页。
⑤ 时间据张祎《制诏敕札与北宋的政令颁行》,第52页。

之宝"印(图一)①。"依奏"两个字就是徽宗的内批,可见"御宝批"就是加了"御书之宝"印的内批。

图一　《行书方丘敕》所附郑居中札子(辽宁省博物馆藏)

综上所述,"手诏"即体重之诏,它与"内批"的区别,可从两方面理解。首先是出自何人之手。手诏属翰林内制,一般出自翰林学士之手,故当用"书诏之宝"。而内批则为皇帝批或内夫人代批,徽宗朝"御笔"则有宦官代批者,即使要用到"御宝",也是用"御书之宝"。其次的区别是其形式。手诏是体重之诏,故有着诏书的格式,如以"付某"或"故兹诏示,想宜知悉"等诏书常用方式结尾。相比之下,内批意指君主的批示,其内容一般比较简短,亦不甚讲究遣词用句②。

手诏虽多属词臣所拟,不过也有皇帝亲制者,且在下达的时候,还是有皇帝亲书与否的问题。比如上面提到神宗熙宁八年十月手诏中

---

① 中国古代书画鉴定组编《中国古代书画图目》(15),第 33 页。

② "依奏"只是内批的最简单形式,内批内容随事长短不一,亦不讲究文辞之华美。李纲文集中附有很多钦宗的内批,可以参看。见李纲《李纲全集》卷四三至五五《奏议》及校勘记,第 514—623 页。另参见《梁溪集》同卷,《景印文渊阁四库全书》第 1125 册,第 862—956 页。

外臣僚言事,富弼在答诏中说:"臣再详陛下手诏,乃陛下亲笔,非学士所作。"[1]崇宁三年十一月的《皇帝赐辟雍诏》即徽宗瘦金体的"亲书手诏"。[2] 皇帝亲书的手诏,自然比学士所书规格更高。因此,在诏与手诏的区别之上,又有了手诏和亲笔手诏的区别。

三　御笔手诏

在上述分析的基础上,"御笔手诏"的性质问题就迎刃而解了。前已指出,"御笔"二字即皇帝亲书之意,因此"御笔手诏"其实便是"亲笔手诏"或"御书手诏"。大观四年,徽宗御制《大晟乐记》云:"又亲笔手诏布告中外,以成先帝之志,不其美欤。"[3]王安中《进御书手诏碑本表》云:"伏蒙圣恩,赐臣御笔手诏,以摹勒上石者。"[4]徽宗、钦宗时期,御笔手诏、亲笔手诏、御书手诏、亲书手诏几种称呼都有,而无论是什么称呼,它指的都是"手诏"这样一种"诏",而不是指内批。下面举几个例子。

上引崇宁三年《皇帝赐辟雍诏》从蔡京题额、诏书结尾("付辟雍")来看,是典型的有特定付授对象的手诏。崇宁四年七月,"御笔手诏:放上书见羁管、编管人还乡",陈均说:"御笔手诏始此。"[5]这份御笔手诏被《宋大诏令集》收录,其标题是《上书羁管编管人放还诏》[6]。又《政和五礼新仪》载,"大观元年正月一日,奉御笔手诏:礼以辨上下定名分……"[7]而《宋会要辑稿》则作:"大观元年正月一日手诏:礼以辨上下定名分……"[8]再如政和五年七月十日颁下的《修建明

---

① 富弼《上神宗答诏论彗星》,收入《宋朝诸臣奏议》卷四二,第437页。

② 阮元编《两浙金石志》卷七《宋徽宗辟雍诏碑》,《石刻史料新编》第1辑第14册,第10347页;中国国家图书馆藏石刻拓片:各地6640、6930。

③ 《长编纪事本末》卷一三五《大晟乐》,第4237页。

④ 《初寮集》卷四《进御书手诏碑本表》,《景印文渊阁四库全书》第1127册,第83页。

⑤ 《皇朝编年纲目备要》卷二七,崇宁四年七月,第686页。

⑥ 《宋大诏令集》卷二一七《上书羁管编管人放还诏》,第829页。

⑦ 郑居中等《政和五礼新仪》卷首,《景印文渊阁四库全书》第647册,第5页。

⑧ 《宋会要辑稿》职官5之21。

堂御笔手诏》，末云"咨尔中外，其体至怀"，正是诏书的典型用语①，它在《长编纪事本末》中即被称为"手诏"②。此外，本节开头引宣和七年六月臣僚上言中，"御笔手诏""诏旨""手诏"都是通用的。又宣和七年十二月十九日，面对内外交困的局面，徽宗不得已下《罢茶盐立额应奉司江浙置局花石纲西城租课等诏》③，此诏在《宋会要辑稿》中被称为"手诏"④，《三朝北盟会编》收录则作"御笔手诏"⑤。又王安中《谢除检校少保表》云："伏奉告命，除授臣检校少保，寻具辞免，恭承御笔手诏，'所请宜不允，仍断来章'者。"⑥显然，王安中收到的"御笔手诏"，即是常见的不允手诏。据其外在形式，王安中有时也称其为"御笔金花笺诏书"⑦。可见，无论是布告天下还是针对特定人物的"御笔手诏"，在性质上都是"手诏"这种体重之"诏"。

除文献外，"御笔手诏"石刻更能说明问题。如《付刘既济御笔手诏》（图二[1]）⑧，原石在江苏苏州，此份"御笔手诏"笔迹是明显的瘦金体，体现了"御笔"的意义，诏末有"付刘既济"，则是典型的有特定付授对象的"手诏"形式，最后还有徽宗的押字和"御书"印（图二[2]）。此份御笔手诏内容是令臣僚遣"东京九成宫住持道士虚静妙通法师"赴阙。九成宫是什么地方呢？按徽宗崇宁四年九鼎铸成之后，又建九成宫以奉安九鼎⑨。这样的话，就能理解为什么徽宗要用"御笔手诏"这样的体重之诏来召一个道士，因为他是九成宫这个奉安九鼎之所的住持。

---

① 《宋大诏令集》卷一二四，第 427 页。

② 《长编纪事本末》卷一二五《明堂》，政和五年七月丁丑条，第 3883 页。

③ 《宋大诏令集》卷一八四，第 669—670 页。

④ 《宋会要辑稿》职官 4 之 35。

⑤ 《三朝北盟会编》卷二五，宣和七年十二月二十一日，第 188 页。

⑥ 《初寮集》卷四《谢除检校少保表》，《景印文渊阁四库全书》第 1127 册，第 65 页。

⑦ 《初寮集》卷四《辞免检校少师表》，《景印文渊阁四库全书》第 1127 册，第 66 页。

⑧ 北京图书馆金石组编《北京图书馆藏中国历代石刻拓本汇编》第 43 册，第 53 页。北京大学图书馆亦藏此拓，题《崇真宫徽宗付刘既济手诏》，典藏号 A153048，系缪荃孙艺风堂旧藏。

⑨ 《宋会要辑稿》礼 51 之 22。

　　再如《神霄玉清万寿宫诏》,宣和元年曾立碑于各地。笔者所见拓片有两种:一种是山东泰安本(典藏号 09968,图三)①,另一种海南琼山本(典藏号 09969—09970),皆系张仁蠡柳风堂金石旧藏,现藏于北京大学图书馆。此两碑皆有蔡翛所书"御笔手诏"四字额,且于正文《神霄玉清万寿宫诏》下一行题"御制御书"四字,碑正文则以瘦金体书。

图二(1)　付刘既济御笔手诏　　图二(2)　"御书"印、徽宗押字放大

图三(1)　《神霄玉清万寿宫诏》碑额

---

①　所用图片扫描自《中国古代碑帖拓本》,第 128—129 页。

图三（2）　《神霄玉清万寿宫诏》碑正文　　　图三（3）　局部放大

　　北京大学图书馆还藏有一通题为《御笔手诏》的碑拓（典藏号09959），系柳风堂金石旧藏，原石在广东韶关。此碑分两层，上层是瘦金体手诏正文，有正书"御笔手诏"四字额，内容是政和八年徽宗训士诏；下层为李邦彦所作记，末有题额者名衔，然名已磨损，而据翁方纲《粤东金石略》著录可知原碑立于韶州州学，题额者是蔡絛①。此碑上层诏文末云："故兹诏示，奉行毋殆／（空四字）付李邦彦。"下钤"御书之宝"印。"故兹诏示"云云与"付某"一起使用的情况很少见，这份《训士诏》虽然是针对天下士人的，但其文云："卿当师儒之任，以学行至大官，其思所以劝励兴起，畀知尊君亲上之美，无复暴戾邪僻之行。"则又是特意针对李邦彦而发的，故有"付邦彦"字样。

　　此诏亦曾刻石立于济南府学，据毕沅《山左金石志》著录，济南之碑内容与韶州所立一致，额则不同，为篆书"政和御书手诏碑"七字，亦蔡絛所题；"付李邦彦"下亦钤"御书之宝"印②。这一题额也印证了所

　　────────────────

　　①　翁方纲《粤东金石略》卷四《宋政和手诏碑》，《石刻史料新编》第 1 辑第 17 册，第 12394—12396 页。

　　②　毕沅《山左金石志》卷一八《政和御书手诏碑》，《石刻史料新编》第 1 辑第 19 册，第 14657—14658 页。跋文将"御书之宝"误为"御省之宝"。

谓的"御笔手诏"即亲笔手诏。此外,《景定建康志》亦载此诏,云其石在府学,不过其额、记皆不载,仅称"徽宗皇帝手诏"①,正说明了御笔手诏即"手诏"之属。

因此,"御笔手诏"即亲笔手诏,目前所见题额为"御笔手诏"的石刻,皆以瘦金体书,有些则有"御书"印——这正是"御笔"二字的体现。既如此,则"御笔手诏"在文书性质上即是"手诏",因而是早已有之的、常见的命令之体。由此也可知,虽然"御笔"与"御笔手诏"的通称是很常见的,但就文书性质而言,其指代内批、手诏这判然有别的两类,是可以肯定的。

那么,从内批到御笔、从手诏到御笔手诏,最大的变化在哪里? 有什么意义呢?

四 御笔、御笔手诏的政治意义

一般认为,御笔、御笔手诏与蔡京有关。崇宁五年蔡京第一次罢相时,方轸论蔡京云:"每有奏请,尽乞作御笔指挥行出。"②南宋楼钥说,御笔乃蔡京"相业之本"③。吕中亦云:"自崇观奸臣创为御笔之令,凡私意所欲为者,皆为御笔行之。"④王称《东都事略》则云:"京益专政,患言者议己,故作御笔密进拟,而丐徽宗亲书以降出也,违御笔则以违制坐之,以坏封驳之制。"⑤宋人即常将御笔、御笔手诏视为蔡京弄权的产物,现代学者的研究也多从其说。

此说虽有道理,但仔细推敲之下,则有不少问题。按蔡京第一次任相在崇宁元年五月至五年二月,而据陈均,"御笔手诏"始于崇宁四年七月;"三省、枢密院同奉御笔"始于同年八月⑥。御笔手诏、御笔的

---

① 周应合《景定建康志》卷四,《宋元方志丛刊》第 2 册,第 1369 页。

② 《宋宰辅编年录校补》卷一一,崇宁五年二月丙寅,第 724 页。

③ 楼钥《楼钥集》卷二一《雷雪应诏条具封事》,第 419 页。

④ 吕中《宋大事记讲义》卷二二《小人创御笔之令》,《景印文渊阁四库全书》第 686 册,第 397 页。

⑤ 《东都事略》卷一〇一《蔡京传》,第 867 页。

⑥ 《皇朝编年纲目备要》卷二七,崇宁四年七月,第 686 页;崇宁四年八月,第 688 页。

出现,确实是蔡京第一次任相期间的事,指责蔡京借此弄权,有一定道理。

但藤本猛非常敏锐地指出,当时的宰执集团完全为蔡京所掌控,"御笔"对他既无必要,也绝非有利①。而且,崇宁四年七、八月已是蔡京第一次任相的晚期,之后十月,"中书省检会应颁降天下御笔手诏摹本已刊石讫,诏并用金填,不得摹打,违者以违制论"②。次年二月蔡京即罢相,而他刚罢相,即诏"以前后所降御笔手诏模印成册,班之中外,州县不遵奉者监司按劾,监司推行不尽者诸司互察之"③。

大观元年正月,蔡京再相,大观三年六月罢,而对御笔手诏、御笔的强调,同样在其第二次任相晚期。大观三年四月,命"今后六曹及诸处被受御笔手诏,即时关刑部,别策编次,专责官吏,分上下半年,雕印颁行"④。五月,又"诏中外官司,辄敢申明冲改御笔处分者,以大不恭论"⑤。这一"违御笔法"出现后的次月,蔡京就罢相了,未几致仕。

政和二年五月至宣和二年六月蔡京第三次主政,以太师身份总治三省事。但上节已经指出,身为公相的蔡京,貌似达到了权力的巅峰,但实际权力实受到诸多限制。而正在此期间,御笔违限之禁越来越严格、完备。政和三年,命"凡应承受御笔官府,稽滞一时杖一百,一日徒二年,二日加一等,罪止流三千里,三日以大不恭论"⑥。至政和八年四月,又补充了御笔行下之限:"急速者,当日行下,遇夜收到,限次日午时前;非急速者,限一日。"⑦

这就说明,御笔、御笔手诏与蔡京弄权之间的关系在一定程度上

①　藤本猛著,胡鸿译《崇宁五年正月政变——对辽交涉问题上徽宗与蔡京的对立》,载《日本中国史研究年刊·二〇〇九年度》,第46—47页。

②　苗书梅等点校《宋会要辑稿·崇儒》6之10,第333页。

③　《宋史》卷二〇《徽宗二》,第376页。

④　苗书梅等点校《宋会要辑稿·崇儒》6之10至11,第334页。

⑤　《皇朝编年纲目备要》卷二七,大观三年五月,第696页。

⑥　《宋史》卷二〇〇《刑法二》,第4991页。系年据《皇朝编年纲目备要》卷二七,大观三年五月,第696页。

⑦　《宋会要辑稿》刑法1之30。

是个假象,御笔、御笔手诏的每一次强化,总是伴随着他的失势或受限。楼钥也注意到了这一问题,他解释说:

> 然京自为之,未至于甚,比其再相以至三入,宠任既不及旧,御笔一从中出,京亦不知所为。商鞅立法,亲受其弊,虽欲支吾,不可为矣。①

楼钥之意,御笔、御笔手诏的源起固然与蔡京有关,但最终脱离了他的控制。而本节前已说明,御笔、御笔手诏的前身,或者说是实质,乃是皇帝常用的命令方式——内批与手诏,因此,对徽宗朝御笔、御笔手诏政治意义的探讨,应该更为注重皇帝的政治角色。下面就试图通过这两种文书在徽宗朝的变化,探讨徽宗朝统治的一些独特之处。

(一) 从内批到御笔

前已指出,徽宗朝的御笔其实就是之前的内批,仍遵循着之前固有的流程,在行下方式上亦无本质改变。那么,御笔与内批的不同在哪里?

首先,内批本来由皇帝批,或常由内夫人代笔②,而御笔则特别强调内批出自皇帝亲书。如前引《东都事略·蔡京传》言其"作御笔密进拟,而丐徽宗亲书以降出"云云,强调"徽宗亲书"。楼钥亦说,御笔"事由于京,而书出于徽皇"③。

但是,所谓的亲笔,仅是指最终的笔迹而言,并不一定是真正的皇帝手书。《东都事略·梁师成传》云:

> 徽宗凡有御笔号令,皆命主焉。于是入处殿中,多择善吏习仿奎画,杂诏旨以出,外廷莫能辨。④

---

① 《楼钥集》卷二一《雷雪应诏条具封事》,第 419 页。
② 邓小南《掩映之间:宋代尚书内省管窥》,原载《汉学研究》第 27 卷第 2 期,2009 年 6 月;收入氏著《朗润学史丛稿》,第 236—245 页。
③ 《楼钥集》卷二一《雷雪应诏条具封事》,第 419 页。
④ 《东都事略》卷一二一《梁师成传》,第 1056 页。

显然,不少徽宗御笔,其实都是梁师成之属"习仿奎画"而来的。蔡絛曾提及,政和六年春,"凡御笔颇不类上字"①。《东都事略·蔡京传》亦云,御笔中"至有不类上札者,而群下皆莫敢言"。这都说明"御笔"应该符合徽宗笔迹。岳珂曾看到一卷"徽宗皇帝诸阁支降御笔",他说:"既得此帖,参以臣家天笔之藏,盖昭乎其不类也。"②这无疑是他人模仿徽宗笔迹而成。相比之下,内批所用的"宫人笔札"(蔡絛语),不一定要模仿皇帝笔迹,而御笔则强调呈现"奎画"的面貌。

其次,"御笔"之所以要求呈现皇帝笔迹,是因为它比内批更为强调命令出自皇帝本人,突出其不可抗性。上文已提及,"御笔"始于崇宁四年,大观三年五月制违御笔法,凡申明冲改御笔处分者,以大不恭论。至政和三年,又增加了关于稽滞御笔的禁令,政和八年四月又补充了御笔行下之限。宣和六年七月,又诏"凡御笔断罪,不许诣尚书省陈诉;如违,并以违御笔论"③。这些禁令,从内容和时限上,使得徽宗的内批指挥成为不容商量的决定。正如前引余应求语云:"臣伏睹近年以来,凡有中旨,皆降御笔施行,期限严促,稍有稽违,置以不恭之罪。"重点在"期限严促"。南宋绍兴二年(1132),徐俯更明确地说:"自宣和以来,所以分御笔、圣旨者,以违慢住滞科罪轻重不同也。"④

从内批到御笔的上述变化,似乎说明了学者们普遍认为的:"御笔"是君权极度膨胀的结果。此说看似有道理,但并不能成立。据曾布说:"三省自来凡有德音及御批,未闻有逆鳞者。"⑤可见宰相机构违背君主意志的情况本不多见。考虑到这一背景,徽宗朝"御笔"以更明确的法令突出君主之意有着不容商量的权威,主要是一种政治姿态的表达。蔡絛所记的免夫钱一事,正可说明这一结论。

① 《宝真斋法书赞》卷二《历代帝王帖·徽宗皇帝诸阁支降御笔》引蔡絛《国史后补》,第 579 页。

② 《宝真斋法书赞》卷二《历代帝王帖·徽宗皇帝诸阁支降御笔》,第 579 页。

③ 《宋史》卷二○○《刑法二》,第 4991 页。系年据《宋史》卷二二《徽宗四》,第 414 页;《刑法志》系此事于大观元年,按此诏必在大观三年"违御笔法"出现之后,《刑法志》误。

④ 《建炎以来系年要录》卷六○,绍兴二年十一月庚午条,第 791—792 页。

⑤ 曾布《曾公遗录》卷八,元符三年五月癸酉条,第 290 页。

蔡絛云：

> 宣和四年既开北边,度支异常,于是内外大匮,上心不乐。时王丞相既患失,遂用一老胥谋,始为免夫之制,均之天下。免夫者,谓燕山之役,天下应出夫调,今但令出免夫钱而已。御笔一行,鲁公为之垂涕,一日为上言曰："今大臣非所以事陛下也。陛下圣仁,惠养元元,泽及四海……"上心亦悔,亟令改作圣旨行下,然无益矣。①

蔡絛关于免夫钱的记载有误,但其反映的御笔、圣旨的差别应没有问题。有学者认为,此处"御笔"即越过宰辅直接以御批指挥政事,而改作圣旨行下,即宰相机构以札子转发行下,从而避免民怨针对皇帝,让宰辅为此事负责②。按前已论证,"奉御笔"是徽宗朝省札中常见的形式,并非御笔越过宰相机构。御笔与圣旨在徽宗朝的区别,在于"违慢住滞科罪轻重不同也",即御笔从笔迹、时限上极为突出君主个人在命令发布中所起的作用,表达了君主权威的政治姿态。但是,免夫之令却极不符合徽宗"圣仁"之形象,故将御笔改作圣旨行下,以避免矛头针对皇帝本人。

综上所述,从"奉圣旨"到"奉御笔",最大的变化有两点:一是内批必须以瘦金体行出,二是有各种严格的禁令强调御笔的不可抗性。归根到底,这些改变并不涉及文书的运行过程,"御笔"不等于皇帝直接指挥有司。不过,"御笔"却通过一种极为显眼的方式,突出君主个人在命令中的存在。

徽宗退位以后,御笔之名仍然存在,但其意义已变。靖康元年正月,钦宗圣旨云:"应批降处分,虽系御笔付出者,并依祖宗法作圣旨行下,常切遵守。"③此意并非不再有御笔自内付出,只是不再用"奉御

---

① 《铁围山丛谈》卷一,第21页。
② 张祎《制诏敕札与北宋的政令颁行》,第145—146页。同作者《中书、尚书省札子与宋代的皇权运作》,《历史研究》2013年第5期,第65页。
③ 汪藻《靖康要录》卷一,靖康元年正月十八日,第63页。

笔"，而依旧用"奉圣旨"的方式行下。至五月，又诏"昨以违御笔论者，并改作违制论"①。取消了"违御笔"的罪名。事实上，"御笔"之名在钦宗朝仍大量使用，李纲文集收录有不少钦宗御笔，有时候也被称为御批②；岳珂也见到过几份钦宗御笔③。

南宋高宗朝御笔亦是"作圣旨行下"，即"方其批付三省合称御笔，三省奉而行之则合称圣旨"④。这种御笔已等同于普通的内批了，綦崇礼《北海集》中，有几份制词之前就附有高宗批给学士院的"御笔"（御笔批）⑤，正可说明其性质。又孝宗乾道七年（1171）四月，周必大兼权直学士院，记云：

> 薄莫至玉堂，御药李（忘其名），持御封御笔："皇太子某宜领临安尹，可依此降制。"三鼓进草，因奏："此制书既不给告，则当付有司施行，窃恐皇太子别无被受，欲依自来诏书体式，略换首尾，书写一通，降付皇太子。今拟定格式进呈，如赐俞允，乞速批降付下。"御笔批依。⑥

这里的"御笔""御笔批"，就是孝宗给学士院的亲笔内批。又宁宗嘉泰四年（1204）三月临安大火之后，"庚午，御笔：'回禄为灾，专戒不德，可避正殿，令学士院降诏罪己。'"癸酉日，即有罪己诏云云⑦。庚午日的御笔，正是宁宗的内批，学士院据其作了罪己诏。类似的例子

---

① 《靖康要录》卷七，靖康元年五月十七日，第425页。

② 《李纲全集》卷四三至五五《奏议》及校勘记，第514—623页。另参见《景印文渊阁四库全书》本《梁溪集》同卷，第1125册，第862—956页。

③ 《宝真斋法书赞》卷二《钦宗皇帝御押内藏御笔》《钦宗皇帝御押防河御笔》，第580—581页。

④ 《建炎以来系年要录》卷六〇，绍兴二年十一月庚午条，第792页。

⑤ 綦崇礼《北海集》卷七《除秦桧特授观文殿学士提举江州太平观依前通奉大夫食邑食实封如故任便居住制》，《景印文渊阁四库全书》第1134册，第569页；卷一二《赐尚书右仆射同中书门下平章事秦桧为水灾待罪不允诏》，第607页；卷一三《赐尚书左仆射同中书门下平章事吕颐浩等为火灾待罪不允诏》，第611页。

⑥ 周必大《淳熙玉堂杂记》卷上，第286页。

⑦ 佚名编，汝企和点校《续编两朝纲目备要》卷八，宁宗嘉泰四年三月丁卯条，第142页。

不少,不再赘举。总之,"御笔"之名作为亲笔内批的专称,在南宋一直延续。但已不再像徽宗朝那样背后有一套严格的御笔之法。

(二) 从手诏到御笔手诏

"御笔手诏"与普通"手诏"或诏书相比,最大的不同也是突出了其"御笔"的特点。前已提及,凡以"御笔手诏"为额的石刻,皆瘦金体书。从北京大学图书馆藏的政和八年《御笔手诏》碑拓本(典藏号09959)可见,御笔手诏最后用印乃"御书之宝"。此碑下层李邦彦记亦云:"上亲御翰墨,作训于四方多士,以其诏属臣邦彦使奉行之。"正是因其为徽宗"亲御翰墨"而成,故蔡翛所书碑额有时称其为"御书手诏"。此外,《付刘既济手诏》亦用"御书"印,《神霄玉清万寿宫诏》则明示为"御制御书"。可以说,御笔手诏与普通诏书的最大区别,就是这种外在的形式。

最能突出"御笔"诏令与普通诏令之差别的,是《八行八刑诏》石刻。此诏颁布于大观元年三月,伊沛霞已指出,该诏书的石刻可分为两种:一种以"大观圣作之碑"为名,乃徽宗瘦金体;另一种则常以"御制八行八刑条"为名,多地方人士手书①。除了这一极为明显、重要的区分外,两种石刻在形制、内容上的种种差异,都鲜明地体现了御笔诏书的特点。

"八行八刑碑"相互间内容详略不一,最简单的除了诏书正文外,只有书丹、立石者名衔②。江苏句容碑云:

> 准大观元年三月十九日敕,中书据学制局状申,准本局承受送到内降御笔批一道(略)。

---

① Patricia Ebrey, "Huizong's Stone Inscriptions", in Patricia Ebrey and Maggie Bickford ed., *Emperor Huizong and Late Northern Song China: The Politics of Culture and Culture of Politics*, p. 245.

② 如陕西淳化县所立之碑(北京大学图书馆藏拓,典藏号09879);亦见王昶《金石萃编》卷一四六《耀州淳化县御制学校八行八刑之碑》,《石刻史料新编》第 1 辑第 4 册,第2701 页。

一道(按即八行八刑条文,略)。

奉敕如右,牒到奉行。前批三月二十日午时付礼部施行,仍关合属去处。①

从句容碑可见,八行八刑条乃是和另一命令同时发出的。结合如河南临颍所立之碑②,可知此命令的成立过程大致是:内降御笔批—学制局—申中书省—中书敕(一门下省)—尚书礼部施行(敕牒),此敕牒发出的时间是大观元年三月二十日。

但是,在八行八刑条的命令之外,另有御笔付下令各地立石,初发于大观元年六月③。北京大学图书馆藏原石在河北邢台的"御制学校八行八刑条"碑(典藏号 A152558、09863、A35619)就载有此份御笔:"大观元年六月十五日奉御笔,八行八刑施之庠序,以善风俗、厚人伦,可刊之州学,以教天下之忠孝。"从"奉御笔"云云的形式可知,这份御笔应该是通过尚书省札子发下的。当然,各地承受此份御笔的时间都不同:比如陕西高陵碑在大观二年五月十五日④,临潼碑在大观二年十月二十五日⑤。

这里提到的几种"八行八刑碑",除了诏书正文差不多外,其余内容并无一定之规,形制、大小也不一样。而且,特别需要注意的是,虽然诏书内容是徽宗御制,但无论何地的"八行八刑碑"皆地方官或当地士人手笔,绝无徽宗笔迹。

相比之下,"大观圣作之碑"的形制普遍比"八行八刑碑"大,其诏

①　杨世沅《句容金石记》卷五《御制学校八行八刑碑》,《石刻史料新编》第 2 辑 9 册,第 6481—6482 页。按,北京大学图书馆藏有一通题为《政和御制八行八刑碑》的拓片(典藏号 A152575),原石亦在句容,但从碑拓内容看,实际是"大观圣作之碑",惟额已失拓,则此碑与《句容金石记》所著录之碑不同。另,除非特别说明,以下录文不依原石格式。

②　北京大学图书馆藏拓,典藏号 A152559;参见陆增祥《金石补正》卷一一〇《御制学校八行八刑条》,《石刻史料新编》第 1 辑 8 册,第 5787—5788 页。

③　《长编纪事本末》卷一二六《八行取士》,第 3913—3914 页。

④　北京大学图书馆藏拓,典藏号 A152572;参见《金石萃编》卷一四六《御制学校八行八刑条》,第 2701 页。

⑤　北京大学图书馆藏拓,典藏号 A152584、09888;参见《金石萃编》卷一四六《御制学校八行八刑条》,第 2701—2702 页。

书正文外的碑文内容相互间差别不大。如山东临朐所立如下①：

大观圣作之碑

（正文略）

大观元年九月十八日,资政殿学士兼侍读臣郑居中奏乞以御笔八行诏旨摹刻于石,立之宫学,次及太学、辟雍、天下郡邑。二年八月二十九日奉御笔,赐臣礼部尚书兼侍讲久中,令以所赐刻石。

通直郎书学博士臣李时雍奉敕摹写

承议郎尚书礼部员外郎武骑尉臣葛胜仲、朝散郎尚书礼部员外郎云骑尉臣韦寿隆

承议郎试尚书礼部侍郎学制局同编修官武骑尉陇西县开国男食邑三百户赐紫金鱼袋臣李图南

朝请郎试礼部尚书兼侍讲实录修撰飞骑尉南阳县开国男食邑三百户赐紫金鱼袋臣郑久中

太师尚书左仆射兼门下侍郎上柱国魏国公食邑一万一千二百户食实封三千八百户臣蔡京奉敕题额

各地所立"大观圣作之碑"的差异很小,基本就是李时雍与蔡京名衔有时置于题额之下,且碑末有时题县级官员名衔。从郑居中奏可知,所谓"大观圣作之碑",就是将徽宗"御笔八行诏旨"摹刻于石的结果,故李时雍摹写之徽宗瘦金体是与"八行八刑碑"最为直观的不同。

另一点是,"大观圣作之碑"没有提到八行八刑条的颁发过程,而且从碑文可见其制作乃奉大观二年八月御笔,说明其刻石过程与"八行八刑碑"不同。当然,在"大观圣作之碑"中,郑居中大观元年九月奏之后,紧接以大观二年八月御笔,中间似有缺环。难得的是,原石在山东汶上的《御制学校八行八刑条》碑(北大图藏拓,典藏号 A152593)完整保留了"大观圣作之碑"的制作缘起。

---

① 北京大学图书馆藏拓,典藏号 A152568;参见毕沅《山左金石志》卷一七《临朐县学大观圣作碑》,第 14646—14648 页。

该碑分上下两截,上截乃八行八刑诏文,书者不详,下截石有剥泐,文则大部可识,据原石格式,将相关部分录文如下:

1　准都省批送下大观元年九月十八 [日] □ 中 [书] 省尚书

2　省送到资政殿学士太中大夫太一 [宫] 使兼侍讲郑居

3　中札子奏近蒙

……

17　补岂小哉臣不胜□□□切之至取进止九月十七日

18　奉

19　圣旨依奏奉　敕如右牒到奉行前批九月二十日午

20　时付礼部施行仍关合属去处

21　中都县承州符 [备?] 奉

22　圣旨在前□□刊石大观四年三月初三日立 石

23　并篆额

……

从此碑可知,大观元年九月十七日郑居中奏乞将御笔八行诏旨摹刻于石后,九月十八日即得到了"奉圣旨依奏"的批复。根据这一批复,尚书省于九月二十日付礼部施行,然后牒下至州,最后州又符下诸县。但据前引"大观圣作之碑":"(大观)二年八月二十九日奉御笔,赐臣礼部尚书兼侍讲久中,令以所赐刻石。"显然是另外发出了一份御笔给郑久中,令将李时雍摹写、蔡京题额的"圣作碑"刻石。由此可推知:大观元年的命令虽然下发各地,但摹写、题额等工作不可能立即完成,所以等于一纸空文;而当所有准备工作完成后,大观二年八月就另有了一份命令奉御笔行下。因此,"大观圣作之碑"不但省略了诏书的成立过程,对于其碑的制作缘起,也作了尽可能的简化。

还值得注意的是汶上之碑诏文的内容。从北京大学图书馆所藏碑拓来看,《八行八刑诏》的内容,前后有一处变化,涉及对"诸士以八行中上舍之选而被贡入太学者"的待遇。邢台碑(A152558、09863、

A35619,大观元年六月)、临颍碑(A152559,大观元年六月)、蓝田碑(A152567,大观元年十一月)、高陵碑(A152572,大观二年五月)、临潼碑(A152584、09888,大观二年十月)皆云:"上等在学半年不犯第三等罚,司成以下考验行实闻奏,依太学贡士释褐法,取旨推恩,中等依太学上等法,待殿试年推恩,下等依太学中等法。"这是诏文最初的版本①。而在淳化碑(09879,大观二年四月)、昆山碑(A152647,政和三年七月)中,上文加点部分则为:"取旨推恩,中等依太学中等法,待殿试年推恩,下等依太学下等法。"待遇已经降低。而在所有的"大观圣作之碑"中,相应的文字简化为:"中等依太学中等法待殿试,下等依太学下等法。"汶上之碑立于大观四年,内容却与"大观圣作之碑"一致,而与一般的"八行八刑碑"不同。显然,郓州中都县得到了诏文的新本,但却由于种种原因没能获赐御笔诏文,故只能自行书丹刻石。可见,"圣作"的体现必须是全方位的,虽然汶上之碑内容已经更新,但因为不是摹写瘦金体,故也不能进入"圣作"之列。

　　"八行八刑碑"与"大观圣作之碑"的差别说明,同一份诏书,随着"御笔"与否,两者的呈现方式迥然有别:"大观圣作之碑"巨大的形制,徽宗个性化的瘦金体笔迹,以及对命令产生过程的省略,都尽可能地突出了君主本人"御制御书"之于诏令的重要性。特别是当它们与诸种"八行八刑碑"放在一起比较的时候,这种特性就更为明显了。如前所述,崇观间对于徽宗御笔手诏的呈现方式有一系列的规定,如摹本刊石且金填,不得摹打,或每半年模印成册,颁于中外。模印与摹刻于石一样,都是为了保留徽宗笔迹。

　　总结从内批、手诏到御笔、御笔手诏,最主要的变化不是出令的方式,而是命令呈现的方式——必然以瘦金体书;更为严格的行下之限;更为隆重的载体;在石刻上主要呈现御笔诏书本身,而尽可能省略其产生的过程。因此,御笔、御笔手诏,主要是突出了君主本人,而非宰

---

① 亦参见《宋会要辑稿》选举 12 之 34。

相在政治生活中的角色。

　　学者指出,徽宗朝的石刻,"提供了直接的例证,可用以说明徽宗希望如何向民众展示自己的形象";"通过将诏令刻石、遍立全国的方式,他显得自己是个注意力深入每一个州、县的皇帝,希望与臣民有着直接的交流,尽量减少臣僚传达的中间环节"①。这是有见地的分析,但必须指出的是,徽宗朝的石刻主要面向的是臣僚、士子,而非普通民众。本节所论的御笔、御笔手诏,则是官僚体制内部的变化,是徽宗朝独特的统治方式在日常命令颁行中的体现:突出展现了君主在王朝政治生活中的存在。

　　仅以《宋大诏令集》为例,以"御笔"或"御笔手诏"为题的命令占据了徽宗崇宁以后诏令极大的比重,其所涉内容分布如表三:

表　三

门	类
皇　后	尊立、追命
妃　嫔	内职
皇太子	纳妃
亲　王	优礼、出阁外邸
皇　女	杂诏
宗　室	杂诏、祔葬
宰　相	尊礼
典　礼	南郊、明堂、天神、地祇、祖宗加谥、纪节、贡献
政　事	礼乐、符宝、经史文籍、徼灾、学校、建易州县、官制、举荐、科举、考课、按察、俸赐、营缮、河防、马政、常平、田农、赋敛、财利、蠲复、恤穷、慰抚、诫饬、禁约、刑法、贬责、备御、贷雪、医方、褒恤、道释、四裔·高丽大理

---

　　① Patricia Ebrey, "Huizong's Stone Inscriptions", in *Emperor Huizong and Late Northern Song China: The Politics of Culture and the Culture of Politics*, pp. 230-231.

《宋大诏令集》收录的此类文献有几个特点。一是以"御笔手诏"为主。因为从严格意义上来说，"御笔"乃内批指挥，并非正式诏令。《宋大诏令集》"皇后门"中，收录有一份《立郑皇后御笔》，又有一份《立郑皇后制》[①]；"贬责门"中，先有《邹浩重行黜责御笔》，后有《邹浩衡州别驾永州安置制》[②]。这两个例子中，前者应即徽宗内批，而词臣根据此份"御笔"下了制书。《宋大诏令集》中收录了大量的进拜、贬责制书，它们都是根据皇帝给予学士院的内批指挥而作的，而这些内批在徽宗崇宁以后应多为"御笔"，它们当然都没有被收录进来。二是《宋大诏令集》在诏令定名上是不准确的。本节第三部分已提及，"御笔手诏"常常被省称为"手诏"或"诏"，故"御笔手诏"实际涉及的范围要超出上表。

即使如此，《宋大诏令集》的例子已经可以说明，"御笔"或"御笔手诏"在崇宁以后，尤其是政和以后的政治生活当中是普遍使用的，过去政务处理中的内批指挥、诏(手诏)，大量被"御笔""御笔手诏"所取代。这一套经过了改造的日常命令体系，展现了徽宗朝政治生活中君主角色的突出，显示了徽宗个人君临天下的政治姿态。

五　本节结语

如本节开头所述，当时摆在徽宗面前的既有命令颁行体系，非常强调由君主"私"意向朝廷"公"令的转化，这是君主之命令合法化的必然过程。既然如此，全面突破、违背既有的权力制约体制并非明智之举。这样的话，如何在命令颁行中突出皇帝个人就是一个难题。徽宗另辟蹊径，以内批、手诏这两种王朝政治生活中常见的文书为介质，在既有运行程序的基础上，突出政令颁行中的"御笔"形象，从而塑造了君主自身与整个王朝政治之间的紧密联系。

这是一种突出君主本人角色的政治模式。对于徽宗而言，如何超

①　《宋大诏令集》卷一九，第92页。
②　《宋大诏令集》卷二一一，第800—801页。

越过去诸代君主,尤其是父兄之治,是特别重要的课题。这种超越,表现在行"新法"、制礼乐、兴学校等许多新政措置上,但政事措置内容上的改变还不够,统治方式上的超越也是其中极为重要的方面,徽宗朝的御笔名目等等措置,就是在这样一种政治背景下出现的。但本节一再强调,御笔名目改变的不是皇帝命令的颁行实质,而是外在面貌。这主要是一种政治姿态的表达,强调徽宗自己与所谓"圣治"或曰"盛世"之间的联系,而不是要万机独断、主威独运。

靖康以后,御笔、御笔手诏并没有被南宋政治所摒弃,御笔批(或曰亲笔批)、亲笔诏书(御前札子)都有相当重要的位置。事实上,既是帝制,则君主的批示本来就是日常政治天然的组成部分,而其中的亲笔批示,则始终会具有特殊的地位:君主固然乐得自己的笔迹具有法定的政治效力;对臣下而言,君主亲笔意味着不寻常的眷顾、重视,因而也具有相当的吸引力。这就是为什么极少有臣僚批判"御笔"本身,而主要是批评某些"权臣"对御笔的滥用。前已提及方轸、楼钥、吕中对蔡京的批评,南宋权臣韩侂胄死后,对他的评价也是:"己所欲为,不复奏禀,径作御笔批出。"①可以说,君主的笔迹是帝制政治中展现权威、增重事体的必然方式;而正因其这种作用,对它的使用通常是有限度的。徽宗朝却试图将这种特殊的命令形式日常化、普遍化,以突出君主的角色。但这是特定的政治形势、政治文化的产物。徽宗退位以后,徽宗朝独具特色的政治面貌也就随之消散了。

徽宗朝君主本人角色的突出,当然不止体现在日常政令颁行体系中。本节所论的御笔、御笔手诏主要停留在政治姿态上,故主要作用在权力的象征层面。与此不同,上一节所讨论的公相制度,则更直接地涉及君主权力操控的技术问题,故而作用在权力的实际层面。因

---

① 《续编两朝纲目备要》卷一〇,宁宗开禧三年十一月乙亥条,第186页。

此,公相制度与御笔名目说明了徽宗朝的统治所逐步确立的一个特点:在权力的象征与实际两个层面,徽宗本人的地位皆日渐突出。接下来第五、六章所探讨的应奉问题、祥瑞问题,也大抵可以说明这一政治模式。这种局面,既有继承其父神宗的一面,又有吸收元祐垂帘时代的因素,更有徽宗朝自己的创举。

第五章 徽宗朝的"应奉"

　　"应奉"者,"应奉君上""应奉御前"也,本指供应君主个人或宫廷消费。在徽宗朝,宣和二年(1120)末方腊起义之前有所谓"平江应奉局",从宣和三年至宣和七年又有"应奉司"。"应奉"贯穿了整个徽宗朝。"应奉御前"本身既是一种制度,又与诸多政治举措直接相关。因此,"应奉"实是理解徽宗朝政治在方式、内容两方面特殊性的绝佳切入点。

　　"应奉"在徽宗朝政治中有什么意义?学者一般会将其视为徽宗及其下奸臣穷奢极欲的体现,其中最著名的自是"花石纲"①。进一步地,学者常会引到下面这段话,以说明徽宗朝"应奉"所造成的财政混乱:

> 比年以来,有御前钱物、朝廷钱物、诸局所钱物、户部钱物,其讲画衰敛,取索支用,各不相照。以致暗相侵夺,公私受弊,丰耗不能相补,出入无以检察。天下常赋,多为禁中私财,支用取足,不恤有司之上溢下漏,而民力困重。②

这是靖康元年(1126),即徽宗退位以后,臣僚论当时的财政困境时说的,一是强调政出多门,各系统"取索支用,各不相照";二是强调皇帝直接支配钱物的增加,即"天下常赋,多为禁中私财"。

　　这段话显示,徽宗朝有四个财政系统——御前钱物、朝廷钱物、诸局所钱物、户部钱物。朝廷钱物和户部钱物最好理解,朝廷钱物主要

---

① 单远慕《论北宋时期的花石纲》,《史学月刊》1983年第6期。
② 《宋会要辑稿》食货56之39。

表现为神宗朝以来各地的封桩财物及京师元丰、元祐、大观诸库的财物,它主要由宰相机构掌管,不在户部经费内;朝廷钱物与户部钱物的分立,是宋神宗元丰以后出现的新局面①。对应中央财政体系的这种分立,在地方上出现转运司财政(经费)与仓宪系统(封桩)的分离②。御前钱物,一般认为对应着内藏。宋代的内藏虽然名义上是皇帝的私财,但实际用途除了宫廷消费外,主要是军费、赈恤、赏赐、助计司经费等大宗开支③。

　　"诸局所钱物"是徽宗朝出现的新事物。所谓诸局所,一般指应奉司、御前生活所、营缮所、苏杭造作局等主要由宦官掌管的机构,主要为皇帝个人服务,其钱物直属皇帝④。有学者指出,宋徽宗时的宫廷开支已不是原有的御前钱物所能维持,故用另外的名目创设诸局所钱物,成为内藏之外另一直属皇帝的财政系统⑤。

　　概括以上论述,应奉是一个涉及钱物、机构、纲运的庞大系统,它给宋徽宗朝政治造成乱象、带来恶果。不过,这个系统在徽宗朝何以成立,仍是一个需要探究的课题。尤其启人疑窦的是,皇帝个人乃至宫廷消费要奢靡到何种程度,以至于浩瀚的内藏都不能应付⑥,竟出现了一个新的财政系统?而且,如果说"诸局所"是主要由宦官掌管、为皇帝个人服务的机构,那么"诸局所钱物"又如何征调呢?因为只有如户部钱物、朝廷钱物、内藏钱物一样有自己的征调与支出方式,才成其为一个独立的财政系统。

　　这些问题说明,有必要重新思考徽宗朝应奉的缘起与目的、应奉

---

　　①　汪圣铎《两宋财政史》,第 623—628 页。

　　②　包伟民《宋代地方财政史研究》,第 118—123 页。

　　③　李伟国《宋代内库的地位和作用》,收入氏著《宋代财政和文献考论》,第 16—20 页。汪圣铎《两宋财政史》,第 101、127、599—604 页。

　　④　王曾瑜《北宋晚期政治简论》,《中国史研究》1994 年第 4 期,收入氏著《丝毫编》,第 136 页。王海鹏《宋徽宗时期的诸局所研究》,河北大学硕士学位论文,2006 年,第 1 页。

　　⑤　王曾瑜《宋徽宗时的诸局所钱物》,《北京大学学报》2014 年第 2 期,第 113—114 页。

　　⑥　宋内藏的主要功能如上所述,其实不是供宫廷消费,而是"蓄积以待非常之用,军兴赏赉则用之,水旱灾伤赈济则用之,三司财用乏则出以助之,诸路财用乏则出以助之"(章如愚《群书考索》续集卷四五《财用门》,第 1138 页)。

的前后变化过程。也只有从过程着眼,才能超越单个的局所,理解徽宗朝所谓应奉系统的起因及其内容。本章将指出,徽宗朝的应奉不等于君王私奉,而是由东京城庞大的土木工程及礼乐制作所带动。而且,被视为徽宗君臣享乐借口的"丰亨豫大"之说,主要并非宣扬兴盛富足,而是表达了一种理想的政治模式。本章还将讨论应奉财政系统的独立过程,这个过程一直到徽宗最后期才真正完成。

第一节 应奉的缘起与目的

一般认为,徽宗即位初期比较节俭,后来才追求奢靡。这样的例子确实可以找到一两个,蔡京的少子蔡絛也说:

> 上在潜藩时,独喜读书学画,工笔札,所好者古器山石,异于诸王。又与驸马都尉王诜、宗室令穰游,二人者有时名,由是上望誉闻于中外。

> 及即位,谦恭雅尚。崇宁中,始命官访古图牒,宫中独观书临字,却去华丽之饰,玩味竹石而已。始命伯氏俾朱勔密取江浙花石,其初得小黄杨木三株,以黄帕覆之而进,上大喜,异然。其后,岁不过一二贡,贡不过五七物。①

蔡絛说的"伯氏"即其兄蔡攸。蔡絛之说其实有很大的误导性,首要的就是认为进贡花石是为了满足徽宗的个人爱好——"古器山石"。进一步地,蔡絛还认为崇宁(1102—1106)以前此类物品的数量很少,主要由蔡攸、朱勔负责。下面就以此为出发点,试说明徽宗朝应奉真正的缘起与主要目的。

一 徽宗朝应奉之起

蔡京第一次任相在崇宁元年七月至五年二月,罢相时,太庙斋郎方轸论蔡京云:

① 《长编纪事本末》卷一二八《花石纲》,政和七年七月乙未条注,第4003页。

> 蔡攸者,垂髫一顽童尔。京遣攸日与陛下游从嬉戏,惟以花栽怪石,笼禽槛兽,舟车相衔,不绝道路,盖欲愚陛下,使之不知天下治乱也。①

方辂说,崇宁年间的蔡攸向徽宗贡花石禽兽,这与前引蔡絛之描述有相合的地方。但问题在于,徽宗所喜好的花石禽兽,只是崇宁时期应奉相对次要的内容。

蔡攸、朱勔之外,宦官童贯才是更重要的主持应奉之人。据《宋史·童贯传》:"徽宗立,置明金局于杭,贯以供奉官主之。"②其他材料亦云:"童贯始为殿头,元符末主杭州之明金局。"③说明徽宗登基未及改元时,在杭州就有明金局。不过明金局的具体职掌并不清楚,王曾瑜先生引《宋史·蔡京传》童贯与蔡京杭州相游事,认为明金局的任务就是为宋徽宗"访书画奇巧"④。不过,这段史料本不可信⑤,不能据此立论。

"明金局"是什么呢?在《营造法式》的"小木作"里就一再提到"明金版"装饰⑥,《宋会要·应奉司门》还提到"明金供具"⑦,程俱在元符三年(1100)则提到"明金生活"⑧。因此,从名称上看,"明金局"应该是负责器物制作或建筑装饰的。又有记载说,崇宁元年三月,徽宗"命内侍童贯如杭州监制器",即"制造御前生活"⑨。这样看来,童贯负责的主要是制作器用,与蔡攸、朱勔采买花石、禽兽有所不同。正

---

① 徐自明撰,王瑞来校补《宋宰辅编年录校补》卷一一,崇宁五年二月丙寅条,第725页。

② 《宋史》卷四六八《童贯传》,第13658页。

③ 《三朝北盟会编》卷五二,靖康元年八月二十三日,第391页。

④ 王曾瑜《宋徽宗时的诸局所钱物》,第115页。

⑤ 顾吉辰《〈宋史〉比事质疑》,第517—518页。Patricia Ebrey, *Emperor Huizong*, pp. 520-523.

⑥ 李诚编,梁思成注释《营造法式注释》,收入《梁思成全集》第七卷,第227、240、243、268页。"小木作"约略等于现代的"装修","大木作"则是指屋宇之木结构。

⑦ 《宋会要辑稿》职官4之30。

⑧ 程俱《北山小集》卷三五《吴江回申讲求遗利状》,第2a叶。按,"御前生活""明金生活"之"生活",皆指用品、器物。

⑨ 《皇朝编年纲目备要》卷二六,崇宁元年三月,第659页。

如南宋吕中所云,"以童贯监制器,以朱勔领花纲"[1],即童贯与朱勔在一开始分别属于两条线。

那么,童贯南下主明金局的主要目的是什么呢?他当然会为宫廷置办器物(制造御前生活),但不止于此,成书于南宋绍兴(1131—1162)末的吴曾《能改斋漫录》说:

> 童贯自崇宁二年始以入内内侍省东头供奉官,奉旨差往江南等路计置景灵宫材料,续差往杭州制造御前生活,又差委制造修盖集禧观斋殿、本命殿、火德真君观,缘此进用被宠。继西边用兵,又以功进。[2]

这段话记载了童贯的简单履历。前面说了,童贯是崇宁元年往杭州制造御前生活,故这里的崇宁二年这一时间有误。除此之外,吴曾的叙述提供了非常重要的信息,即童贯南下的首要目的是"计置景灵宫材料"。

景灵宫在宋神宗元丰五年(1082)改建竣工后,成为宋朝的原庙(第二太庙),此后一直在不断增建,其中最为重要的变化就是在元丰景灵宫之西建景灵西宫。此事见于建中靖国元年(1101)曾纡所撰《景灵西宫记》:

> 今皇帝践祚之七月,哲宗复土泰陵,议广原庙于显承殿之左……凡为屋六百四十区,经始于元符三年十月之甲子,功不采岁,役不告劳,行者不闻斧斤之声,居者不见追胥之扰。而崇墉广厦,屹然特起于端门,百步之外,象魏之下,俯视二宫,楼观峥嵘,高切辰极,金碧焜耀,上薄光景。都人士女与夫要荒广莫之来庭者,肩摩足接,却立跂望,排众争前,以快先睹,欢欣叹悦,洋溢道路。[3]

---

[1]　吕中《类编皇朝大事记讲义》卷二一《小人任事》,第 365 页。
[2]　吴曾《能改斋漫录》卷一二《打破筒没了菜》,第 373—374 页。
[3]　李攸《宋朝事实》卷六《景灵西宫记》,第 101、103 页。

今皇帝就是徽宗，他即位未改元就开始扩建景灵宫。景灵西宫的主体工程到次年，即建中靖国元年就完成了，工期不到一年，不过此后一直到政和四年（1114）续有建设①。从上引曾纡《记》也可以看到，景灵西宫气势恢宏，工程量很大，工期却非常短。

这样庞大的工程，正是驱动童贯南下的最为主要的动力。程俱《采石赋序》云：

> 建中靖国元年，以修奉景灵西宫，下吴兴吴郡采太湖石四千六百枚，而吴郡实采于包山，某获目此瑰奇之产，谨为赋云。②

可见，景灵宫的建造带动了大规模的太湖石采办，程俱《采石赋》云："山户蚁集，篙师云屯。输万金之重载，走千里于通津。"

除了景灵西宫，吴曾提到的修造集禧观斋殿、本命殿、火德真君观，也是当时东南应奉的重要动因。修造集禧观斋殿，恐是因为"建中靖国元年六月壬寅，集禧观火，大雨中久而后灭"③。吴曾提到的本命殿，当指徽宗的某个本命殿。宋代的帝后本命殿一般在道观、寺院中，且不止一处④，吴曾所指也许是设于集禧观的徽宗本命殿。哲宗朝修万寿观本命殿就花销很大⑤。火德真君观，乃因宋以火德自居，崇宁三年四月依翰林学士张康国之请，天下崇宁观并修火德真君殿，以"离明"为名⑥。

因此，自从徽宗登基未改元的元符三年开始，开封就有重大的建筑工程，而且主要都是与道教有关的建筑。这才是当时童贯南下监制器，蔡攸命朱勔采办花石的主要动因。但是，蔡攸在述崇宁应奉时，却将应奉描述为应付徽宗"古器山石"之个人爱好，忽略了景灵宫等建

---

① 汪圣铎《宋代政教关系研究》，第 605 页。
② 《北山小集》卷一二《采石赋》，第 1a 叶。
③ 马端临《文献通考》卷二九八《物异考四》，第 8125 页。
④ 刘长东《本命信仰考》，《四川大学学报》2004 年 1 期，第 60 页。汪圣铎、王德领《宋代寺院宫观中的御书阁、本命殿》，《河北科技大学学报》2008 年 4 期，第 90—91 页。汪圣铎《宋代政教关系研究》，第 650—653 页。
⑤ 《皇朝编年纲目备要》卷二五，元符三年二月条，第 620 页。
⑥ 《宋会要辑稿》礼 18 之 38。

筑,因而勾勒了一个崇尚简朴的新君形象。史载:

> 崇宁元年五月,提举后苑修造所言:"内中殿宇,修造合用金箔五十六万七千片。"上曰:"用金箔以饰土木,一经糜坏,不可复收,甚无谓也。其请支金箔内臣,令内侍省重行责罚。"①

实际上,徽宗批评的是哲宗朝"禁中修造,华侈太过,墙宇梁柱涂金翠毛,一如首饰"②。不过,这并不说明徽宗是节俭的,只是他崇尚不同的建筑、装饰风格而已。大抵徽宗崇道教,建筑风格尚自然,但耗费同样巨大,这从后来的宣和殿、宝箓宫、艮岳等建筑都可看出。

总而言之,徽宗即位之初,应奉之规模完全不像蔡絛说得那么轻巧,因为真正驱动应奉的主要并非徽宗个人的"古器山石"之好。明白了这一点,就可以知道为什么徽宗朝的"应奉"会愈演愈烈。因为东京的各种工程在不断兴起,或土木,或制礼作乐。

崇宁年间的重要礼乐工程有制大晟乐、议明堂。自崇宁三年二月至四年三月,朝廷铸九鼎,作为"鼎乐"的定音器③,其间崇宁三年七月铸景钟④。传世及著录所见的徽宗大晟编钟有 27 件⑤。因此,除了大晟乐本身外,九鼎这一重器,再加上编钟,亦是崇宁礼乐制作的重要成果。

九鼎告成之后,又"诏于中太一宫之南为殿以奉安,各周以垣,上

---

① 《皇朝编年纲目备要》卷二五,元符三年二月条,第 621 页。

② 同上书,第 620 页。程俱在《北山小集》卷三五《吴江回申讲求遗利状》中说:"顷年以来,纲运自杭而西以过县境者,有曰明金生活,有曰佛道帐殿,有曰花石者。挽舟之卒所支口券米,岁无虑若干千石,计工无虑若干万夫,家粮借请之数不与焉。"(第 2a 叶)钱大昕根据这条材料指出花石纲不始于朱勔。(钱大昕《十驾斋养新录》卷七"花石纲",第 140 页。)程俱从绍圣四年(1097)开始任苏州吴江县主簿(《新安文献志》卷九四上《程公(俱)行状》),他既然在徽宗刚登基时(元符三年)就说"顷年以来",则他说的明金生活、佛道帐殿、花石应该也主要是指哲宗朝事。

③ 胡劲茵《北宋徽宗朝大晟乐制作与颁行考议》,《中山大学学报》2010 年 2 期,第103 页。

④ 《宋会要辑稿》乐 3 之 25。

⑤ 陈芳妹《宋古器物学的兴起与宋仿古铜器》,台湾大学《美术史研究集刊》第 10 期,第 95—99 页。

施睟睨,墁以方色之土,外筑垣环之,名曰九成宫"①。上章提到的《付刘既济御笔手诏》,就是为了召回九成宫的住持道士。不但如此,到了大观三年(1109)四月,又"诏以铸鼎之地作宝成宫,总屋七十一区"②。因此,与九鼎连带的还有九成宫、宝成宫两项土木工程。

制礼作乐的另一重要内容是明堂。明堂在崇宁年间并未真的建成,但仍产生了实质的影响。崇宁四年八月,朝廷下诏修明堂,至十月诏:

> 明堂功力浩大,须宽立期限,营建俟过来年丙戌妨碍外,取旨兴功,仍令胡师文、梁子美各于本部出材,本处据合用造成熟材般辇上京。其见役工可权罢。③

"其见役工"云云,说明崇宁四年明堂其实已经开工了。这里提到的胡师文、梁子美分别是淮南发运使与河北都转运使。陈均称:"都发运使首以羡余进者,崇宁间自梁子美、胡师文始。"④南宋初年尚书省言,"崇宁中,胡师文为发运使,迎合蔡京之意,尽以籴本钱一千余万缗,充羡余进献"⑤。羡余本指地方经费结余,胡师文将发运司籴本作为结余进献,恐就是为了助明堂之工。

到了崇宁五年正月,又诏:

> 近以肇建明堂,下诸路和买材植物料,已买到者速偿其价,渐次附纲送京师,未买者并罢。其抛造工作如已造,或愿输官者,依实直给价,未造者罢之。⑥

这都说明了明堂之议带来的实质冲击:监司进羡余、诸路采买"材植物料"。

---

① 《宋会要辑稿》礼 51 之 22。
② 《宋会要辑稿》礼 51 之 23-24。
③ 《长编纪事本末》卷一二五《明堂》,崇宁四年十月己巳条,第 3882 页。
④ 《皇朝编年纲目备要》卷二七,崇宁四年七月,第 686 页。
⑤ 《宋会要辑稿》职官 42 之 30。按《辑稿》系此条于崇宁三年,显误。
⑥ 《长编纪事本末》卷一二五《明堂》,崇宁五年正月丙午条,第 3882 页。

大观时期,礼乐方面有一项重要举措——大观元年正月尚书省设立了议礼局。议礼局的最终成果《政和五礼新仪》要到政和三年四月才完成,但大观时期在礼器的制作上仍迈出了重要一步。大观二年,议礼局详议官薛昂奏:"臣窃见有司所用礼器,如尊、爵、簠、簋之类,与大夫家所藏古器不同……臣愚欲乞下州县,委守令访问士大夫或民间有收藏古礼器者,遣人往诣所藏之家,图其形制,点检无差误,申送尚书省议礼局。"①这也带动了对于古器的搜访,至"大观末,三代礼器稍出"②。大观四年,议礼局又奏:"至于礼器,尚仍旧制,未闻有所改作……今礼乐异制,不相取法,非所以一民也。乞明诏有司,取新定乐律之度审校礼器,有不合者悉行改正,以副制作之意。"从之③。这说明,礼器的制造也提上了日程,不过尚未及进行。但大观二年正月,徽宗受八宝于大庆殿④,也是重要的礼制成就。

大观二年初,徽宗朝的重要建筑——宣和殿完工⑤,徽宗御制《宣和殿记》(实际是蔡京所作)。这个建筑原是哲宗绍圣二年(1095)所建,徽宗此番进行了重建⑥。现在保存下来的御制《宣和殿记》中没怎么提到宣和殿的建筑情况,但政和二年三月蔡京《太清楼特燕记》倒有所提及:

> 乃由景福殿西序入苑门,就次以憩。诏臣蔡京曰:"此跬步至宣和,即昔言者所谓金柱玉户者也,厚诬宫禁。其令子攸掖入观焉。"东入小花径,南度碧芦丛,又东入便门,至宣和殿,止三楹,左右挟……下宇纯朱,上栋饰绿,无文采……臣奏曰:"宣和殿阁亭

① 《政和五礼新仪》卷首,第10页。
② 翟汝文《忠惠集》附录《翟氏公巽埋铭》,《景印文渊阁四库全书》第1129册,第313页。
③ 《长编纪事本末》卷一三三《议礼局》,大观四年二月戊寅条,第4167页。
④ 蔡絛《铁围山丛谈》卷一,页8。
⑤ 关于宣和殿在徽宗朝的文化、政治功能,见藤本猛《北宋末期"御笔"撰写之所——宣和殿及学士蔡攸》,邓小南、曹家齐、平田茂树主编《文书·政令·信息沟通》,第423—430页。
⑥ 王应麟《玉海》卷一六〇《熙宁睿思殿、宣和殿》,第2950页。《宋宰辅编年录校补》卷一二,大观元年正月甲午条,第731—734页。

沼，纵横不满百步，而修真观妙，发号施令，仁民爱物，好古博雅，玩芳、缀华咸在焉。楹无金瑱，壁无珠珰，阶无玉砌，而沼池岩谷，溪涧原隰，太湖之石，泗滨之磬，澄竹山茶，崇兰香茝，菹华而纷郁。无犬马射猎畋游之奉，而有鸥、凫、雁、鹜、鸳鸯、鸂鶒、龟、鱼驯驯，雀飞而上下。无管弦丝竹、鱼龙曼衍之戏，而有松风竹韵，鹤唳莺啼，天地之籁，适耳而自鸣。其洁齐清灵雅素若此，则言者不根，盖不足恤。"①

记文详细描绘了宣和殿内的建筑、景致，蔡京之《记》很好地说明了徽宗朝建筑所崇尚的特点：不尚金玉而尚"雅素"——"楹无金瑱，壁无珠珰，阶无玉砌"。但这绝不意味其造价低于那些金玉装饰者，"沼池岩谷，溪涧原隰，太湖之石，泗滨之磬，澄竹山茶，崇兰香茝，菹华而纷郁"，正说明了该建筑与当时所谓"花石纲"之间的联系。

正是在礼乐制作及相应的土木工程带动之下，"花石纲"这一名词开始正式出现在徽宗大观时期。大观四年闰八月，以张阁知杭州，兼领花石纲②。《宋史·张阁传》说："阁初出守杭，思所以固宠，辞日，乞自领花石纲事，应奉由是滋炽云。"③把应奉之炽归于张阁乞领花石纲，肯定是不对的。按，大观二年胡奕修权知杭州：

> 其地当天下舟车之所聚，又复上方营缮，凡数局泛遣须索，接武而至，冠盖旁午，宾客满门，词诉参萃。④

胡奕修虽然没有"兼领花石纲"的名号，但所谓"上方营缮，凡数局泛遣须索，接武而至"云云，说明他也需要应对花石、器物之须索。两年之后张阁以知州公开兼领花石纲，大概是把这种既有的局面制度化了。

除了知州兼领花石，应奉系统在大观末还有一个重要调整，蔡絛

---

① 王明清《挥麈录余话》卷一，第 274—275 页。
② 《宋史》卷二〇《徽宗纪二》，第 385 页。
③ 《宋史》卷三五三《张阁传》，第 11145 页。
④ 李之仪《姑溪居士后集》卷一九《胡公行状》，《宋集珍本丛刊》(27)，第 200 页。

说："大观末,朱勔始归隶童贯,而所进已盈舟而载,伯氏亦自命使臣采以献焉,俱未甚也。"①前面说了,本来童贯主要负责制造,朱勔负责花石,这样的话,至少到大观末年,童贯已经通领花石、制作两方面的应奉事务。当然蔡攸也一直在做这方面的事,不过他的角色逐渐发生了变化,这在第二节会论及。

另一个重要的变化是,哲徽之际的明金局后来基本不再出现在史料中,更著名的是"苏、杭造作局","二州置局,造作器用,曲尽其巧,牙角、犀玉、金银、竹藤,装画糊抹,雕刻织绣,诸色匠人,日役数千"②。该机构具体始于什么时候并不清楚,但肯定崇宁年间就有了③。苏杭造作局据说罢于宣和三年,但实际上如王曾瑜先生所说,此后史料中还可见杭州造作局。并且宣和七年的诏书中还提到"诸路采斫木植、制造局所,并罢"④,说明诸造作局终徽宗朝一直存在。

那么,崇宁、大观时期应奉的财政来源是什么呢? 依常理,必然有部分财物来自内库。除此之外,来自户部或者封桩系统的钱物应该也是必不可少的。前引负责采办明堂物料的胡师文是江淮发运使,梁子美是河北都转运使,可以说明问题。当然有很多应属摊派。史称苏杭造作局"财物所须,悉科于民"⑤,又称"方腊家有漆园,时造作局多科须,诸县抑配,而两浙皆苦花石纲之扰"⑥。这些应该是应奉日渐盛行后的情况。无论如何,崇宁、大观年间的应奉财源可能出于一时之措置居多,谈不上形成了固定的财政系统。

花石之纲运也要监司郡守的支持。崇宁四年九月,"诏两浙转运司,差开江兵卒,驾杭州造作局御前生活物色舟"⑦。此外,石公弼

---

① 《长编纪事本末》卷一二八《花石纲》,政和七年七月乙未条注,第4003—4004页。
② 《皇朝编年纲目备要》卷二九,宣和三年正月,第739页。
③ 王曾瑜《宋徽宗时的诸局所钱物》,第116页。
④ 《宋会要辑稿》职官4之35。
⑤ 《皇朝编年纲目备要》卷二九,宣和三年正月,第739页。
⑥ 《皇朝编年纲目备要》卷二九,宣和二年十一月,第737页。
⑦ 《皇朝编年纲目备要》卷二六,崇宁元年三月,第659页。

于大观间任御史,"论苏杭造作局上供之盛,差船役夫骚扰之弊"①。这都是指所造器用的纲运需转运司的协助。前述知杭州张阁也是领"花石纲",看来主要还是负责纲运,因为采办的事务有童贯、朱勔负责。

总结一下之前所论:首先,徽宗朝应奉的动力源自东京所开展的一系列营造与礼乐制作。其次,花石、制造两条线索本有分别,但到了大观年间合而为一,皆在童贯的掌管之下,朱勔乃其下线。最后,这时期尚未形成专门针对应奉的财政窠名,或多出于临时、临事之处置。

二 政和以降的诸工程

应奉真正的极盛是从政和至宣和二年末方腊起义。蔡絛说,诸花石纲之中,"(朱)勔之纲为最,延福宫、艮岳诸山皆仰之"②。此言花石纲之盛主要因兴建延福宫、艮岳,确实如此。

政和三年春延福宫开始营建,成于政和四年秋③。延福宫的规模很大,其基本情况见于宋徽宗御制的《延福宫记》④,这里就不赘引了。新延福宫据说由童贯、杨戬、贾详、何䜣、蓝从熙五人各出新意所建,故称为"延福五位"⑤。政和四年以后,"延福五位"以北仍继续大兴土木,就是所谓的"第六位",主体工程是跨过了内城北墙的"景龙江"景观⑥。

艮岳(即万岁山)工程比延福宫更为浩大,不知何时开工,政和五

---

① 王称《东都事略》卷一〇五《石公弼传》,第 899 页。
② 《长编纪事本末》卷一二八《花石纲》,政和七年七月乙未条注,第 4004 页。
③ 《皇朝编年纲目备要》卷二八,政和四年八月,第 710 页。
④ 同上书,第 710—711 页。
⑤ 宋徽宗御制《延福宫记》中提到的共有四位,"宫之左为位二""宫之右为位二"。童贯的地位明显高于其余四位,合理的应该是童贯总领其事及核心延福宫,杨戬、贾详、何䜣、蓝从熙各负责一位。
⑥ 《皇朝编年纲目备要》卷二八,政和六年二月,第 714 页。周宝珠《宋代东京研究》,第 38—39 页。

年九月,提举翰林书艺局御前制造所提到"修万岁合用山石万数浩大"云云①,说明艮岳此时已经开工有一段时间了。政和七年,朱梦说抨击宋徽宗"累层峦以为麋鹿之苑,浚污池以为鱼鳖之宅,扩楼观以为禽兽之笼"云云②,应即指正在建设中的艮岳。这一工程持续了多年,一直到宣和四年才基本告成,实际上此后还一直在增加新的内容③。四丈高的"神运昭功石",就是宣和五年才从太湖运到的④。

　　延福宫、艮岳往往被后人视为徽宗奢靡的体现,实际它们有相当重要的政治意义,是当时祥瑞体系的重要组成部分,论见下章。

　　与艮岳相关的另一重要建筑是上清宝箓宫,成于政和六年二月⑤。宝箓宫位于"景龙门东,对(景)[晨]晖门"⑥。景龙门即内城北墙靠东的城门,晨晖门乃延福宫之东门,故宝箓宫即在延福宫之东,大内的东北角外⑦。又有史料提到艮岳乃于"(宝箓)宫后累石为山"⑧,可知艮岳在宝箓宫之北(图四)。景龙门有复道通延福宫,亦有复道通宝箓宫,因此徽宗可以很方便地往来其间⑨。因为宝箓宫与艮岳的位置关系,也有学者将二者视为同一工程之两个阶段⑩。这是有道理的,陈均引用以描写宝箓宫的文字,其实本是蔡絛用来描述艮岳的⑪。

---

① 《长编纪事本末》卷一二八《万岁山》,政和五年九月甲辰条,第3998页。
② 《三朝北盟会编》卷一五九,绍兴四年七月引,第1155页。
③ 周宝珠《宋代东京研究》,第479页。
④ 《宋史》卷八五《地理志一》,第2102页。方勺《泊宅编》卷中,第81—82页。《泊宅编》以为朱勔因运巨石而得威远军节度使,这是不对的。按李埴撰、燕永成校正《皇宋十朝纲要校正》卷一八,宣和五年六月,"朱勔以燕山之役驰传有劳,为宁远军节度使、醴泉观使"(第530页)。
⑤ 《皇朝编年纲目备要》卷二八,政和六年二月,第714页。
⑥ 《宋史》卷八五《地理志一》,第2101页。
⑦ 参见久保田和男《宋代开封研究》,第237页。周宝珠《北宋东京开封府城推拟》,收入国家地图集编纂委员会《中华人民共和国国家历史地图集》第一册,第129页。
⑧ 《长编纪事本末》卷一二八《万岁山》,宣和六年九月庚寅条注,第4001页。
⑨ 周宝珠《宋代东京研究》,第479页。
⑩ 久保田和男《宋代开封研究》,第242页。
⑪ 《皇朝编年纲目备要》卷二八,政和六年二月,第715页。《长编纪事本末》卷一二八《万岁山》,政和五年九月甲辰条注,第3999页。

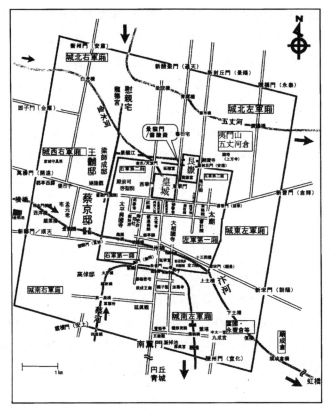

图四　宋徽宗时期的东京城示意图(从中可见延福宫、艮岳、宝箓宫的相对
**　　　位置关系。引自久保田和男《宋代开封研究》图2)**

除了延福宫与艮岳,徽宗政和以后的土木工程还有不少。

政和三年九月,保和殿成。保和殿开工于政和三年四月,与延福宫差不多同时,但不到半年就建成了。徽宗记曰:

> 迁延福宫于宫城之北,即延福旧址作保和殿五楹,挟三……总为屋七十五间,工致其巧,人致其力,始于四月癸巳,至九月丙午殿成。上饰纯绿,下漆以朱,无文藻绘画五采,垣墉无粉泽,浅墨作寒林平远禽竹而已。前种松竹、木犀、海桐、橙橘、兰蕙,有岁寒秋香,洞庭吴会之趣。后列太湖之石,引沧浪之水,陂池连绵,

若起若伏,支流派别,萦纡清泚,有瀛洲方壶、长江远渚之兴。[1]

这段描述很好地展现了保和殿的建筑风格及其与东南花石纲之间的关联。

与保和殿相关的还有宣和后殿/保和新殿,它们的关系比较复杂,史料中有误解,藤本猛已经对这个问题作了很好的澄清[2]。概言之,哲宗绍圣二年建成了宣和殿,徽宗在大观二年进行了重修,此见前述。宣和元年八月,在宣和殿之后(北)又落成了后殿[3],这个是保和新殿,见于蔡京宣和元年九月《保和殿曲燕记》[4]:

> 始至保和殿,三楹,楹七十架,两挟阁。无彩绘饰侈,落成于八月,而高竹崇桧,已森然蓊郁。

建筑风格仍然是尚雅素,不饰彩绘金玉。这个保和新殿的重要功能是藏古鼎彝器、道教经典、神霄派秘笈。藏古器尤多,蔡绦也提到了[5]。又,保和新殿可能与大观所建的宣和殿统称为宣和殿(区)[6]。

政和三年四月开工的还有玉清和阳宫,次年春完工。该宫位于寝

---

[1]　《皇朝编年纲目备要》卷二八,政和三年九月,第709页。

[2]　藤本猛《北宋末期"御笔"撰写之所——宣和殿及学士蔡攸》,第412—423页。

[3]　《宋会要辑稿》方域1之19:"宣和之后殿,重和元年所创也。"盖重和元年开工,宣和元年完工。

[4]　王明清《挥麈录余话》卷一,第276—277页。

[5]　《铁围山丛谈》卷四,第80页。

[6]　藤本猛认为是总称从宣和殿改为保和殿(《北宋末期"御笔"撰写之所——宣和殿及学士蔡攸》,第423页)。此说有误。作者所引《三朝北盟会编》叙徽宗禅位事云,宣和七年十二月二十三日,徽宗先于宣和殿见大臣,晚上又见于玉华殿,在玉华殿中伪装中风,"左右扶举,仅得就保和殿之东阁"。从这个记载来说,宣和殿、保和殿两名并存。

南宋袁文的记载说:"旧传徽宗见群臣往往[在]宣和殿,之后有保和殿,保和殿之后有玉山殿,又后有玉箫阁,实逼外矣。余以《大内图》考之,宣和殿之后乃云华殿,云华殿之后乃玉华殿,又后乃澄华殿,即到瑶津池,实御苑也。不知何故不同如此。"(《瓮牖闲评》卷三,第28页)这说明,袁文所见的徽宗《大内图》中,宣和殿仍在,而宣和殿之后的保和殿(即新殿)已不见其名,当是因为与旧宣和殿统称为宣和殿(区)。此外,绍兴九年(1139),南宋使臣楼炤、王伦等人有机会进入大内,其所见载于郑刚中《西征道里记》,在宣和殿附近的情况大致是:先经过睿思殿,向北抵达到宣和殿,宣和殿后"又一殿,忘其名",再往北是玉华殿(郑刚中《北山集》卷一三《西征道里记》,第141页)。这个被郑刚中忘记名字的殿,无疑就是宣和后殿。而郑刚中之所以忘记其名,恐怕是因为它与宣和殿实为宣和殿区之一部,如袁文所见《大内图》。

殿福宁殿之东,有正殿三、挟殿六,总屋一百四十二区,它的分布大致如表四[1]:

表　四

西挟殿	正　殿	东挟殿
宰御	后:景命万年	三光
正一	中:泰畤	灵一
三洞穷文	前:玉虚	峻极

这是一组道教建筑。其中,景命万年殿"奉皇帝本命",与前述集禧观本命殿不同。"三洞穷文殿"中则存道藏。玉清和阳宫更著名的名字是玉清神霄宫,该名是林灵素神霄派崛起后,政和七年五月改的。

政和五年四月,又建葆真宫[2]。葆真宫的位置,根据孟元老的叙述,属于"朱雀门外街巷"[3],即在内城南墙与外城南墙之间,与礼部贡院比较接近,其实已经比较靠近外城南墙了,可以参看上图四。葆真宫是个道教建筑,它很早就开始兴建了,大观三年石公弼为御史中丞时就说:"所有见今烧制道士,挟持惑众,臣访闻稍稍招权作过。修盖葆真宫,约费钱十二万余贯……葆真宫修造如可减节,即乞减节施行。"[4]一直到政和五年葆真宫才建成,工期如此之长,不知何故。

明堂是政和年间一项极其重要的工程。崇宁明堂议而未建成,至政和五年八月诏建明堂,政和七年三月上梁,徽宗御制《明堂上梁文》;六月,蔡京、童贯、梁师成、蔡攸、王革、盛章、蔡儵、蔡翛"皆以明堂成推赏"[5],整个工程持续了差不多整两年,"日役万人"[6]。徽宗明堂的占

---

① 《宋会要辑稿》礼51之14—15。

② 《皇朝编年纲目备要》卷二八,政和五年四月,第713页。

③ 孟元老撰,邓之诚注《东京梦华录注》卷二,第59页。

④ 赵汝愚编《宋朝诸臣奏议》卷八四《上徽宗论道士烧炼丹砂》,第916页。

⑤ 《长编纪事本末》卷一二五《明堂》,第3884、3887页。

⑥ 《宋史》卷一〇一《礼志四》,第2473页。

地面积为 207×189 尺^{2}①，约 3700 平方米。为了应对这么庞大的工程，徽宗于开工前下御笔云：

> 修制明堂，国之大政，即与前后营造事体不同，应有司官属自当竭力奉上，以成大功。如是修制所抽人匠、取索材料材植，如敢占吝隐讳不即发遣应副者，监官不以官高低，并行除名勒停，送广南远恶州军编管。②

如此，这个"明堂修制所"亦将带来大规模的"材料、材植"需求。

明堂的位置，据孟元老所述，"宣德楼左曰左掖门……左掖门里乃明堂"③，这是在大内南靠东的位置。"宣德楼前，左南廊对左掖门，为明堂颁朔布政府、秘书省。"④按明堂颁朔布政府成立于政和七年⑤，其地在左掖门外，则已不在大内之中。孟元老这里提到的秘书省，就是为了建明堂而移出大内的秘书新省⑥，其建成的时间大概是宣和二年，九月秘书省奏"今来新省已成"云云，十二月又有臣僚言"臣窃观秘书新省宏壮华丽"云云⑦。由此看来，因建明堂而带来的一系列工程，一直持续了五年左右。

除了这些单个的工程，徽宗朝还一直在进行京城的展修。东京的外城墙经过了宋神宗朝的大规模修治、哲宗朝的补完，基本已经没有什么修建余地了，文献中提到的徽宗、蔡京将外城城墙拉直之说只不过是传闻⑧。宋徽宗朝的京城修筑，主要在以下几个方面。

试图修东京内城墙。宣和三年，有臣僚上言"内城颓缺弗备"，于

---

① 张一兵《明堂制度研究》，第 427 页。1 宋尺约合今 31 厘米。
② 《长编纪事本末》卷一二五《明堂》，政和五年七月丁丑条，第 3883—3884 页。
③ 《东京梦华录注》卷一，第 31 页。
④ 《东京梦华录注》卷二，第 52 页。
⑤ 《宋会要辑稿》礼 24 之 81。
⑥ 《宋会要辑稿》职官 18 之 18。
⑦ 《宋会要辑稿》职官 18 之 21。
⑧ 周宝珠《宋代东京研究》，第 45—48 页。久保田和男《宋代开封研究》，第 202—210 页。

是诏都水使者孟扬提举修治，但可能实际未能开工①。一直到宣和六年末，中书省言"专切提举京城所状，奉诏塝筑京城，开撩壕河，修葺诸门等，可于宣和七年选日下手"。最后选定于宣和七年二月二十四日从"京城西南角坤位"开始②。不久之后金人就南下了，故可能也是不了了之。

徽宗政和六年二月还曾下诏"广京城"③，其诏曰：

> 朕荷天右，序男女仅五十人，垂休无穷，以次成立，建第筑馆，指日有期。而京师居民繁夥，居者栉比，无地可容，深虑移徙居民，毁彻私舍，久安之众，遽弃旧业，或至失所。言念赤子，为之恻然。可令有司度国之南，展筑京城，移置官司军营，将来缮修诸王外第与帝姬下嫁，并不得起移居民。④

学者一般把此诏理解为修筑外城⑤。但从"度国之南""移置官司军营"诸语推测，应该不是指修城墙，而是指在内城南墙以南，外城南墙以北进行施工，但具体的情况不明。

徽宗还重修过宣德门楼。宣德门是东京皇城（或曰宫城、大内）的正南门，学者曾推测，宣德门本为三门，蔡京改五门，时间是宣德门改名为太极之楼的政和八年⑥。实际宣德门三门改五门不在政和八年。按许翰于宣和元年六月任中书舍人⑦，不知何时罢任。许翰《襄陵文集》中载有几份转官制书，都与修宣德楼有关。其中之一是《石思转官制》，题下注："为应副宣德楼催促东南路木植。"⑧脑词与此一致的另

---

① 周宝珠《宋代东京研究》，第43—44页。

② 《宋会要辑稿》方域1之21。

③ 《皇朝编年纲目备要》卷二八，第715页；《皇宋十朝纲要校正》，第488页。

④ 《宋会要辑稿》方域1之19-20。宋会要将时间系于崇宁五年，误，此时徽宗子女未及五十人。

⑤ 久保田和南《宋代开封研究》，第205页。

⑥ 李合群《北宋东京皇城宣德门考》，《中原文物》2008年第2期，第65页。

⑦ 刘云军《许翰事迹简编》，《宋史研究论丛》第14辑，第582页。

⑧ 许翰《襄陵文集》卷一，第8页。

一份制书为《待制王本转官制》，题下注："提举京畿应副烧宣德楼琉璃等。"①还有《提举修建宣德楼张怀宝等转官制》《王贵修宣德楼了毕转官制》②，都与修宣德楼有关。另《河东采斫木植李宗等转一官制》云："朕作新象魏，临莅寰区，曾是栋楹榱桷之材，伐取岩峦溪壑之秀。"③从制词来看，也与修宣德楼有关。从上述转官制来看，为了修宣德楼，曾从东南、河东、京畿采办木植、琉璃等，也说明宣德楼的修完必在宣和元年六月以后。

又，刘才邵在宣和二年三月试词学兼茂科，与其同试者有范同、欧阳瑰，其试题有四，其一即"代公相以下谢赐御制宣德楼上梁文表"④。题中"公相"指蔡京。四库馆臣从《永乐大典》中辑出的刘才邵《椟溪居士集》中，尚保留了刘才邵所撰之表文，只不过"公相以下"误作"相公以下"⑤。由此可知，宣德楼的修完，应该是宣和元年下半年到二年初的事。

刘才邵的《谢表》说："爰颁诏旨，增蔽规模，役不及民，成于累月，对经涂而临万宇，辟飞闶而备五门，法阊阖以岩峣，焕觚棱之竦峙。"可以确知，宣德楼五门之制，是经过宣和初年的改建而来的，这就是孟元老在《东京梦华录》中所记之规模⑥。

除了上述建筑工程，徽宗政和以后还有大量制造工程，主要是礼器。前面提到，大观四年议礼局就有意改制礼器，到了政和时期又出现了一个新的机构——礼制局，这个礼制局的主要工作就是负责礼器制造：

> 比哀集三代鼎彝簠簋盘匜爵豆之类，凡五百余器，载之于图，考其制而尚其象，与今荐天地、飨宗庙之器，无一合。去古既

① 许翰《襄陵文集》卷一，第 8 页。
② 同上书，第 19、20 页。
③ 同上书，第 18 页。
④ 《宋会要辑稿》选举 12 之 9。《宋会要辑稿》将时间误作宣和三年三月，据《宋史》卷四二二《刘才邵传》，当在宣和二年（第 12607 页）。
⑤ 刘才邵《椟溪居士集》卷八，《景印文渊阁四库全书》第 1130 册，第 524 页。
⑥ 孟元老《东京梦华录》卷一《大内》，第 30 页。

远,礼失其传矣。祭以类而求之,其失若此,其能有格乎? 诏有司
悉从改造。①

综合《长编纪事本末·礼制局》来看,礼制局工作的重点是王朝礼仪及
臣僚家庙礼器的议定、制造、使用方式。正因如此,"礼制局制造所"其
实是整个礼制局的核心,政和三年十月徽宗就在崇政殿"阅举制造礼
器所之礼器,并出古器宣示百官"②,宣和二年制造所因"支过料钱物
数浩瀚"而罢③。

礼制局铸造了大量的新制礼器,容庚先生曾有探讨④。见于文献
和传世的徽宗政和、宣和年间新制礼器,目前可确知的有 26 件⑤,这当
然不过是冰山一角。

除了礼器,政和八年二月,道教神霄飞云九鼎也出于礼制局制造
所⑥。神霄飞云九鼎计有:太极飞云洞劫之鼐、苍壶祀天贮醇酒之鼎、
山岳五神之鼎、精明洞渊之鼎、天地阴阳之鼎、混沌之鼎、浮光洞天之
鼎、灵光晃耀炼神之鼎、苍龟火蛇虫鱼金轮之鼎⑦。除了神霄鼎,礼制
局于政和八年四月铸成景灵玉阳神应钟⑧。这是仿崇宁九鼎、钟而成
的。下章会有涉及。

综上所述,政和以后,东京的土木工程、礼器制造工程进入了前所
未有的高峰。通俗地讲,徽宗政和以降的东京城就是一个"大工地"。
这样才能理解为什么"应奉"在政和以后愈演愈烈。但是,这些工程绝
不限于满足徽宗的个人私生活所需,而是王朝政治的重要内容,与当
时的"丰亨豫大"与"惟王不会"两个政治口号分不开,尤其是前者。

---

① 《长编纪事本末》卷一三四《礼制局》,政和三年七月己亥条,第 4193 页。

② 《长编纪事本末》卷一三四《礼制局》,政和三年十月乙丑条,第 4200 页。

③ 《长编纪事本末》卷一三四《礼制局》,宣和二年六月甲午条,第 4224 页。

④ 容庚《商周彝器通考》,第 183—188 页。

⑤ 陈芳妹《宋古器物学的兴起与宋仿古铜器》,台湾大学《美术史研究集刊》第 10 期,
第101—103 页。

⑥ 《长编纪事本末》卷一二八《九鼎》,重和元年二月辛酉条,第 3989—3990 页。

⑦ 《宋会要辑稿》礼 51 之 24。

⑧ 《宋会要辑稿》乐 4 之 1。

三　"丰亨豫大"与"惟王不会"

"丰亨豫大"见于政和六年(1116)的诏书:

> 诏丰豫盛时,毋为裁损计。(诏戒群臣挟奸罔上,当丰亨豫大极盛之时,毋为五季变乱裁损之计。榜朝堂,刻石尚书省。)[①]

"丰亨豫大"是什么意思?元朝史臣评价徽宗朝说:"君臣逸豫,相为诞谩,怠弃国政,日行无稽。"[②]这里的"君臣逸豫",即享乐之意,当源自徽宗朝"丰亨豫大"这一说法。按"丰亨豫大"出自《周易》的《丰》《豫》二卦,现代学者一般会引用唐初孔颖达《周易正义》的解释,说明其指兴盛富足的太平安乐景象,是为徽宗享乐提供的借口[③]。笼统讲这并不错,但综合《丰》《豫》二卦从唐到宋的主要解释,尤其是北宋中后期的解释,可对徽宗朝"丰亨豫大"的含义作出更准确的理解。

总的来说,唐宋时代对于《丰》的解释重点不是富足,而是王者之德遍及天下,治道大成。而《豫》卦之"豫",也并不是指君主逸豫,而是指圣人顺民或顺理而动,使其下民众悦豫。而且,北宋中后期对《豫》的解释还呈现出了一套理想的政治结构:圣人之君、任事之臣、悦豫之众。因此,"丰亨豫大"实为当时表达理想政治的口号。以下略作分析。

"丰亨"出自《丰》卦辞:"亨,王假之,勿忧,宜日中。"《序卦》云:"得其所归者必大,故受之以《丰》。丰者,大也。"《丰》之前的一卦是《归妹》,所以《序卦》云"得其所归"。

孔颖达的解释,学界比较熟悉:"丰者,多、大之名,盈足之义,财多德大,故谓之丰。德大则无所不容,财多则无所不齐,无所拥碍之为'亨',故曰'丰,亨'。"[④]据此,认为"丰亨"有兴盛富足之意,当然是有

---

①　《皇朝编年纲目备要》卷二八,政和六年七月,第716页。

②　《宋史》卷二二《徽宗纪》,第418页。

③　杨小敏《蔡京、蔡卞与北宋晚期政局研究》,第318页。王曾瑜《宋徽宗时的诸局所钱物》,第114页。

④　王弼注,孔颖达疏《周易正义》,第224页。

根据的。但孔疏并不只说"财多"，更强调"德大"：

> "王假之"者，假，至也，丰亨之道，王之所尚，非有王者之德，不能至之，故曰"王假之"也。王能至于丰亨，乃得无复忧虑，故曰"勿忧"也。用夫丰亨无忧之德，然后可以君临万国，遍照四方，如日中之时，遍照天下，故曰"宜日中"也。

孔疏的意象是：只有"王者"才能至于财多德大（丰）、无所拥碍（亨）的境界，从此可无复忧虑，能君临万国，如日之中遍照天下。这一解释的重点本不在富足，而在王者之德、王者之治。

北宋中期以后的解释在这一点上作了更多的发挥。胡瑗（993—1059）论《丰》卦更为强调王者借"丰盛之时""富有天下"之机而行礼乐教化[1]：

> "王假之"者，凡有圣人之德，有仁义之道，苟不得其时，不得其位，则无兴天下之势，无居天下之资，是则虽有仁义之道，安能有所为哉。故圣人必假此丰盛之时，发号施令则民易以从，行赏用罚则民易以服，以至制礼作乐，施发教化，可以大行于天下也。
>
> "勿忧，宜日中"者，夫天下至广，有教化之所不能及者，有一物不得其所者，是王者之所忧也。今戒之勿忧者，日中则宜也。盖言日未中之时，则其明未盛，日之过中则其明将衰。惟是日中正之时，则遍照天下，无纤悉幽隐不被其光辉，圣人虽富有天下，必须仁义道德遍及于天下，使无一民一物不被其泽，不被其烛，如此可以勿忧恤也。

胡瑗把"假"理解成"假借"，这与孔颖达理解成"至"不同，故进一步突出了以富有天下之后的"制礼作乐，施发教化"为重点，从而使得普天之下所有民、物皆蒙圣人仁义道德之泽。其意思简单地讲，就是圣人教化，治道大成。

程颐（1033—1107）对《丰》的理解，基本继承了孔颖达之说。以

---

[1]　胡瑗《周易口义》卷九，《景印文渊阁四库全书》第 8 册，第 407 页。

为"丰"唯有王者能至,而且强调王道"宜如日中之盛明广照,无所不及,然后无忧也"[1]。北宋后期的张根(1062—1121)解释《丰》卦,也提到"无此疆尔界之谓","大有为之谓"[2],没有超出孔疏、胡瑗口义。

故总而言之,唐宋时代的"丰亨",确实是讲"极盛",但这个极盛不仅仅是富足,而更是指圣人之君德大,并且行礼乐教化,于天下无所不及。

"豫大"出自《豫》卦,《彖辞》曰:"豫之时义大矣哉!"又九四《爻辞》曰:"由豫大有得,勿疑朋盍簪。"《象辞》曰:"由豫大有得,志大行也。"《序卦》亦云:"有大而能谦必豫,故受之以豫。"按《豫》之前的两卦分别是《大有》《谦》,故云。

"豫"在字面上一般解释成安乐,但几乎没有人认为其主语是君主。孔颖达疏云:

> 谓之豫者,取逸豫之义,以和顺而动,动不违众,众皆说豫,故谓之豫也。[3]

即所谓"悦(说)豫",乃指"众"。这一点,孔颖达在解释《序卦》时说得更为明白:

> 其意以圣人顺动能谦,为物所说,所以为豫。人既说豫,自然随之,则谦顺在君,说豫在人也。若以人君喜乐游豫,人则随之,纣作靡靡之乐,长夜之饮,何为天下离叛乎?故韩康伯云:"顺以动者,众之所随。"在于人君取致豫之义,然后为物所随,所以非斥先儒也。[4]

即按照孔颖达的逻辑,先是圣人"谦顺",然后人皆"悦豫",即"谦顺在君,说豫在人",所谓"豫"不是指人君,而是指其下之众人。他还特别强调,人君喜乐游豫则可致天下离叛的恶果。

---

[1]　程颐《周易程氏传》卷四,《二程集》,第983页。
[2]　张根《吴园周易解》卷六《丰》,《景印文渊阁四库全书》第9册,第525页。
[3]　王弼注,孔颖达疏《周易正义》,第83页。
[4]　同上书,第336页。

　　与孔疏类似,胡瑗并没有改变"悦豫"指"天下之人"的解释,也强调了"圣人在上,大有天下之众",以及圣人主动"持谦巽之德以临于下,则天下之人皆悦豫而从之",这与孔疏是相似的①。

　　此外,欧阳修亦云,圣人既以天下为忧,也以天下为乐,但"其乐也,荐之上帝祖考而已,其身不与焉"②,即本人是不享乐的。陈襄(1017—1080)则认为,《豫》言:"君子居大有之时,志易盈满,若能以谦恭处之,则必身享悦豫。"③即主体并非君主,而是君子。程颐则区分了君主的两种情况,一种是"沉溺于豫,不能自立",另一种是"不失君道",让任事之臣主于豫,而能"安享其功"④。也就是说,豫非君道。

　　按照以上解释,"豫大"无法作为享乐的"借口"供徽宗使用,因为"豫"的主语并非人君。但是,以上诸家同样也突出了一点:"人皆说豫"的前提是圣人的"顺动"(动不违众或顺理而动)。一言以蔽之,能达成众人安乐之结果的,乃是圣人。

　　徽宗朝耿南仲曾经为太子赵桓讲《周易》,于宣和六年讲毕⑤,他的《周易新讲义》在解释《豫》时,也说了圣人顺理而动,以至众人悦豫。进一步地,耿南仲还指出了圣人之于"豫"的另一个作用——在众人悦豫的局面下,警醒有为,化养天下:

　　　　雷出地奋为豫,豫者众人熙熙如登春台之时。方是时,视浊水迷于清渊,有至于冥豫者,岂观象而见所谓非豫之几哉?非与日月合其明者,孰能与此。故曰"豫之时义大矣哉"。⑥

也就是说,圣人不会随众人悦豫,而是在众人熙熙的场景中看到潜在

---

　　① 《周易口义》卷四,第258页。胡瑗在讲顺动时,说"圣人以天地为心,而有所动作,则天下之人悦豫而从";"言豫之时,其义至大,意使后人所动所为当顺于心而已"。"心""以天地为心"概念的引入是孔疏没有的。

　　② 欧阳修《易童子问》卷一,《欧阳修全集》卷七六,第1109页。

　　③ 陈襄《古灵先生文集》卷二三《易讲义·豫》,《宋集珍本丛刊》(9),第43页。

　　④ 《周易程氏传》卷二,《二程集》,第782页。

　　⑤ 《长编纪事本末》卷一四六《钦宗皇帝》,宣和六年八月庚午条,第4575页。

　　⑥ 耿南仲《周易新讲义》卷三《豫》,《景印文渊阁四库全书》第9册,第628页。

危机,即耽于逸乐(冥豫)的危险,或曰"熙熙而遂失性",圣人于是作乐、崇德,即"崇圣人化养之德"。

所以,在徽宗时代的解《易》语境中,君主与"豫"的联系不是其能身享悦豫,而是圣人之君能致天下众人悦豫,并防止人们沉溺于享乐。

更重要的是,北宋时代对于《豫》九四爻的解释,还带出了一种孔疏所没有的理想政治结构。孔疏对于九四爻辞和象辞,主要解释了其字面意思,没有什么发挥:

> 处豫之时,居动之始,独体阳爻,为众阴所从,莫不由之以得其豫,故云"由豫"也。"大有得"者,众阴皆归,是大有所得。①

因为《豫》卦(䷏)是由坤下、震上两个经卦构成,坤下是顺,震上是动,九四爻是《震》卦第一爻,所以称"居动之始"。"独体阳爻,为众阴所从",则是指九四爻是整个《豫》卦中唯一的阳爻(—),其余诸爻都是阴爻(--)。孔疏解释九四象辞也仅仅是说"众阴既由之而豫,大有所得,是志意大同也"。孔疏没有明言此爻的政治指向,不过联系上下文,当是指君主。

宋人对《豫》九四爻的政治含义作了孔疏所没有的发挥。胡瑗解释说:

> 此卦上下群爻皆阴柔,而四独以刚阳之德,为豫之主,然非至尊之位,乃专权之臣也。权既已专,是以上下皆附从之,必由于己而后得豫也,故曰"由豫"也。"大有得者",四既得众爻从之以取其悦乐,是己之大有所得也。②

在《周易》诸卦六爻中,第五爻是"尊位",但《豫》卦中唯一的阳爻(—)没有出现在第五位,而是出现在第四位,所以胡瑗说"四独以刚阳之德,为豫之主,然非至尊之位,乃专权之臣也"。因此,所谓"悦豫",其实是直接出自"专权之臣"。

---

① 王弼注,孔颖达疏《周易正义》,第86—87页。
② 《周易口义》卷四,第260—261页。

进一步地,在胡瑗的解释体系中,这位专权之臣是一个正面形象:

> 四秉悦豫之权,众来附己,然而必借天下群才共成天下之事
> 业。群材既已从己,己必尽诚以信任之,不有疑贰之心,则彼将引
> 其朋类,合其簪缨而来也。

> 九四以刚阳之才,为豫之主,上下群阴悦附于己,而又能信任
> 天下之士,天下之士皆合其簪缨而来,是得其位而有权,故其志大
> 得行也。

这样,《豫》卦九四爻表示了在位的"专权之臣"能"信任天下之士",最后"共成天下之事业"。

综合胡瑗的解释,"豫大"表示了一种理想的政治模式:圣人之君在上,专权之臣在下,而专权之臣又能信任天下群才,共成事业,最终达成天下人皆悦豫的结果。

胡瑗的这种解释并不孤立。陈襄在解释《豫》九四爻时也说,该爻表示的就是"君子"致众民于悦豫之意,也指出了这个君子"不当尊位",其身份其实是臣下:"今五阴昧弱,皆以九四阳明之爻为之主,有建侯之义,故曰'利建侯'。"[1]邵雍则说,《豫》九四爻辞对应的就是"周公居总己当任重之地"以"保嗣君"[2]。因此,虽然具体解释与胡瑗多有不同,但他们的《豫》解都以主豫者为大臣。

程颐解释九四爻辞和象辞[3],首先也认为"四,大臣之位,六五之君顺从之,以阳刚而任上之事,豫之所由也"。接着程颐说,"四居大臣之位,承柔弱之君而当天下之任"这种格局是可以成立的,因为大臣"唯当尽其至诚,勿有疑虑,则朋类自当盍聚。夫欲上下之信,唯至诚而已,苟尽其至诚,则何患乎其无助也"。所谓"至诚"云云,明显融入了程颐主张的修养功夫,但作为一种政治模式则和胡瑗仍是一致的,程颐说:

---

① 《古灵先生文集》卷二三《易讲义·豫》,第 42 页。
② 邵雍著,郭彧整理《观物内篇·七》,《邵雍集》,第 29 页。
③ 《周易程氏传》卷二,《二程集》,第 781—782 页。

四以阳刚,迫近君位,而专主乎豫,圣人宜为之戒,而不然者,豫和顺之道也,由和顺之道,不失为臣之正也。如此而专主于豫,乃是任天下之事而致时于豫者也,故唯戒以至诚勿疑。

意圣人在上,大臣在位而"尽其至诚","任天下之事而致时于豫",即理想的统治成效。另外,耿南仲在解释九四爻时亦云"九四务在协众以安其上"①,乃大臣之象。

由此可知,唐宋尤其是北宋对《豫》卦的解释,并未以君主悦豫为解,而主要是表达了一种圣人在上、大臣在下,最终至于天下之人和悦安乐的理想统治模式、统治成就。这种解释,正是徽宗朝"豫大"的语境。

以上是对"丰亨豫大"的解释。"惟王不会"据说出于蔡京之口。崇宁五年,右正言詹丕远"乞罢营造,止浮费",徽宗对他说:"京于财用,未尝以不足告,惟引《周官》'惟王不会'之说。何意?"詹丕远曰:"不过欲悦陛下耳。"②

按"惟王不会"见于《周礼·膳夫》:"岁终则会,唯王及后、世子之膳不会。"按照郑玄的说法,会就是会计,"不会"就是"不会计多少,优尊者,其颁赐诸臣则计之"。③

蔡京是否对徽宗说过"惟王不会"难以确证④。不过,在后人看来,问题的根源还不在蔡京,而在王安石。王安石《周官新义》对"惟王不会"的解释是:"所谓不会,非不会其出,不为多少之计而已。王与后及膳禽饮酒及服皆不会者,至尊不可以有司法数制之。"⑤这个解释和郑玄大同小异。

除了解释《周官》,王安石还对神宗说过:

① 《周易新讲义》卷三《豫》,《景印文渊阁四库全书》第9册,第629页。
② 《皇朝编年纲目备要》卷二七,崇宁五年六月,第689—690页。
③ 郑玄注,贾公彦疏《周礼注疏》,第121页。
④ 据说蔡京曾言:"陛下当享天下之奉,区区玉器,何足计哉!"见《宋史》卷四七二《蔡京传》,第13725页。
⑤ 程元敏《三经新义辑考汇评下·周礼》,第95页。

人主若能以尧舜之政泽天下之民，虽竭天下之力以奉乘舆，不为过当。守财之言，非天下正理，然陛下圣心高远，如纷华盛丽无可累心，故安于俭节，自是盛德，足以率励风俗，此臣所以不敢不上体圣心也。①

这段话说君王"虽竭天下之力以奉乘舆，不为过当"，当然是有前提的——"若能以尧舜之政泽天下之民"。因此，王安石确实表达过君主之奉养可以无限，但一是就礼制尊卑而言，二是就尧舜式的君主，即理想的君主而言。

金人南下后，王安石这些言论被杨时、魏了翁抓住了把柄。杨时（1053—1135）对宋钦宗说："致今日之祸者，实安石有以启之也。"他先是批评了王安石对神宗所说的"竭天下以自奉"之语，认为"曾不知尧舜茅茨土阶，未尝竭天下以自奉……其后王黼以应奉花石之事，竭天下之力，号为享上，实安石竭天下自奉之说有以倡之也"。接着，杨时说：

其（按，指王安石）释《凫鹥》守成之诗，于末章则谓："以道守成者，役使群众，泰而不为骄。宰制万物，费而不为侈。孰弊弊然以爱[物]为事？"……安石独倡为此说，以启人主之侈心。其后蔡京辈轻费妄用，专以侈靡为事，盖祖此说耳。则安石邪说之害，岂不甚哉！②

杨时认为，王安石"启人主之侈心"，一是本于对神宗之言，二是本于释《凫鹥》之诗。在《诗义》中，王安石基本保持了与《周官新义》一致的解释，即"泰而不为骄""费而不为侈"的一切前提都是君主"以道守成"。

南宋中期，魏了翁（1178—1237）的批评主要针对的是王安石的《周官新义·膳夫》。魏了翁说："王介甫错看《膳夫》一义，以为王者

① 《长编》卷二四一，熙宁五年十二月丙申条，第5885—5886页。
② 杨时《龟山先生全集》卷一《上钦宗皇帝其七》，《宋集珍本丛刊》（29），第290页。据汪藻《靖康要录》卷六（第360—363页）校。

受天下之奉,后王黼等专置应奉司,以为当受四海九州之奉,不知他经元无此义,独《周礼·膳夫》一职有备享之事……政、宣之误,至于亡国,皆《膳夫》一句误之。"①魏了翁虽然批评王安石误读《膳夫》,但一定程度也承认王安石并非发无根之言,故又归罪于郑玄——"学术误国,原于康成",又认为《周礼》本身是可疑的——"此一节凡言王备物之享,第《诗》《书》皆无及此礼者,《周礼》一部可疑,此亦其一"②。从今天的眼光来看,魏了翁认为《周礼》可疑自属洞见,但对王安石的批评则有些无力,前面说了,王安石的重点本不在"人主当享备物极"。

总之,如果将"惟王不会"放到王安石的解释框架中,从字面上来说有"启人主侈心"的倾向,但王安石是站在政治等级、尧舜之君的立场上解释《膳夫》"惟王不会"。就等级而言,与郑玄有一致的地方;就尧舜之君而言,则有时代特色——"致君尧舜"。

综上所述,"丰亨豫大"与"惟王不会"这两者加起来,主要不是说富足,而是统治的成功,概括起来就是:理想的君主(尧舜之君)、理想的大臣(任天下之事)、理想的统治成效(天下之人豫悦),也就是"极盛之时"。

在这样的政治口号下,徽宗朝"新政"中的学校制度、八行取士,宗室存养,漏泽园、安济坊等社会救助政策,制礼作乐等举措的立意就可以理解了——正是为了天下人皆悦豫,从而展现"丰亨豫大极盛之时"。由此再看"当丰亨豫大极盛之时,毋为五季变乱裁损之计"这一戒令的意思,就可知所谓的"裁损",并非指裁减徽宗的私奉,而是指裁损诸"新政",当然也就是对宣扬"极盛之时"的否定了。此诏"榜朝堂,刻石尚书省",说明了"丰亨豫大"这一政治口号不容置疑,即宣扬极盛的举措不容置疑。

那么,"丰亨豫大"这一宣扬"极盛"的政治口号,又如何与前述应奉诸工程对应起来呢? 这留待下一章探讨。

---

① 魏了翁《鹤山先生大全文集》卷一〇九、一一〇《师友雅言》,第37a叶。

② 《鹤山先生大全文集》卷一〇五《周礼折衷》,第34b叶。

四 本节结语

本节主要讨论了徽宗朝所谓"应奉"的缘起与实质。简言之，应奉的主要动力不在于徽宗或宫廷的生活享乐之需，而是自其登基以来在东京城展开的种种建筑工程、礼乐工程。对应着应奉诸工程、制作，"惟王不会""丰亨豫大"一直被理解为徽宗臣僚享乐的借口。但是，从唐宋时代的解经语境出发，可知这些是在当时极为重要、不容置疑的政治口号，归根结底表现的是圣人之君、圣人之治，也即对"极盛"的宣扬。这样的话，贯穿始终的"应奉"乃是徽宗朝政治的重要表现形式。

徽宗本人的爱好、欲望在"应奉"中扮演了什么角色呢？这不易评价，满足徽宗个人甚至其下臣僚的"私奉"肯定也夹杂在作为王朝政治的应奉之中，这是帝制政治难以消除的弊端。靖康之难以后，在成王败寇的史观之下，出于史鉴之需，徽宗被描绘为一个穷奢极欲的帝王，因纵欲无度而导致王朝的灭亡，在这种情况下，"应奉"也多被理解为供帝王之个人生活私欲，而不是王朝政治之表现形式。

如果理解了应奉是徽宗朝王朝政治的重要形式，则下一个重要的问题就是：应奉的财政问题如何解决？前面已经简单地提过政和以前应奉财政出于临时之措置居多，还谈不上一个独立的财政系统。那么，政和、宣和时期，面对大规模的工程、制造，其财政如何安排？这是下一节的主题。

第二节 从应奉局到应奉司

前面已经提到，大观末年，宦官童贯是一切应奉事务的总领，朱勔乃其下线，同时蔡攸也在应奉不已。到了政和以后，蔡絛描绘了三条应奉的途径：

> 政和初，鲁公被召，上戏伯氏须土宜进，遂得橄榄一小株，杂诸草木进之，当时以为珍。其后又有使臣王永从、士人俞輠应奉，

皆隶伯氏。每花石至动数十舟，号成纲矣。盛章守姑苏，及归作开封府尹，亦主进奉。然勔之纲为最，延福宫、艮岳诸山皆仰之。

　　政和四年以后，东南监司郡守、二广市舶，率有应奉，多主伯氏。至六七年间，则又有不待旨但进物，至计会诸阉人，阉人亦争取以献焉，天下乃大骚然矣。①

根据蔡絛的描述，应奉可以分成朱勔、蔡攸、盛章三条线，但实际上只有两条：童贯—朱勔以及蔡攸，盛章只不过是蔡攸的下线之一。这两条线，就代表了徽宗朝应奉的两个方面：采办与财政支持。

一　应奉的两个方面及其配合

（一）两个方面：童贯—朱勔与蔡攸—监司郡守

自从大观末以后，朱勔隶属于童贯。赵彦卫《云麓漫钞》说朱勔：

　　遂取吴中水窠以进，并以工巧之物输上方，就平江为应奉局，百工技艺皆役之。间以金珠为器，分遗后宫，宫人皆德之，誉言日闻。遂取太湖巧石，大者寻丈，皆运至阙下。又令发运司津置，谓之花石纲。②

这个平江应奉局，具体什么时候成立并不清楚，至宣和二年末才因方腊起义而罢③。元人陈桱《通鉴续编》说崇宁四年十一月以朱勔领应奉局及花石纲于苏州，不知所据④。从其他迹象看来，朱勔领应奉局不应如此之早。一般认为朱勔兴起于蔡京再相之后，"再入相，（蔡）京属童贯，以军功补官"⑤。而蔡京第二次任相在大观元年正月至三年六月，这与前引蔡絛所说"大观末，朱勔始归隶童贯"是可以印证的。这样看来，《宋史·朱勔传》将平江应奉局的设立定于政和中是有道

---

① 《长编纪事本末》卷一二八《花石纲》，政和七年七月乙未条注，第 4004 页。
② 赵彦卫《云麓漫钞》卷七，第 121 页。
③ 《宋史》卷四六八《方腊传》，第 13660 页。
④ 王曾瑜先生认为必有所据，见王曾瑜《宋徽宗时的诸局所钱物》，第 116 页。
⑤ 《云麓漫钞》卷七，第 121 页。参见《宋史》卷四七〇《朱勔传》，第 13684 页；《东都事略》卷一〇六《朱勔传》，第 907 页。

理的：

> 至政和中始极盛，舳舻相衔于淮、汴，号"花石纲"，置应奉局
> 于苏，指取内帑如囊中物，每取以数十百万计。

但"花石纲"之名不始于政和，此上节已说明。

平江应奉局出现后，既然如《云麓漫钞》所说"百工技艺皆役之"，
则苏杭造作局应该也隶属于它。而且"取太湖巧石"云云，说明采买花
石也由此机构负责。应奉局之出现，应该是为了设机构统领这两方面
的事务。一言以蔽之，平江应奉局负责制造器物、搜罗花石，触角广及
整个东南地区。

既然如此，应奉局的主要财源是什么？王曾瑜先生根据《宋
史·食货志》所引宣和六年宇文粹中语，认为主要是"截拨上供"[1]。
宋代"上供"的含义比较宽泛，笼统地指地方上供中央之财计，与地方
留用财赋相对，而宇文粹中所说的"上供"，则指地方上供中央财政的
现钱[2]。而实际的情况比宇文粹中所说"截拨上供"要复杂。

钦宗时，陈东在弹劾朱勔父子时说：

> 侵移内帑无数，而有司不得会计。其所请钱，号为收买花石
> 进奉之物，其实尽以入己，自初至今不知其几千万数……所贡物
> 色，尽取于民，四散遣人，尽行搜括。[3]

照陈东所说，朱勔收买花石所请之钱主要源自内藏，实际上其钱又中
饱私囊，花石则强取。

应奉之财来自内藏是可以理解的，政和八年初诏书称："间有御前
自京给降见钱、度牒、银绢付诸监司，于出产州军仍以市价私相和买口
味、木石之类者有之。"[4]另，宣和二年末方腊起义后，宣和三年春，徽
宗就次第令罢花石纲，其正月御笔云：

---

① 王曾瑜《宋徽宗时的诸局所钱物》，第 113、123 页。
② 汪圣铎《两宋财政史》，第 575—578 页。包伟民《宋代地方财政史研究》，第 79 页。
③ 陈东《少阳集》卷一《登闻检院上钦宗皇帝书》，《宋集珍本丛刊》(39)，第 123 页。
④ 《宋会要辑稿》刑法 2 之 70。

> 自来收买计置花竹、窠石,造作供奉物色,委州县、监司干置,
> 皆系御前预行支降钱物,令依私价和买……比者始闻赃私之吏借
> 以为名,率多并缘为奸,驯致骚扰,达于闻听。可限指挥到,应有
> 见收买花石、造作供奉之物置局及专(丞)[承]指挥计置去处,一
> 切废罢。仍限十日结绝。官吏、钱物、作匠并拨归元处。①

这则御笔说明了三点:一是应奉的部分财源来自"御前预行支降",也
就是内藏之财;二是实际上有花石属于"抑配";三是还有大量的财物
来自于内藏之外。

来自内藏之外的钱物是什么呢?《东都事略·朱勔传》说,平江应
奉局"指内帑为囊中物,每一发取辄数十百万;外计所蓄,虽封桩禁钱,
无问名色悉取之"②。指出了"内藏"与"外计"两个方面,"外计"又包
括转运司经费与朝廷封桩钱。

钦宗时胡舜陟弹劾朱勔时亦云:

> (朱)勔施毒螫于东南,为民蠹贼,为国敛怨,而臣复以勔有大
> 恶不可不诛。御前财物,非天子私藏,盖欲广储蓄、备缓急耳,勔
> 辄请为花石什物之费,今日百万,明日数十万,前后蠹耗不计其
> 数。东南常平并转运司钱,则取之。向来燕山免夫钱,宜不可取
> 矣,勔亦取之。③

这就非常清楚地说明了内藏、封桩、经费三个系统都在为花石提供财
政支持。其中,免夫钱是比较晚的事情,收复燕云后于宣和六年六月,
"令京西、淮、浙、江、湖、四川、闽、广并纳免夫钱,期以两月纳足"④。
纳免夫钱的地域恰好与应奉的主要地区——东南、京东西有些重合,
因此被挪用了。

---

① 《长编纪事本末》卷一二八《花石纲》,宣和三年正月辛酉,第 4008—4009 页。参见
《皇朝编年纲目备要》卷二九,宣和三年二月,第 739 页。

② 《东都事略》卷一〇六《朱勔传》,第 907—908 页。

③ 汪藻《靖康要录》卷四,靖康元年三月二十八日,第 262 页。校以《景印文渊阁四库
全书》本《靖康要录》卷三。

④ 《宋史》卷二二《徽宗纪四》,第 414 页。

　　当然,所谓的"取",其实不那么简单,必须得到地方财政系统的配合。童贯、朱勔所领诸局所的主要任务是采办,本身其实没有征调钱物的能力。在这种情况下,蔡絛提到的另一条线就起了重要作用:这就是地方财政系统对于"应奉"的支持,其主首就是蔡攸。

　　前引蔡絛言,"又有使臣王永从、士人俞𫍲应奉,皆隶伯氏";"政和四年以后,东南监司郡守、二广市舶,率有应奉,多主伯氏"。蔡攸的下线,皆各地富户、郡守、监司。

　　先看蔡絛提到的王永从、俞𫍲。宣和五年左右,淮南东路转运判官向子𬤇提到,王从永在应奉事务中"诚无分毫之费"[1]。宣和七年末,史载"王永从愿自办本家粮斛一百万石措置赴阙,体国助军"[2]。史又载湖州富民王永从在南宋初年屡献钱以佐国用[3]。前后王从永、王永从应该是同一个人,而且,应奉的主角朱勔本来也是因商致富者。可以想见,东南是应奉主要所出地区,若无这些"富民"的支持,也是难以进行的。

　　俞𫍲或作俞𫍲,卒于绍兴元年五月,"𫍲,钱塘人,宣政间以应奉故,屡为部使者,靖康初乃废"[4]。方腊起义爆发的时候,俞𫍲正在两浙提举常平任上,方腊事起后"准朝旨勒停"[5]。宣和六年,俞𫍲从淮南西路转运判官任上被放罢[6]。常平、转运分别属于朝廷封桩与户部经费的征调系统。

　　还可以找到几个例子。比如广东提举市舶、转运使徐惕。徐惕于政和四年任提举市舶[7],这与蔡絛说的"二广市舶……多主伯氏"是吻

---

① 胡宏《胡宏集》杂文《向侍郎行状》,第 168 页。

② 《宋会要辑稿》职官 55 之 42。

③ 《建炎以来系年要录》卷二〇,建炎三年二月辛未条,第 314 页。

④ 《建炎以来系年要录》卷四四,绍兴元年五月癸亥条,第 617 页。

⑤ 《宋会要辑稿》选举 29 之 14:(宣和)三年二月六日,江浙淮南等路宣抚使童贯言:勘会两浙提举常平俞𫍲已准朝旨勒停。

⑥ 《宋会要辑稿》职官 69 之 15。

⑦ 郝玉麟等监修《广东通志》卷二六《职官志·提举市舶》,《景印文渊阁四库全书》第563 册,第 33 页。

合的。按市舶的收入一般直接归于朝廷，不隶地方①。又蒋猷任御史中丞曰：

> 感上知遇，遂言东南应奉且十年……因论提举两浙常平徐铸以籴本钱畀漕司制造，广东转运使徐惕以虚名羡财进奉后苑兴作，乞重置之法。帝不从。②

按蒋猷政和四年至六年任御史中丞③。《宋史·外国传》则提到了政和六年广东转运副使徐惕④。他在广东转运副使后应该还任了广西转运使。靖康元年十月：

> 十八日臣僚上言："直秘阁徐惕昔为广西转运使，掊敛公私之物，如文犀、大贝、异香、珍货，悉献于蔡京、蔡攸，一路受弊，而官库为之一空。"⑤

这条记载说明，作为两广漕臣的徐惕也属于蔡攸的应奉系统。徽宗朝的某任知郁林州（治今广西玉林）范琯，"奏岭南漕臣徐惕伪作御笔处分，收买珍禽异兽，犀玉、珠贝、玳瑁、翠羽孔雀、玩好瑰异以万数，骚动两路，民不聊生"⑥。

蔡絛又说，盛章"守姑苏，及归作开封府尹，亦主进奉"，似乎是比较独立的。按从政和元年到三年末，盛章基本一直知平江府，政和三年还"进木心大吉字"⑦。政和五年盛章在开封府尹任上还参与了明堂的建设：

---

① 汪圣铎《两宋财政史》，第 290 页。

② 汪藻《浮溪集》卷二七《蒋公墓志铭》，《景印文渊阁四库全书》第 1128 册，第 277 页。

③ 刁忠民《两宋御史中丞考》，第 168 页。

④ 《宋史》卷四八八《外国传·大理国》，第 14072 页。

⑤ 《靖康要录》卷一二，靖康元年十月十八日，第 702—703 页。

⑥ 谢旻等监修《江西通志》卷六六《人物·范琯》，《景印文渊阁四库全书》第 515 册，第 313 页。

⑦ 吴宽、王鏊、林世远等《正德姑苏志》卷三九《宦迹三·盛章》，《天一阁藏明代方志选刊续编》第 13 册，第 432 页。

于是内出明堂小样,于崇政殿集百官宣示,命太师鲁国公蔡京为明堂使,宣和殿学士蔡攸讨论指画制度,显谟阁待制蔡儵、蔡脩,殿中监宋昪参详,兴德军留后梁师成为都监,保康军留后童师敏为承受,以开封尹盛章弹压兵匠,章罢,以王革代之,复以章为参详明堂使。①

明堂建设几乎就是蔡氏父子主导的,盛章能参与其中,说明他与蔡氏的渊源是很深的。有记载说:"大观间蔡京责太子少保,(张)阁为翰林学士,草制词明著其罪,京憾之。开封尹盛章阿京意,劾(崔)穆不能事母,文致其罪。"②由此看来,盛章为蔡氏之党羽是很明确的。

盛章虽是蔡攸的下线,但有些史料也把他归入朱勔之党羽③,而且明确提到他在知平江府任上附朱勔④。

再如京西都转运使宋昪。史称:"监司、郡守不待诏命,首以土物进者,政和间自盛章、宋昪始。"⑤盛章的情况已见上,宋昪与他的父亲宋乔年,"父子依凭蔡氏",宋乔年卒于政和三年,宋昪在政和四年六月起复⑥,任京西都转运使,主要事迹是在西京洛阳"治宫城,广袤十六里,创廊屋四百四十间,费不可胜"⑦。据前文所引史料,宋昪亦参与了明堂建设。

从以上几个例子,可以看出蔡攸这条应奉线的特点,其成员主要是地方的监司、郡守,他们虽也在地方采办物品,但因为他们是地方的财政大员,故对于应奉的主要意义应在于提供内藏之外的财政、运输支持。

当然,涉及应奉的监司郡守还不止上面提到的几位,他们也不一

---

① 《长编纪事本末》卷一二五《明堂》,政和五年壬子条,第3885页。
② 《建炎以来系年要录》卷一二,建炎二年正月甲午条,第210页。按,崔穆为张阁婿。
③ 《宋史》卷三八一《吴表臣传》,第11731页。
④ 《正德姑苏志》卷三九《宦迹三·唐充之》,《天一阁藏明代方志选刊续编》第13册,第430页。
⑤ 《皇朝编年纲目备要》卷二七,崇宁四年七月,第686页。
⑥ 《宋会要辑稿》职官77之7。
⑦ 《宋史》卷三五六《宋昪传》,第11208页。

定皆以蔡攸马首是瞻。钦宗时,监察御史胡舜陟劾朱勔云:"卢宗原知徽州,尽敛公钱遗勔,骤引为发运使,未几得待制……徐铸、应安道、王仲闳等辈,以常平、转运使钱与之,轴舻相衔以往,皆赖勔以窃显官。"①常平、转运使(知州)钱分别属于朝廷封桩与户部经费两个系统。

靖康元年,御史中丞许翰上疏,要求在两浙路设立专门机构,审查应奉之人及财用出入,除了朱勔父子外,还有"自来专一应付,尝为监司守令,力能刻剥生民,助其凶焰"者,要求将下列人员"钩赴所司,一就勘根磨自来应付过钱物":

> 前发运使卢宗原、陆寘;前两浙提刑王仲(阅)[闳]、胡邃;前两浙提举常平赵霖;前知平江府应安道,通判陆寀、许操,司录周杞;前知常熟县宋晦;前知华亭县黄昌衡;淮南运司俞䴶;前知秀州周审言;并诸司人吏已未出职。②

许翰提到的有发运使、提点刑狱、提举常平、州府长贰、知县,包罗了经费与储备两个财政系统。其中"淮南运司俞䴶",前面蔡絛已经提过了,是蔡攸的下线,这里也被归入朱勔党羽。又黄昌衡政和七年知华亭县,宣和元年离任③,在任上"抑勒人户依等第科买白鹤,每只至有百余千者,自秀至苏,花石珍禽络绎不绝"④。

除了许翰,李光的上奏也说:

> 自徐铸、蒋彝为常平司官,何渐为茶马司官,张琬、徐惕、燕瑛为市舶官,应安道、朱彦美、王子献、王复为转运司官,胡直孺、卢宗原为发运使,王仲闳、胡邃为提点刑狱,宋晦为香盐官,刘寄、吕岯、毛孝立为盐司属官,天下财赋尽归权幸之家。⑤

对于其中的胡直孺、应安道、卢宗原,李光言其"相继为转运使及发

---

① 《靖康要录》卷四,靖康元年三月二十八日,第266页。
② 《靖康要录》卷四,靖康元年三月十八日,第235—236页。
③ 杨潜修,朱端常、林至、胡林卿纂《云间志》卷中《知县题名》,《宋元方志丛刊》第1册,第37页。
④ 黄淮、杨士奇编《历代名臣奏议》卷一八二,第2385页。
⑤ 《历代名臣奏议》卷二七〇,第3529页。

运使,欺罔朝廷,如循一轨。将上供物料及粮纲船,尽充花石之供,号为应奉,州县帑藏为一空。起发封桩,妄称均籴,岁计不足,犹进羡余"①。又说"直孺任两浙漕臣,假托应奉,耗竭帑藏,丑秽之迹,中外所闻"②。胡、应、卢这三人,作为转运使和发运使,皆将经费、封桩用以应奉。

李光所说,有提举常平、提举市舶、转运使、发运使、提点刑狱、提举茶马、提举香盐。综括胡舜陟、许翰、李光所提到的人,基本上就包括了宋朝的整个地方财政系统。也就是说,主要在东南地区以及两广、福建,宋朝地方的经费、封桩两个财政征调系统,都在为应奉提供财政支持。

(二) 两个方面的相互配合

一般来说,史料多说这些地方官奴事朱勔,为其提供财物以进取。当时官场媚上之风盛行,这样的情况肯定是存在的,但就总体而言,监司、郡守对朱勔的配合,当是出于特定的安排,而非个人道德低下所致。这本来从常理也可以推测,如此大规模的中央、地方财政之变动,不可能是某些官员的个人行为。下面举几个例子说明。

比如,政和四年:

> 三月二十二日,诏两浙转运司:"旧欠发运司钱,每年带还二万贯。"先有旨每年带还五万贯,至是,转运使李傡以应奉诸局支费有请,故有是命。③

两浙转运司因为"应奉诸局支费",就可以每年少还欠发运司钱三万贯。说明转运司应奉诸局之费,是秉承朝廷之旨。

又政和四年,明州造船木材采购出现问题,原因就在于:"苏杭造作局"以"造作御前生活木植为名"大肆获取木材,导致转运司无法在温州、处州等地抽解、收买到造船木料。针对这个问题,两浙路转运司

---

① 《历代名臣奏议》卷一八二,第 2388 页。
② 同上书,第 2388—2389 页。
③ 《宋会要辑稿》食货 49 之 30。

牒杭州、平江府,"合用木植请径行给据为照",即制造御前生活的木材,如果确实要用的,还是应该给"应奉御前"之公据,任其抽解或收买。最后朝廷"诏杭州、平江府,非应奉御前而公给公据者,徒二年"[①]。应奉御前公据的存在,正是州府奉命配合应奉的一个表现。

又如庄徽(1043—1120),政和后期知平江府,据说对朱勔很不客气,在应奉问题上:

> 方勔盛时,造乘舆服御之珍,设官于浙西诸郡,一日上知其奸利,诏守臣悉罢之。令下,郡人欢呼,而旁郡方迁延,幸其必复,公曰:"此天子盛德事也,人臣当奉承之不暇,乃顾望乎?"即日结罢如诏旨。[②]

政和末年徽宗确实有整顿应奉的举措,下文还会提及。这里需要注意的是"诏守臣悉罢之",说明浙西诸郡"造乘舆服御之珍"是郡守共同参与的。上引材料出自汪藻所撰庄徽墓志铭,明《正德姑苏志·庄徽传》相关内容大抵沿袭这一墓志铭,不同之处是:"当勔盛时,朝廷命官造乘舆服御之珍于浙西诸郡,有旨令徽与勔管当,继下诏罢,郡人欢呼。"[③]这里多出来的"有旨令徽与勔管当"说明庄徽虽然看不上朱勔,但实际上他与朱勔联手应奉,"旁郡"云云说明其余浙西诸郡情况类似。

此外,前述许翰要求根勘时说:"虽诸局支用难以稽察,而有司帐籍尚可驱磨。"[④]这说明,虽然诸局所的支出难以考索,但监司、郡守拨划给应奉诸局所的钱物却是有案可查的。这既说明了应奉的两个方面之分,也说明了监司郡守的财政配合、支持不单是个人行为,必有来自朝廷、中央计司的命令。

这种配合与支持,除了财政,还有纲运。纲运及时与否,对于京师

---

① 《宋会要辑稿》食货50之6。

② 《浮溪集》卷二六《庄公墓志铭》,《景印文渊阁四库全书》第1128册,250页。

③ 《正德姑苏志》卷三九《宦迹三·庄徽》,《天一阁藏明代方志选刊续编》第13册,第431页。

④ 《靖康要录》卷四,靖康元年三月十八日御史中丞许翰言,第235页。

的营造工程极其重要,政和五年九月,提举翰林书艺局御前制造所云,因为连续9天没有山石运到京师,艮岳的工期受到了影响①。因此,如何保证花石纲的顺利,对于应奉系统而言是另一个关键工作。

宋代东南地区往东京的漕运,分为杂纲(金帛、茶布类)与斛斗纲(粮纲)两个系统。在徽宗以前很长一个时期内,杂纲是从各地直接船运至京师;斛斗纲则是先运到真(治今江苏仪征)、扬(治今江苏扬州)、楚(治今江苏淮安)、泗(治今江苏盱眙)州的转般仓,然后由发运司组织汴船运往东京②。但是,从崇宁三年开始,因为盐法的变更、发运司籴本的上供(前已提及胡师文),转般法瘫痪了,东南六路的斛斗纲也采用了各路直达京师的办法;此后转般与直达又反复了几次,但还是以直达为主,转般难以恢复③。

照理来说,花石、器物属于杂纲,应该是由各路直接运往京师。崇宁三年直达法施行后,"其发运司见管诸色纲船,合行分拨应副诸路,余令发运司应副非泛纲运"④。这个"非泛纲运"就包括花石纲。《皇朝编年纲目备要》载:

> 后因内侍何忻以宿州灵璧县山石进御前,又朱勔以江浙奇花果木起纲,发运司新装舟船拨充御前纲以载花石,其余弊旧者以载纲运,直达京师,而转般仓废矣。⑤

这个何忻应该就是何䜣,"延福五位"之一。转般仓当然不是因为何䜣之举而废,这条材料说明的是,施行斛斗直达法后,发运司之纲船在花石的运输中发挥了很大的作用。

政和七年,蔡京又主持成立了御前人船所,蔡絛说:

---

① 《长编纪事本末》卷一二八《万岁山》,政和五年九月甲辰条,第3998页。
② 《文献通考》卷二五《国用考三·漕运》,第748—749页。
③ 陈峰《北宋东南漕运制度的演变及其影响》,《河北学刊》1991年第2期,第81—82页。
④ 《宋会要辑稿》职官42之36。
⑤ 《皇朝编年纲目备要》卷二九,宣和三年二月,第739页。

　　　　乃作提举人船所,命巨阉邓文诰领焉。时鲁公有曩备东封船
　　艘,得二千余艘,广济兵士有四指挥,因又增置,作牵驾人,遂尽与
　　之。令每岁会所用花石,从前降下,使系应奉人始如数得贡,自余
　　监司郡守等不许妄进。上又诏不许用粮纲⋯⋯其复不二岁,天下
　　争进献,复如故。而又增提举人船所进奉花石纲运,所过州县,莫
　　敢谁何,殆至劫掠,遂为大患⋯⋯自政和六年四月九日至宣和元
　　年十二月十七日,乃罢提举人船所。①

提举人船所全称"提举淮南、两浙路御前人船所"②,顾名思义,该所显
然是为了建立独立的漕运系统,解决"应奉"物的运输问题。这个花石
运输系统首任主管是宦官邓文诰,可考的还有王珣,也是宦官③。说明
这个漕运系统是独立于既有纲运系统的。

　　蔡絛说是"曩备东封船艘,得二千余艘"。按政和"时蔡京当国,
将讲封禅以文太平,预具金绳、玉检及他物甚备,造舟四千艘,雨具亦
千万计"④。也就是说,蔡京将预备封禅用的一半船只划拨给了提举
人船所。2000 艘是什么概念呢? 仁宗朝许元创发运司汴河一百纲,苏
轼说一纲 30 艘船⑤,这样的话,发运司掌管的纲船就是 3000 艘,可资
参照。蔡絛还说广济兵士有四指挥。理论上来说,一个指挥有 500
人,则四个广济指挥就是 2000 人,当然厢军一般不满员。这样的话,
从政和七年御前人船所的成立开始,东南地区建立了一个直属于宦官
的运输系统,有独立的厢军、独立的船只⑥。

　　蔡絛说,御前人船所在宣和元年十二月取消,实际上可能并非如
此。根据《程瑀墓志》,宣和七年时宦官提举人船还在活动⑦。不过,

---

① 《长编纪事本末》卷一二八《花石纲》,政和七年七月乙未条,第 4005 页。
② 同上书,第 4002 页。
③ 王曾瑜《宋徽宗时的诸局所钱物》,第 119 页。
④ 《宋史》卷一〇四《礼志七》,第 2534 页。
⑤ 《文献通考》卷二五《国用考》,第 746、747 页。
⑥ 厢军与船数之比不足 1,待考。
⑦ 程敏政辑撰《新安文献志》卷七八《程公瑀墓志铭》(胡铨),第 1900—1901 页。

《程瑀墓志》提到"人使往来淮浙，类起丁夫挽船，县率千人"云云，说明到了徽宗晚期的提举人船所，其所用劳力已经来自州县丁夫，而不是厢军了。

再根据《张根行状》：

> 会御前人船所占留直达纲船，公以上供期迫，乞还之。且因起发竹石上言：本路一竹之费无虑五十缗，他路犹不止此。①

张根上言在政和八年四月为淮南转运使时，他因言花石等事被谪监信州酒税。这说明到了政和八年左右，提举人船所自己的船就不够用了，故需要占用转运司的纲船。

很可能，提举人船所成立后，其劳力、船只不久都出现了问题。也许宣和元年末罢提举人船所，是指这个独立机构的消失，但宦官掌管花石纲运则一直维持了下来，只不过独立的运力逐渐流失、不足，而需要占用地方的纲船、丁夫。

虽然有发运司及提举人船所，但各路的直达纲仍在承担花石纲运。政和七年五月：

> 诏："应监司兼领措置并计置起发花石并罢管勾，宿州见置花石除已起发外，见在未般数令孙默专一管勾起发。"（注：孙默何人？政和八年四月丙子为淮南运判。）②

从这个诏令看来，至少在政和七年时仍有各路直达纲运载花石，由监司负责。宣和二年二月，户部尚书唐恪罢，就因言应奉之纲影响户部漕运③，则应奉纲占用上供纲的情况很普遍。

到了宣和三年应奉司成立时，奏云：

> 所用船车及兵夫，除见管船车人兵并依久例，据实用数差拨

---

① 《浮溪集》卷二四《朝散大夫直龙图阁张公行状》，《景印文渊阁四库全书》第1128册，第219页。

② 《长编纪事本末》卷一二八，政和七年五月丁未条，第4002页。

③ 《皇朝编年纲目备要》卷二九，宣和二年二月，第736页。此条言"应奉司纲"云云，误，应奉司成立于宣和三年，唐恪之言本未提及应奉司夺上供纲。

兵士外,余并优立雇直,依民间体例和雇人夫、船车般载,不得科抑民间。如违,并从本司体访取旨,重行黜责。①

从这个上奏来看,应奉司成立时有"见管船车人兵",可能就是从提举人船所继承而来的。但应奉司还需要"依民间体例和雇人夫、船车"云云,说明其独立的运力是不够的。除此之外,宣和五年王复任两浙路都转运使,"差充两浙专一应奉官",称:"奉御笔,装发御前官物局制造到御前及乾华殿等处生活,并非泛取索官物,仰臣专一应奉人舡,依限交装津发,不得违误。"②这说明宣和三年以后,地方监司也在承担花石纲运。既有独立的运力,又需要监司州县的帮助,这样的状况应该就是继承了之前政和年间的既有局面。

总结一下上面的叙述,从徽宗初年一直到政和年间,整个应奉事务大抵可以分为两个方面。一是童贯—朱勔一线,他们代表了通常意义上的"诸局所",二是蔡攸—监司、郡守一线,主要包括地方财政人员。应奉在政和末年以前之所以会出现这样的格局,主要是因为,诸局所本身没有独立的钱物征调能力,只是在消费来自别的征调系统之钱物,即从内藏、朝廷封桩、户部经费中切割钱物。而且,应奉纲运虽然短暂地成立了提举人船所,但还不能完全独立,仍要依靠发运司与转运司的运力。这样的一种模式之下,"诸局所"无疑还不能被视为一个独立的财政系统。

当然,这种方式的优点是易行,只要在原有体制内上行下达就可以了。但问题也很明显,大量对应奉的批评都直指其随便取用各系统之财物。政和末年,徽宗就试图对应奉系统进行一些整顿,比如前面提到的政和六年成立提举人船所,政和七年诏"监司兼领措置并计置起发花石并罢管勾",以及蔡絛所说的:

> 上又诏不许用粮纲若坐船及役百姓,仍戒伐坟冢、毁室庐或加黄封帕蒙人园圃花木,凡十余事,批付鲁公曰,系进奉,独令朱

---

① 《宋会要辑稿》职官4之29。
② 《宋会要辑稿》职官4之30。

勔、伯氏、王永从、俞辄、陆渐、应安道六人听旨,他悉罢之。由是稍戢。①

政和八年初,徽宗还下诏,禁止监司"以御前钱物计置到物用为己有,以充苞苴馈献,罔上弗虔"②。但总的来说,这些努力是很失败的。

政和末年开始,应奉系统更大的变化,就是试图建立一个独立的、额外的财政系统,而不必占用原有王朝财政。这个过程到了宣和应奉司成立以后才最终完成。

二 应奉财政的独立

(一) 诸局所租课等收入

自政和年间开始,包括应奉局在内的诸局所,开始通过占田课租的方式自行攫取财源。主要的地域在东南、京畿及周边地区。

东南地区的应奉田主要在平江府以及明州、越州。马端临言:"按圩田、湖田多起于政和以来,其在浙间者隶应奉局,其在江东者,蔡京、秦桧相继得之。"③

平江府的田主要是从赵霖兴修水利后获得的。至北宋哲宗朝,环太湖流域的水网由于年久壅塞,附近诸州经常遭受水灾。政和六年四月,宋徽宗御笔令知平江府庄徽及户曹赵霖赴尚书省汇报水利问题,并于当年九月"奉御笔,差赵霖充两浙提举常平,前去本路措置兴修积水"④。在徽宗的亲自关心下,赵霖主持的三十六浦工程开工了。这些工程都在平江府境内,故"权就本府置局,以提举措置兴修水利为名"⑤。

在兴修水利的过程中,提举水利农田所也开始攫取农田租课之

---

① 《长编纪事本末》卷一二八《花石纲》,政和七年七月乙未条注,第 4005—4006 页。
② 《宋会要辑稿》刑法 2 之 70。
③ 《文献通考》卷六《田赋考六》,第 149 页。
④ 范成大《吴郡志》卷一九《水利》,《宋元方志丛刊》第 1 册,第 836、838 页。
⑤ 《宋会要辑稿》食货 7 之 35。

利。宣和元年,赵霖主持的水利工程已经取得了阶段性成果①,"提举水利农田所"奏云:

> 浙西平江诸州积水减退,欲委官分诣乡村检视露出田土。惟人户见业已纳省税不括外,其余逃田、天荒、草田、葑茭荡及湖泺退滩、沙涂等地,悉标记置籍,召人请射种植,视乡例拘纳租课,桩充御前钱物,专一应奉御前支用,置局提举。如造谤惑众沮害之人,罪徒。②

这一请求得到了执行。如此,赵霖本为两浙提举常平,但其所主持之"提举水利农田所"所获得之租课,并未归入朝廷封桩钱物,而是作为应奉御前之用。

赵霖的水利工程与朱勔的渊源很深。胡舜陟说:

> (朱勔)顷尝引赵霖建三十六浦闸及浙西园田,驱二浙安业之民,兴必不可成之役,徒灾丁夫,扰及下户。方时天寒,役民于风雨波涛之中,死者相藉。霖欲牟利献勔,督役益严,吴越不胜其苦。③

这就清楚地说明了赵霖水利工程与朱勔应奉之间的联系。又南宋初胡寅在推荐监司郡守人选时说:"一右朝奉郎知潭州湘潭县张承:顷知昆山县,值朱勔恣横之日,承与争论围田为民害,遂被罢黜。"④这就更加说明,政和年间浙西之兴水利、造圩田,其实是出于朱勔之旨,目的是为应奉搜寻财源。

与平江府类似,两浙路越州(治今绍兴)、明州(治今宁波)废湖为田所产生的租课,也被划归应奉御前之用。绍兴元年李光言:

> 初,明、越州鉴湖、白马、竹溪、广德等十三湖,自唐长庆中创

---

① 《宋会要辑稿》食货 7 之 37。
② 《文献通考》卷七《田赋考七》,第 179 页。
③ 《靖康要录》卷四,靖康元年三月二十八日,第 265—266 页。"园田"或当作"围田"。
④ 胡寅《斐然集》卷九《应诏荐监司郡守奏状》,第 200 页。

立,湖水高于田,田又高于海。旱涝则递相输放,其利甚博。自宣政间,楼异守明,王仲嶷守越,皆内交权臣,专事应奉,于是悉废二郡陂湖以为田,其租米悉属御前,民失水利而官失省税不可胜计。①

案楼异自政和七年知明州,在郡五年②;王仲嶷知越州在政和四年八月至六年五月间③。绍兴五年李光言:"明、越之境,皆有陂湖……政和以来创为应奉,始废湖为田,自是两州之民岁被水旱之患。"④由此可知,明州、越州的湖田租课,也被收入了应奉局、应奉司的囊中,到宣和七年罢应奉司的时候,就提到其所管钱物中有一项"明、越湖田钱"⑤。

以上是东南地区的情况,在京师周边有类似的情况,主要有后苑作和营缮所的公田,始于政和六年,最终归入李彦的西城所,它们通过占有大量"公田"而获得租课,主要在京畿、京西、京东、河北诸路,京东、西尤其多。北方"公田"的情况,学界已有讨论,这里就不再赘述⑥。宣和三年应奉司成立以后,京东、京西公田的收入也为其所掌控⑦,据说京东路转运使王子献及其下属,系"最为李彦信任,陈献利便,创立租税,忍于害民,为国敛怨"⑧之人。

综上所述,政和年间湖田、圩田、公田的出现,说明无论是在东南还是京畿及周边地区,负责供奉的诸局所逐渐开始获得可观的租课收入,这些收入是独立于经费、储备系统的。

---

① 李心传《建炎以来系年要录》卷五〇,绍兴元年十二月丁卯条,第676—677页。
② 胡榘修,方万里、罗濬纂《宝庆四明志》卷一,第5003页。《宋史》卷三五四《楼异传》,第11163页。
③ 沈作宾修,施宿等纂《嘉泰会稽志》卷二,第6756页。
④ 《宋会要辑稿》食货8之1。《文献通考》卷六《田赋考六·湖田围田》,第148页。
⑤ 《宋会要辑稿》职官4之34。
⑥ 王海鹏《宋徽宗时期的诸局所研究》,第20—22页。王曾瑜《宋徽宗时的诸局所钱物》,第119—121页。
⑦ 《宋会要辑稿》职官4之29-30,应奉司宣和三年九月奏。
⑧ 《历代名臣奏议》卷一二八,第2387页。

与湖田、公田租课之利略有不同的是京城所的财源。京城所是设于神宗朝的一个京城修缮机构,其财源主要有以下几个方面:"房廊岁入钱"之类的盈利,出卖度牒这样的非常款项,徽宗政和以后还获得了东南茶利,应该也有少量的田园课利①。

东南茶利需要略作解释。按,荆湖南北、江南东西、淮南、两浙、福建七路茶法经蔡京的改革之后,至大观三年,"计七路一岁之息一百二十五万一千九百余缗,榷货务再岁一百十有八万五千余缗,京专用是以舞智固权,自是岁以百万缗输京师所,供私奉"②。按此处的"京师所"应该是"京城所"③。

关于蔡京的三次茶法改革,此不赘述。简单说来,朝廷获得的茶利主要来自两个方面:一是售卖茶引(买卖凭证)、笼篰(统一包装)的收入,二是商人在贩卖过程中缴纳的商税④。这些利益,并非全部归于应奉司账下,政和元年御批:

> 所有南茶税息,内除税钱亦合依元丰法拨还户部外,有茶场支卖驮茶息及客贩南茶息钱,近准朝旨,赴茶场送纳,系应奉御前。⑤

这样的话,其实茶利中引息钱归应奉使用,而税钱则归户部。当然,大观三年六月蔡京即罢相,要到政和二年才再入。

（二）宣和应奉司

蔡絛论宣和以降的应奉云:

> 然未久王黼当国,乃置应奉司而自领之,仍不以是何官司钱物,皆许支用。宰相既自领,遂竭天下财赋,四方监司郡守,(无)

---

①　王曾瑜《宋徽宗时的诸局所钱物》,第115—116页。

②　《文献通考》卷一八《征榷五》,第513页。

③　《文献通考》卷二四《历代国用》,第709页。王曾瑜《宋徽宗时的诸局所钱物》,第115—116页。

④　参见黄纯艳《论蔡京茶法改革——兼论宋代茶法演变的基本规律》,《中国经济史研究》2003年第1期,第106—109页。

⑤　《宋会要辑稿》食货30之38。

[凡]尺寸之地，入口之味，莫不贡献。中外以为言，然黼持以自若也，只令朱勔等七人管买物色。①

王黼应奉司的设置，代表了应奉的一个新阶段。

原来以东南地区为主的应奉，因宣和二年末方腊起义的爆发而无法维持。宣和三年二月罢御前纲运，禁般载花石入京②。但是，没过多久，应奉司就于宣和三年闰五月成立，由宰相王黼亲自总领，"总领官差梁师成，承受差黄珦、王鉴"③。一直到宣和七年末罢。史称王黼"置应奉司于其家"④，与平江应奉局置于地方不同。有学者认为，应奉司实际上就是应奉局，不过是由地方搬到了中央，由地方官专领变为宰臣亲领⑤。实际上，宣和应奉司与平江应奉局有本质的不同。一是其机构设置，二是其财政来源。

从机构及人员的设置上，凡"应奉事务及所委官并隶本司"，且"监司守臣及州县官，除所委官及被旨专委外，余并不得干预"⑥。在平江应奉局时代，各地监司郡守是配合应奉事务的，本身并非应奉局的属官。但在宣和应奉司成立以后，在史料中就可以看到由地方监司兼任的"应奉官"，他们成为应奉司的属官。

如宣和三年八月，应奉司奏："契勘诸路应奉官计置应奉物色所用本钱，合申应奉司自京支降。"⑦宣和五年十一月，御笔将东南七路经制移用七色钱"逐州委通判管勾拘收，逐路专委应奉官拘催"⑧，可见"应奉官"设于路级，而且这七路应各有一员应奉官。史料中可看到，宣和五年有两浙路都转运使王复"差充两浙专一应奉官"⑨。宣和六

---

① 《长编纪事本末》卷一二八《花石纲》，政和七年七月乙未条注，第 4006 页。
② 《皇朝编年纲目备要》卷二九，宣和三年二月，第 739 页。
③ 《宋会要辑稿》职官 4 之 28。
④ 《三朝北盟会编》卷三一，靖康元年正月二十四日引《中兴姓氏奸邪录》，第 231 页。
⑤ 王海鹏《宋徽宗时期的诸局所研究》，第 15 页。
⑥ 《宋会要辑稿》职官 4 之 28-29。
⑦ 《宋会要辑稿》职官 4 之 29。
⑧ 《宋会要辑稿》职官 4 之 33。
⑨ 《宋会要辑稿》职官 4 之 30。

年还可见"两浙应奉官孟庾"①。这都是东南诸路监司任"应奉官"的例子。又南宋绍兴四年,殿中侍御史常同言:

> 新湖北提举茶盐徐嘉问,王黼之客也,为应奉司属官,自称相干,轻暴之性,至今不移。②

正说明诸路监司兼任的应奉官乃应奉司的属官。这就更加凸显了"应奉"作为王朝事务而不是帝王私事的意义,实际上也抬高了"应奉"在整个王朝政治中的地位。

关于财源,应奉司的出现,据说是为了解决此前应奉之弊端,即骚扰③。但前引蔡絛说,宣和应奉司"不以是何官司钱物,皆许支用"。徽宗末年,政治之弊已极,延续之前的乱象,出现这种状况完全是可能的,学者一般都会引用宣和六年宇文粹中之言"近年诸局务、应奉等司截拨上供,而繁富路分一岁所入,亦不敷额"④。又《向子諲行状》云,向在淮南转运判官任上:

> 同事请留州县财赋一分以备移用,公善而从之。才有数万缗,则密遣其属指为(差)[羡]余三十万,以献应奉司。⑤

这条材料中,应奉司试图把淮南路的备用经费作"羡余"挪用。说明应奉司占用州县经费的情况仍与方腊起义前一样。

但宣和应奉司的财源还是有着非常鲜明的特点。王曾瑜已经指出,应奉司所掌钱物,与经制钱、南宋的总制钱相似,有相当比例是来自细琐的苛捐杂税或财政收入的"窠名"的截拨⑥。下面要对这个问题作进一步的梳理。

应奉司成立之后,立即提出:

---

① 《宋会要辑稿》职官 42 之 48。
② 《建炎以来系年要录》卷七三,绍兴四年二月乙未条,第 39 页。
③ 《宋会要辑稿》职官 4 之 28。
④ 《宋史》卷一七九《食货下一》,第 4363 页。
⑤ 《胡宏集》杂文《向侍郎行状》,第 169 页。
⑥ 王曾瑜《宋徽宗时的诸局所钱物》,第 117 页。

> 应缘应奉事务,并所委官支一色见钱,于出产去处依市价和
> 买及民间工直则例,措画计置,不得令州县收买,或令应副……所
> 用船车及兵夫,除见管船车人兵并依久例,据实用数差拨兵士外,
> 余并优立雇直,依民间体例和雇人夫、船车般载,不得科抑民间。

也就是说,应奉司计划所有物品、人力皆用现钱和买、和雇。八月十四
日,应奉司又提出:

> 契勘诸路应奉官计置应奉物色,所用本钱,合申应奉司自京
> 支降。除支外,逐路各有起发上京送纳官钱。欲乞令应奉官于诸
> 处应合上京送纳官钱内兑便支用,依合起发条限,具支用过钱数、
> 窠名、送纳库分,申应奉司。候到,限三日拨还所属。如系铁钱地
> 分,即令开具本处见今银绢价钱拨还,庶几两省脚费。①

即原则上所有现钱从设于京师的应奉司划拨,但也可以从便调用地方
上供现钱,应奉司则要及时拨还。要注意的是,上述这些钱物、纲运的
说明都只是规划,具体是否能执行,还取决于应奉司是否掌握了足够
的财源。

仅从上面的材料看来,应奉司的财源是不清楚的。当然,东南和
京东西地区的湖田、公田租课,仍在其掌控之下的,这在"诸局所租课"
部分已论及。那么,此外宣和应奉司掌握的财源是什么呢?

首先应该有茶利,宣和三年八月诏:

> 今后应茶场事务,并依旧三省措置推行,仍应奉司专行。②

宣和六年又诏"都茶场隶属应奉司外,其专一按治诸路违戾,可疾速行
下诸路提举茶事官,仰躬亲巡历,严切戒饬州县遵奉成法,禁戢私茶,
杜绝奸弊"云云③。这个时候已经是蔡京的政和二年茶法改革之后
了,上引材料都未明言引息、商税的区分,有可能这些利益都被应奉司
掌握了。这是相当大的一笔收入,李心传说,蔡京政和茶法之后,"岁

---

① 《宋会要辑稿》职官 4 之 28-29。
② 《宋会要辑稿》食货 32 之 13。
③ 《宋会要辑稿》食货 32 之 15。

收息钱至四百余万缗"①。这还仅仅是引息的收入,不包括商税。大概正是因为获得了这笔钱,应奉司才有底气说"应缘应奉事务,并所委官支一色见钱","所用本钱,合申应奉司自京支降"。

又,宣和七年罢应奉司的时候提到,其所管钱物中,"在京系自于置司日,本司措置算请盐钞上每贯量收工墨钱等一十文"②。这说明"盐钞工墨钱"是应奉司置司之日就获得的。因为印制"盐钞"(即请盐之券)需要纸墨等工本费,故宣和应奉司在每面值 1 贯的盐钞上增收 11 文工本费,此即"盐钞工墨钱"③。

又,应奉司还有"增收一分税钱"。据《宋史·食货志》:"(宣和)四年,令诸路近岁所增税钱悉归应奉司。"④宣和四年的诏令见于《宋会要辑稿》食货 17 之 31:

> 四年二月二十日诏:应诸路近岁增收税钱,旧充应奉,既非漕计,又非诸司所隶,无会计之法,吏缘为奸,十失八九。可并拨归应奉司,充御前支用。

由此可知,"增收一分税钱"自宣和四年以后归于应奉司。

那么,所谓"诸路近岁增收税钱",是什么时候新增的呢?宣和三年陈亨伯经制东南的时候,就曾增收一分商税,当是指此。宋代商税的征收,由分布于全国各地的商税务完成,据说,过税税率 2%,住税税率 3%,"然无定制,其名物各随地宜而不一焉"⑤。目前所知熙宁十年的商税:两浙、江南东、淮南东西、荆湖南北、福建七路(陈亨伯经制移用范围)加起来约 262 万贯⑥,若增加一分,则约 26 万贯。

宣和五年以后,应奉司还掌握了一笔巨额收入:"赡学钱"。宣和五年九月,应奉司言:

---

① 李心传《建炎以来朝野杂记》甲集卷一四《总论东南茶法》,第 303 页。
② 《宋会要辑稿》职官 4 之 34。
③ 关于盐钞、盐钞工墨,参见戴裔煊《宋代钞盐制度研究》,第 111—163 页。
④ 《宋史》卷一八六《食货下八·商税》,第 4545 页。
⑤ 《宋史》卷一八六《食货·商税》,第 4541 页。
⑥ 据郭正忠《两宋城乡商品货币经济考略》,第 209 页。按熙宁十年商税账是预算性质的岁课账(祖额),不是实收账。见同书第 128、133 页。

> 诸路赡学钱物，自罢三舍后，借拨或兑留，或起发，或拨充籴本，或变转兑易，或封桩，各随所隶官司拘催管勾。既事不专一，不相照应，致多失陷。今后并令逐路应奉官专一拘催管勾，随事分拨施行。①

罢三舍是宣和三年时的事。这段史料说明，宣和五年以后，这些"赡学钱物"被划拨给了应奉司。这些钱有多少呢？大观二年提举京西南路学事路瑗提供的信息可以作为一个参考："臣所领八州三十余县，比诸路最为褊小，管学舍乃至三千三百余人，赡学田业等岁收钱斛六万三千余贯石。窃计诸路学舍生徒田业钱斛之数，何翅数百万，此旷古所未尝有也。"②

当然，这笔赡学钱是否用于应奉，是需要存疑的。因为宣和五年诏提到，赡学钱"并令应奉官拘催，拨与逐司收籴"③。所谓逐司，就是指史料中提到的发运司、辇运司、转运司，即名义上应奉司只是掌管钱物，但却用作籴本。《向子諲行状》云，向在淮南转运判官任上，"时宿、亳、通、海四郡大旱，方以应奉司钱移真、扬米，赈救民饥"④。说明应奉司掌管的部分钱确实用作籴本了。

宣和五年以后，应奉司掌握的财源还有一个重要的变化，即获得了东南经制钱的大部分。宣和五年十一月御笔：

> 江、淮、荆、浙、福建七路所收七色钱，昨系陈亨伯起请拘收，充经制移用。已降旨挥，候经制结罢，令发运司拘收，专充籴本。
>
> 勘会七色钱散在逐路州县，未曾专一委官管勾拘收，虑亏失侵用，有误籴买。仰候经制结罢，逐州委通判管勾拘收，逐路专委应奉官拘催，拨充转般籴本……奉行违慢等应干约束，并依赡学钱物已降旨挥施行。⑤

---

① 《宋会要辑稿》职官 4 之 32。
② 《长编纪事本末》卷一二六《州县学》，大观二年五月庚戌条，第 3929—3930 页。
③ 《宋会要辑稿》职官 4 之 31。
④ 《胡宏集》杂文《向侍郎行状》，第 169 页。
⑤ 《宋会要辑稿》职官 4 之 33。

一方面,这条材料提到将所谓"七色钱"划拨给应奉司,"逐路专委应奉官拘催"。另一方面又说这些钱"拨充转般籴本",即实际并非用于应奉,而是用来恢复发运司转般仓制度,这与前面提到的赡学钱有类似的地方。

陈亨伯经制移用的"七色钱"是什么呢? 东南经制司是与应奉司差不多同时成立的一个机构。宣和三年六月十一日,诏"可选委陈亨伯,以大漕职事,经制两浙、江东路,江、淮、荆、浙、福建诸司财,许听亨伯移用。七路监司、州县官,除廉访所外,并听亨伯按察……仍于杭州置司"①。身为发运使的陈亨伯,虽然名义上只是经制两浙、江东两路,但实际上权限广及两浙、江南东、淮南东西、荆湖南北、福建七路。

陈遘(字亨伯)经制两浙路、江南东路,往往会被视为南宋经总制钱的前身,后者讨论已多。这里要简单地谈谈陈亨伯经制所搜刮到的财源。宣和五年七月,发运副使吕淙的上奏提到了七色钱中的五种收入:七路地契钱(增收契税钱)、卖糟量添钱(酒糟)、增添酒钱、一分宽剩钱、罢支学事司减下人吏钱②。又结合南宋高宗建炎二年(1128)叶梦得言:

> 宣和之初,以东南用兵,尝设经制司,取量添酒钱及增收一分税钱、头子、卖契钱等,取之于微,而积之于众,求之于所欲而非强其所不欲。③

可知七色钱中还有增收一分税钱、头子钱。故陈亨伯的七色钱就是如下七种:增收契税钱(七路地契、卖契钱)、卖糟量添钱(酒糟)、增收一分税钱、增添酒钱、一分宽剩钱、罢支学事司减下人吏钱、头子钱。略述如下。

(1) 增收契税钱

这不是指契税正税,而是指契税的附加税——钞旁定帖钱,李心

---

① 《宋会要辑稿》职官 42 之 22–23。
② 《宋会要辑稿》职官 42 之 46。
③ 《宋会要辑稿》食货 35 之 19。

传之言可为证①,上引叶梦得言也称之为"卖契钱",熊克称之为"卖契纸钱"②。按钞旁即户钞、税钞,是纳税凭证;定帖是在田宅交易完成后由官方核发的产权证明,也称"契纸"。交易契书可由民间私自书填,而钞旁、定帖则必须由官府印卖。民户交纳两税,要买钞旁;田宅交易后,要买定帖③。这并不是一个新的税种,只不过在宣和三年前或归大观库,或归内藏④。宣和四年六月九日,陈亨伯奏:

> 诸路州县税契钱多寡不等,欲准、浙、江、湖、福建七路典卖田宅,契勘每一贯文足增修钱二十文足,通旧收不得过一百文省。(谓如旧收钱六十文足,更只添钱(二)[一]十七文。又旧收钱七十七钱以上,即更不增添钱数。)充经制移用钱,应副被贼州县。⑤

陈亨伯的做法是,在七路范围内,在既有的契钱的基础上,每贯(千文)增加 20 文附加税,但附加税的总额又不得过 100 文省(即 77 文足)。七路这部分增加的契税附加税,就归经制,所以也称为"增收牙契税钱"。

(2) 卖糟量添钱(酒糟)

"糟"是造醋的原料,宋代官府正是通过控制各酒务之"糟"来控制醋的生产⑥。《宝庆四明志》载:"宣和四年,经制司措置官监酒务见卖糟价钱,每斤添二文足,应副移用,靖康元年罢。"⑦这也是在原有的糟价基础上增加每斤 2 文,以归经制,因此叫作"卖糟量添钱""增添糟钱"。

(3) 增收一分税钱

此指商税,前已言及。

---

① 《建炎以来朝野杂记》甲集卷一五《经制钱》,第 318 页。
② 熊克《皇朝中兴纪事本末》卷七,第 146 页。
③ 魏天安《宋代的契税》,《中州学刊》2009 年第 3 期,第 199 页。戴建国《唐宋变革时期的法律与社会》,第 427—450 页。
④ 汪圣铎《两宋财政史》,第 358 页。
⑤ 《宋会要辑稿》食货 61 之 63。
⑥ 王文书《宋代的榷醋和醋息钱》,《河北大学学报》2011 年第 2 期。
⑦ 《宝庆四明志》卷五,第 5049 页。

（4）增添酒钱

添酒钱从仁宗朝就有了，简单讲就是提高酒的价格，这部分提高的价格，即归朝廷直接调用，不由地方支配①。

（5）一分宽剩钱

此指免役宽剩钱。熙宁免役法在免役钱、助役钱之外，又增收二分免役宽剩钱，以备水旱欠缺；哲宗绍圣元年恢复免役法后，宽剩钱减少到一分②。前引宣和五年七月发运副使吕淙奏云："内一分宽剩钱，及罢支学事司减下人吏等钱，依原降朝旨，候新复州县敷纳役钱足用并造簿日，依条除落外"，说明陈亨伯所经制移用的"一分宽剩钱"，应该是额外增收的。

（6）罢支学事司减下人吏钱

按《宋会要辑稿》载：

> 昨自宣和三年二月，诸路依元丰法以科举取士，应赡学钱物内，京畿等十四路各以分数权借拨充漕计。③

也就是说，自从宣和三年二月罢三舍法后，原来用于赡学的各种收入，部分被归入转运司的经费，而陈亨伯得以经制移用的，应是东南七路提举学事司罢去后省下的人吏钱。

（7）头子钱

头子钱征收的历史也很悠久，它是指官府在征收和支付钱物时的附加税，源于唐五代钱贯除陌之制，即将纳税或出纳钱物的省陌加以提高，提高之数即为头子④。李心传说："及亨伯为经制，遂令凡公家出纳每千收二十三文，止供十三州县及漕计支用。"⑤熊克所言与李心传一致——"公家出纳每缗收二十三文"⑥。南宋的材料还提到，"旧

---

① 李华瑞《宋代酒的生产和征榷》，第348—349页。汪圣铎《两宋财政史》，第273页。
② 《文献通考》卷一二《职役考一》，第347页；卷一三《职役考二》，第373页。
③ 《宋会要辑稿》职官4之32。
④ 魏天安《宋代的契税》，《中州学刊》2009年第3期，第200页。汪圣铎《两宋财政史》，第356—358页。
⑤ 《建炎以来朝野杂记》甲集卷一五《经制钱》，第317页。
⑥ 《皇朝中兴纪事本末》卷七，第146页。

经制司每千收头子钱二十三,其十上供,其十三州县及漕计支用"①。这样的话,每千增收的 23 文头子钱,经制司所得应该是其中的 13 文。

那么,陈亨伯所搜罗的七色钱,最后哪些归入应奉司了?宣和七年,徽宗御笔令裁减"不急之务及无名之费",应奉司奏云:

> 今措置先次裁节到事目数内下项:一、所管钱物,在京系自于置司日本司措置算请盐钞上每贯量收工墨钱等一十文;在外系拘收久来充应奉增收一分税钱,两浙路钞旁定帖息钱,磨出失收(带)[滞]纳酒钱,湖、常、温、秀州四色钱,明、越州湖田钱,并本司措置拘拨头子等钱、出卖铁炭钱,淮南路添酒钱,隆、兑州铜铸到钱。②

从这份应奉司的奏文可知原属其专门支用的钱物。这些钱物包括:盐钞工墨钱,增收一分税钱,两浙路钞旁定帖息钱,磨出失收滞纳酒钱,湖、常、温、秀州四色钱,明、越州湖田钱,头子钱,出卖铁炭钱,淮南路添酒钱,隆、兑州铜铸到钱。将它们与陈亨伯七色钱对比如表五:

表　五

经制司七色钱	应奉司财源	
钞旁定帖钱	两浙路钞旁定帖息钱	湖常温秀州四色钱,盐钞工墨钱,磨出失收滞纳酒钱,明、越州湖田钱,出卖铁炭钱,隆兑州铜铸到钱
头子钱	头子钱	
增收一分税钱	增收一分税钱	
罢支学事司减下人吏钱	罢学制学事司赡学钱	
一分宽剩钱		
增添酒钱	淮南路添酒钱	
卖糟量添钱		

可见,宣和五年以后,经制司所管的七色钱中,至少有五种化为应奉司财源:钞旁定帖息钱、头子钱、增收税钱、赡学钱、添酒钱。

---

① 《建炎以来系年要录》卷八六,绍兴五年闰二月己巳条,第 215 页。
② 《宋会要辑稿》职官 4 之 34。

其中,头子钱、赡学钱略有特殊。应奉司所掌的"罢学制学事司赡学钱"明显要比经制司的"罢支学事司减下人吏钱"更为全面。头子钱则名同而实际可能不同。按宣和应奉司的头子钱,应该是与盐法相关:

> (宣和)四年三月六日,应奉司奏:"勘会诸路新法,盐合纳头子等钱,已拨充应奉司御前支用。今契勘诸路卖盐布袋价钱,除一半还客人外,一半剩钱即未有许拘拨指挥。欲除合留本处支使外,余数依已降指挥,并拨充应奉司御前支用。"从之。[①]

应奉司"诸路新法盐合纳头子等钱"与经制司的"公家出纳"所纳头子钱应该不是一回事,因此从宣和四年就获得了,没有等到宣和五年经制结罢以后。当然,更有可能的情况是,经制司增收的头子钱与应奉司本来的头子钱,皆为应奉司所获。

上引材料还提到"卖盐布袋价钱",其中的一半也为应奉司获得。所谓"卖盐布袋",就是官制盐袋。这与茶法中的"笼篰"一样,都是统一包装,商人在支盐机构需要交纳盐袋及其封头等钱。宋代盐的包装种类众多,其中布袋包装多见于淮浙滨海盐场,价格也是最贵的[②]。另外,"卖盐布袋价钱"的一半要还给商人,大概是因为政和三年以后的官制盐袋都是一次性的,盐袋用后会被回收、销毁。

应奉司诸钱之中,尚未解释的还有几种。一是湖、常、温、秀州四色钱。"四色钱"是指什么,并不很清楚。但这笔收入也被称为"湖常温秀州无额上供钱"[③]。所谓无额上供钱,始于北宋元丰五年(1082),是宋廷于上供正额之外所创的第一个征调地方财赋的项目,在北宋时期归于户部经费。宣和六年,宋廷才正式规定各路州军岁输无额上供钱物之额,"无额"成了"有额"。无额上供钱的窠名比较复杂,其间性

---

① 《宋会要辑稿》食货 25 之 16。

② 关于盐袋,参见郭正忠《宋代盐业经济史》,第 257—265 页。

③ 《宋会要辑稿》职官 4 之 34。亦参见《宋史》卷一七九《食货下一》,第 4363 页。

质差异也比较大，所谓"四色钱"，大概是指诸色窠名中的四种钱物。不过，总体来说，无额上供钱在北宋财政中的作用很小，政和年间每年仅有 80 万—90 万缗，湖、常、温、秀州之额自然就更少了①。

二是磨出失收滞纳酒钱。北宋酒的征榷制度可以分为官酿官卖（完全专卖）、乡村特许经营、四京榷曲、买扑制（承包租赁制），其中最易发生酒课失收和滞纳的应该是买扑制度，诸京酒户和乡村酒户也会出现欠钱的情况②。

三是出卖铁炭钱。徽宗政和以后，铁也模仿茶、盐的方式进行榷卖，"官置炉冶收铁，给引，召人通市。苗脉微者，令民出息承买，以所收中卖于官。毋得私相贸易"③。

关于卖炭，应该是指石炭，即煤。史言："徽宗自崇宁来，言利之言殆析秋毫。其最甚，若沿汴州县创增锁栅，以牟税利；官卖石炭，增卖二十余场，而天下市易务炭皆官自卖。"④当然，实际上官卖炭、石炭北宋前期就有，不从徽宗崇宁始。

四是隆、兑州铜铸到钱。按隆州、兑州属于广西路邕州，"政和四年置隆州、兑州并兴隆县、万松县。宣和三年废隆州及兴隆县为威远砦，兑州及万松县为靖远砦"⑤。如此看来，宋朝在隆州、兑州设立了铜钱监。

又据《宋史·食货志》，应奉司还控制着"岭南、川蜀农民陂罚钱"⑥，只是不知此种钱物的具体情况。

总结一下目前所知应奉司所掌握的财源（表六）：

① 关于无额上供钱，参见包伟民《宋代地方财政史研究》，第 142—146 页。
② 参见李华瑞《宋代酒的生产与征榷》，第 129、202—204、236—237、241 页。
③ 《文献通考》卷一八《征榷考五·坑冶》，第 524 页。参考王菱菱《宋代矿冶业研究》，第 394 页。
④ 《文献通考》卷一九《征榷考六·杂征敛》，第 545 页。
⑤ 《宋史》卷九〇《地理六》，第 2248 页。地在红水河中游。
⑥ 《宋史》卷一七九《食货下一》，第 4362 页。

表　六

应奉司财源

源于七色钱（宣和五年）	其　他	
	宣和三、四年	时间不详
两浙路钞旁定帖息钱	茶息钱	湖常温秀州四色钱（无额上供）
头子钱	明、越州湖田钱	磨出失收滞纳酒钱
增收一分税钱	京东、西公田钱	出卖铁炭钱
罢学制学事司赡学钱	盐钞工墨钱	隆兑州铜铸到钱
淮南路添酒钱		卖盐布袋价钱
		岭南川蜀农民陂罚钱

这些钱的总额难以估计,前面提到的茶息钱有四百余万缗,赡学钱"何翅数百万",增收一分商税约二三十万。另外,建炎三年十月臣僚言经制之法提到,陈亨伯于宣和五年后,又将其法行于京东西、河北路,"河北、京东西一岁之间得钱近二百万缗,所补不细"[1]。如此说来,东南七路之"七色钱"应该大大超过此数。

要注意的是,本章第一节所说的诸工程、制作,大部分发生在宣和三年应奉司成立以前,而不是成立以后。在这种情况下,掌管巨额钱物的应奉司实际职能也超出了"应奉",比如前面提到了应奉司掌赡学钱、经制司七色钱都是以籴本为名[2],《向子諲行状》也提到应奉司以钱移米赈救灾民。如此种种,说明应奉司钱物虽然源于应奉,但在徽宗末年真正成为王朝一个新的财政系统。

上表也可非常清楚地说明:应奉司与经制司共同构成了一种新型的财赋征调方式。南宋的经制钱、总制钱,其实就是在徽宗朝经制、应奉司诸色钱物的基础上扩展而来的,成为南宋户部经费的最主要来源[3]。到了南宋初年,臣僚非常赞扬经制司的敛财方式,前面也引过了——"取之于微,而积之于众,求之于所欲而非强其所不欲""所收

---

① 《宋会要辑稿》食货 35 之 20。

② 亦参见包伟民《宋代地方财政史研究》,第 156—157 页。

③ 经总制钱,参考汪圣铎《两宋财政史》,第 353—356、746—748 页。

至微，所得至多""无害于民，贤于缓急暴敛多矣""敛之于细，聚之则多，而实不害于民"等，即整合零碎的财源，汇细微而成大宗。

但是，出于对北宋灭亡的反思，南宋人当然不会对应奉司也进行类似的褒扬。徽宗朝的应奉，对于北宋的崩溃确实有相当直接的作用，但宣和应奉司与经制司所开创的新的财赋征调方式，又为南宋重建提供了相当重要的财赋基础，这不能不说是历史的复杂性。

三　本节结语

在徽宗朝"应奉"的演变历程中，其财物的来源是累积的，并非有了新的财源后便会厘革之前的乱象。史料中对于应奉的批评，其实针对的常常是宣和三年以前的应奉，其钱物除了来自内藏，更来自朝廷钱物、户部钱物。正因如此，在宣和三年以前，所谓的"诸局所钱物"其实是一个不完整的系统——它没有自己独立的钱物征调途径。

当然，宣和应奉司并没有真正整顿挪用钱物的问题，甚至因燕山之役而收的免夫钱也被挪用。但乱象的背后可以看到，政和末出现的一种新趋势在宣和应奉司成立后逐渐明朗：建立独立的应奉财政，甚至试图建立独立的应奉运输系统。

为了建立独立的财源，东南、京东西的公田是一个手段，但其实是苛暴虐民之政。相比之下，更为"成功"的其实是"所收至微，所得至多"的宣和应奉司诸色钱物，它们与经制司的七色钱一起，试图在不打乱王朝财政，又不明显增加民众负担的情况下，整合零碎钱物，获得一条新的利益之源。这是危局之下的财政，对于徽宗朝来说，这一努力没有能挽救自己的崩溃，但却在南宋提供了关键的财政收入。某种程度上，应奉财政体系的独立过程说明了徽宗朝政治体制的"创造性"所在，这是由方腊起义倒逼出来的。上章所论的公相、御笔，同样也是由某个政治问题所逼迫出来的政治体制上的"创新"。这些"创新"实际并未能解决徽宗朝政治中的混乱、腐败，但朽木新芽，未始不为新生之机。

上章谈到，在权力的象征与实际两个层面，徽宗本人的地位皆日渐突出。应奉及其财政体系,也可以说明这一问题,因为这些毕竟是以应奉君上为名而做的,实际上也导致了皇帝名义下的钱物之增加。

　　但不要对徽宗从应奉中获得的实际权力估计过高。因为第一,应奉的人员体系始终依赖王朝固有的监司、州县官员,并没有更改既有的行政格局。第二,直接控制应奉钱物的,在宣和三年以后是宰相王黼,它不是皇帝可以任意使用的钱物,这与朝廷钱物是类似的。从钱物的角度来说,应奉系统的出现,是徽宗朝财政中央化大背景下的一环——徽宗朝解决财政问题的最大"奥妙",就是在财政分配上施行"弱外以实内"的财政中央化政策[1];在敛财手段上则把征榷这种"间接税"推向极致[2]。第三,也是更重要的,徽宗朝应奉的驱动力主要在于京城的土木工程及礼乐器物的制作,而非单纯的徽宗个人爱好、享受和宫廷消费。这是徽宗朝政治非常独特的表现形式,其对应的口号"惟王不会""丰亨豫大",放在当时的解释体系之下,反映的就是圣君、圣治的追求。当然,实际作为与口号如何对应,这是下一章将要讨论的。

---

　　[1]　汪圣铎《两宋财政史》,第 85—105 页。包伟民《宋代地方财政史》,第 83—163 页。
　　[2]　参考包伟民《宋代地方财政史》,第 280—319 页;Liu, William Guanglin, "The Making of a Fiscal State in Song China, 960-1279," *Economic History Review* doi: 10.1111/ehr. 12057, 8 OCT 2014, pp. 1-26。

第六章　道教、礼乐、祥瑞与徽宗朝的政治文化

　　前两章主要谈了徽宗朝统治的"形式",就"内容"而言,徽宗朝是一个"新政"迭出的时代,涉及王朝制度、宗室问题、财政问题、公共慈善、士大夫的教育与选拔、礼乐制作、宗教等诸多方面,既获得了大量的财政收入,也有巨大的支出①。而且,收复燕云作为神宗以来拓边活动的高峰,也是徽宗朝政治的重要组成部分。总体而言,徽宗要超越父兄之治、独创新意、自我作古的用意非常明显。

　　从神宗朝开始,北宋政坛经历了一波又一波的政治革新,这些革新的背后是自仁宗中期以来在思想界开始流行的儒学复兴运动,其在政治上的理想就是实现三代之治、圣人之治。上一章所谈的"惟王不会""丰亨豫大"这两个口号,就是这种理想的体现。那么,经历了神宗之新政、哲宗之绍述、徽宗之推进,种种变法的努力,最终结出的是什么样的果实? 只有理解了徽宗朝的政治史,才能对这个问题作出回答。

　　当然,如果站在徽宗之后人的立场,这个问题很容易回答——没有达成什么善果。不说南宋士大夫、元朝史臣对徽宗朝的批判,今人一般也认为,徽宗朝种种措置皆导向了靖康之难。徽宗朝的政治存在着缺陷与危机是不容置疑的,但简单的否定其实阻碍了对它的深入了

---

　　① 　参见林天蔚《蔡京与讲议司》,《宋史研究集》第 10 辑,第 429—443 页。王曾瑜《北宋晚期政治简论》,《中国史研究》1994 年第 4 期,第 82—84 页。汪圣铎《两宋财政史》,第 88—115 页。John Chaffee, "Huizong, Cai Jing, and the Politics of Reform", *Emperor Huizong and Late Northern Song China：The Politics of Culture and Culture of Politics*, pp. 31-77.

解。每一个时代，都有其自身的理想和趋势。对徽宗及其时代的认识，若从其自身的定位出发，从其为这些定位所采取的措置出发，更能呈现这个时代在整个宋史上的意义，也更能从其最终的崩溃中获得历史教训。

本章不会全面地述评徽宗朝的施政，而是要从当时几个非常突出的标志物来探讨徽宗朝如何进行自我定位，这几个标志物就是：道教、礼乐、祥瑞，上一章所论的"应奉"诸工程，很多都落实于这三方面。正是这些标志物，凸显了徽宗朝政治实践与"丰亨豫大"理想政治口号的背离。

第一节　"道家者流"①

为什么徽宗朝政治持续不断、日益深入地与道教结合在一起？这个问题可以分解为两个层次：第一，为什么徽宗朝政治长期需要"道家者流"的参与？第二，为什么徽宗朝政治需要"道教"这一宗教？

就大的形势而言，道教在宫廷中的影响，自唐玄宗以后有巨大的进展，这在宋代的国家祭祀中有深刻的反映：宋代的十神太一崇祀，祀奉圣祖、历代帝后的景灵宫之出现，都是道教崇拜在国家礼仪中的反映；它们与传统的郊庙礼仪并立，形成了中古祭祀中国家、皇帝两个系统，其中道教性质的祭祀代表皇帝私人和家族感情，更受皇帝重视②。因此，道教在宋代宫廷中的强烈影响是长期以来的历史过程之结果。

但是，这一点无法解释为什么道教在徽宗朝政治中突然兴盛。汪圣铎指出，虽然徽宗朝大崇道教，但少见道教组织的主动行为，道士们都是以个人身份参与此事，看不到某一宫观、派系的道士有集体行

---

① 蔡京之子蔡絛著《国史补》有《道家者流》一篇，专记徽宗朝崇道事，本文"道家者流"即用其语，指徽宗以"术"而显者，不一定是宗教意义上的道士，蔡絛也用"方士"一词。

② 吴丽娱《论九宫祭祀与道教崇拜》，《唐研究》第 9 卷，第 302—309 页；《唐宋之际的礼仪新秩序——以唐代的公卿巡陵和陵庙荐食为中心》，《唐研究》第 11 卷，第 263—268 页。

动①。这说明,并不是某种有系统的信仰推动了"道家者流"参与到徽宗朝的政治中去,这一现象的原因在于存在某种政治需要——所以才能容忍形形色色的道士、方士并存。本节的主要任务,就是分析林林总总的"道家者流"各自参与政治的途径是什么、作用是什么。

一 崇观诸方士

关于徽宗崇尚道教的缘起,没有确定的说法。蔡絛说:"上嗣服之初,于释老好尚未有适莫。"②"太上皇受命,灼为天人,盖多有祥兆,由是善道家者流事。"③金中枢也认为,徽宗即位,"虞天下未信从,托之以方术或神旨,实人之常情耳"④。不过,徽宗即位并没有明显的合法性问题⑤,他固然不会拒绝祥兆、神旨,但也没有因此大崇道教的必要。

伊沛霞指出,赵佶本身就是一个虔诚的道教徒,不能过于从政治的角度理解他对道教的信仰⑥。这就徽宗个人而言是对的,但不能以同样的逻辑理解"道家者流"在徽宗朝的起落。

在徽宗朝初期较有影响的几位方士,都是在之前哲宗朝便有较重要的地位。比如徐知常。孙觌在《蔡京事迹》中说:"道教之兴,自左街道录徐知常供元符皇后符水有验,被宠遇,遂荐范致虚作正言。致虚以为绍述先帝法度,非相蔡京不可。"⑦元符皇后即哲宗的第二位皇后刘氏,哲宗废第一位皇后孟氏的借口,就是她在宫禁中用符水,故金

①　汪圣铎《宋代政教关系研究》,第 212 页。

②　《长编纪事本末》卷一二七《方士》,崇宁二年正月己丑条注,第 3959 页。

③　蔡絛《铁围山丛谈》卷一,第 6 页。

④　金中枢《论北宋末年之崇尚道教》(上),《宋史研究集》第 7 辑,第 293 页。

⑤　哲徽之际,在哲宗生母朱太妃的支持下,章惇曾推动哲宗同母弟简王赵似与赵佶争立,由此简王(即后来的蔡王)与赵佶的矛盾在徽宗初年甚为尖锐。论见张邦炜《宋徽宗初年的政争——以蔡王府狱为中心》,《西北师大学报》2004 年第 1 期。不过,虽有这一重因素,但赵佶作为健康诸王中最年长者,由他继统是没有什么问题的。

⑥　Patricia Ebrey, *Emperor Huizong*, pp. 131–158.

⑦　《长编纪事本末》卷一二七《方士》,大观元年二月丙戌条注,第 3960 页。《蔡京事迹》即《蔡京事实》,成于乾道三年(1167),是朝廷为了修《钦宗实录》而命孙觌所进。见 Charles Hartman, "A Textual History of Cai Jing's Biography in the Songshi", *Emperor Huizong and Late Northern Song China: The Politics of Culture and Culture of Politics*, p.523.

中枢认为,所谓的"符水有验",即指用符水以起掖庭秘狱废孟后、立刘后之事①,此说颇有理。另外,吕希哲(1039—1116)也说,建中靖国元年(1101)五月范致虚除右正言,出于徐知常在宫廷内的活动,"黄冠之盛自知常始"②。

再如茅山道士刘混康,崇宁初即为徽宗所礼信③。传说刘混康劝徽宗营京城东北隅地为岗阜,以成多男之祥,由此得徽宗欢心,故崇信道教,兴土木之工为艮岳④。按艮岳大致开工于政和五年(1115),完工于宣和四年(1122)⑤,这时崇信道教已久,此说绝不可信⑥。不过,刘混康与宋皇室的联系,却是由来已久的。刘混康是茅山第二十五代宗师,虽然上清派这时渐呈衰势,但承其旧绪,仍历为统治者所重视⑦。刘混康在神宗时便颇受敬重⑧,《茅山志》又载其于元祐元年(1086)救治误吞针入喉的孟皇后,由此得以住持上清储祥宫,并即其所居为元符观⑨。案孟后之立是元祐七年的事,故此说绝不可靠。刘混康自茅山赴京住持上清储祥宫乃绍圣四年(1097)之事⑩,而孟后已经于此前绍圣三年九月被废了。建元符观在元符元年(1098)⑪,刘归茅山则在元符二年闰九月⑫。这期间,元符二年八月,南郊大驾诸旗名物中,因"茅山之上日有重轮,太上老君眉间发红光"之祥,制为"重轮""祥光"二旗⑬,可见极得朝廷眷顾。

---

① 金中枢《论北宋末年之崇尚道教》(上),第 295 页。

② 吕希哲《吕氏杂记》卷下,第 294 页。吕氏生卒年考证见李裕民《四库提要订误》(增订本)卷三《子部·杂家类》"吕氏杂记"条,第 240 页。

③ 《长编纪事本末》卷一二七《方士》,崇宁二年正月己丑条,第 3959 页。

④ 王明清《挥麈后录》卷二,第 72 页。

⑤ 久保田和男《宋代开封研究》,第 242 页。

⑥ 徽宗也从未有子嗣之虞。见伊沛霞(Patricia Ebrey)对此说的驳正,*Emperor Huizong*, p. 519。

⑦ 任继愈主编《中国道教史》,第 741 页。

⑧ 《长编纪事本末》卷一二七《方士》,崇宁二年正月己丑条,第 3959 页。

⑨ 刘大彬《茅山志》卷一一《上清品》,《道藏》第 5 册,第 605 页。

⑩ 《长编》卷四八九,绍圣四年六月丙申条,第 11603 页。

⑪ 《长编》卷五〇〇,元符元年七月己酉条,第 11900 页。

⑫ 《长编》卷五一六,元符二年闰九月戊寅条,第 12274 页。

⑬ 《宋会要辑稿》瑞异 1 之 18。

刘混康在绍圣、元符期间如此受到重视，与元符刘后密不可分，史称：

> 元符末，掖庭讹言祟出，有茅山道士刘混康者，以法箓符水为人祈禳，且善捕逐鬼物，上闻，得出入禁中，颇有验。崇恩尤敬事之，宠遇无比。至于即其乡里建置道官，甲于宇内。①

崇恩即元符皇后刘氏，因此《茅山志》应该是误将刘混康与元符刘后的关系植在孟后身上。哲宗废孟氏、立刘氏本就颇受士大夫的指责，靖康之难后孟氏在"中兴"事业中又发挥了关键作用，则《茅山志》讳言刘混康与元符刘氏的关系，显然是有意为之的。刘混康"化解"于大观二年（1108），之前大部分时间都住在茅山，这从徽宗赐刘混康骆驿不绝的敕书可见②，也说明刘混康在徽宗朝虽备极荣宠，但并没有深入宫廷政治。

方士郭天信亦是在哲宗朝便"隶太史局，元符末，尝以事出入禁中"，据说他因为数次对赵佶说"王当有天下"，因而得以在徽宗登极后受恩视、得近信③。大观年间，郭天信和蔡京、张商英的起落有密切的联系，这在下面会进一步谈及。

此外，正一派（天师道）在宋真宗以后也颇受重视，一直到南宋末，历代天师都受朝廷"先生"之赐号④。在徽宗朝，年轻的第三十代宗师张继先就于崇宁四年（1105）被赐"虚靖先生"⑤。在正一派的教义发展史上，张继先有着重要的位置⑥。明朝第四十二代天师张正常所撰《汉天师世家》描绘了一个在徽宗朝极有影响的张继先形象⑦，不过在宋代官方史籍中，张继先的记载很少，说明他也并未太参与徽宗朝的政治，而主要活动于龙虎山。

---

① 《挥麈后录》卷二，第 72 页。
② 《茅山志》卷三、卷四《徽宗赐刘宗师敕书并诗》，《道藏》第 5 册，第 562—570 页。
③ 《皇朝编年纲目备要》卷二七，大观三年六月条，第 697 页。
④ 任继愈主编《中国道教史》，第 733 页。
⑤ 《宋史》卷二○《徽宗纪二》，第 374 页。
⑥ 任继愈主编《中国道教史》，第 736—739 页。
⑦ 张正常《汉天师世家》卷三，《道藏》第 34 册，第 826—828 页。

由上可知,徐知常、刘混康、郭天信诸方士,都是在哲宗元符年间或更早便获得了出入禁中的资格,并在徽宗朝继续得宠。张继先虽然因为年少(生于元祐七年,徽宗登基时年方九岁)而没有这种经历,但他在徽宗朝廷中的地位,也是拜其之前历代天师的经营所赐。故徽宗朝初期方士的活动、徽宗本人与他们的关系,也是赵氏家族长期以来的宗教倾向所致。

但问题并不止于此。一般来说,帝制下得以出入禁中的人物,主要是宦官与女谒,他们的政治能量也源自其身处禁中、接近君主的特殊身份。而徐知常、刘混康、郭天信诸方士,因为与宋室的特殊渊源,凭借其宗教身份,也获得了出入禁中的权利①,有成为另一股宫廷政治势力的可能。

比如徐知常,前言他与元符刘后的渊源很深。吕希哲《吕氏杂记》说,徐知常通向徽宗朝宫廷的道路有两条:一是他通过温成张后家的张贤妃与徽宗本人建立的联系;二是他与元符刘后的关系,即"以符水有效于元符殿中",并且还通过刘后向徽宗推荐范致虚②。但是,从史料中的蛛丝马迹来看,徽宗即位后,与元符刘后的矛盾很深,据说:

> 后负其才,每曰:"章献明肃大误矣,何不裹起幞头,出临百官!"上尝谓蔡京曰:"朕前日大病,那个便有垂帘意。"那个者,谓后也。又曰:"朕不得不关防,使人当殿门,与之剑,若非宣召,勿问何人,入门者便斩之。"③

这一记载很不经,但反映的徽宗与刘后之矛盾应没有问题。这种情况下,说徐知常通过刘后向徽宗推荐范致虚,就有些疑问。更有可能发挥作用的是徐知常通过张氏与徽宗建立的联系。

前引《吕氏杂记》还提到,范致虚"以非相蔡京不足有为",且当时"宫禁、宦官合为一辞以引京",而外朝士大夫却极力反对。《宋

---

① 大观三年,御史中丞石公弼就奏请严皇城诸门禁令,防止丹药及炼丹道士进入。见赵汝愚编《宋朝诸臣奏议》卷八四《上徽宗论道士烧炼丹砂》,第915—916页。

② 《吕氏杂记》卷下,第294页。

③ 《皇朝编年纲目备要》卷二八,政和三年二月条注,第707—708页。

史·蔡京传》沿用了这一说法,云"宫妾、宦官合为一词誉京"。蔡京如何在宫廷中建立自己的名声,目前可见的史料很少,以致有学者认为这是一种有意为之的叙事模式①。不过,建中靖国元年十一月邓洵武进《爱莫助之图》时,史亦言"上决意用京"②,也说明蔡京的进用乃出自徽宗之意,并不符合士大夫的主流意见。在这一背景下,若非有来自内朝的支持,蔡京的进用就难以理解。而蔡京与宫廷的联系,除了宦官之外,通过范致虚、徐知常这一渠道称说于内,也是较为自然的选择。

方士郭天信是个更好的例子,可以说明此类人物在内朝的能量。郭天信因术而进,仕至枢密都承旨③,"颇与闻外朝政事",其实不完全是方士,而是近臣。这种身份,使他对政治的参与比徐知常更为直接,《宋史》本传云:

> 见蔡京乱国,每托天文以撼之,且云:"日中有黑子。"帝甚惧。言之不已,京由是黜。张商英方有时望,天信往往称于内朝。商英亦欲借左右游谈之助,阴与相结,使僧德洪辈道达语言……眷日衰。京党因是告商英与天信漏泄禁中语言,天信先发端,窥伺上旨,动息必报,乃从外庭决之,无不如志。商英遂罢。④

可见,郭天信与蔡京的第二次罢相及张商英任、罢相都有很直接的关系。蔡京第二次罢相在大观三年(1109)六月,上一章第一节已经指出,蔡京当时面临的主要指责就是弄权。蔡京虽然是徽宗深为倚重的大臣,但蔡氏长期盘踞政坛,势力盘根错节,则令徽宗始终担忧。郭天信身为近臣,利用徽宗的猜忌,文饰以天象,才有力地推动了蔡京之罢相。郭天信于内"窥伺上旨"的能力,是其立足于政坛的最大资本。

---

① Charles Hartman, "A Textual History of Cai Jing's Biography in the Songshi," *Emperor Huizong and Late Northern Song China : The Politics of Culture and the Culture of Politics*, pp. 539–540. 不过,徽宗刚登基时,向太后似比较看重蔡京。见《皇朝编年纲目备要》卷二五,元符三年四月,第 624—625 页。

② 《长编纪事本末》卷一三〇《久任曾布》,建中靖国元年十一月壬午,第 4074 页。

③ 《宋会要辑稿》职官 23 之 18。

④ 《宋史》卷四六二《郭天信传》,第 13525 页。

　　张商英于大观四年二月任中书侍郎,六月为右仆射,政和元年八月罢。如上引《宋史·郭天信传》所言,张商英之起,与郭天信在内朝的游说有关。这种模式,与蔡京之进是类似的,应该是徽宗朝政治的一大特点。也正因如此,一旦张商英失势、蔡京再起,郭天信也贬死新州,传说"京已再相,犹疑天信挟术多能,死未必实,令(宋)康年选吏发棺验视焉"①。史籍中还提及蔡京欲发司马光、吕公著之冢,诸发冢破棺之说,其实只是一种贬低蔡京的叙述模式,不能认为真有其事。发棺之说体现的是蔡京再起之后,对于内朝极为在意、调整不遗余力。

　　在张商英的起落中,郭天信与僧人德洪(惠洪)都卷入其中,这与张商英本人的宗教倾向有密切联系。张商英是佛教徒,"平生学浮屠法,自号无尽居士"②,他自称于元祐三年七月游五台山,"中夜,于秘魔岩金色光中见文殊师利菩萨,慨悟时节,誓穷学佛"③。虽然如此,张商英此前和此后都与道教有紧密联系,今《道藏》中收有《三才定位图》一书④,系张商英于大观四年十二月所进,其《序》云:

　　　　臣少也贱,刻苦力学,穷天地之所以终始,三光之所以运行,五行之所以消长,人神之所以隐显,潜心研思,垂四十年而后著成《三才定位图》。今绘为巨轴上进,如有可采,愿得巨石刊刻,垂之永久。⑤

自大观四年前推四十年,即神宗熙宁初,说明他自早年便醉心于此。《道藏》又收《金箓斋投简仪》一卷,亦张商英任宰相时奉旨删定。其末所附《序》提到徽宗对张商英的称赞:"卿文章政事之外,深究道妙,博穷秘典,蕊笈琅函,靡不通贯。"并指示张商英"机政余暇,看详指定

　　①　《宋史》卷四六二《郭天信传》,第 13525 页。
　　②　杜大珪《琬琰集删存》卷三《张少保商英传》,第 35b 叶。
　　③　张商英《太原府寿阳方山李长者造论所昭化院记》,《略释新华严经修行次第决疑论》后记,《大正新修大藏经》第 36 册,第 1048—1049 页。
　　④　《道藏》第 3 册,第 122 页。
　　⑤　《长编纪事本末》卷一三一《张商英事迹》,大观四年十二月戊戌条,第 4103—4104 页。

可否"①。说明张商英在任相时也以贯通道教典籍而著称。因此，张商英虽在元祐三年后"誓穷学佛"，但并未放弃道教。因此他既与方士郭天信，亦与僧人惠洪联系密切。

崇观时期，在政治上引起大波澜的方士，还有张怀素。张怀素于大观元年五月被杀②，李壁注王安石《赠外孙》诗曾引宋《四朝国史》云，张怀素与神宗朝宰相吴充之孙储、伫谋反，为人所告：

> 崇宁四年事败。狱成，怀素、吴储、吴伫、邵禀并陵迟处斩；杨公辅、魏当、郭（乘）[秉]德并特处死。吴储父安（持）[诗]贷命，免真决，追毁出身以来文字，除名勒停，送潭州编管。吴伫母王氏系王安石女，特免远窜，送太平州羁管；伫弟僎道州羁管。吕惠卿子渊坐曾闻妖言不以告，削籍窜沙门岛；惠卿散官安置宣州。蔡卞降职奉外祠。邓洵武妻，吴伫之兄，出知随州。安惇追贬散官。初，蔡京实与怀素往来，书疏猥多。余深、林摅鞠制狱，曲为京地，故京独免。③

史称："蔡京与怀素游甚密，（余）深、（林）摅皆为京地，深悉毁京简札，仍奏乞尽焚往还书疏以安反侧，盖以灭迹也。"④不但张怀素本人与蔡京过从甚密，吴储也在蔡京崇宁讲议司中任"冗官"方面的检讨官⑤。

藤本猛探讨过张怀素案，他将此案与蔡京第二次执政联系起来，认为张怀素代表了对蔡京不满的势力，最终蔡京也通过此案打击了政敌，并加强了对江南地区的控制⑥。此说未免求之过深，实际上张怀素案与朝中高层政治没有太大的关系，这主要是一次区域性的异端教派事件。

---

① 《道藏》第9册，第133页。

② 李埴撰，燕永成校正《皇宋十朝纲要校正》卷一七，大观元年五月，第464页。

③ 王安石著，李壁笺注，高克勤点校《王荆文公诗笺注》卷四三《赠外孙》，第1140页。据《宋史·吴充传》，储乃安诗子。

④ 《皇朝编年纲目备要》卷二七，大观元年五月，第691页。刘安上亦称"张怀素为京之密友"，见《给事集》卷一《再论蔡京》，《景印文渊阁四库全书》第1124册，第10页。

⑤ 《宋会要辑稿》职官5之13。

⑥ 藤本猛《风流天子と「君主独裁制」——北宋徽宗朝政治史の研究》，第97—133页。

首先看涉案人员。主要人员见于藤本猛的梳理[①],但需要特别注意这些人的构成:此案的核心成员除了张怀素,其他都是中低级官僚:吴储知和州,吴侔监润州酒务,邵禀为越州山阴县尉,杨公辅为将仕郎[②]。其余的人,要么是失于觉察者,要么是涉案人亲属。吕渊为苏州通判,失于觉察,牵连其父吕惠卿。吴安诗则因其子吴储是此案核心成员,邓洵武则因其妻为吴侔之姊,吴僎则是吴侔之弟。王资深于崇宁四年至大观二年知越州[③],邵禀就是越州山阴县尉。安惇崇宁三年就已经死了,可能是因为其子安郊卷入此案[④]。蔡卞则是在知江宁府任上,被指"尊礼妖人张怀素"[⑤],亦属失于觉察。王汭之不知是何原因"妖人张怀素辞连就逮"[⑥]。当然,实际涉案的还不止这些人,因为张怀素"以左道游公卿家"[⑦],以致其案"坐累者百余数"[⑧],"一时以轻重定罪者甚众"[⑨]。这样的人员构成说明,张怀素案不是针对高层政坛的,而确实符合官方的定性——"谋反"。余深"奏乞尽焚往还书疏以安反侧"固然有为蔡京掩盖之嫌,但更说明朝廷不愿因此导致官僚体系的过度动荡。

其次,综合别的方面材料,张怀素案应该是一次区域性(江淮地区)的异端教派谋反事件。《胡奕修行状》云:

> 大观元年,妖人张怀素谋叛,蜀人范寥诣阙上其事,有诏置狱。既伏诛,乃迹其昔所经行之地,以赏以罚。而得其常寓苏州通判吕渊家,寓时能以其术自晦,而莫之谁何。独两浙运判胡公察知其事状,将取以付狱。既觉,即转徙他州,公命劾渊,捕获素,

① 藤本猛《风流天子と「君主独裁制」——北宋徽宗朝政治史の研究》,第118页。

② 《皇宋十朝纲要校正》卷一七,大观元年五月,第464页。

③ 沈作宾修,施宿等纂《嘉泰会稽志》卷二,第6756页。

④ 《宋史》卷四七一《安惇传》(第13718页)云:"长子郊,后坐指斥诛。流其次子邦于涪,而追贬惇单州团练副使,其祀遂绝。"可能即指张怀素案。

⑤ 王称《东都事略》卷一〇一《蔡卞传》,第871页。

⑥ 方勺《泊宅编》(三卷本)卷中,第85页。

⑦ 《挥麈后录》卷八,第178页。

⑧ 曾敏行《独醒杂志》卷三,第23页。

⑨ 周煇撰,刘永翔校注《清波杂志校注》卷一二《张怀素》,第504页。

> 邂逅得罪去,辄已。……具言怀素辈不足以况狐鼠,但久在江淮间,知我无技,故尔狂率。遂陈天下承平久,但留意西北,而不复备东南。山川屈折,风涛出没,啸聚得以为险,当知因循为害甚大也……朝廷以怀素事,初有旨申男女结社念经、不茹荤之禁,不觉察者增其罪名。州县畏或累己,凡持数珠偶同坐者,悉逮捕,吴越雅相习,至汹汹不相保。公令必夜聚晓散十人以上逾旬不罢者,先告而后执下,遂安。①

从这条材料可见,在张怀素案发之后,朝廷关心的主要是东南地区的社会稳定,故申禁不得"男女结社念经、不茹荤"及"夜聚晓散"。"吃菜事魔"是宋代包括摩尼教和其他佛教异端在内的一切异端教派的总称,根据南宋关于"吃菜事魔"的记叙,这些异端教派的组织方式是朝廷最为担心的:其首领为宗师,其下门徒或数千,或千人,少者亦数百,弥乡亘里②。这对于社会秩序是潜在的巨大威胁。

因为张怀素是东南地区一位异端教派的宗师,故朝廷特别关注其死后门徒的动向,有"迹其昔所经行之地,以赏以罚"之举,常有人被怀疑为张怀素党。《胡奕修行状》就说,胡奕修"首取苏州二吏素为怀素、吕渊橐橐者,奏黥之,以隶远恶处"。再如《宋史·沈锡传》云:

> 以徽猷阁待制知应天府,徙江宁。张怀素诛,朝廷疑其党有脱者,江淮间往往以诬告兴狱。锡至郡,有告者,按之则妄也。具疏于朝,由是他郡系者皆得释。③

又如越州(治今绍兴)天宁观老何道士就因接待过张怀素"亦坐系狱,

---

① 李之仪《姑溪居士后集》卷一九《胡公行状》,《宋集珍本丛刊》(27),第200、202页。
② 陈高华《摩尼教与吃菜事魔——从王质论〈论镇盗疏〉说起》,载《中国农民战争史论丛》第四辑,第97—106页。陈智超《南宋"吃菜事魔"新史料》,《北京师院学报》1985年第4期,第30—31页。林悟殊《吃菜事魔与摩尼教》,氏著《摩尼教及其东渐》,第164页。芮传明《论宋代江南之"吃菜事魔"》,《史林》1999年第3期,第11—12页。稍值一提的是,诸说皆以为北宋朝廷对"吃菜事魔"的特别关注是在方腊起义之后,而从本文所引材料看来,当从崇宁末、大观初之张怀素案始。
③ 《宋史》卷三五四《沈锡传》,第11158页。

以不知谋得释"①。此外因交通张商英、郭天信而得罪南迁的僧人惠洪(德洪),政和年间被释北返,"五年夏,于新昌之度门往来九峰洞山者四年,将自西安入湘上,依法眷以老,馆云岩,又为狂道士诬以为张怀素党人……坐南昌狱百余日"②。政和五年,王寀(政和八年亦被诛,下文会提到)亦因"张怀素案内有此姓名"而被谪③,这已是近十年之后了。

　　张怀素案涉及的区域大致有迹可循,即所谓"江淮间"。张怀素被知江宁府(治今江苏南京)姚祐捕获④;为无辜者释疑的沈锡也是知江宁府;被指"尊礼妖人张怀素"的醴泉观使蔡卞,之前亦任知江宁府。吴储知和州(治今安徽和县)。吴侔监润州(治今江苏镇江)酒务,而张怀素之案发,乃因润州州学内舍生汤东野资助范寥入京告状⑤。王沩之受牵连乃居于广德军(治今安徽广德)时⑥。王资深知越州(治今浙江绍兴),前述何道士亦在越州被疑为张怀素党,被处死的邵㮣也是越州山阴县尉。此外,惠洪则在洪州(治今江西南昌)系狱。与张怀素有交往的吕渊是苏州通判。又,"刘廷者,开封人,向氏甥,颇知书,少年不检,无家可归,从张怀素左道于真州(治今江苏仪征)"⑦;丹阳人洪拟在濠州(治在今安徽凤阳)寺院中也见过张怀素"聚书数千卷诵读,晨夜不休"⑧。江宁府、和州、润州、越州、洪州、苏州、真州、濠州,正是张怀素"所经行之地",涉及江南东西、淮南东西、两浙路,正所谓"江淮间"也。

　　以上讨论了徐知常、刘混康、郭天信、张继先、张怀素这些崇宁、大观时期的方士。此外,方士魏汉津也活跃于崇宁时期,且与蔡京渊源

---

① 陆游《老学庵笔记》卷三,第 30 页。
② 惠洪著,廓门贯彻注《石门文字禅》卷二四《寂音自叙》,第 1438 页。
③ 《宋会要辑稿》职官 68 之 35。
④ 《宋史》卷三五四《姚祐传》,第 11162 页。
⑤ 刘宰《京口耆旧传》卷四《汤东野传》,《景印文渊阁四库全书》第 451 册,第 164 页。
⑥ 《泊宅编》(三卷本)卷中,第 85 页。
⑦ 王明清《挥麈三录》卷三,第 252 页。
⑧ 《京口耆旧传》卷四《洪拟传》,《景印文渊阁四库全书》第 451 册,第 160 页。

极深,但主要是以一个礼乐专家的身份得到重视①,故暂略而不论。以
上诸人,刘混康与张继先作为上清派与正一派的宗师,长期为宋皇室
所重,他们是所有人中宗教身份最为纯粹的,但介入政治的程度也最
浅。至于张怀素,是一个区域性的教派组织的宗师,他参与政治的方
式是"以左道游公卿间",最终其案对官僚体系及东南地区的社会秩序
都带来相当的震动。而徐知常借与后宫的关系知名禁中,郭天信则可
被视为"随龙人",这二人都有机会长期、频繁地出入禁中,借着这一特
殊的能力,他们在所有人中介入政治的程度最深。

　　历数以上诸人的经历可知,崇观时期方士与徽宗、方士与政治的
联系,不同人间有很大的差别,难以作为一个整体被视为崇道政策的
一部分。

二　政宣道流与徽宗君臣

　　论及政和以降的方士,首先还是应该谈及徐知常。政和三年三
月,左街道录徐知常"特授冲虚先生"②。这是一次不同寻常的奖掖,
因为宠信徐知常的元符皇后刘氏在之前的二月暴崩,而前已论及,刘
氏与徽宗之间矛盾极深。这一突然宠遇是为什么呢?朱熹对此也很
疑惑:"徐(知常)本一庸凡人,不知因甚得幸,徽宗喜其会说话,遂亲
幸之。"③

　　前引《吕氏杂记》已谈及,徐知常除了与元符刘后的联系外,还通
过张贤妃与徽宗后宫建立了联系:"知常出入温成张后家,上皇践阼,
内中张贤妃进御侍王氏,首见亲幸,张妃盖温成侄也。""温成张后"即
仁宗张贵妃,其世父张尧佐因她而致位通显,张家因此由寒门而成大
家。但是,史不载张贤妃有什么受宠之迹,否则也不用向徽宗"进御侍

---

　　①　胡劲茵《北宋徽宗朝大晟乐制作与颁行考议》,《中山大学学报》2010 年第 2 期,第
100—112 页。
　　②　《长编纪事本末》卷一二七《方士》,政和三年三月甲戌条,第 3962 页。
　　③　黎靖德编《朱子语类》卷一三〇《自熙宁自靖康用人》,第 3128—3129 页。

王氏,首见亲幸"。所谓"御侍",虽"亲近供奉"①,可就品级而言,实属低等②。可见徐知常所"因缘"的张门,在徽宗朝的宫廷当中,算不得有什么大势力,故很难说徐知常政和时被徽宗突然宠遇出于张氏。

不过,若将刘氏之死(二月)与徐知常授冲虚先生(三月)联系起来,还是有一些蛛丝马迹。关于刘氏之死,史称:

> 至是,后以不谨,无疾而崩。死之日,天为黄霾异常。始,事觉,上谕辅臣以后不谨,且重曰:"不幸!"京曰:"宫禁比修造多,凡事失防护,宜有此等。且古今自有故事,不足烦圣心忧闷。"何执中忽挽进曰:"太后左右,愿陛下多置人侍奉。以妇人女子,加之愧惧,万一不虞,则陛下不可负杀嫂名也。"上愕然,因曰:"不欲即此决之,晚当召卿来议。"晚果促召,辅臣既入殿,议将废之,而太后已崩。盖为左右所逼,自即帘钩而缢焉。③

从蔡京、何执中之语可知,所谓刘氏"不谨"云云,概指男女之事,而这类消息传入徽宗君臣之耳,必与刘氏亲近之人的泄露有关。随后刘氏"即帘钩而缢",更是"为左右所逼"的结果。故刘氏之死,虽为徽宗压力所致,但直接的施压者则为刘氏左右之人。徐知常自然不可能直接逼迫刘氏自尽,但他"以符水有效于元符殿中"的身份,却最适合传递"不谨"之类的消息,故如说他在刘氏之死上有相当程度的参与,恐怕不会有太大的问题。

《宣和画谱》在谈及徐知常时说:

> 道士徐知常,字子中,建阳人也。能诗善属文,凡道儒典教与夫制作,无不该晓。脱略时辈,萧然老成,有士君子之风。方阐道教,首预选抡。校雠琅函玉笈之书,无不精确。居闲则鼓琴沦茗以自娱,真方外之士。④

---

① 《铁围山丛谈》卷一,第 8 页。
② 孙逢吉《职官分纪》卷二五《内官》,《景印文渊阁四库全书》第 923 册,第 527 页。
③ 《皇朝编年纲目备要》卷二八,政和三年二月条注,第 708 页。
④ 俞剑华标点注译《宣和画谱》卷四《道释·徐知常》,第 91 页。

"方阐道教,首预选抡",说明徐知常在徽宗朝道家者流中是有特殊的地位的。官方称其"道儒典教与夫制作,无不该晓……校雠琅函玉笈之书,无不精确"云云,但在目前所见的官方记载中看不出他的实际作为。朱熹以为"徽宗喜其会说话,遂亲幸之",应该是更符合徐知常在宫廷政治中的实际作用。当然,上述关于徐知常在政和宫廷中活动的考察,限于材料,只能流于推测。但无论如何,徐知常绝非官方所塑造的"方外之士",而是从哲宗一直到徽宗朝都极为注意经营自身与宫廷的关系,因此能始终屹立不倒。

略晚于徐知常崛起的是王老志。政和三年九月诏"濮州隐逸王志老(案当作老志)令王亶以礼敦遣赴阙"①。王亶其人无考,宣和三年十月太仆卿王亶提举江州太平观,"以言者论其挟相术奔竞交结故也"②,当即此人。王老志赴阙之后,随即被封为洞微先生,政和四年正月又加号观妙明真洞微先生,十月卒③。

从王老志身上,可以看到一个地方道士迅速进入中央、宫廷的过程,而推动这一过程的人物就是蔡京。陆游记载道:

> 初,京为真定帅,道人王老志自言钟离权弟子,尝言京必贵极人臣。至是物色得之,京馆之后圃,引与见上。④

案钟离权与吕洞宾几乎是所有两宋内丹修炼者溯源的对象⑤,这说明王老志是一名内丹道的修炼者。蔡京守真定在元祐元年(1086)闰二月⑥;后来"翰林学士强渊明,绍圣初为教官,过濮见老志"⑦;而强渊明其人"与兄浚明及叶梦得缔蔡京为死交"⑧。王老志的背后,就是蔡京及其党羽。

---

① 《宋会要辑稿》选举 34 之 50。
② 《宋会要辑稿》职官 69 之 10。
③ 《长编纪事本末》卷一二七《方士》,第 3962 页。
④ 陆游《家世旧闻》卷下,第 217 页。
⑤ 任继愈主编《中国道教史》,第 613—614 页。
⑥ 《长编》卷三六九,元祐元年闰二月庚戌条,第 8911 页。
⑦ 《铁围山丛谈》卷五,第 88 页。
⑧ 《宋史》卷三五六《强渊明传》,第 11209 页。

在崇宁初期,蔡京推荐过徐神翁(守信),但徐在政治上的作为似乎仅限于攻击元祐党人①,过于拙劣,故很不受重视。而王老志参与政治的方式是创造性的,故能立足于徽宗的宫廷——他主要以"降神"而闻名。蔡絛毫不掩饰地说:"当是时,郊天而天神为出,夏祭方泽而地祇为应,皆老志先时奏而启发之。"②最显著的例子是政和三年十一月郊天:

> 上搢大圭,执玄圭,以道士百人执仪卫前导。蔡攸为执绥官,玉辂出南薰门,至玉津园,上忽曰:"玉津园东若有楼殿重复,是何处也?"攸即奏:"见云间楼殿台阁,隐隐数重,既而审视,皆去地数十丈。"顷之,上又曰:"见人物否?"攸即奏:"若有道流童子,持幡节盖,相继而出云间,衣服眉目历历可识。"攸请付史馆,宰相蔡京率百僚称贺。③

孙觌《蔡京事迹》云,此次冬祀,"天神降于空中,议者谓老志所为也"④。这次降神之事的导演是王老志;执绥官蔡攸作为目击者,也是这场天神事件的主要演员之一;而背后的总设计师,无疑是"率百僚称贺"的蔡京。

王老志于政和四年十月去世,蔡京不得不寻找其继任者——嵩山道人王仔昔,他于政和五年十月被封为冲隐处士,次年三月封通妙先生⑤。蔡絛云:

> 小王先生仔昔者,豫章人也。始自言遇许逊真君,授以大洞隐书、豁落七元之法,能知人祸福。老志死后,仔昔来都下。上知之,召令踵老志事,寓于鲁公赐第。大抵巧发奇中,道人腹中委

---

① 《家世旧闻》卷下,第 217 页。参见汪圣铎《宋代政教关系研究》,第 143—144 页。
② 《铁围山丛谈》卷五,第 88 页。
③ 《文献通考》卷七二《郊社考五》,第 2219—2220 页。
④ 《长编纪事本末》卷一二七《方士》,大观元年二月丙戌条注,第 3961 页。
⑤ 《长编纪事本末》卷一二七《方士》,政和五年十月癸卯、六年三月乙卯条,第 3963 页。

曲,其神怪过老志,逆知如见。①

许逊是净明道派所尊奉的祖师,故王仔昔应该是符箓派的道士,这与内丹派的王老志不同。许逊崇拜本来只在民间流行,至宋代得到了官方的大力扶持,尤其在徽宗朝地位急剧提升②。

净明派地位的变化,可能与王仔昔有关系。白玉蟾《续真君传》就记载了政和六年五月的一次许逊降临事:

> 朕因看书于崇政殿,恍然似梦见东华门北有一道士,戴九华冠,披绛章服,左右童子持剑拂,皆衣青。后有二使者彩衣道装,捧印杖,前至丹墀,起简揖朕,攀左龙尾上殿。朕疑非人间道士,因问:"卿是何人,不诏而至?"道士对曰:"吾为许旌阳……"③

这一传说,说明王仔昔虽与王老志教派不同,却继承了王老志的神降活动,二人在徽宗宫廷中扮演的角色是相似的。不过,这次神降事不见于官方史籍,究其原因,乃是政和七年以后,徽宗本人即被视为昊天上帝元子、长生大帝君(详下文),许逊自然就不值一提了,故不为官方所认可。

如上可见,蔡京推举的王老志、王仔昔二人之所以成功地获得了徽宗的青睐,是因为他们导演的"神降"迎合了徽宗神化自身的需求。那么对于蔡京来说,他又从中得到了什么呢? 蔡絛记王老志事云:

> 及政和时,贵妃刘氏薨,追谥为明达皇后……一日乔贵妃使祝老志曰:"元君(刘贵妃)昔日与吾善,今念之乎?"明旦,老志密封一书进,上开读,乃前岁中秋二妃侍上燕好之语,乔贵妃得之大恧。此亦异也。④

与王老志类似,王仔昔也有着"巧发奇中,道人腹中委曲"的能力,甚至

---

① 《铁围山丛谈》卷五,第 89 页。

② 秋月观暎《中国近世道教的形成——净明道的基础研究》,第 31—32、120—123 页。卿希泰《中国道教史》第二卷,第 639—642 页。黄小石《净明道研究》,第 77—82 页。

③ 白玉蟾《修真十书·玉隆集》卷三四《续真君传》,《道藏》第 4 册,第 762 页。

④ 《铁围山丛谈》卷五,第 88 页。

"神怪过老志,逆知如见"。这些传说,恰恰说明了这些道家者流深入宫廷、亲近徽宗本人及其左右的程度。《宋史·王安中传》称:

> 时上方乡神仙之事,蔡京引方士王仔昔以妖术见,朝臣、戚里寅缘关通,安中疏请自今招延山林道术之士,当责所属保任,宣召出入,必令察视其所经由,仍申严臣庶往还之禁。[1]

王安中的请求,正反映了这些方士在宫廷政治中所起的"关通"作用。这就可以理解,为什么蔡京如此孜孜不倦地为徽宗物色方士,支持他们进入宫廷:这也是为了他自己"寅缘关通"、探知主意的需要。考虑到上一章所论政和以降蔡京的政治处境,就可以理解蔡京为什么比以往任何时候都需要这些能亲近主上、出入宫禁的方士,王老志崛起于政和三年,不是偶然的。

王仔昔实际上是蔡京所能控制的最后一位方士。他最初也馆于蔡京第,但据蔡絛说:

> 鲁公浸不乐,从容奏曰:"臣位轴臣辅政,而家养方士,且甚迂怪,非宜。"上深然之,乃徙之于上清宝箓宫。[2]

这一记载显然是蔡絛的文饰之语,实际王仔昔的离开不取决于蔡京。案上章,上清宝箓宫新成于政和六年二月,故需徙道流以居之,宝箓宫可以通过景龙门的复道进入延福宫。王仔昔入居宝箓宫后,就逐渐脱离蔡京的控制。如政和六年秋、冬,在王仔昔的建议下,徽宗迁九鼎于大内,并改九鼎之名,而据蔡絛所说,蔡京对此事的反应是"何不祥邪?"[3]显非其本意。

不过,对蔡京来说,更为致命的打击是王仔昔之宠衰,最终被温州道士林灵素取而代之。蔡絛记王仔昔之死云:

> 官人有为道士亦居宝箓宫者,以奸事疑似发,因逐仔昔。仔

> 昔性傲,又少慧。上常以客礼待仔昔,故其视巨阉若奴仆,又欲使
> 群道士皆师己。及林灵素出,众乃使道士孙密觉发其语不逊,下
> 开封狱杀之。陷仔昔者,中官冯浩为力。①

《宋史·王仔昔传》所记略同:"及林灵素有宠,忌之,陷以事,囚之东
太一宫。旋坐言语不逊,下狱死。"②显然,林灵素与王仔昔在宫中形
成了尖锐的对立。据说林灵素原出东华派,而东华派是从灵宝派中分
化出来的,长于斋醮祭炼,主要活动于民间,罕受朝廷召见,地位不及
正一(龙虎山)、上清(茅山)二派③。也有学者指出,林灵素与正一派
应该也有一定的思想渊源关系④。无论如何,林灵素与王仔昔源自不
同的派系。

　　不过,林、王矛盾的关键原因不在派系,而在于双方政治背景。
《历世真仙体道通鉴》称林灵素因徐知常而得幸于徽宗⑤,耿延禧《林
灵素传》亦称徐知常荐林灵素⑥,《皇朝编年纲目备要》亦云"温州林灵
素因徐知常得幸于上"⑦,该说当无问题⑧。

　　前已论及,徐知常"方阐道教,首预选抡",在政和宫廷中起过特殊
的作用,有着特别的地位。他不像王老志、王仔昔一样是因蔡京而进,
乃是凭借自身的机缘得到徽宗的信任。由此,他所推荐的林灵素,在
与蔡京的关系上,便与二王迥然不同。传说:

> 京师大旱,命灵素祈雨,未应,蔡京奏其妄……通真有一室,
> 灵素入静之所,常封锁,虽驾来亦不入。京遣人廉得有黄罗大帐、

---

①　《铁围山丛谈》卷五,第89页。
②　《宋史》卷四六二《王仔昔传》,第13528页。
③　任继愈主编《中国道教史》,第744—746页。
④　卿希泰《道教神霄派初探》,《社会科学研究》1999年第4期,第36页。
⑤　赵道一《历世真仙体道通鉴》卷五三《林灵尊传》,《道藏》第5册,第408页。
⑥　赵与时《宾退录》卷一,第4页。
⑦　《皇朝编年纲目备要》卷二八,政和六年二月条,第714页。
⑧　亦有材料说林灵素先见蔡京,论见久保田和男《宋代开封研究》,第236页。但是,
蔡絛在《铁围山丛谈》中毫不忌讳地提到了蔡京与许多方士、道流的交往,唯独没有提到林灵
素;耿延禧《林灵素传》亦没有提到林与蔡京的渊源。蔡、耿皆亲历其事者,故林灵素因蔡
京而进这一说法极不可靠。

金龙朱红倚卓、金龙香炉,京具奏,请上亲往,臣当从驾。上幸通真宫,引京至,开锁同入,无一物,粉壁明窗而已。京惶恐待罪。①

这段记载出自耿延禧的《林灵素传》,虽语涉神怪,但耿延禧亲历政宣,他所传达的林灵素与蔡京之间的敌对之势,当是没有问题的。且陷王仔昔于死地的宦官冯浩也与蔡京为敌,"宣和初,内侍冯浩力言京必乱天下,宜速诛之"②。说明自王仔昔之后,蔡京已无力掌握宫廷内的势力。

林灵素的靠山乃是蔡攸:

> 帝留意道家者说,攸独倡为异闻,谓有珠星璧月、跨凤乘龙、天书云篆之符,与方士林灵素之徒争证神变事。于是神霄玉清之祠遍天下,咎端自攸兴矣。③

林灵素到底什么时候为徽宗所宠信?《宋史·林灵素传》云:"政和末,王老志、王仔昔既衰,徽宗访方士于左道录徐知常,以灵素对。"④而政和六年十一月,徽宗还在王仔昔的建议下改了九鼎之名,则王之宠衰、林之崛起当在此之后。又重和元年(1118)十二月诏:"九鼎新名乃狂人妄有改革,皆无稽据,宜复旧名。"⑤说明林灵素被宠在政和六年冬至重和元年冬这两年间。道教传记《历世真仙体道通鉴》云:

> 政和六年十月,驾幸于太乙东宫,敕委道录徐知常奏:"所有温州道士林灵蕚在道院安下,言貌异常,累言神霄事。"……乃令徐知常引灵蕚入见……御书改名灵素,赐号通真达灵先生。⑥

这也说明林灵素崛起于政和六年冬之后。而据《宋史·徽宗纪》,政和

---

① 《宾退录》卷一引耿延禧《林灵素传》,第4—5页。
② 《三朝北盟会编》卷四九,靖康元年七月二十一日引《中兴姓氏奸邪录》,第373页。
③ 《宋史》卷四七二《蔡攸传》,第13731—13732页。
④ 《宋史》卷四六二《林灵素传》,第13528页。
⑤ 《长编纪事本末》卷一二八《九鼎》,重和元年十二月已卯条,第3990页。
⑥ 《历世真仙体道通鉴》卷五三《林灵蕚传》,《道藏》第5册,第408页。

七年二月，"会道士二千余人于上清宝箓宫，诏通真先生林灵素谕以帝君降临事"①。蔡絛《史补》也说："政和七年有林灵素出。"②

　　综合上述各方面的材料，林灵素被徽宗宠任，应该是政和六年、七年之交的事。为什么这个时间点很重要？据上一章所论，蔡京、蔡攸父子反目的时间应该在政和六年。因此可以说，当蔡攸与其父蔡京反目之后，缘徐知常、蔡攸而进的道士林灵素，亦在宫廷内与因蔡京而进的王仔昔发生了剧烈的冲突，最终以王仔昔被杀而收场。

　　那么，林灵素又是凭借什么能力获得徽宗的青睐呢？政和八年的王寀案，可以作为剖析的入手点。政和八年六月，王寀、刘昺坐妖讪诛、窜③。此案有着明确的政治目的，关于其来龙去脉有多种说法，基本要素如下。

　　首先是王寀、刘昺的背景。王明清说："王寀辅道，枢密韶之子，少豪迈有父风，早中甲科，善议论，工词翰，曾文肃、蔡元长荐入馆为郎。"④则王寀是曾布、蔡京所荐的。刘昺更不用说，是蔡京崇宁大晟乐、政和礼制局的核心成员。因此，王寀、刘昺之诛、窜后，蔡京主动说："刘炳（案即刘昺）、王寀，臣俱曾荐之。"⑤冀释徽宗之疑。

　　其次，王寀死因与王仔昔有类似之处。据《宋史·王寀传》，王寀也是方术之士，与林灵素在宫中"斗法"失败，被林陷害致死⑥。这与王仔昔案如出一辙。又，李心传记云："寀江州人，尝为亲卫中郎，政和末坐诈为天神示现诛死。"⑦"亲卫"乃崇宁所设三卫之一，仿古士庶子之法，"择贤德之后，勋戚之裔，以侍轩陛，庶几先王宿卫之意"，其中"亲卫郎立于殿上两傍"⑧。这就可以理解为什么王寀有机会在宫中

---

① 《宋史》卷二一《徽宗纪三》，第397页。
② 《长编纪事本末》卷一二七《道学》，政和六年十月甲申条注，第3937页。
③ 《皇朝编年纲目备要》卷二八，重和元年六月条，第721页。
④ 《挥麈后录》卷三，第113页。
⑤ 同上书，第119页。
⑥ 《宋史》卷三二八《王寀传》，第10584页。
⑦ 李心传《建炎以来系年要录》卷九六，绍兴五年十二月壬子条，第347页。
⑧ 《宋会要辑稿》职官33之9。

显露其术,并与林灵素产生矛盾。

再次,李心传所云王寀"诈为天神示现"透露了很重要的信息。在整个林灵素的神霄说中,"天神"是个极为关键的因素。林灵素主张,徽宗乃昊天上帝之长子长生大帝君①,他与之前方士的最大区别是:之前的方士都是着重突出自身的超能力,而林灵素则强调徽宗本人所具有的独特地位、神性,而自己不过是辅佐②。

前引王老志导演的政和三年郊天神降事中,徽宗本人也不过是观众。但政和七年二月的青华帝君降临事中,据道录傅希烈等人所记:

> 二天人蹑空乘云,冉冉而下,其一绛服玉冠,天颜和豫,盖教主道君皇帝也。其一上下青衣,俨若青华帝君之状……考之仙版,青华帝君实高上神霄玉清王之弟也。仰惟教主道君皇帝,以神霄玉清之尊,降神出明,应帝王之兴起,虽动而不失其所谓至静;虽为而实未尝为,故其通真接灵,澹然独与神明居者,若辛卯岁之梦兆;癸巳岁之示见,创见希有,中外已悉闻而知之。至于今日,坐堂奥之上而神飞玉京,来仙境之真而迹凝禁御,则或未之闻也。③

在这次天神降临事中,徽宗本人(教主道君皇帝)以神霄玉清王的形象,与其弟青华帝君一同现身,他本人不再是神降中的观众,而是最重要的天神。与之相比,政和元年(辛卯岁)之梦、政和三年(癸巳岁)之神降,都不可同日而语。王黼《宣和殿降圣记》亦云:"岁在丁酉,皇帝乃悟本长生大帝君。"④丁酉即政和七年。当年四月徽宗御笔就称,"朕每澄神默朝上帝,亲受宸命,订正讹俗。朕乃昊天上帝元子,为太霄帝君"⑤云云。此外,政和七年十二月,天神复降于坤宁殿,"比之中

---

① 《长编纪事本末》卷一二七《道学》,政和六年十月甲申条注,第3938页。
② 唐代剑《论林灵素与〈徽宗失国〉》,《宗教学研究》总23期,1993年,第12—13页。久保田和男《宋代开封研究》,第237页。
③ 《长编纪事本末》卷一二七《道学》,政和七年二月甲子条注,第3940—3941页。
④ 同上书,政和六年十月甲申条注,第3937页。
⑤ 同上书,政和七年四月庚申条,第3941—3942页。

春,灵异尤甚",还留下了"龙章云篆诗二十八字",且有褚慧书押——褚慧就是林灵素,"高上神霄玉清王府右极西台长吏,天官仙卿之冠也"①。政和八年十月,长生、青华二帝君又降宝篆宫神霄殿②。总之,林灵素的主要作用,是启发、鼓励了徽宗本人的宗教体验,使其本人达成了"天神"这一自我认同,降神运动由此变成了造神运动。

在这一背景下,"诈为天神示现"实际反映了王寀对于徽宗神圣形象的挑战。王明清记王寀案云:

> 是时羽流林灵素以善役鬼神得幸,而辅道(王寀)之客冀其复用,乘时所好,昌言辅道有术,可致天神出,灵素上扼不得施。盖其客亦能请紫姑作诗词而已,非林之比。辅道固所不解,然实不知客有此语也。辅道尝对别客谓灵素太诞妄,安得为上言之,其言适与前客语偶合……前客语既达灵素,灵素忿怒,泣请于上,且增加以白之曰:"臣以羁旅,荷陛下宠灵,而奸人造言,累及君父。乞放还山以避之。不然,愿置对与之理。"上令逮捕辅道与所言客姚坦之、王大年,以其事下开封。③

"辅道尝对别客谓灵素太诞妄"云云,透露了王寀拒绝接受林灵素所提出的神霄之说,从而也是拒绝接受徽宗的神性,故林灵素"奸人造言,累及君父"之语,便足可置王寀于死地。《宋史·王寀传》谓林灵素诬王寀"图不轨",《宋史·王仔昔传》谓王仔昔"坐言语不逊"而死,恐怕反映的都是同一问题。

此外,蔡京最钟爱的幼子蔡絛也因拒绝接受神霄之说而几致杀身之祸。重和元年十一月,蔡絛勒停,他在《诉神文》中说:"臣举家兄弟诸侄皆投名请受《神霄秘箓》,独臣不愿受,于是九重始大怒。"全赖蔡

---

① 《宋徽宗书褚慧诗跋拓本》,耀生《耀县石刻文字略志》,《考古》1965 年第 3 期,第 147 页。

② 《宋会要辑稿》瑞异 1 之 23。

③ 《挥麈后录》卷三,第 113—114 页。

京入宫拜恳,遂得不死①。按"箓"是入道者的皈依凭证②,重和元年十月,徽宗亲御宝箓宫传度《玉清神霄秘箓》③。《神霄秘箓》号称出于徽宗之手,他作为神霄玉清真王的化身,"以昔侍元始,同登郁罗,观览三元灵光玉纲之炁,而成《高上神霄玉清秘箓》三卷"④,即其是徽宗神性的印证。以蔡京的地位,其子拒绝神霄说、拒绝皈依尚有如此后果,更不用说王仔昔、王寀之流了。

蔡京本人在这个问题上极为小心。宣和元年十一月,蔡京奏乞以神霄玉清万寿宫观玉真王所说《玉婴神变妙经》刊印颁行⑤。所谓的"玉真王",也就是"高上神霄玉清真王",即徽宗本人,故蔡京此举是吸取了蔡絛的前车之鉴。王安中也曾受此经,其谢徽宗札子中极尽歌颂之能:

> 恭惟陛下孕真梵极,合妙太初,挈维道枢,流布慈宝。顷在开先之劫,光乘南极,位登长生,畀矜群迷,示现神化。乃托质大明之体,降宅宝莲之坐,承玉清之正统,应上帝之元嗣。自生神受气,入胎诞形,以至开府于五万五千五百五十五亿天地之上,总治神霄之政;下应中元福境中国神洲帝王之位,建立大教,极度群生。⑥

此外,蔡伈因参与点对《玉婴神变经》而被除待制,制曰"朕祗若天命,开明道机,嘉与群生,共蒙休祉,制为真简,备著灵文"云云⑦。由此可知,道家者流所赋予徽宗的神秘性与神圣性,是当时王朝秩序中非常

① 《长编纪事本末》卷一三一《蔡京事迹》,重和元年十一月戊申条注,第4126—4127页。
② 刘仲宇《道教授箓制度研究》,第11—23页。
③ 《长编纪事本末》卷一二七《道学》,重和元年十月癸卯条,第3948页。
④ 《高上神霄宗师受经式》,《道藏》第32册,第637页。
⑤ 《长编纪事本末》卷一二七《神霄宫》,宣和元年十一月辛亥,第3958页。
⑥ 王安中《初寮集》卷三《谢赐玉婴神变经札子》,《景印文渊阁四库全书》第1127册,第53页。
⑦ 许翰《襄陵文集》卷一《蔡伈除待制制》,第3页。

严肃的事情①。据说蔡京、郑居中、童贯、王黼等人都是"仙府卿吏"②，则他们应皆已受《神霄秘篆》。

林灵素于宣和元年十一月被放归温州③，学者以为乃因他任意妄为，上下积怨，恶名远扬，终致失宠④。此说是有道理的，道教史料《历世真仙体道通鉴·林灵噩传》也云"全台上言，林灵素妄议迁都，妖惑圣听，改除释教，毁谤大臣"⑤，说明他当时确实面临不少士大夫的批评。不过，林灵素放归温州后，神霄派作为"国教"的地位并没有变化。而且，之后主持神霄派的王文卿，据道教方面的材料，也是林灵素推荐给宋徽宗的⑥。这都说明，林灵素之放归，只是徽宗转移矛盾的手段而已。另一方面，已经完成了自身神圣化的宋徽宗，对于林灵素的需要也大不如前了。林的继任者王文卿，虽然在《历世真仙体道通鉴》中被描述得深受宠信，但都是些神怪之事，且在宋代的官方史籍中没有留下什么痕迹，说明其在政治中的作用、地位远不如林灵素。

如上所述，从政和六年到政和八年，在宫廷方士间两次血腥的斗争中，蔡京所支持的王仔昔、王宷先后丧生，这从一个侧面印证了蔡京第三次主政所面临的困局。但是，更引人注意的现象是，王老志、王仔昔、林灵素虽然宗派各异，政治背景有别，但用以赢得徽宗宠信的最大本事就是"神降"，由神降开始，最终以林灵素将徽宗塑造为昊天上帝元子、神霄玉清王为顶点。

---

① 关于这个问题，还可参见司马虚《最长的道经》一文。Michel Strickmann，"The Longest Taoist Scripture"，*History of Religions*，Vol. 17，No. 3/4，pp. 339–342.

② 《长编纪事本末》卷一二七《道学》，政和六年十月甲申条引蔡絛《史补》，第3938页。

③ 《长编纪事本末》卷一二七《方士》，宣和元年十一月壬申条，第3968页。

④ 唐代剑《林灵素生平问题钩校》，《四川师范学院学报》1990年第5期；《论林灵素创立神霄派》，《世界宗教研究》1996年第2期，第66—67页。

⑤ 《历世真仙体道通鉴》卷五三《林灵噩传》，《道藏》第5册，第411页。

⑥ 《历世真仙体道通鉴》卷五三《王文卿传》，《道藏》第5册，第412页。

三　本节结语

本节历数崇宁、大观、政和、宣和时期诸方士，逐一分析了他们的背景及在政治中扮演的角色。由此回到本文开头所提出的问题："道家者流"为什么持续不断、日益深入地与徽宗朝政治结合在一起？很明显，徽宗朝的"道家者流"不是一个有共性的整体，而是既有内丹修炼者，又有新旧符箓派门徒。既来自上清、正一这样的"皇家教派"，也来自民间的种种派系——决定这群人之起落的，主要并非徽宗君臣的信仰需求，而是政治需求。

道家者流出入宫禁、亲近主上的特权，使得他们成为宦官、女谒之外另一股重要的宫廷势力。张商英与郭天信的结合，蔡京孜孜不倦地向宋徽宗推举方士，都是要利用他们关通内外、探知主意。正因如此，内廷方士间残酷的斗争，与外朝大臣间的矛盾、沉浮是息息相关的。而毫无疑问，宋徽宗本人对于方士的政治角色有着清醒的认识。郭天信之贬死、徐知常之宠任、王仔昔之入宝箓宫，都体现了徽宗对于这一群体的利用与警惕、控制，是他分化、削弱蔡京势力的一种重要手段。

更重要的是，徽宗逐渐发现了"道家者流"在神化自身方面的妙用。崇观时期方士与政治的联系，并没有一个固定的主题；徽宗对道士的青睐，主要继承了北宋历朝之绪，对于茅山、龙虎山二系格外重视，但二派宗师在政治中的影响基本可以忽略。而到了政和年间，徽宗对于"道家者流"的认识进入了一个新阶段，王老志、王仔昔、林灵素无论其宗派、背景之差别，都被徽宗用来完成自身的神秘化、神圣化。徽宗所需要的并非某一特定的教派，而是能为其形象建设所用的道流。最终，在林灵素的引导下，徽宗本人获得了神性——昊天上帝之子、神霄玉清王。

对于这种神性，徽宗是极为在意、极力维护的，王仔昔、王寀之死、蔡條之祸，都说明了这一点。这意味着，在君主的形象、自我定位上，徽宗通过宗教手段超越了神宗、哲宗，达到了一个全新的境地。

这就又带来两个问题。首先，徽宗通过道教的手段获得了神性，这与北宋中期以来的儒学复兴运动是明显相悖的,这就需要进一步分析道教在整体政治文化中的角色。其次,本节所论终究只涉及徽宗个人形象的问题,而整个王朝的形象,则是更为重大的政治课题,徽宗朝是如何处理的? 下一节将通过对徽宗朝祥瑞体系的分析考察这两个问题。

第二节　礼乐与祥瑞体系

祥瑞是中国古代政治文化的重要组成部分,学者常引《宋书》卷二七《符瑞志》之语:"夫龙飞九五,配天光宅,有受命之符,天人之应。"所谓"符瑞",是君主或王朝之合法性、正当性的证明,这种理念在中古地方性政权中也有重要影响①。

符瑞的构成,有天象、地理、鸟兽、植物诸自然产物,也有被赋予特殊意义的人造器物,还有一些神异人、事。对诸瑞物的认定、图画、解释,自汉以来便是专门之学②。目前,汉唐史学者对于祥瑞的文献、思想及其与政治的联系已有相当深入的探讨③。相比之下,宋史学界对祥瑞问题的关注不多。

宋真宗(997—1022 年在位)朝与徽宗朝是宋代最重祥瑞的两个时期。真宗朝的符瑞主要有天书、神人、瑞鹤,特别是前二者,是真宗朝祥瑞体系的前后两个核心。天书乃宋真宗朝独有的瑞物,唐代基本的瑞物见于《唐六典》所叙之大瑞、上瑞、中瑞、下瑞四等,其中并无天书④。相比传统祥瑞名物,天书可以承载更为明确的信息,学者指出,

———————————

①　魏斌《孙吴年号与符瑞问题》,《汉学研究》第 27 卷第 1 期,2009 年 3 月,第 31—51 页。余欣《符瑞与地方政权的合法性构建:归义军时期敦煌瑞应考》,《中华文史论丛》2010 年第 4 期,第 325—378 页。

②　叶德辉《瑞应图记叙》,孙柔之撰,叶德辉辑《瑞应图记》,《丛书集成续编》本,第 393 页。

③　综述见余欣《符瑞与地方政权的合法性构建:归义军时期敦煌瑞应考》,第 327—329 页。

④　李林甫等《唐六典》卷四《尚书礼部》,第 114—115 页。参见牛来颖《唐代祥瑞名物辨异》,《世界宗教研究》1999 年第 2 期,第 128—129 页。

天书内容主要是告谕海内，向自己的臣民宣示大宋及自身皇权的符命所在①。

正因为天书有非常明确的信息，所以非常适于展示。天书事件一共有五次：第一次于大中祥符元年（1008）正月降于大内左承天门②；第二次于大中祥符元年四月一日降于大内之功德阁③；第三次于大中祥符元年六月降于泰山④；第四次于天禧三年（1019）三月降于京兆府乾祐县⑤；第五次亦降于乾祐县，时天禧三年八月⑥。自第三次开始，因为天书不再降于大内，故其奉迎之礼就不限于大内，而是奉迎于北郊之含芳园（后改为瑞圣园）、西郊之琼林苑，然后穿过人群密集的都城，进入大内。在这个过程中，不仅群臣百司，而且都城民庶都是观众⑦。

在天书的降临过程中，还有一个"配角"，就是神人。在大中祥符的几次天书降临中，身份不明的神人只是作为天书的附属而出现。但是，到了大中祥符五年十月⑧，情况有了很大不同：

> 先是，八日，上梦景德中所睹神人传玉皇之命云："先令汝祖赵某授汝天书，将见汝，如唐朝恭奉玄元皇帝。"

在这里，"景德中所睹神人"仅仅是一个传语的小角色，而真正下赐天书的则是"汝祖赵某"，这位与宋皇室有血缘关系的神人，是一个新创造的角色："吾人皇九人中一人也，是赵之始祖……后唐时，七月一日下降，总治下方，主赵氏之族，今已百年。皇帝善为抚育苍生，无怠前志。"在此，神人身份得到了明确：九天司命上卿保生天尊，后进一步明

---

① 邓小南《祖宗之法——北宋前期政治述略》，第316—319页。

② 《宋会要辑稿》瑞异1之29-31。关于此次天书，以下引文未注明者皆出此。

③ 《长编》卷六八，大中祥符元年四月辛卯条，第1530页。

④ 《宋会要辑稿》瑞异1之31-32。关于本次天书，以下引文未注明者皆出此。

⑤ 《长编》卷九三，天禧三年三月叙事条，第2141—2142页。

⑥ 《长编》卷九四，天禧三年八月丁亥条，第2163页。

⑦ 参见泰山天书事件后殿中侍御史赵湘之言。《长编》卷六九，大中祥符元年八月庚子条，第1555—1556页。

⑧ 《长编》卷七九，大中祥符五年十月戊午条，第1797—1798页。

确为圣祖赵玄朗,实际是真宗确立的赵氏独有的保护神。一般来说,传统祥瑞论中所降神人主要有真人、西王母、二美母、河精诸神①,并不针对特定的王朝或君主。因此,在大中祥符后期的祥瑞系统中,神人的独立性开始凸显,真宗创造出了皇室直接的保护神,以为符命。

真宗朝符瑞系统先后有两个核心——源自道教的天书、圣祖,前者承载了非常明确的信息,并通过逐步扩大的奉迎之礼,肯定宋真宗赵恒受命继统的权威与宋王朝世祚延永的前景。圣祖则是真宗精心选择且只针对赵氏的保护神,由此宣告赵宋皇室的神圣性。从内容上来说,这两者都不见于传统祥瑞论,是宋代的创新。

但是,从呈现方式上说,无论是天书还是神降,都被视为王朝政治生活中突发的大事,而这正是传统祥瑞论的特色——因为祥瑞乃不期而至之事,故历代造作符命之时,总要表现得随机、突然。正是在这一点上,徽宗朝的祥瑞体系有了重大变化:不再强调祥瑞的突发性,而是强调其日常性。其原因就在于,徽宗朝庞大、复杂的祥瑞系统,主要不为追求合法性,而是为了凸显徽宗时代对于自身的定位。

一 徽宗苑囿

唐《仪制令》称:"其鸟兽之类有生获者,放之山野,余送太常。"②可知唐代对于鸟兽类的瑞物,多是放生了事。宋代则不同,祥禽异兽一般会被豢养在皇家苑囿中。如宋太宗雍熙二年(985),坊州进一角兽,太宗称:"今此兽远郡贡来,略与卿等观视,令养于后园,遂其饮龁之性。宣示于外,有涉近名。"端拱元年(988)又下诏曰:"惟是丰年,最为上瑞。珍禽异兽,何足尚焉。荣采捕于上林,复幽闭于笼槛;违物类飞鸣之性,岂国君仁恕之心! 既无益于邦家,宜并停于贡献。"③又宋真宗大中祥符元年诏:"太祖、太宗朝诸路所献祥禽异兽皆在苑囿,

---

① 辑本《瑞应图记》,第396—397页。
② 王溥《唐会要》卷二八《祥瑞上》,第618页。
③ 《宋会要辑稿》瑞异1之8。

可上其数,俟封禅礼毕纵之。"①这都说明,宋代鸟兽之瑞生获之后,即长期饲养在都城的皇家苑囿之中。

在这一背景下,徽宗朝大规模的苑囿建设,遂成为祥瑞体系的重要组成部分。在所有的宫室苑囿中,最引人注目的是延福宫和艮岳(万岁山、寿岳)。延福宫的建造情况,已见于本书第五章,兴工于政和三年春,完工于政和四年八月。关于延福宫的景象,徽宗记云:

> 寒松怪石,嘉花异木,斗奇而争妍。龟亭鹤庄,鹿砦莲濠,孔雀之栅,椒漆杏花之园,西抵丽泽,不类尘境。②

这些"鹤庄、鹿砦、文禽孔翠诸栅"大多坐落在景龙江之外,"多聚远方珍怪蹄尾动数千实之"③。故延福宫在景龙江北的部分,就是一座祥禽异兽之园。

从祥瑞的角度讲,延福宫还不仅是祥禽异兽之园,也是太平治世展现之所。久保田和男已经指出,延福宫的景龙门是展现"太平丰盛之象"(王安中语)的场合,这种生活景象本身就是一种吉兆④。宣和二年蔡京的《延福宫曲宴记》也写道:

> 宣和二年十二月癸巳,召宰执、亲王等曲宴于延福宫,特召学士承旨臣李邦彦、学士臣宇文粹中与,示异恩也……晚召赴景龙门观灯,玉华阁飞升,金碧绚耀,疑在云霄间。设衢樽钧乐于下。都人熙熙,且醉且戏,继以歌诵,示天下与民同乐之恩,侈太平之盛事。⑤

这种"示天下与民同乐之恩,侈太平之盛事"的场合,除了景龙门,更著名的是宣德门。学者已经指出,宣德门象征皇权威仪,皇帝在其地与

---

① 《长编》卷六八,大中祥符元年四月丙辰条,第1536页。
② 《皇朝编年纲目备要》卷二八,政和四年八月,第711页。
③ 《皇朝编年纲目备要》卷二八,政和六年二月,第714页。
④ 久保田和男《北宋徽宗时代与张择端〈清明上河图〉——围绕政治文化与对都城空间的视线》,邓小南、杨果、罗家祥主编《宋史研究论文集(2010)》,第78—79页。
⑤ 王明清《挥麈录余话》卷一,第279—280页。

民同乐、赐酺①。吴自牧回忆,正月十五"上御宣德楼观灯,有牌曰'宣和与民同乐',万姓观瞻,皆称万岁"②。

这些都是在宣和元年重修宣德楼之后的景象。刘才邵《代公相以下谢赐御制宣德楼上梁文表》云:

> 此盖伏遇皇帝陛下绍隆丕构,恢拓宏基,致海宇之奠居,广仁天之光宅。遭千龄之运,治已格于重熙。受万国之朝,势莫先于图大。隆上都之逴跞,取殊制而穹崇。③

这段表文是刘才邵应词学兼茂科时所撰,系有意地迎合高层之心思,故将宣德门楼的重修描绘为盛世、圣君的具体化——"遭千龄之运,治已格于重熙"。

刘才邵当然不是凭空创作,倒推回政和二年(壬辰)上元节,正是瑞鹤降于宣德楼的时刻,传世《瑞鹤图》就反映了这一场景。石慢(Peter C. Sturman)指出,瑞鹤降临象征了徽宗大晟乐制作的成功,且在上元次夕这种场合出现,也体现了当时社会从最高层到底层的全面和谐④。在《瑞鹤图》中,徽宗记云:"往来都民,无不稽首瞻望,叹异久之。"在宣德楼、上元之次夕放出瑞鹤,为的就是有更多的观众。瑞鹤是徽宗朝祥瑞中一再出现的一个元素,主要就是因为极易为观瞻典礼的官、民所目睹。如鲍慎辞言茅山瑞鹤:

> 闻之邑人父老,华阳自崇宁以来,庆云、醴泉、紫芝、瑶草盖多有之,然可闻而不可见,可见而不可致,惟是瑞鹤之应,上薄九霄,万目所瞻,不得而掩。⑤

鹤的驯养与交易在先秦时即已出现⑥,到了宋代,这方面的技术应该更

---

① 李合群《北宋东京皇城宣德门考》,《中原文物》2008 年第 2 期,第 67—68 页。

② 吴自牧《梦粱录》卷一《元宵》,第 140 页。

③ 刘才邵《檆溪居士集》卷八,《景印文渊阁四库全书》第 1130 册,第 524 页。

④ Peter C. Sturman, "Cranes above Kaifeng: The Auspicious Image at the Court of Huizong", *Ars Orientalis*, vol. 20(1990), pp. 33-68.

⑤ 刘大彬《茅山志》卷二六《录金石篇·上进茅山元符观颂状》,《道藏》第 5 册,第 666 页。

⑥ 莫容、胡洪涛《鹤史初探》,《农业考古》1988 年第 1 期,第 216 页。

为成熟了，上一章中提到，政和七年到宣和元年知秀州华亭县黄昌衡"抑勒人户依等第科买白鹤，每只至有百余千者"。诸苑圃之中，延福宫有"鹤庄"，艮岳也有专人饲养、训练群鹤。这些经过特殊驯养的鹤，在重大的场合出现，对于观众而言，是极大的视觉冲击。

延福宫和宣德楼，前者具有祥禽异兽园的意义，后者是瑞鹤降临之所，这都是继承传统祥瑞论的地方①。但是，祥禽异兽仅仅是元素之一，更为重要的其实是在这两个场合（前者是在景龙门）展现太平之生活景象，营造极盛的气氛。

上章还提到，比延福宫更重要的是艮岳。艮兵在延福宫之东，皇城东北角，大致开工于政和五年，宣和四年基本完工。有学者认为，艮岳是作为神霄世界之神降场所而建的，将江南的风景再现于华北，具有表现皇帝权威与神圣性的功能②。按艮岳与神霄派之间的联系是确实无疑的，但它绝非江南风景的再现，已经有学者指出，作为一座园林，艮岳集天下之美、古今之胜，既是一个植物园，也是一处皇家珍禽园③。

不过，艮岳虽然和延福宫一样聚集祥禽异兽，但在性质上仍有很大差别。徽宗《艮岳记》云④：

> 设洞庭、湖口、丝溪、仇池之深渊，与泗滨、林虑、灵璧、芙蓉之诸山，取瑰奇特异瑶琨之石。即姑苏、武林、明、越之壤，荆、楚、江、湘、南粤之野，移枇杷、橙柚、橘柑、榔栝、荔枝之木，金蛾、玉羞、虎耳、凤尾、素馨、渠郍、末利、含笑之草，不以土地之殊，风气之异，悉生成长，养于雕栏曲槛。

①　在传统祥瑞论中，被视为政治符瑞的是"玄鹤"，《瑞应图》中有其形象（辑本《瑞应图记》，第403页）。《唐六典》将"玄鹤"列为四等瑞物中的"上瑞"。但在宋以前，"玄鹤"之瑞并无实际记录，只有到宋真宗朝才大量出现。不过，宋真宗以及徽宗朝，并不纠结瑞鹤是否"玄鹤"。虽然寇准讥丁谓为"鹤相"，称其目乌鸦为"玄鹤"（见魏泰《东轩笔录》卷二，第18页），但诸官方记载中则没有一处提到玄鹤。从徽宗《瑞鹤图》来看，当时的瑞鹤应是丹顶鹤，而非玄鹤（白头鹤）。

②　久保田和男《宋代开封研究》，第246页。

③　刘春迎《北宋东京城研究》，第258—263页。

④　《挥麈后录》卷二，第73页。

从这一描述可见，艮岳中汇聚了天下各地的胜景、物产，即整个帝国的景观缩微后呈现于京师一隅。故《艮岳记》末云：

> （朕）恍然如见玉京、广爱之旧，而东南万里，天台、雁荡、凤凰、庐阜之奇伟，二川、三峡、云梦之旷荡，四方之远且异，徒各擅其一美，未若此山并包罗列，又兼其绝胜，飒爽溟滓，参诸造化，若开辟之素有，虽人为之山，顾岂小哉！

艮岳以人造之园林，呈现了王朝各地有代表性的景观。

在此基础上，艮岳中有种种方法制造云雾充塞的景象①，营造神秘的气氛。其中蓄养了许多珍禽异兽，据说在秋风夜静之时，整个都城都能听见艮岳中的禽兽之声②，数量最多的就是鹿与鹤③。徽宗朝屡屡出现的瑞鹤，由专人在艮岳中饲养、训练④。

艮岳这样的设计，象征意义非常明显：它既然展现了王朝各地的景观与物产，那么其中神仙世界的气氛、云集的祥禽异兽，就意味着整个帝国的群祥毕至。睿思殿应制李质《艮岳赋》云："何动植之休嘉，表自天之多祐。"⑤另一名睿思殿应制曹组则形容："人间天下，飞潜动植，率在其中，不可殚极。"而这正是因为：

> 天子神圣，明堂颁制，视四海为一家，通天下为一气。考其迹则车书混同，究其理则南北无异，故草木之至微，不变根荄于易地。是岂资于人力，盖已默然运于天意。⑥

如前所述，传统上祥瑞乃不期而至之事，但延福宫，尤其是艮岳的兴建，使得徽宗朝的祥瑞动植之物不再随机出现，而是成为王朝的日常

---

① 周密《癸辛杂识》前集《艮岳》，第 15 页。周密《齐东野语》卷七《赠云贡云》，第117 页。

② 岳珂《桯史》卷一〇《殿中鹇》，第 111 页。《文献通考》卷三一二《物异考十八》，第8455 页。

③ 《长编纪事本末》卷一二八《万岁山》，宣和六年九月庚寅条注引朱胜非语，第 4001页。《清波杂志校注》卷三《乳羊》，第 125 页。《宋会要辑稿》瑞异 1 之 23。

④ 《桯史》卷九《万岁山瑞禽》，第 106—107 页。

⑤ 《挥麈后录》卷二，第 79 页。

⑥ 同上书，第 84 页。

事物。如果再考虑景龙门、宣德门这些展示太平气象的场所,则徽宗朝祥瑞体系的一个突出特点就是日常化、恒常性。

二　礼乐之器

祥瑞系统中还有一类乃是人造器物,它们常被视为政权的象征,且具有生命力和独立意志,如鼎、传国玺等。与动植物相比,它们的出现更属偶然,故往往成为王朝政治生活中的大事。但在宋代,瑞器罕有所出,惟哲宗朝传国玺的发现略可当之,为此还举行了大朝会礼[1]。徽宗朝虽然有大量的古器出土,但真正被视为"神器"的,却是当代制作的礼乐之器。

制礼作乐始于崇宁初,基本的情况已经见于第五章第一节。崇宁时期主要的礼器成果是九鼎与景钟。大观二年则受八宝。政和三年七月开始,成立了礼制局,工作的重心在于"礼器"。纵观徽宗朝的礼乐制作,重点一是五礼仪注的修订,这是大观议礼局的主要任务,主要成果是《政和五礼新仪》;二是自始至终对于礼乐器物的关注——从崇宁鼎、钟开始,到大观八宝、博古图,再到政和以降大量的新制礼器。正是这些当代制作的器物,取代了传统的上古瑞器,成为一套新的政治象征符号,是徽宗朝祥瑞系统中最有特色、最核心的部分。下面要对此进行详细讨论。

(一)崇宁九鼎、景钟

崇宁九鼎本是大晟乐的定音器,学者也指出,它们结合了空间和时间两方面的意义,是皇权统辖宇宙的可视化象征[2]。

在传统的祥瑞论中,鼎乃旷世之瑞。汉武帝得鼎于汾阴,有司议曰:"闻昔大帝兴神鼎一,一者一统,天地万物所系终也。黄帝作宝鼎三,象天地人也。禹收九牧之金,铸九鼎,皆尝鬺烹上帝鬼神。遭圣则

---

① 《长编》卷四九八,元符元年五月戊申条,第11840页。
② 小岛毅《宋代の国家祭祀——〈政和五礼新仪〉の特征》,收入池田温编《中国礼法と日本律令制》,第468—469页。

兴,迁于夏商。周德衰,宋之社亡,鼎乃沦伏而不见。"①《瑞应图》说:
"神鼎者,质文之精也,知凶知吉知存知亡,能重能轻,能不炊而沸,不
汲而满,中生五味。黄帝作三鼎,象三辰。大禹治水,收天下美铜以为
九鼎,象九州也。王者兴则出,衰则去。"晋《中兴征祥说》则云:"王德
盛则神鼎见,神鼎者,仁器也,不炊而沸,不汲而满,烟煴之气自然而
生,世乱则藏于深山,文明则应运而至。"②《瑞应图》又曰:"宝鼎,金铜
之精,知吉凶存亡,不爨自沸,不炊自熟,不汲自满,不举自藏,不迁自
行。"③一直到《唐六典》诸瑞中,"神鼎"仍列于"大瑞"中。因此,传统
祥瑞论中的神鼎、三鼎、禹九鼎都是具有生命力及独立意志的神器,其
或隐或显,皆出于它们自身对时事的判断,而非时人的搜求。

崇宁九鼎有比附上古诸鼎的地方。徽宗《九鼎记》叙九鼎中的帝
鼐云④:

> 中曰帝鼐,金二十二万斤。镕冶之夕,中夜起视,炎光属天,
> 一铸而就。上则日、月、星辰、云物,中则宗庙、朝廷、臣民,下则山
> 川、原隰、坟衍,承以神人,盘以蛟龙,饰以黄金,覆以重屋。既而
> 群鹤来仪,翔舞其上,甘露感格于重屋之下。不迁之器,万世
> 永固。

帝鼐可以对应传说中的神鼎或三宝鼎,其上、中、下三层的纹饰,包括
了神鼎"天地万物"、三宝鼎"天地人"及"三辰"。此外,蔡絛还提到,
政和六年迁九鼎于大内时,帝鼐"既甚大,以万众曳之,然行觉不大用
力,其去疾速,时人皆异之"⑤。这无疑是附会了宝鼎"不迁自行"
之说。

《九鼎记》又叙其余八鼎云:

---

① 司马迁《史记》卷一二《孝武本纪》,第 465 页。
② 瞿昙悉达《开元占经》卷一一四《器用休征》引,《景印文渊阁四库全书》第 807 册,
第 991—992 页。
③ 白居易《白氏六贴事类集》卷四《鼎》,第 82b 叶。
④ 《宋会要辑稿》舆服 6 之 14-15。
⑤ 《铁围山丛谈》卷一,第 12 页。

　　万物东作，于时为春，故作苍鼎，以奠齐鲁。万物南讹，于时
为夏，故作彤鼎，以奠荆楚。平秩西成，于时为秋，故作晶鼎，以奠
秦陕。平在朔易，于时为冬，故作宝鼎，以奠燕赵。西北之区为
乾，物以资始，鼎曰魁鼎。西南之区为坤，物以资生，鼎曰阜〔鼎〕。
东北之区为艮，艮为终始，鼎曰牡鼎。东南之区为巽，巽以申命，
鼎曰风鼎。

八鼎各自代表了不同的时间、方位，对应着"象九州"的禹九鼎。因此，
崇宁九鼎是所谓神鼎、三宝鼎、禹九鼎的综合体，兼顾了君主与政权两
方面的象征意义。

　　不过，这种象征意义，主要不是通过比附上古诸鼎而来的。作为
当代的制作，如何赋予九鼎以神圣性、神秘性呢？《九鼎记》提到了
"群鹤来仪，翔舞其上，甘露感格于重屋之下"。据刘昺所记，前者当指
崇宁四年九月朔初用新乐时，"有数鹤从东北飞来，度广庭，徊翔鸣唳
而下"；后者则指崇宁五年冬，"致祠于帝鼐殿，甘露自 龙 角鬣下
降"[1]。王安中亦云："祠于黅鼎之宫，有甘露降，奏乐致谢，双鹤飞翔
于帝鼐殿上。"[2]又据蔡絛所记，崇宁奉安九鼎时，"有群鹤几数千万飞
其上，蔽空不散。翌日上幸之，而群鹤以千余又来，云为变色，五彩光
艳"[3]。瑞鹤、甘露、祥云这些自然之瑞，都是为了衬托九鼎的特殊性。

　　大观元年，淮南江浙荆湖制置发运司勾当公事鲍慎辞云："于时九
鼎既新，大乐既备，诸福之物，远迩创见。凡厥臣庶，推瑞应、陈赋颂奏
御者，盖千有余篇。"[4]可见当时发动了很大的力量来宣传、营造九鼎
的神圣性、神秘性——且是当下所赋予的，并非源于上古诸鼎的传统。
王安中《贺帝鼐成表》云："自禹而降，莫得其真；逮汉以来，乌睹其瑞。

---

① 《长编纪事本末》卷一三五《大晟乐》，崇宁三年正月甲辰条注引刘炳《大晟乐论》，
第4231页。

② 《初寮集》卷五《贺甘露翔鹤表》，《景印文渊阁四库全书》第1127册，第95页。

③ 《铁围山丛谈》卷一，第11—12页。

④ 《茅山志》卷二六《录金石篇·茅山元符观颂后序》，《道藏》第5册，第666页。

天祚明德，人与成能，灼知一言之孚，深发独智之蕴，作新大器，增重皇基。"①李复《贺安九鼎表》则云："道异升降，势随重轻，周器已空，遂起楚人之问；汉巫语怪，漫迎汾水之祠。旷历世而莫传，俟圣时而有作。"②这些说法都贬低传统而抬高崇宁九鼎。

上古瑞器的重要特质是有着自身的独立意志，"王德盛则神鼎见""文明则应运而至"，并非人们搜求的结果。而崇宁九鼎显然是对传统祥瑞论的抛弃：徽宗时代本身所具有的媲美古圣王之治的性质，使得新制九鼎足以比拟上古重器，《九鼎记》云：

> 于以赞天地之化，协乾坤之用，道四时之和，遂品物之宜，消水旱之变，弭兵甲之患，一夷夏之心，定世祚之永。

即九鼎乃是顺应当下的政治成就而制作的。由"应运而至"到"俟圣时而有作"，反映的是徽宗时代对自身"自我作古"的定位。

与九鼎类似，大晟景钟的制作参考了崇宁三年获得的"宋公成之醽钟"，据黄伯思（1079—1118）记载，当时认定其钟"虽铸自宋公，而实帝颛之乐"，是比三代更为古老的五帝之制，宋公钟如今"为时而出，盖以昭圣上盛德茂功比隆五帝，夏商以还弗足俪也"，据其而铸的大晟之钟，制作亦"过于三代"，及于"五帝之乐"③。

（二）八宝、九宝

八宝包括天子皇帝行信六玺、镇国宝、受命宝；大观二年正月朔，徽宗受八宝于大庆殿，史称"本朝礼乐，于此百五十年矣，至是始备"④。所谓九宝，指八宝再加上政和八年正月所受之"定命宝"。

八宝是九鼎之后新出现一套皇帝、王朝象征体系。八宝中的"镇国宝"乃崇宁五年所制：

---

① 《初寮集》卷五，第 96 页。
② 李复《潏水集》卷二《贺安九鼎表》，《景印文渊阁四库全书》第 1121 册，第 11 页。
③ 黄伯思《东观余论》卷上《宋醽钟说》，第 92a—93b 叶。
④ 《铁围山丛谈》卷一，第 8 页。

> 时有以玉印献者，印方寸，以龟为钮，工作精巧，文曰"承天福
> 延万亿永无极"……帝因次其文，仿李斯虫鱼篆作宝文。其方四
> 寸有奇，螭钮方盘，上圆下方，名为镇国宝。[1]

按"八宝"之说起于唐，《唐六典》所谓八宝，一曰神宝，"所以承百王、
镇万国"[2]，这就是后来宋代镇国宝的前身。神宝以"受命于天，既寿
永昌"为文[3]。唐末五代离乱，八宝或多流失，宋初继承了后周太祖广
顺三年(953)所制的"皇帝神宝"；到了宋仁宗皇祐五年(1053)，又新
作"镇国神宝"为八宝之首[4]。

徽宗登基后，继承了这方"镇国神宝"，其《八宝记》云：

> 在皇祐中，有进镇国宝，文曰"镇国之宝"，镂以黄金，书以小
> 篆，制作非古，工亦不良。[5]

徽宗对于"镇国神宝"的宝文、制作都有不满。但宋哲宗绍圣三年在咸
阳发现了以"受命于天，既寿永昌"为文的古玉印，当时考订为秦传国
玺，而且成为哲宗及徽宗初期的两方受命宝之一(详下文)，这就使得
新制"镇国宝"文不能再仿唐"神宝"。在这种情况下，徽宗以一方于经
典无据的古印为基础，制成八宝之首，完全是一个创新。

八宝中的其余七宝，都是大观元年所制。其中天子、皇帝行信六
玺，都是用元丰中所得玉重新雕琢而已，受命宝则是又一大创新。宋
代每一位皇帝登基后，都会重新制作一方受命宝，太祖是"大宋受命之
宝"，太宗是"承天受命之宝"，真宗以后宝文固定为"皇帝恭膺天命之
宝"[6]。仁宗去世后，翰林学士范镇说：

---

① 《文献通考》卷一一五《王礼考十》，第3537页。据御制《八宝记》，"四寸"当作
"五寸"。

② 《唐六典》卷八《符宝郎》，第251页。

③ 同上书，第252页。《文献通考》卷一一五《王礼考十》，第3529页。

④ 《宋史》卷一五四《舆服志六》，第3581、3583页。

⑤ 《长编纪事本末》卷一二八《八宝》，大观元年十一月丙辰条注，第3991页。

⑥ 《宋史》卷一五四《舆服志六》，第3581页。

窃闻大行皇帝受命宝及沿宝法物与平生衣冠器用,皆欲举而葬之,恐非所以称大行皇帝恭俭之意。其受命宝,伏乞陛下自宝用之,且示有所传付。

翰林学士王珪等也提出:"受命宝者,犹传国玺也,宜为天下传器,不当改作。"①但英宗最后没有听取臣僚的意见,仍旧制作了自己的受命宝。由此可知,前任皇帝的受命宝,一般都会从葬山陵。这一传统说明,徽宗以前的宋"受命宝",只是作为历代皇帝个人的象征,并非政权的象征。

这种情况到哲宗朝秦传国玺出现后有所改变。绍圣五年,哲宗作传国玺检,以"天授传国受命之宝"为文,这样的话,哲宗就有了两方受命宝,其一为传统的"皇帝恭膺天命之宝",其二为秦玺②。徽宗在元符三年登基后,也制作了"皇帝恭膺天命之宝"为自己的受命宝③,同时继承了哲宗朝发现的秦玺。

最终,这两方受命宝合二为一,这就是新的"受命宝"。《八宝记》云:"在绍圣中,得受命宝,其文曰'受命于天,既寿永昌',其玉蓝田,其制秦也,盖不可以传示将来,贻训后世。"④徽宗于是"取其文而黜其玺不用,因作自受命宝"⑤。徽宗的新受命宝于是不再以"皇帝恭膺天命之宝"为之,而是使用了历代传国玺之文,这样就摆脱了北宋历代皇帝受命宝的临时性与个人色彩,成为皇帝个人与王朝的双重象征。据《八宝记》,受命宝的形制与镇国宝类似,方"五寸有奇",皆"螭纽五盘,篆以虫鱼,贯以丝组,上圆下方,盖合如契"。

八宝之外,政和七年徽宗又制"定命宝"。政和七年十月,徽宗诏于来年正月行受"定命宝"之礼:

---

① 《长编》卷一九八,嘉祐八年六月丁亥条,第4813页。
② 曹彦约《昌谷集》卷二二《玉玺本末》,《景印文渊阁四库全书》第1167册,第269页。
③ 李心传《建炎以来朝野杂记》乙集卷五《宝玺》,第584页。
④ 《长编纪事本末》卷一二八《八宝》,大观元年十一月丙辰条注,第3991页。
⑤ 《文献通考》卷一一五《王礼考十》,第3538页。

　　　比得宝玉于异域，受定命之符于神霄，乃以"范围天地、幽赞
　神明、保合太和、万寿无疆"为文，卜云其吉，篆以鱼虫，纵广之制，
　其寸亦九，号曰定命宝。①

这方"定命宝"充满了徽宗的个性色彩，他说："八宝者，国家之神器。
今再创玺，乃我受命者也。"②如上所述，徽宗朝的受命宝先有"皇帝恭
膺天命之宝"及秦玺，后又有新制受命宝。但徽宗又以新制定命宝"乃
我受命者也"，是与道教神霄之说分不开的。陆宰说："定命者，时方兴
神霄之事，言神霄帝君赐上定命，故以名宝。"③

　　但这不光是个名称问题。上一节已经指出，政和七年起，在林灵
素的启发下，徽宗"乃悟本长生大帝君"，即神霄玉清王。政和七年四
月，徽宗又下御笔：

　　　朕乃昊天上帝元子，为太霄帝君，睹中华被浮屠之教，盛行焚
　指炼臂，舍身以求正觉，朕甚悯焉。遂哀恳上帝，愿为人主，令天
　下归于正道。帝允所请，令弟青华帝君权朕太霄之府。朕夙夜惊
　惧，尚虑我教所订未周，卿等表章，册朕为教主道君皇帝，只可教
　门章疏用，不可令天下混用。④

由此可见，自政和七年起，徽宗就有了"昊天上帝元子""太霄帝君"
"教主道君皇帝"这些新的身份。不过，从"教主道君皇帝"这一称呼
"只可教门章疏用，不可令天下混用"就可以知道，徽宗这些新的身份
与其作为宋朝皇帝是有区别的，不可混为一谈。在这种情况下，政和
"定命宝"正对应了徽宗源自神霄之说的新身份，诏书中提到的"受定
命之符于神霄"即指此意。

　　因此，随着九宝的出现，徽宗朝建立了一套新的皇帝个人及王朝
的象征符号，其中镇国、受命、定命三宝是最为重要的，它们在宝文或

---

　　①　《长编纪事本末》卷一二八《八宝》，政和七年十月辛巳条，第3997页。原文为政和
六年，误。
　　②　《铁围山丛谈》卷一，第8页。
　　③　《家世旧闻》卷下，第212页。
　　④　《长编纪事本末》卷一二七《道学》，政和七年四月庚申条，第3942页。

形制、功用上,都有着徽宗朝的创新。诸宝在形制上皆用所谓的"鱼虫篆",而所谓"鱼虫篆"者,"始于李斯,以古帝王之瑞,若所谓黄帝之大螾、有虞氏之凤凰、周之赤乌白鱼,杂肖其形而为之篆尔"①。在当时的公私议论中,也确实将诸宝视为瑞物。

大观元年十一月受八宝诏云:"八宝既成,复无前比,殆天所授,非人能为,顾何德以承之哉!夫制而用之,存乎其人,天人相因,自然之理,足以继志烈考而传之万世。"②前引政和七年徽宗语亦云:"八宝者,国家之神器。"其政和七年十月受"定命宝"手诏则说:"昔者帝王临制天下,必有神器,以承天休,以前民用。朕获承累圣基业,嗣有镇国、受命与天子皇帝之宝,其数有八。"③其余臣僚上言如李新《贺八宝表》也说:"命自天申,宝由地出,无胫自至。玉全温润之文,亘古未闻;工穷制作之妙,权舆一代之制,长发千古之祥,虽假人为,殆若神授。"④其《贺九宝表》则说:"方诸侯图事之朝,正六典始和之日,见礼乐备成之盛,验天人相与之符,盖匪人为,实由神授。"⑤自上而下诸说,皆将九宝拟为足以传之万世的"神器"。而与此相反,传统上被视为瑞器的传国玺,则被认为"不可以传示将来,贻训后世"。显然,与九鼎类似,九宝的神器之质也是源自当代,而非传统。

(三) 玄圭与新制礼器

自政和三年七月以后,徽宗朝制礼作乐进入了礼制局主导的新时期。不过,政和二年的议定玄圭之事,可视为礼器制作的前奏,也较能说明此后新制礼器的定位。玄圭典出《尚书·禹贡》"禹锡玄圭,告厥成功",被后世视为重要的瑞器。《瑞应图》曰:"王者勤苦以忧天下,厚人薄己,卑宫室而尽力乎沟洫,则玄珪出。禹时天以赐禹。"又云:"四海会同则玄珪出。"⑥《唐六典》将玄圭列入"大瑞"。正因在传统的

---

① 《长编纪事本末》卷一二八《八宝》,大观元年十一月丙辰条注,第3994页。
② 《长编纪事本末》卷一二八《八宝》,大观元年十一月,第3996页。
③ 《长编纪事本末》卷一二八《八宝》,政和七年十月辛巳条,第3997页。
④ 李新《跨鳌集》卷一二《贺八宝表》,《景印文渊阁四库全书》第1124册,第494页。
⑤ 同上书,第495页。
⑥ 《开元占经》卷一一四《器用休征》引,《景印文渊阁四库全书》第807册,第990页。

祥瑞论中有重要地位,政和二年有关玄圭的资料,被收录于《宋会要》的"瑞异"门中,似乎玄圭仅属当时发现的古瑞器,不过事实并非这样简单。

关于议玄圭的缘起,据蔡絛的记载:

> 玄圭传乃丁晋公家物,流落出常卖檐上,士人王提举敏文者,以千七百金售得之,与宦者谭稹,稹得而上之,时政和二年也。上以付鲁公,曰:"或谓此物古玄圭,试为朕验之。"鲁公机务繁,又付之外兄徐若谷,谓吾曰:"玄圭之制何可考,得非雷楔邪?然玉诚异常矣。"因置诸椟中,略不省。①

蔡絛之意,"玄圭"之名的拟定乃出自徽宗本人。政和二年十月,蔡京等人所上的玄圭议中亦称"臣等伏蒙宣示古玄圭"②云云,说明玄圭之议发自徽宗无疑。在议定的过程中,关键的问题并非器物的定名——徽宗已经明确指示其为"古玄圭",而是要设法对玄圭的功用、意义进行讨论,因为传统祥瑞论虽以玄圭为大瑞,但实际上徒有其说,并无故事可考。

最终,这一玉器被认为符合"禹圭"之制,乃是周王所执的"镇圭"③。"镇圭"其实是唐宋时期常见的礼器,"唐礼,亲祀天地神祇皆搢大圭、执镇圭,有事宗庙则执镇圭而已";自宋神宗元丰三年(1080)以后重定仪注:"自今皇帝亲祠郊庙,搢大圭、执镇圭。每奉祀之时,既接神,再拜,则奠镇圭为挚,执大圭为笏。"④即凡唐宋皇帝亲祭的明堂、郊庙典礼,都会用到镇圭。元符元年五月,因传国玺出现,宋哲宗御大庆殿行朝会礼以受宝,就"御通天冠、绛纱袍,降坐执镇圭、搢[大]圭,受宝于太尉,以授掌宝官,乃升坐受朝贺"⑤。因此,基本上凡是皇帝亲自出席的王朝大典,都有"镇圭"在场。而原本宋代所用镇圭

---

① 《铁围山丛谈》卷一,第9页。
② 《宋会要辑稿》瑞异1之20。
③ 同上。
④ 《长编》卷三〇五,元丰三年六月庚子条,第7420页。
⑤ 《长编》卷四九八,元符元年五月戊申条,第11841页。

的形制,应该就是以聂崇义集注《三礼图》为准①。

在徽宗的授意下,蔡京等人将其付下的玉器定为"玄圭",又将"玄圭"定为周之"镇圭",这样的话,原本在王朝典礼中使用的镇圭就可被"玄圭"这一"旷然创见之祥"②所取代。政和三年十月,徽宗下御笔手诏:"将来冬祀,可搢大圭、执玄圭,庶格上帝之心,以敷佑于下民。永为定制。"③当年十一月郊祀,徽宗"搢大圭,执玄圭,以道士百人执仪卫前导",并在方士王老志的导演下上演了一幕天神降临的大戏,此已见上节所论。这种神应之事,正为印证"玄圭"作为神物的特性。王安中云:"窃以二帝三王之所作,盖传上古之书,九州四海之既同,有告成功之器,兹为神物,以俟圣时。"④李新亦谓:"玩兹神物,独出圣时。"⑤将这一"神物"应用于皇帝郊天典礼,自然会有特别的效用。

综观玄圭的议定过程,将古玉器定为"玄圭"这一大瑞并非重点,关键是如何将这一意味着"王者勤苦以忧天下"或"四海会同"的瑞物应用到当代的典礼中去,以配合当下之"圣时",告当下之"成功"。陆宰就说:"(玄圭)初莫知何物,状亦殊与圭不类,而议者傅会穿凿,以为玄圭。"当时就有人认为该物是"玉柙","必秦汉陵墓中物"⑥。因此,"玄圭"虽非徽宗朝所制作的玉器,但是它作为"镇圭"的礼器功用是徽宗朝有意发掘的,"玄圭"的议定过程,也就是礼器的"制造"过程,展现了礼器与瑞物之统一。

政和年间黄伯思曾在秘书省考订古器,将其所见一组青铜器定名为周代的罍、洗,以取代当时以盆为洗、以缶为罍的旧制。他感慨:"主上圣心灼见其然,命有司取其制度以备新作礼器之一,乃知此器自周

① 聂崇义《析城郑氏家塾重校三礼图》卷十《玉瑞》,第 2a 叶。
② 《初寮集》卷四《又谢赐玄圭集议册表》,《景印文渊阁四库全书》第 1127 册,第 87 页。
③ 《宋大诏令集》卷一二二《冬祀执玄圭御笔手诏》,第 420 页。
④ 《初寮集》卷四《代周提举作贺冬至朝会受玄圭表》,《景印文渊阁四库全书》第 1127 册,第 86 页。
⑤ 《跨鳌集》卷一二《锡玄圭贺表》,《景印文渊阁四库全书》第 1124 册,第 498 页。
⑥ 《家世旧闻》卷下,第 212 页。

讫今载祀千余,隐秘弗见,以待圣人制作而后显。"①所谓"圣人制作",就是这组"形制淳妙,意象高古"的青铜器在徽宗的授意下被转化为新制礼器、获得意义的过程。宣和末年收复燕京,"获耶律德光所盗上古宝玉尊",然"在廷莫知所用",徽宗本人"独识其为灌尊,实周人之重宝,诏礼官圜丘祭天之器仿古尽用吉玉"②。它们的命运与前面提到的"玄圭"非常类似。

更多的礼器,则是由礼制局负责制作的。从杨仲良《长编纪事本末》卷一三四《礼制局》来看,该机构的工作主要有以下几个方面。一是广义的礼器之制,如圜坛、方坛、玉辂、圭、冬夏祭器、琮、神应钟、冠服等,还在新制礼器的基础上改修了卤簿图籍,神霄飞云九鼎也出于礼制局制造所。二是具体的仪注,包括诸礼仪场合(如祀岳镇海渎、祭皇地祇、太庙、臣僚家庙等)用器的安排,还包括明堂、皇长子冠于福宁殿仪、亲耕籍田仪、亲蚕典礼等重要的礼仪措置。仪注修订的重点是明堂礼,因为独立的明堂政和五年(1115)始建,政和七年建成,因此《政和五礼新仪》中还没来得及进行有针对性的考虑。综合来看,礼制局工作的重点是礼器的议定、制造及规定其使用方式。

政和八年二月的神霄飞云九鼎已见上章。一鼐加八鼎的形式,说明神霄九鼎乃仿照崇宁九鼎而造。据说,林灵素曾建议"依仿宫商角徵羽,别定五声,制神霄乐",遭到另一位方士棣州人刘栋的反对③。不过,刘栋号称"遇九天益算韩真人授以景灵玉阳神应钟法,仰祝圣寿"④,并于政和八年四月由礼制局铸钟成⑤。结合大晟乐先铸九鼎,再铸钟,最后成乐的模式,神霄九鼎、神应钟的制作,无疑是所谓"神霄乐"建设的重要步骤。且就名称而言,神霄九鼎代表了道教世界的时空构成。因此,正如"九鼎"对应徽宗作为宋朝君主的身份及其政权,

---

① 《东观余论》卷上《周罍周洗说》,第 89a—90a 叶。
② 翟耆年《籀史·徽宗皇帝祀圜丘方泽太庙明堂礼器款识三卷》,《景印文渊阁四库全书》第 681 册,第 430 页。
③ 吴曾《能改斋漫录》卷一二《神霄乐郁罗霄台》,第 356 页。
④ 《长编纪事本末》卷一二七《方士》,政和七年二月壬戌条注,第 3965 页。
⑤ 《宋会要辑稿》乐 4 之 1。

"神霄九鼎"对应他昊天上帝元子、神霄玉清真王、教主道君皇帝这些身份及其所统治的世界——"上清通真达灵神化之道,感降仙圣,不系教法之内,为高上之道,教主道君皇帝为宗师"①。因此,神霄九鼎乃出于神霄之说的需要,其意义与政和七年的"定命宝"类似。

礼制局还制作了大量的普通礼器,不仅有祀圜丘、方泽、太庙、明堂者,还有以赐臣下者。这些礼器,都是"仿古"制作,但并非复制,"三代"之器仅是"稽考取法"的对象,而非目的本身。从现存的徽宗朝新制礼器来看,其原型都能在《重修宣和博古图》中找到,但却都有所变通。此前人已有专论②。这一点,当时人就看得很明白。政和三年十月徽宗在崇政殿"阅举制造礼器所之礼器,并出古器宣示百官"③,将新制礼器与古器同时展示,显然是为了突出当下制作的成果。这正反映了当时礼器制作的核心理念:三代虽然是礼乐制作时模仿的对象,但徽宗朝则是另一个开创性的时代,当代的制作足以超越三代。正如蔡絛所说:"圣朝郊庙礼乐一旦遂复古,跨越先代。"④

这种"跨越先代"从什么地方体现出来呢? 自然是从礼乐实践中。政和三年十月手诏说:

> 先王制器,必尚其象,然后可以格神明、通天地。去古云远,久失其传,裒集三代盘匜罍鼎可以稽考取法,以作郊庙禋祀之器,焕然大备,无愧于古,可载之祀仪。⑤

手诏说得很明确,新制礼器都是要用于礼仪实践的。而如果在实践中有特异之效,则就可以说明新制礼器超越古器。政和三年郊天时的神

---

① 《长编纪事本末》卷一二七《道学》,政和七年正月癸亥条,第3940页。
② 周铮《宣和山尊考》,《文物》1983年第11期,第74—75页。周铮《贯铘鼎考》,《中国历史博物馆馆刊》1995年第1期,第131—132页。陈芳妹《宋古器物学的兴起与宋仿古铜器》,台湾大学《美术史研究集刊》第10期,2001年3月,第55—86页。陈芳妹《再现三代——从故宫宋代仿古铜器说起》,收入《千禧年宋代文物大展》,第302—303页。Ya-hwei Hsu, "Reshaping Chinese Material Culture: The Revival of Antiquity in the Era of Print, 960-1279", Ph.D. dissertation, Yale University, 2010, pp. 96-97, 102-103.
③ 《长编纪事本末》卷一三四《礼制局》,政和三年十月乙丑条,第4200页。
④ 《铁围山丛谈》卷四,第80页。
⑤ 《长编纪事本末》卷一三四《礼制局》,政和三年十月辛酉条,第4199页。

降之瑞，就突显了玄圭的作用。

类似场景不少。政和三年九月，"大飨明堂，有鹤回翔堂上，明日又翔于上清宫"①。政和四年夏至徽宗亲祀方丘，其《夏祭礼成神应记》云：

> 哀时之对，震于神休，而羽卫多士，奉辇武夫，与陪祝之官，顾瞻中天，阴云开剥，电光穿透，有形有象，若人若鬼，持矛执戟，鸟喙兽面，列于空际。见者骇愕，人马辟易。传曰："地上之圜丘，若乐六变则天神降；泽中之方丘，若乐八变则地示出。"朕祗虔祀事，冬则衣冠见于道左，夏则鬼神驻于云表，天神降、地示出，盖非虚语。②

政和七年独立的明堂修成，政和八年闰九月二十四日，"以明堂大飨，夜有鹤十六飞旋应门之上，蔡京以下拜表称贺"；宣和三年九月宗祀明堂，太宰王黼等言："奠玉之初，有群鹤翔集空际，从以羽物。在廷执事，罔不矫首叹嗟，垂贶锡符，其应如响。"宣和四年十一月郊天，先有"冬如夏温"及"阴云解剥，阳景来临"之异象；行礼之时，又"璧月垂耀，信星彪列，非雾非烟，旁礴晻霭"③。政和、宣和大礼时种种瑞象，都表明了应用新制礼器以来"格神明、通天地"的成就。

需要注意的是，徽宗朝用以衬托上述礼器的普通祥瑞，常常是瑞鹤与神降。与真宗朝一样，这都是道教介入的结果。瑞鹤之特点已见前说，真宗与徽宗朝实无本质区别。但是，这两个时代的神降之瑞却发生了质的改变。如上节所述，真宗朝的神人逐渐明确为圣祖赵玄朗，乃赵氏的保护神。徽宗朝的神人也经历了一个身份明确的过程。前已提及政和三年郊天、政和四年方丘时的神降与政和七年神霄降临。政和三年、四年时，所谓的"天神降、地示出"，仅是于空中见到神仙似的人物，徽宗君臣都是神降事的观众。但政和七年降临的神人

---

① 《文献通考》卷三一二《物异考十八》，第 8455 页。
② 《宋会要辑稿》礼 28 之 61。
③ 《宋会要辑稿》瑞异 1 之 23、24。

中，"其一绛服玉冠，天颜和豫，盖教主道君皇帝也"，也就是徽宗皇帝本人。且如前所论，皇帝的神人身份及其所统领的神仙世界，得到了徽宗御笔的正式确认，也有定命宝、神霄九鼎等诸器以为象征。从保护神到皇帝本人是最重要的神人，反映了徽宗朝在建立君主神圣性上更强烈的需求与更大的野心。

综上所论，徽宗朝祥瑞体系的创造性表现在三个方面。第一，徽宗朝的祥瑞是日常存在的，而非突如其来的事物。景龙门、宣德门万民同乐的场景本身就是太平之象。东京城庞大的苑囿则是整个帝国景观的缩微，其中蓄养的珍奇动物、植物就相当于出现在王朝各地，从而营造出整个王朝祥瑞常存的气象。被视为瑞器的诸礼乐之器，也是王朝各种礼仪实际所用的，并不是突兀地游离于日常政治之外。

第二，徽宗朝祥瑞体系的核心部分是当下的制作，非传统瑞物。被视为"神器"的不是当时发现的古器，而是崇宁九鼎、九宝、新制礼器等新制作的器物，或是玄圭、青铜罍洗、灌尊这样被重新定位的古器。它们构成了徽宗朝新的君主及王朝的象征，也被用于实际的礼仪，其"格神明、通天地"的效果也被格外宣扬。

第三，君主本人是祥瑞体系的重要组成部分，神降之神，从原来的保护神转而成为皇帝本人——徽宗成为神仙世界的最主要成员之一，是人间与神界的双重统治者。

三　本节结语

结合上一节所论"道家者流"与徽宗神性，徽宗朝的祥瑞体系说明了什么？

首先，徽宗朝的祥瑞体系比任何一个时期都更为庞大、复杂，君主、王朝的形象是这一政治工程的主要目标。

在经历了仁宗朝以来的儒学复兴运动及神宗朝以降的政治革新风潮之后，徽宗朝肩负着重要的历史使命——北宋中后期思想与政治上的变动尘埃落定之后，政治、社会秩序究竟要呈现一幅什么样的景象，这取决于徽宗朝的作为。再者，本书一再强调：徽宗到底怎么样才能超越父兄,这是其面临的重要挑战。徽宗崇宁之初,在蔡京的主持下,也对宗室、冗官、国用、商旅、盐泽、赋调、尹牧诸事进行了雄心勃勃的设计。很显然,最终徽宗朝君臣发现,实际上的圣治难以达到,但呈现圣治是可以做到的。

因此,徽宗朝的祥瑞体系不是为了论证其合法性,而是要呈现自身所达到的高度,故追求的是全面展现王朝形象:君主本身是有神性的,其统治就是圣治,当下就是圣时。正是这种时代定位——当代秩序的完美,而非传统政治符号,赋予了徽宗朝祥瑞体系以正当性。徽宗朝"自我作古"的政治姿态,在这样一套祥瑞体系中格外凸显。可以说,儒学复兴运动所追求的三代之治——理想的社会、政治秩序——最终异化为政治形象工程。

其次,在徽宗朝,道教尤其是神霄派在祥瑞建设中仍发挥了不可替代的作用,但徽宗朝的道教主要是辅助手段,用来赋予苑囿、礼乐之器以神秘性、神圣性。整个祥瑞体系真正的核心,乃是王朝礼乐建设所产生的一批器物。

这仍需要放到儒学复兴运动的背景下考虑。经历了儒学复兴运动,在北宋中期以后士大夫的论说中,五德终始说、谶纬、封禅、传国玺等传统政治文化、政治符号都走向了末路[1],神秘论在儒学当中逐渐被摒弃了。而且,北宋后期士大夫对于三代文明有了空前的认识,金石学的成就使得当时对于古代的了解比以往更深刻,正如蔡绦所说:"遂尽见三代典礼文章,而读先儒所讲说,殆有可哂者。"[2]理性的认识也消解了三代的神秘性,北宋后期的士大夫不再将古器视为天之所界的神秘物,而是经历了重重变迁的历史遗存[3]。

由此,矛盾产生了:在儒学复兴运动的旗帜下,徽宗朝试图以政治

---

[1]　刘浦江《"五德终始"说之终结——兼论宋代以降传统政治文化的嬗变》,《中国社会科学》2006 年第 2 期。

[2]　《铁围山丛谈》卷四,第 80 页。

[3]　Ya-hwei Hsu, "Reshaping Chinese Material Culture: The Revival of Antiquity in the Era of Print, 960-1279," p. 4.

形象工程达到"自我作古",故对于君主、王朝之神圣性、神秘性的追求是不可避免的。但经历了理性化之后的儒学本身却无法提供这些神秘主义的资源,它们已为士大夫群体所抛弃。正是在这种情况下,加之现实权力斗争的推动,道教乘虚而入:形形色色的道士、方士,无论其宗派及政治背景的差异,都被用于君主及王朝之神圣性的建设,林灵素及其神霄派的活动是这一过程的顶点。

不少学者认为,徽宗朝礼乐与道教的结合,说明徽宗致力于建设一个"政教合一"的政权。这完全是一个误解。首先,活跃于徽宗政坛上的"道家者流"并没有形成一致的宗教追求;且官僚士大夫受"神霄秘箓"者虽颇多,但他们与道流依然是泾渭分明的两个群体。再者,神霄说下产生的定命宝、神霄九鼎与八宝、九鼎诸礼器判然有别,徽宗"教主道君皇帝"这一称号"只可教门章疏用,不可令天下混用",可见政权与宗教的区分是清晰、严格的。在徽宗朝政治中,道教的最大用处在于凭借其神秘主义资源,充当王朝礼乐建设的配角。可以肯定的是,儒学复兴运动后的思想环境,已绝不容许一个政教合一的怪物出现。

全 书 结 语

一

如何理解北宋晚期政治史的演变过程？

本书所述的历史过程，始于宋神宗熙丰法度的罢废，故如果将北宋晚期视为"后变革时代"，大概没有太大的问题。但"后变革"绝不等于政治变革的停顿，因为司马光、哲宗、徽宗与蔡京，都按照自己的方式将政治变革不断推进。

然而，在这个推进的过程中，许多原初的理想发生了巨大的变异。熙丰变法的总要求是建立一种理想的秩序，即所谓"立政造令，悉法先王"，这大概是学界的共识。这种理想政治的内涵还可以进一步分解，比如说针对士大夫群体的"一道德同风俗"，即思想统一；针对君主的"致君尧舜"，即圣人之君；就政治统治成效而言，则是"丰亨豫大"，即三代之治或圣人之治。但是，如正文所论，到了宋哲宗亲政与徽宗的时代，这些理想在实践中都异化了：一道德同风俗异化为政治清洗、思想整顿；圣君异化为神降；圣治异化为以祥瑞建设为核心的政治形象工程。

传统上一般也会把王安石变法视为"原样"，把徽宗和蔡京之新法视为"变态"，但这更多地出于道德批判，从北宋晚期的历史来看，所谓的"异化"并非对原初理想的"反动"，而是处在其本意的延长线上——目标与口号并没有变，而是实现的手段、路径改变了。说到底，如果原初的理想成为一种具有统御力的政治话语、价值观，因而无法被放弃，而这种理想又无法通过常规途径实现的时候，异化就发生了，而且逐步深入。

　　因此,北宋晚期政治史的特殊性就在于:系列的政治变革有自己的"意识形态"基础,也就是上述士大夫所提出的理想政治设想,体现于王安石"法先王之政"、司马光建设"亘千万年无颓坏"之政治体的主张;更体现于"致君尧舜""一道德同风俗""丰亨豫大"等政治口号。因此,在当事人看来,政治上的更革应该达到终极目的——虽然众人对何为终极目的并没有一致的解释,因而也不断生发出各具特色的政策、法度。作为对比,此前的庆历新政,范仲淹等人所提出的目标不过是"法制有立,纲纪再振",完全构不成一种具有统治力的"意识形态",因此庆历新政可以说是一个非常孤立的政治体制改革(以整饬吏治为核心),迅速失败之后,政坛即陷入沉寂。如司马光所说,仁宗后期的朝廷"乐因循而务省事,执事之臣颇行姑息之政"——庆历新政就如石沉大海。

　　相比之下,北宋晚期确实是个"后变革时代",但因为这个变革是被意识形态化了的,所以这个"后变革"不是停顿,而是变革层出。故北宋晚期的历史说明,政治变革一旦具有了意识形态支柱,就可以以各种形态成系列地出现。而在这种系列变革中,最大的危险并不在于变革的夭折或"党争",而在于原初政治理想的异化——危害政治体本身的各种"党争"恰恰就是这种异化的副产品。可以说,只有理解北宋晚期政治史诸"口号"与"行动"的背离,才能理解所谓的"党争"。从这个意义上说,将新旧党争相关问题作为北宋后期政治史的主要线索,是没有抓住问题的关键。

　　那么,徽宗朝是否为这个"后变革时代"的自然终点? 徽宗朝通过各种形象工程,营造出了超越历史、自我作古的极盛姿态,这已经可以视为追寻理想秩序的终极答案了。"营造"本身就说明了诸政治口号在现实中的穷途末路。这也就意味着,支持熙丰变法及一系列后续政治变革的"意识形态"已经达到了自身影响力的极限,这就是一种政治危机。而另一方面,学界已有的研究也说明,徽宗时代确实也面临着不小的社会危机。既然如此,即使没有北宋的突然崩溃,徽宗时代本身也已经处于新一轮调整的临界点,因此不能把南宋时代政治体制的变化、理学对政治和社会的新设想完全视为北宋突然灭亡的结果,它同样也是北宋晚期的延续。

二

宋史研究中有一个非常陈旧又有吸引力的话题:宋代到底是一个皇权虚化还是皇权加强的时代? 诸多学者在这个问题上各执一词。实际上,回答这个问题本身就意味着承认"皇权"有一种固定的演变趋势,而且承认皇权是"一个"自足的研究对象。近来有研究根据现代政治学的观念指出,中国古代的"皇权"呈现出权力(power)递减与权威(authority)增大的趋势①。权力与权威的区分,确实是对皇权复杂性的一种分解,值得重视。但在政治学中,权力、权威这两者本身有相当的复杂性、争议性与不可测量性。

北宋晚期政治的演变也说明,对于君主权力的探讨,确实不能将"皇权"作为一个笼统、含混的讨论对象,至少不能将两个层次的问题混为一谈:一是关于君主权力操控的技术问题,或政治体制问题;二是与皇权相关的观念问题。

从技术层面而言,北宋晚期出现了几种性格迥异的方式(表七):

表　七

时期、体制	特　点
神宗熙宁中书体制	君主委信宰相(王安石),宰相总揽事权
神宗元丰三省一枢密院制	君主独断、"事皆自做",宰执分权互制
元祐垂帘体制	女主(高氏)垂帘,以与其夫(英宗)的历史渊源选择宰执,在平章军国(重)事、宰执之间形成了差等有序的权力格局

① 王瑞来《宰相故事:士大夫政治下的权力场》,第 376—378 页。作者所说的皇帝权威,其实即其一直强调的"象征性"皇权。作者其实以"君主立宪"作为历史目的。亦参见作者《论宋代皇权》,《历史研究》1989 年第 1 期,第 159—160 页。

（续表）

时期、体制	特　点
哲宗亲政下的二府制	内外臣僚选择上皆依赖其父旧臣,二府臣僚矛盾重重,但仍保持人选的基本稳定
徽宗朝公相体制	宰执权力分配上类似元祐差等制,君主本人角色又极为突出,对个别臣僚(蔡京)既依赖又限制

表七说明,虽然君臣秩序的基本格局是一样的,但随着君主、宰执人选的变化,随着现实政治问题的不同,每个时代都有独具特色的权力分配、操控方式。因此,如果从"技术"的层面谈皇权,则皇权并没有任何弱化或者加强的固定趋势。新君所继承自上一位君主的主要只是"君位",而无法完全延续其实际的权力格局,新的君主在建立自己的权力格局过程中,就会塑造有别于前任的独特政治体制。可以说,在保证君臣基本秩序的前提下,王朝体制具有巨大的弹性和多变性,这也就带来一个非常具有迷惑性的现象——今人可以在中国古代政治史上发现既能支持皇权虚化,又能支持皇权强化的证据。

一旦涉及皇权的观念层面,北宋晚期又能看到两种非常极端的形式。一个极端是士大夫政治对于君主角色的新定位——"圣人"式君主。在宋代成熟的官僚制下,君主在行政上的"私"属性得到了根本性的抑制。但是,在北宋中期儒学复兴思潮下,士大夫理想中的君主,还应该是一个非人格化的政治、道德、秩序符号,且只要接受士大夫无所不在、无孔不入的一系列规训,这样的"圣人"式君主是可以成就的。不少学者认为,这种理念的提出,说明了士大夫对君权的一种限制。但这是个误解,士大夫并非是要从权力角度限制君主,而是要使君主成为圣君,因为完美之治必有完美之君。因此,绝不能把士大夫对于君主角色的重新定义拉低到权力分配的技术层次去理解。

另一个极端则是徽宗式的神性君主。正文说过,培育圣君的理想在哲宗身上彻底失败,徽宗式的"圣君"采用了一条完全不同的道路:他从道教获得资源,通过形象工程将自身神秘化、神圣化,由此成为一个具有神性的君主。但是,儒学复兴、政教有别的大背景又使得他这一神性完全无法施展于王朝政事之中。为此,他的方式是以"御笔"展现自己在政事中的存在——正文一再强调,这主要是一种姿态。

北宋晚期士大夫的尧舜之君与道教的神性君主,这两种极端的"圣君"模式,说明了在王朝这一政治体中,君主这个环节的"理性化"具有内在的困境。一般认为,宋代的官僚体制已经具备了相当的理性化精神。而士大夫的"致君尧舜"说,根本上来说是王朝理性化的最终步骤(如果可以达成的话)。但是,这一方式不但无法在现实层面对君主的权力操控有所帮助,反而对君主提出了过高、过烦琐的道德要求,所以遭到了君主本人的抵制。而徽宗式的神性君主,虽然满足了君主的个性需求,却又和制度理性化背道而驰,为官僚制、儒学所排斥,无法得到士大夫的认可。可以说,如何使君主超越个人性、私性,获得更完满的正当性,是君臣双方的追求,但双方的方法却南辕北辙。

综合上述两个层面的问题,可以得出的结论是:皇权,或者说是君主这个位置,是宋王朝这个政治体当中最后的不确定项,试图从中概括出皇权的某种固定趋势,无论在权力的技术层面还是观念层面,都是难以成立的。这种认识,并非将"皇权"这个原本具有宏观意义的问题琐碎化,而是希望未来的研究能超越权力大小测定的思路,深入到皇帝权力的组成、性质、资源、运用方式,进而对中国古代王朝体制的内涵有贴切的认识。

附录一　关于曹氏、高氏反对新法几条材料的辨析

宋史学界一般都认为，神宗朝的太皇太后曹氏（仁宗后）、太后高氏（英宗后）都是反对熙丰新法的，甚至是大商人、官僚士大夫、国戚皇亲结成的反变法同盟的代言人。不过，关于曹氏、高氏在神宗时代反对新法的几条材料，都是可以质疑的。

流传最广的材料系邵伯温所记：

> 神宗既退司马温公，一时正人皆引去，独用王荆公，尽变更祖宗法度，用兵兴利，天下始纷然矣。帝一日侍太后，同祁王至太皇太后宫，时宗祀前数日，太皇太后曰："天气晴和，行礼日亦如此，大庆也。"帝曰："然。"太皇太后曰："吾昔闻民间疾苦，必以告仁宗，尝因赦行之，今亦当尔。"帝曰："今无它事。"太皇太后曰："吾闻民间甚苦青苗、助役钱，宜因赦罢之。"帝不怿，曰："以利民，非苦之也。"太皇太后曰："王安石诚有才学，然怨之者甚众。帝欲爱惜保全，不若暂出之于外，岁余复召用可也。"帝曰："群臣中惟安石能横身为国家当事耳。"祁王曰："太皇太后之言，至言也。陛下不可不思。"帝因发怒曰："是我败坏天下耶？汝自为之。"祁王泣曰："何至是也。"皆不乐而罢。温公尝私记富韩公之语如此，而世无知者。[①]

这个故事发生的时间在熙宁某年"宗祀前数日"，也就是某次明堂亲祠大礼之前。对此，李焘已经有质疑了："按四年九月祀明堂时，太皇未

---

① 邵伯温《邵氏闻见录》卷三，第 25 页。

必有此言,七年九月祀明堂则安石以四月去相位矣。此时必有错误,今略加删削,使不相抵牾。"①按免役法一直到熙宁四年十月才颁布天下,全面推行,之前都是在畿县试点②,故熙宁四年九月曹氏不至于说"宜因赦罢之"。另外,熙宁七年九月神宗并未行明堂礼,而是在当年十一月行南郊大礼③。当然,即使曹氏某时有某些言论,已经离开京师的富弼如何能详道宫中之语,又是一个难以确认的问题。实际上,《邵氏闻见录》所记王安石父子之事,基本都难以采信④。李焘明知不可信,仍然删削采用,与《长编》一书在王安石变法问题上的立场有关⑤。

第二条材料出自实录、国史中的三种《王安石传》。《实录》传云:

> 安石益自任,时论卒不与,上疑之。慈圣光宪、宣仁圣烈皇后间见上,流涕言新法之不便者,且曰王安石乱天下。上亦流涕,退命安石议裁损之,安石重为之解,乃已。⑥

这个《实录》指南宋高宗绍兴年间重修的《神宗实录》,其余两种王安石传都是本于绍兴重修的《神宗实录·王安石传》,其基本的立场是否定变法,"尽书安石之过失"⑦。特别是对于此处所录太后见神宗之

---

① 《长编》卷二五二,熙宁七年四月丙戌条小注,第 6169 页。

② 漆侠《王安石变法》,第 276 页。

③ 《长编》卷二五八,熙宁七年十一月己未条,第 6292 页。

④ 蔡上翔《王荆公年谱考略》卷九,第 145—148 页;卷十,第 154—155 页;卷一五,第 215—218 页。邓广铭《北宋政治改革家王安石》,第 265—271 页。顾宏义《〈邵氏闻见录〉有关王安石若干史料辨误》,《河北大学学报》1998 年第 3 期,第 37—40、47 页。裴汝诚《论宋元时期的三个王安石传》,《半粟集》,第 121—124 页。传为苏洵所作的《辨奸论》,也首见于《邵氏闻见录》,相关讨论见王昊编著,曾枣庄审定《〈辨奸论〉真伪考信编》,吉林人民出版社,2000 年。关于王安石子王雱,也参见余嘉锡"王雱不慧有心疾辨",见氏著《四库提要辨证》卷一七,中华书局,1980 年,第 1063—1068 页。漆侠《宋学的发展和演变》十一章"王雱:一个早慧的才华四溢的思想家",第 304—321 页。

⑤ 李华瑞《王安石变法研究史》,第 135—149 页。

⑥ 杜大珪《琬琰集删存》卷三《王荆公安石传(《实录》)》,第 23a 叶。参考王称《东都事略》卷七九《王安石传》,第 666 页。《宋史》卷三二七《王安石传》,第 10548 页。《宋史·王安石传》即元朝史臣在洪迈等人所修《四朝国史·王安石传》的基础上编修的。

⑦ 裴汝诚《论宋元时期的三个王安石传》,《半粟集》,第 117—135 页;李华瑞《王安石变法研究史》,第 99—111 页。

事,蔡上翔与裴汝诚皆已斥其为编造①。这条材料一是把曹、高放在一起;二是没有任何时间、地点的描述,也没有具体的内容。这是唯一一条提到高氏反对王安石变法的材料,究其原因,大概是沿袭元祐所修《神宗实录》所致,当时高氏正垂帘。

第三条出自蔡絛所记:

> 神庙当宁,慨然兴大有为之志,思欲问西北二境罪。一日被金甲诣慈寿宫,见太皇太后曰:"娘娘,臣著此好否?"曹后迎笑曰:"汝被甲甚好。虽然,使汝至衣此等物,则国家何堪矣。"神庙默然心服,遂卸金甲。②

这条材料有强烈的戏剧性,基本可视为一场顽童与慈母之间的较量,最后慈母一语点醒顽童。所谓问罪西北二境,主要是指西,即西夏。曹氏元丰二年(1079)十月去世③,此前熙宁时期就已经略河湟,而元丰时期对西夏的直接进攻还要等到元丰四年。所以,所谓的"神庙默然心服,遂卸金甲"无论从哪个角度来看都是编造的。蔡絛撰造这条材料的意图,其实是想说明徽宗朝燕云之役是错误之举,因为他在《铁围山丛谈》中一再不顾事实说蔡京是反对联金灭辽的。

与这条材料类似的是《宋史·后妃传》的记载:

> 尝有意于燕蓟,已与大臣定议,乃诣庆寿宫白其事。后曰:"储蓄赐予备乎? 铠仗士卒精乎?"帝曰:"固已办之矣。"后曰:"事体至大,吉凶悔吝生乎动,得之不过南面受贺而已,万一不谐,则生灵所系未易以言。苟可取之,太祖太宗收复久矣,何待今日。"帝曰:"敢不受教。"④

同样是表达曹氏反对神宗拓边,这条材料虽然没有前面一条有戏剧

---

① 蔡上翔《王荆公年谱考略》卷一八,第 248 页;《杂录》卷一《君臣考》,第 338—339 页。裴汝诚《论宋元时期的三个王安石传》,《半粟集》,第 126—128 页。

② 蔡絛《铁围山丛谈》卷一,第 7 页。

③ 《长编》卷三〇〇,元丰二年十月乙卯条,第 7313 页。

④ 《宋史》卷二四二《慈圣光献曹皇后》,第 8622 页。

性,但同是以曹氏点醒神宗而收场。而其所记曹氏之诘问,突出了曹氏的考虑周全与神宗的冲动、考虑不周。这条材料只说了"燕蓟",也就是对契丹的问题。契丹在熙宁年间有两次挑衅,神宗都非常担忧,委曲求全,完全谈不上"有意于燕蓟,已与大臣定议",这一点邓广铭先生辨析已详①。

---

① 邓广铭《北宋政治改革家王安石》,第251—260页。

附录二　试析宋代政治史研究诸轨迹

　　宋代政治史研究中数量最多的是事件、人物研究，但最有影响的是少数提供了认识框架的研究，它们构成了今天学界理解宋代政治甚至是整个宋代历史的基础。而那些足以更新乃至创造框架的研究，就成为某领域最出色的成果。本文不拟讨论具体的宋代政治史论题，而是聚焦于三种宋代政治史研究的基本范式变化轨迹。

　　多数具体研究都不会直接谈及框架、范式这些颇"大而无当"的问题。但因为它们是研究、思维的前提，故而每一项研究实际并无所逃，只是研究者或意识到自己的论述源自某框架，或是不自觉地使用——不自觉地使用可能就混杂了多种学术传统。这样的话，本文的析论或许不可谓毫无意义。

一　"唐宋变革论"及其延伸

　　"唐宋变革论"在今日是个被极度泛化的概念，就"原教旨"而言，其核心要义是"宋代近世国家论"[①]。在研究中被发挥最多的，一是君主独裁论，二是朋党性质说。君主独裁，即宋代以君主为首的官僚制，区别于此前的贵族寡头政治。朋党性质，即从贵族式的朋党走向以政治、学问为媒介的朋党（走向现代的政党）。就政治史来说，君主独裁制（君主—官僚制）是"唐宋变革论"最大的贡献，大量的制度史、政治

---

　　① 内藤湖南《概括的唐宋时代观》、宫崎市定《东洋的近世》，收入《日本学者研究中国史论著选译》第一卷，北京：中华书局，1992 年。

史研究围绕这一论点展开①。

一般认为,"唐宋变革论"中关于"君主独裁"的概念,源自欧洲历史中的绝对主义王权②。确实,至少在宫崎市定的时代,欧洲的绝对君主制被认为是从封建国家向现代国家的过渡形态,因逐步建立了政治与行政理性化,是走向现代官僚制的前奏③。故"近世国家论"是一种典型的"现代化叙事",即以走向现代、具备某种程度的"现代性"作为理解历史的基本观念。

在 20 世纪六七十年代,从政治史的角度对"近世国家论"的批评,首先应该提到刘子健(James T. C. Liu,1919—1993)。1969 年,刘子健与 Peter J. Golas 合编了一种名为《宋代的变革》(*Change in Sung China*)的小册子,主要是围绕京都学派的"宋代近世说"展开的,汇集了日、美、中学者的不同观点④。他本人的观点(原刊于 1965 年)后来发展为《中国转向内在》一书⑤。刘子健认为,不应当将宋代称为"近代初期",因为近代后期没有接踵而至。他所提出的中国"转向内在"是一个文化转向,但这个文化转向背后的黑手,是政治上的专制。"在大多数时候,政治总是在决定一切。"(第 142 页)《中国转向内在》全书最后的《余论》主题就是批判"专制"。因此,作者是在寻找近代中国失败的缘由——为什么中国没有自我革新的能力? 他认为,"宋代

---

① 平田茂树《日本宋代政治研究的现状与课题》,收入氏著《宋代政治结构研究》,上海:上海古籍出版社,2010 年,第 24—43 页。曾瑞龙、赵雨乐《唐宋军政变革史研究述评》、王化雨《"唐宋变革"论与政治制度史研究》,收入李华瑞主编《"唐宋变革"论的由来与发展》,天津:天津古籍出版社,2010 年,第 63—113、171—210 页。

② 葭森健介撰,马彪译《唐宋变革论在日本成立的背景》,《史学月刊》2005 年第 5 期,第 21—23 页。葭森健介认为"唐宋变革论"源自法国基佐的《欧洲文明史》之启发。平田茂树《日本宋代政治研究的现状与课题》,《宋代政治结构研究》,第 25 页。李华瑞《唐宋史研究应当翻过这一页——从多视角看"宋代近世说(唐宋变革论)"》,《古代文明》第 12 卷第 1 期(2018 年 1 月),第 16 页。

③ 张弛《法国绝对君主制研究路径及其转向》,《历史研究》2018 年 4 期。

④ *Change in Sung China*, *Innovation or Renovation*? Edited by James T. C. Liu and Peter J. Golas, Massachusetts: D. C. Heath & Co., 1969. 笔者所阅为 1972 年台北虹桥书店复制本。

⑤ James T. C. Liu, *China Turning Inward*: *Intellectual-Political Changes in the Early Twelfth Century*, Harvard University Asia Center, 1988. 中译本《中国转向内在:两宋之际的文化内向》,赵冬梅译,南京:江苏人民出版社,2002 年。本文所引为中译本。

的确是近代中国定型的时期",南宋是中国从世界首位降为落后国家的关键①。《两宋史研究汇编》中关于南宋政治、文化的一系列阐述,尤其是"君权独运,权相密赞"的政治模式、道统的成立②,都是在回答上述问题。一言以蔽之,"皇朝权力,并不真要实行儒家的学说,而儒家的思想权威也始终不敢对皇朝作正面的抗争。这两者之间的矛盾,是中国专制历史,正统也罢,道统也罢,绝大的失败"(《两宋史研究汇编》,第 282 页)。可见,刘子健用来反击"宋代近世说"的,其实是近现代中国学人中流行的"中国古代专制论"。

在日本,宋代"近世国家论"这一框架取得了巨大成功,不但指引了大量的唐宋史研究,更是因围绕它的论辩,针对别的时代产生了个别人身支配论、共同体论、地域社会论、专制国家论等诸种精彩的中国古代国家理论③。而宋代"近世国家论"给宋史研究所带来的问题,即宋代政治史集中于几个固定的主题,带来了叙述上的偏颇与断裂,经寺地遵的揭示,已经广为人知④。

寺地遵的应对之策就是"政治过程"。一是放弃唐宋变革论关于"近世国家"的预设,二是从事一种"有关运动的、过程的研究"。他关于南宋初期政治史的研究,首先是放弃了宋代的"现代性/近代性"这一宏观预设,转而从事一个短时期、较微观的政治史研究。不过,虽然其著没有宏观的目的论(近世),但仍然有微观目的论——秦桧体制。再者,寺地遵所谓的"政治势力"之权力斗争,除了皇帝外,经常是以政治集团的面目出现的:拥立高宗集团、赵鼎集团、江南士人层、秦桧集

---

① 刘子健《欧阳修的治学与从政》,台北:新文丰出版公司,1984 年,"重印自志"第 3、5 页。

② 刘子健《两宋史研究汇编》,台北:联经出版事业公司,1987 年。

③ 高明士《战后日本的中国史研究》,上海:中西书局,2019 年,第 36—70 页。刘俊文《日本的中国史研究·中国史研究的学派与论争(中)》,《文史知识》1992 年第 5 期;《中国史研究的学派与论争(续)》,《文史知识》1992 年第 8 期。张广达《内藤湖南的唐宋变革说及其影响》,《唐研究》第 11 卷,北京:北京大学出版社,2005 年,第 46—49 页。

④ 寺地遵著,刘静贞、李今芸译《南宋初期政治史研究》,上海:复旦大学出版社,2016 年,第 1—8 页。原著初版于日本广岛:溪水社,1988 年;中译本繁体字版,台北:稻禾出版社,1995 年。寺地遵《宋代政治史研究方法试论——治乱兴亡史论克服のために》,《宋元时代史の基本问题》,东京:汲古书院,1996,第 69—91 页。

团,等等。因此,他的"微观"是有限度的。

寺地遵的研究在被翻译成中文以及平田茂树的提倡下,产生了广泛的影响。平田茂树延续了"政治过程论",还加入了政治结构、政治空间等表述。下面两段话可以比较清楚地说明平田茂树的用意所在:

> 所谓政治过程论,就是站在微观的角度确定政治现象是由什么样的人(主体),基于什么样的力量源泉,并通过何种过程而发生,针对政治活动中力量的输入和输出进行的动态研究,关于产生政治权力、精英以及领导者的政治过程的研究,特定的政策的形成、决定、实施的过程等等研究。①

> 在此可以参考一下 H. D. Lasswell 的《政治动态分析》中把握政治的方法……认为从动态的观点来把握政治的话,那就是"谁,何时,怎样,做成什么"的过程。②

从这两段话中,可以看到如下的两点:

首先,平田茂树主张的"政治过程",主要还仍然是微观政治史的研究。他自己所关心的课题,主要有朋党的形成(因科举-官僚制结成)、皇帝与官僚的对或议、文书处理过程等。可见他所处理的"过程",已经不是寺地遵作为政治活动(政治事件)的过程,而是作为政治运作程序的过程,可谓一种抽象的过程。他自己说,他研究的对象是"政策决定过程、文书制度、信息传递、监察制度"③。

其次,如果追踪 H. D. Lasswell(1902—1978)这个人的话,可知他是美国行为主义政治学(流行于 20 世纪 40—70 年代)的开创者和代表人物。其基本的特点是:排斥传统政治学的价值倾向,致力于用所

---

① 平田茂树《日本宋代政治制度研究述评》,收入氏著《宋代政治结构研究》,第 6 页。
② 平田茂树《日本宋代政治研究的现状与课题》,收入氏著《宋代政治结构研究》,第 32 页。
③ 平田茂树《日本宋代政治研究的现状与课题》,收入氏著《宋代政治结构研究》,第 27 页。亦参见同作者《宋代政治史研究的新的可能性——以政治空间和交流为线索》,收入平田茂树、远藤隆俊、冈元司编《宋代社会的空间与交流》(日文版《宋代社会の空间とコミュニケーション》,东京:汲古书院,2006 年),开封:河南大学出版社,2008 年,第 13—27 页。

谓"纯科学"（如心理学、定量方法、调查）的方法研究政治体制内部的活动、行为，行为主义政治学家往往是政策科学家，其研究致力于解释现实政治问题、提供解决方案①。平田茂树选择这样一个方法论的立场，也许有很多偶然因素，但行为主义政治学放弃宏大命题与定性研究、致力于经验研究的取向，确实非常契合走出"唐宋变革论"（近世论）之追求。

问题在于，寺地遵和平田茂树只是一定程度上搁置了"唐宋变革论"，并未突破或放弃之。其微观的政治过程、政治空间也是基于"唐宋变革论"的，比如平田茂树研究的朋党问题，其实是承认了内藤、宫崎关于近世朋党性质变化的认识，在此基础上，解释了从社会关系到政治性的朋党的形成机制，即科举—官僚制。

二　"国家萎缩论"及其进展、反驳

中国大陆意义上的政治史（政治事件史）在美国宋史学界并不流行，但美国学者的研究仍有着鲜明的政治史背景或立场——"国家"是个无处不在的概念。

郝若贝（Robert M. Hartwell，1932—1996）的名文《750—1550 年间中国的人口、政治及社会转型》开启了美国中古史研究中的"地方转向"——精英的地方化这一思路②。这个思路一般会被归入社会史的

---

① David Easton, "Traditional and Behavioral Research in American Political Science," *Administrative Science Quarterly*, Vol. 2, No. 1 (Jun., 1957), pp. 110-115. Sheldon Wolin, "Political Theory as a Vocation," *American Political Science Review*, Vol. 63 (Dec., 1969), pp. 1062-1082. Richard M. Merelman, "Harold D. Lasswell's Political World: Weak Tea for Hard Times," *British Journal of Political Science*, Vol. 11, No. 4 (Oct., 1981), pp. 471-497. 王沪宁《拉斯韦尔及其政治学理论》，《国外社会科学》1983 年第 9 期。王沪宁《西方政治学行为主义学派述评》，《复旦学报》1985 年第 2 期。王沪宁《当代西方政治学分析》，成都：四川人民出版社，1988 年，第 45—63 页。迈克尔·布林特著，卢春龙、袁情译《政治文化的谱系》，北京：社会科学文献出版社，2013 年，第 134—143 页。

② Robert M. Hartwell, "Demographic, Political, and Social Transformations of China, 750-1550," *Harvard Journal of Asiatic Studies*, Vol. 42, No. 2 (Dec., 1982), pp. 365-442. 中译文见伊沛霞、姚平主编《当代西方汉学研究集萃·中古史卷》，上海：上海古籍出版社，2012 年，第 175—229 页。

范畴,但实际亦是政治史。郝若贝在世时,声称自己有多个正在从事的课题,其中至少两个与政治史直接相关①。而《750—1550 年间中国的人口、政治及社会转型》这篇文章也包含两个方面:一个方面就是已经被发扬光大的"精英的地方化",另一个方面则是基本被忽略的"国家权力萎缩论":

> 从中唐到明初的中国行政变迁是一个权力从中央政府向高层地方行政机关转移的渐进过程。为最低限度地有效管理一个地广人稠的帝国的日常事务,这是不得不付出的代价。政府组织的主要变化是:(1)县作为基层地方行政机关数量和权力的增加,以及州、府作为中级地方行政机关重要性的减弱;(2)省作为高层地方行政机关的出现;(3)中央政府对帝国日常事务管理直接影响的减少……上述分析显示,内藤湖南关于宋代越趋专制这一观点存在着某种悖论。皇帝对国内大部分区域的直接行政权威其实是变弱了。②

正是宋代国家(中央)权力的萎缩这一结论,成为郝若贝"精英地方化"的政治史前提。因为郝若贝设想的成果多数没有发表,所以他对于国家权力萎缩的论证其实并未充分展开,也没有得到太多的回应③。但是,因为"精英地方化"这一论断的流行,作为其政治史前提的"国

---

①　这些课题是:"亲缘、社会关系与中古中国的社会变迁"(Kinship, Informal Associations and Societal Change in Medieval China)、"中古中国的政府与经济"(Government and Economy in Medieval China)、"中古中国的朋党与政治决策"(Coalition Behavior and Political Decision-Making in Medieval China)、"中古中国社会与政治变迁中的思想维度"(Intellectual Dimensions of Social and Political Changes in Medieval China)。见 Robert M. Hartwell, "A Computer-Based Comprehensive Analysis of Medieval Chinese Social and Economic History," in Victor H. Mair and Yongquan Liu ed., *Characters and Computers*, Amsterdam, Oxford, Washington, Tokyo: IOS Press, 1991, p.89。

②　Robert M. Hartwell, "Demographic, Political, and Social Transformations of China, 750-1550," *Harvard Journal of Asiatic Studies*, Vol. 42, No. 2 (Dec., 1982), pp. 394-405. 中译本第 200—209 页,引文据原文略有调整。

③　余蔚在讨论南宋地方行政权力的时候批评了郝若贝的州府弱化说。见余蔚《完整制与分离制:宋代地方行政权力的转移》,《历史研究》2005 年第 4 期,第 127—130 页。

家萎缩论"似乎就相应地不证自明了。如包弼德(Peter K. Bol)在总结美国宋史研究状况时说：

> 在政治史方面,学术研究已经从对皇权独裁的研究,转向关注十二世纪更重要的"制度"发展：十一世纪的偶像是在政府中积极有为、热衷干预世事的人,他们一方面寻求从物质上、社会上和文化上改变社会,一方面增长国家的"财富与权力",在十二世纪这种偶像遭到排斥。这是由于与王安石联系在一起的积极有为的政府其为政之道的失败,以及替代国家激进主义的种种做法的出现,这些做法引起了学界的关注……晚期的中华帝国是以"小国家"为标志的,使这种情况成为可能的,是强大的地方精英的存在,他们保持着与政治秩序的文化联系。从长远来看,中央政府不能取消地方精英所处的中介立场,他们处在从事生产的平民和地方上中央任命的权威之间。[①]

可见,国家干预的减少与地方社会的发达(小国家与大社会)构成美国学界对宋代基本认识的两翼。这到底来自何种思想资源？除了施坚雅(G. William Skinner)的工作之外,郝若贝在他的博士论文中提到,他在芝加哥大学社会思想委员会攻读博士学位的时候,其导师有哈耶克(F. A. von Hayek)、柯睿格(E. A. Kracke),而其博士论文的经济学理论部分正是由前者所指导[②]。就此而论,恐怕前述两翼,正是哈耶克之新古典自由主义(Neo-Liberalism)在中国古代史研究的投射。

　　韩明士(Robert Hymes)遵循了郝若贝的模式,用抚州的实例说明了南宋地方精英的崛起与国家权力的萎缩[③]。不仅如此,此后包弼德

---

①　包弼德《唐宋转型的反思——以思想的变化为主》,《中国学术》2000 年 3 期,第 76—77 页。

②　Robert M. Hartwell, "Iron and Early Industrialism in Eleventh-Century China", Ph. D. diss., Committee on Social Thought, the University of Chicago, June, 1963, preface.

③　Robert P. Hymes, *Statesmen and Gentlemen : The elite of Fu-Chou, Chiang-His, in Northern and Southern Sung*, Cambridge University Press, 1986. 中文学界的批评,见包伟民《精英们"地方化"了吗？——试论韩明士〈政治家与乡绅〉与"地方史"研究方法》,《唐研究》第 11 卷,北京：北京大学出版社,2005 年,第 653—670 页。该文重在对韩著资料运用、方法论方面的批评。

的《斯文》、韩明士与谢康伦(Conrad Schirokauer)合编的《经世》从思想史的角度,论述了政治思想(以及相应的行动)焦点从国家、政治到地方、个人的转型①。郝若贝所提出的"国家—社会"关系论,确立了美国宋史研究的基本格局。

这一模式后续的变化,就是对于其中"国家"一翼的角色有了更多的强调。而这种趋势,似乎都离不开近几十年来欧美政治学、历史社会学界兴起的"找回国家"(bring the state back in)潮流。

在 2009 年出版的《剑桥中国宋代史》中②,史乐民(Paul Jakov Smith)所作《导言》的最关键词就是国家建构(State Building)。在《导言》第一部分"走出唐代:北方与南方的国家建构"、第二部分"宋代的建立与稳固"中,作者把五代、十国、宋初作为一个完整的、中原范围的国家建构过程。第三部分题为"11 到 13 世纪草原的国家建构周期",描绘了 10—13 世纪北方民族的国家建构过程。在第四部分中,作者将二者结合,展示了两种国家建构历程的"相遇"——更准确说是冲突,结局是南宋的灭亡。而南宋的灭亡,实质也就是"宋代国家"的衰萎(Sung political system had begun to atrophy,第 33 页),表现在财政、边疆政策(决策机制),以及最重要的第三点——精英与国家的分离,即地方转向(第 35 页)。最终(第 36—37 页):

> 南宋的灭亡凸显了两个互相交织的历史过程。从中原—草原关系来说,从宋代建立就已在进行的、不断演进的内亚国家建构周期,为蒙古人提供了多种可资利用的组织手段,最终使其得以征服中国并将中国整合进横跨欧亚的大帝国中。但是,宋代的灭亡绝不意味着宋代精英社会或精英文化的消亡。因为到了 12 世纪,北方草原的国家建构遇到了对手,即中原内部的阶级建构。

---

① Peter K. Bol, *This Culture of Ours: Intellectual Transitions in T' ang and Sung China*, Stanford University Press, 1992. Robert P. Hymes and Conrad Schirokauer ed., *Ordering the World: Approaches to State and Society in Song Dynasty China*, University of California Press, 1993.

② *The Cambridge History of China*, Volume 5, Part Two: Sung China, 960-1279, edited by John W. Chaffee and Denis Twitchett, Cambridge University Press, 2009.

其结果是,在宋代国家之下孕育的、以士人为核心的社会—政治精英获得了其自主性,使其迅速适应了游牧人的统治,保证了其在中华帝国晚期持续壮大的能力并塑造中国的文化。

可见,在该《导言》中,郝若贝所提出的"地方化"/"国家权力萎缩"被整合于其中:郝若贝所论,是一个包括了中原与内亚在内不同途径的、数个世纪的、复数的国家建构过程的片段①。

李锡熙(Sukhee Lee)的著作《协作的权力:12—14世纪中国的国家、精英与地方治理》一书亦强调了"国家"在明州地方社会的作用②。基于宋元时期的材料,该书认为明州地方精英的崛起并不意味着国家权力的衰落,而是国家与精英在地方治理上的协作。且国家在这种协作中占据主导的位置,甚至地方精英的崛起也离不开国家的活跃(第197页)。此外,刘光临的宋代财政国家(fiscal state)论也以"国家"为重心③,其说的思想渊源,似亦是历史社会学的国家形成理论。如蒂利(Charles Tilly)在《强制、资本和欧洲国家》所阐释的欧洲民族国家形成的经典理论:持续千年的战争淘汰过程,导致了近代财政国家的形成并最终胜出④。刘光临关心战争史(尤其是消耗性极大的城防战)、财政史(尤其是间接税),似是将蒂利的经典理论应用于宋代。

因此,新的讨论或是维持了宋代国家萎缩论,或是强调了宋代国家的重要性,乃至认为两宋持续的战争造就了带有近代色彩的"财政国家"。本来,有关国家建构的理论主要是用来解释两个历史时期的,一是近代欧洲民族国家的形成,二是二战以后各种国家的成与败。论

---

①　但是,韩明士本人在《剑桥中国宋代史》(下)中仍然强调士人地方化的一面,只是论述方式有所不同。见王锦萍《近二十年来中古社会史研究的回顾与展望》,收入邓小南主编,方诚峰执行主编《宋史研究诸层面》,北京:北京大学出版社,2020年,第106—138页。

②　Sukhee Lee, *Negotiated Power: The State, Elites, and Local Governance in Twelfth-to-Fourteenth-Century China*, Cambridge, Massachusetts: Harvard University Asia Center, 2014. 其博士论文完成于2009年。

③　William Guanglin Liu, "The Making of a Fiscal State in Song China, 960-1279," *Economic History Review*, Vol. 68, Issue 1 (Feb. 2015), 48-78.

④　Charles Tilly, *Coercion, Capital and European States, A. D. 990-1990*, Basil Blackwell, 1990. 中译本蒂利著,魏洪钟译《强制、资本与欧洲国家》,上海:上海人民出版社,2007年。

者对"宋代国家"形态的认识因此也有所分歧。

与上述研究强调"国家"不同,余英时《朱熹的历史世界》用"士大夫政治"批评了郝若贝以降的南宋"地方转向"论。众所周知,该书所使用的"政治文化"概念是为了批判哲学史的研究方法以及当下"新儒家"的某些主张。而"士大夫政治"概念,即强调道学家的得君行道冲动、政治活动,则是对南宋士人地方转向说的反驳①。该书赋予中国传统士人以绝大的主体意识、承担精神,以士大夫的理想及相应的活动缀连起了自北宋中期到南宋的政治史。当然宋代"士大夫政治"也承载了作者个人的某些寄托:余英时一方面认为中国古代是专制政治,另一方面又将儒家士大夫标举为这一政治传统的抵抗者,其心曲跃然纸上②。下文将会提到,1980 年代以后中国大陆学界也提出了宋代"君主与士大夫共治论"以说明宋代并非"君主专制"政治,虽用语类似,但取向迥异。

三 "封建专制国家论"之于宋代政治史

对中国大陆学者来说,"唐宋变革论"对宋史研究真正产生较大影响是从 20、21 世纪之交开始的。在 1949 年以前,中国学者宋史研究的主要目的是阐发抗侮图强,主要课题是宋与辽夏金蒙关系史、亡国史、变法等。③ 1949 年以后,与其他朝代一样,宋代政治史研究的主要对象已是作为革命对象的"封建专制国家"。这种取向是由毛泽东《中国革命与中国共产党》(1939)所确立的:

> 保护这种封建剥削制度的权力机关,是地主阶级的封建国家。如果说,秦以前的一个时代是诸侯割据称雄的封建国家,那末,自秦始皇统一中国以后,就建立了专制主义的中央集权的封

---

① 余英时《我摧毁了朱熹的价值世界吗?——答杨儒宾先生》,《朱熹的历史世界·附录》,北京:生活·读书·新知三联书店,2004 年,第 897—898 页。

② 阎鸿中指出,余英时对士阶层的研究主要反映了自由主义的关怀。见阎鸿中《职分与制度——钱宾四与中国政治史研究》,《台大历史学报》第 38 期,2006 年 12 月,注 5,第 107—109 页。

③ 李华瑞主编《"唐宋变革"论的由来与发展》,"代绪论",第 30—35 页。

建国家；同时，在某种程度上仍旧保留着封建割据的状态。在封建国家中，皇帝有至高无上的权力，在各地方分设官职以掌兵、刑、钱、谷等事，并依靠地主绅士作为全部封建统治的基础。①

这一纲领性的文献，本来是为了指明中国革命的道路而提出的。但其中关于秦以后中国政治形态的描述——"专制主义的中央集权的封建国家""皇帝有至高无上的权力""依靠地主绅士作为全部封建统治的基础"成为 1949 年后包括宋史在内的中国古代史研究的灯塔。阶级分析、基于阶级与阶层的代表论，也被广泛应用于如王安石变法等重大政治事件的研究中。

"专制"这个概念广泛流行于中国近现代②，激发了钱穆为代表的对"中国古代专制说"的反驳③。"文革"结束以后，批判专制说与支持专制说并行不悖。如 1980 年代以来，王瑞来基于宋代的皇权、相权研究，提出宋代皇权走向象征化，宋代政治的基本模式乃是士大夫政治之下的、君臣合作的宰辅专权④。张其凡也有一系列文章，指出北宋宰相事权增重，更认为宋代皇权、相权、台谏为一"三权分立"之结构，此即"皇帝与士大夫共治天下"的政治架构⑤。1980 年代以降大陆宋史学界"宋代士大夫政治论"（或"共治论"）的产生，主要是对于"中国古

① 《毛泽东选集》第二卷，北京：人民出版社，1991 年，第 624 页。

② 侯旭东《中国古代专制说的知识考古》，《近代史研究》2008 年 4 期。亦参见蒋凌楠《晚清"专制"概念的接受与专制历史谱系的初构》，《史学理论与史学史学刊》2015 年卷，北京：社科文献出版社，2016 年，第 153—178 页。郑小威《关于中国专制论的辩论》，《宋史研究诸层面》，第 165—214 页。

③ 参见阎鸿中《职分与制度——钱宾四与中国政治史研究》，《台大历史学报》第 38 期，2006 年 12 月，第 105—156 页。不过，钱穆虽然反对中国古代专制说，但认为宋代皇权加强、相权减抑。见钱穆《论宋代相权》，原载《中国文化研究汇刊》第二卷，1942 年 9 月，收入宋史座谈会编《宋史研究集》第 1 辑，第 455—462 页。

④ 王瑞来《论宋代相权》，《历史研究》1985 年第 2 期；《论宋代皇权》，《历史研究》1989 年第 1 期；《宰相故事——士大夫政治下的权力场》（日文版，汲古书院，2001 年），北京：中华书局，2010 年。

⑤ 张其凡《宋初中书事权初探》，《华南师范大学学报》1986 年第 2 期；《宋初中书事权再探》，《暨南学报》1987 年第 3 期；《北宋"皇帝与士大夫共治天下"略说》，《中报月刊》1986 年 5 月号；皆收入《宋初政治探研》，广州：暨南大学出版社，1995 年。张其凡《"皇帝与士大夫共治天下"试析——北宋政治架构探微》，《暨南学报》2001 年第 6 期。

代专制论"的一种反驳。

出于对特定历史的反思，更多的人认为中国古代确实是专制政治，进而加以批判，如刘泽华提出了"王权主义"说①。在宋史研究领域，王曾瑜《宋高宗传》②为的就是批判本民族的坏传统——专制、愚昧、腐败，提倡民主、科学、清廉。他说，该书是受黎澍③启发而作："希望通过对宋高宗赵构罪恶一生的描述，对当时专制腐败政治的剖析，有助于人们了解中国的专制，以及专制与腐败互相依存的关系。中国历史上的内乱外祸，一般都与专制政治下的腐败密切相关。"据统计，整个 20 世纪以宋代帝王为题的论著有三百多种，但高度集中于北宋太祖、太宗、徽宗④，这一状况恐与"专制"这一标签的使用不无关系。

"祖宗之法"成为一个深刻影响宋代政治史研究的概念，也与"专制主义中央集权"这一论断有关。1986 年，邓广铭（1907—1998）《宋朝的家法和北宋的政治改革运动》一文指出，为了避免成为五代式的短命王朝，宋太祖和宋太宗在政治、军事和财政经济诸方面的立法都贯穿着一个总的原则：以防弊之政，为立国之法；之后庆历新政、王安石变法的失败，都是因为抵触了这一"祖宗家法"⑤。而所谓"防弊之法"，在《家法》一文中，主要是指各种彼此牵制的防范措置，如兵权、相权、州郡长官之权的分割，将从中御，兵民分离的募兵制，不任人而任法，造成因循、积贫积弱的局面。该文以"家法—变法"一组概念勾连了北宋政治史：一是太祖太宗所创的"防弊之法"；二是庆历新政、王安石变法对祖宗法度的冲击及"失败"。

---

① 刘泽华《专制权力与中国社会》，长春：吉林文史出版社，1988 年；《中国的王权主义》，上海：上海人民出版社，2000 年。

② 长春：吉林文史出版社，1996 年；石家庄：河北人民出版社，1998 年；北京：中国书籍出版社，2016 年。

③ 黎澍《评"四人帮"的封建专制主义》，《历史研究》1977 年第 6 期。

④ 朱瑞熙、程郁《宋史研究》，福州：福建人民出版社，2006 年，第 15—32 页。

⑤ 邓广铭《宋朝的家法和北宋的政治改革运动》（以下简称《家法》），原载《中华文史论丛》1986 年第 3 期；收入《邓广铭全集》第七卷，第 287—305 页。亦参见《北宋的募兵制度及其与当时积贫积弱和农业生产的关系》，《中国史研究》1980 年第 4 期；收入《邓广铭全集》第七卷，第 306—333 页。

虽然邓广铭在 1949 年以前所撰宋太祖、宋太宗相关论文皆是关于皇位问题的,与"立国规模"无涉①,但关于"家法"的相关认识他亦已在他处论及。他把南宋的萎靡不振归因于北宋开国时的"家法",即鉴于唐末五代的篡夺之祸和割据离乱之局,宋太祖、宋太宗对于文武大臣和州军长吏,均有猜忌防闲之心;也简述了"事为之防,曲为之制"原则在财政、军事、政治设施方面的落实②。

1949 年以后,这些认识逐渐被归入了"专制主义中央集权"这一概念,这与翦伯赞(1898—1968)关系较大。1952 年院系调整完成后,翦伯赞领导北京大学历史学系编纂中国通史各阶段讲义,意在把史学体系"改造为马克思主义的史学体系",并在其基础上编写一部适合高等学校的中国通史教材③。《中国史纲要》即最终成果。

这些讲义中就包括由邓广铭撰写的《辽宋夏金史讲义》,1955 年年初印行④,《讲义》论述了"北宋初年为了巩固统治权的几种措施",内容包括解决禁军问题、强化中央集权(解决藩镇问题)、宰相事权的分割与牵制(以防弊之政为立国之法)、官与差遣分离等内容;在论北宋中叶的三冗问题时,涉及了"不任官而任吏,不任人而任法"带来的因循之风、募兵制(祖宗"养兵"政策)带来的冗兵问题等⑤。

1957 年,邓广铭《论赵匡胤》又论述了赵匡胤在中央集权、先南后北统一策略上的成功,在社会经济方面(包括养兵)的失策,指出赵匡

① 邓广铭《陈桥兵变黄袍加身故事考释》,《真理杂志》第 1 卷第 1 期,1944 年 1 月;《宋太祖太宗皇位授受问题辨析》,《真理杂志》第 1 卷第 2 期,1944 年 3 月;《赵匡胤的得国及其与张永德李重进的关系》,《东方杂志》第 41 卷第 21 期,1945 年 11 月;三文皆收入《邓广铭全集》第七卷。

② 邓广铭《陈龙川传》(《邓广铭全集》第二卷),"自序",第 555—556 页;"七 南宋的政治、经济和军事上的诸问题",第 593—587 页。原书出版于 1943 年。

③ 邓广铭、陈庆华、张寄谦、张传玺《翦伯赞同志和〈中国史纲要〉》,原载《北京大学学报》1978 年 3 期;收入《邓广铭全集》第十卷,第 335 页。

④ 邓广铭《辽宋夏金史讲义》,收入《邓广铭全集》第六卷,第 189—360 页。该讲义的印制时间为 1955 年 1 月,名称为《北京大学对外交流讲义·中国古代史讲义三:隋唐五代辽宋金部分》,此承聂文华先生根据中央民族大学图书馆藏讲义稿见告。

⑤ 邓广铭《辽宋夏金史讲义》,收入《邓广铭全集》第六卷,第 199—202 页、237—242 页。

胤"对于中央以及地方政府中各种机构的设置和各种官员的安排,是在充分利用互相牵制的作用,几乎完全是以防弊之政作为立国之法的"①。又,漆侠的研究生毕业论文《王荆公新法研究》于1950年年底完稿,修改后于1959年以《王安石变法》为名出版,作者说明:

> 依我来看,这本书的情况是,第一部分有关宋代立国规模和专制主义集权制度,来自先师邓恭三先生多年的研究,是经得住时间的检验的②。

第一部分即《王安石变法》第一章"宋封建国家的政治、经济概括",该章分三节,其中的二、三节涉及阶级矛盾、阶级斗争,第一节题为"宋封建专制主义中央集权制的政治体系,积贫积弱局势的形成"③。其内容,正可与此前诸论以及此后1963年出版的《中国史纲要》(中册)相关内容对照。《中国史纲要》在论"北宋的建立、巩固及其统一"时,就陈述了"专制主义中央集权的强化",包括解决藩镇、禁军、宰相事权诸方面问题,也陈述了防范农民起义的募兵政策,都是在防范易为内患的奸邪④。

因此,在1950年代翦伯赞领导编纂中国通史教材的过程中,邓广铭逐渐在"专制主义中央集权"的概念下表述了对宋代立国规模的认识,旧识新知结合构成了"祖宗家法"的基本内涵。而且,在中国通史编纂过程中,翦伯赞本拟每一断代"先写出它的经济基础,然后再述写上层建筑方面的政治、军事、科技、文化等等",邓广铭则坚持"以政治、

---

① 邓广铭《论赵匡胤》,原刊《新建设》1957年第5期;收入《邓广铭全集》第七卷,第223页。

② 漆侠《王安石变法(增订本)》,《漆侠全集》第二卷,保定:河北大学出版社,2009年,序,第1—2页。

③ 这三节内容,邓广铭在晚年重写王安石传时,已经放弃了关于民族矛盾、阶级矛盾的论述,只保留了关于政治部分的内容。如李华瑞所说,"对王安石变法是北宋中叶农民阶级与地主阶级政权之间矛盾运动的必然结果这个观点,邓广铭先生在四写王安石时已不再坚持"。见李华瑞《北宋士大夫与王安石变法的兴起》,《史学集刊》2006年第1期,第10页。

④ 邓广铭《中国史纲要·五代十国宋辽金元》,原刊翦伯赞主编《中国史纲要》,北京:人民出版社,1963年;收入《邓广铭全集》第六卷,第373—375页。

军事一类事件为线索"并最终落实了①。因而,北宋"家法"本就是作为宋代历史的基本线索之一部分而提出的。只是,因为阶级矛盾导致北宋中叶的变法这一论断的存在,家法、变法这两个部分的内容没有形成直接的联系。在 1970 年代末 1980 年代初"除旧布新"的情境下,邓广铭对"家法—变法"这一宋代政治史的基本线索作了更完善的论述,即《宋朝的家法和北宋的政治改革运动》等。

如果仅把宋代政治理解为"专制主义中央集权的强化"的话,宋代政治史就没有任何特殊性,也是静止的。但"家法—变法"这一基本线索,使得北宋政治史具备了自己独特的、动态的理解框架。不过,邓广铭提出的"祖宗家法",乃是作为变法、革新的对立面而出现的,邓小南《祖宗之法》一书②,则在此基础上作了推进。

对于宋代的立国规模,《祖宗之法》继承了"以防弊之政,为立国之法"这一论断,又增加了走出五代、塑造祖宗两个层面。作者指出,"祖宗之法"不等于宋太祖、宋太宗的创法立制,它不但源自晚唐五代的历史遗产,更重要的是,"'祖宗之法'的明确提出、其核心精神的具体化、其涵盖内容的不断丰富都是在宋代历史上长期汇聚而成,也是经由士大夫群体相继阐发而被认定的"(第 10 页)。这样的话,"祖宗之法"连贯了晚唐五代的政治、宋代政治精英的活动,从而不仅是作为"变法"对立面的、负面的"祖宗家法",故能以不同的方式把北宋晚期、南宋都纳入线索之中(第六章)③。这一"祖宗之法"因而是笼罩两宋的政治生态——"这些看似无形的'空气',充盈于天地之间,笼罩着当时的朝野,士大夫们正是呼吸吐纳于其间。"(第 535 页)全书中较

---

① 邓广铭《在"文革"中被迫害致死的翦伯赞》,原载《传记文学》第 56 卷第 3 期,1990 年 3 月;收入《邓广铭全集》第十卷,第 371 页。

② 邓小南《祖宗之法:北宋前期政治述略》,北京:读书·生活·新知三联书店,2006 年。

③ 关于南宋政治中"祖宗之法"的特点,亦有其他学者论及。如李华瑞《略论南宋政治上的"法祖宗"倾向》,《宋史研究论丛》第 6 辑,保定:河北大学出版社,2005 年。曹家齐《"爱元祐"与"遵嘉祐"——对南宋政治指归的一点考察》,《学术研究》2005 年第 11 期。曹家齐《赵宋当朝盛世说之造就及其影响——宋朝"祖宗家法"与"嘉祐之治"新论》,《中国史研究》2007 年第 4 期。

少看到结构性的论断之语,而是不断对诸多政治行为进行细致解读:
"希望借以窥见宋代政治的精神脉络与整体气氛,并且追踪其形成过程中的若干关键环节。"(第 519 页)因此,"祖宗之法"概念的牵动力与分析性实已大为扩展。

但是,邓小南"祖宗之法"概念仍然与"专制主义中央集权"说有千丝万缕的联系。作者自述云:

> 我个人的研究方向,大体上集中在两个方面:一是宋代的政治史、制度史,包括当时的政治文化、政治群体和政治事件,以及官僚选任、考核、按察乃至文书处理机制。这类议题延续了就学期间的关注,近年来也有一些基于阅读与阅历的体悟。中国专制集权的帝制阶段长达两千年之久,其政治影响是扩散性渗透性的,绝非仅限于官僚机构、仅限于社会上层;研究中国历史上的任何重要问题,即便看似与政治无关的经济、文化、科技、性别、社会生活等等,一经深入展开,便摆脱不了与"政治"的干系。这种弥漫式的政治影响力,至今也还存在,这让学人体会到政治史研究的意义所在……①

如作者自述,专制集权的帝制政治影响是无所不在的,而宋代祖宗之法的渊源、层累塑造、被冲击、被标榜,也正是这种专制集权政治在宋代的独特呈现。因而,经两代学人的努力,在"专制主义中央集权"这个一般性概念之上,"祖宗之法"作为笼罩两宋、概括宋代朝廷政治史独特氛围的概念被提炼了出来,成为一个与前述"近世国家论""国家萎缩论"渊源、内涵不同的宋代政治史框架。

四 结语

以上回顾了宋代政治史研究的三条轨迹。一是"唐宋变革论"下的"近世国家论",其后续是将"近世国家论"搁置,转而从事相对微观

---

① 邓小南《宋代历史探求:邓小南自选集》,北京:首都师范大学出版社,2015 年,"学术自述",第 4—5 页。

的"政治过程"研究。二是"国家萎缩论"以及与之配合的宋代士人
"地方转向说",其后则又对"国家"角色有了更多的强调,或是以"士
大夫政治"反驳"地方转向"。三是在"专制主义中央集权"框架下所
产生的反、正二说,"反"即以"士大夫政治"或"共治说"为宋代政治架
构,"正"指"祖宗之法"作为宋代政治史的基本线索,实为"专制国家
论"的转化。

　　这三条轨迹当然不足以囊括宋代政治史研究的全貌——宋史学
界有过许多的创新努力,特别是进入 21 世纪后,总结、反思实不鲜
见①,如在方法论上突出政治过程、日常政治以反思事件史;关注点从
朝堂人事扩展到与"政治权力"相关的诸多领域,如思想文化、地方社
会、士人群体,新的政治史从而成为某个领域与政治权力交叉之所在。
进展固然可喜,但多是方法论或议题上的更新,并不涉及基本认识框
架。近世国家论、国家萎缩论、专制主义中央集权论,作为宋代政治史
研究的三个最主要原点,没有一个被真正地抛弃了②。这或许是因为,

---

　　①　除了本文前已提及的,其他的如:包伟民主编《宋代制度史研究百年(1900—
2000)》,北京:商务印书馆,2004 年。魏希德(Hilde De Weerdt)《美国宋史研究的新趋向:地
方宗教与政治文化》("Recent Trends in American Research in Song Dynasty History: Local Reli-
gion and Political Culture"),《中国史研究动态》2011 年第 3 期;该文原刊《大阪市立大学東洋
史論叢》15(2006),第 121—138 页。邓小南《中国古代政治史研究管窥——以中日韩学界对
于宋代政治史的研究为例》,《北京大学学报》2008 年第 3 期。邓小南《宋代政治史研究的
"再出发"》,《历史研究》2009 年第 6 期。包伟民《地方政治史研究杂想》,《国际社会科学杂
志》2009 年第 3 期。方震华《传统领域如何发展?——对宋代政治史研究的几点观察》,《台
大历史学报》第 48 期(2011 年 12 月)。黄宽重《从活的制度史迈向新的政治史——宋代政
治史研究趋向》,《中国史研究》2009 年第 4 期;收入《政策、对策:宋代政治史探索》,台北:联
经出版事业公司,2012 年。《"宋代政治史研究新视野"笔谈》,《史学月刊》2014 年第 3 期;
该笔谈包括:《开拓议题与史料:丰富宋代政治史研究的内涵》(黄宽重)、《政治史再思考:以
公众史学为视角》(刘静贞)、《多元立体,推陈出新——政治史研究新路径思索》(王瑞来)、
《突破史料和家法之局限——对宋代政治史研究的一点思考》(曹家齐)、《宋代政治史研究
的新视野——以科举社会的"人际网络"为线索》(平田茂树)。魏希德《重塑中国政治史》,
《汉学研究通讯》第 34 卷第 2 期,2015 年 5 月,第 1—9 页。黄宽重《南宋史料与政治史研
究——三重视角的分析》,《中国社会科学》2017 年第 8 期。
　　②　李华瑞教授大声疾呼走出日本学者的"宋代近世说(唐宋变革论)",但亦感远未实
现。见李华瑞《唐宋史研究应当翻过这一页——从多视角看"宋代近世说(唐宋变革论)"》,
《古代文明》第 12 卷第 1 期,第 14—37 页。

这些关于宋代政治的认识,皆源自不同的现代思想在中国古代历史上的投射,历史研究本身也参与了这些现代思想的建构。因而只要现代思想本身未被超越或抛弃,它们所衍生的历史认识就很难被破除。甚至可以说,如果刻意抛弃诸说,从事以所谓客观、细节为名的政治史研究,往往会失去灵魂而陷入空洞的、形式化的权术、人际关系叙述之中。

就此而言,史学研究范式的创立与更新永远是一个戴着枷锁跳舞的过程。本文所述的几种宋代政治史研究基本框架,其渊源虽然都是那些更为普遍的思想体系,如实证主义、自由主义、马列主义等,但其创造性在于将这些宏大的命题体贴于具体的历史材料之中,其框架固然依稀带有某些普遍色彩,但仍融入了宋代历史的独特性,因此对宋史研究产生了持久不灭的影响。

本文原刊邓小南主编,方诚峰执行主编《宋史研究诸层面》,北京:北京大学出版社,2020 年。收入本书时略有改动。

参 考 文 献[*]

一、史料

北京图书馆金石组编《北京图书馆藏中国历代石刻拓本汇编》（北宋），中州古籍
  出版社，1990 年。

白居易《白氏六贴事类集》，文物出版社影印宋本，1987 年。

白玉蟾《修真十书·玉隆集》，《道藏》第 4 册，文物出版社、上海书店、天津古籍出
  版社影印本，1988 年。

毕沅《山左金石志》，《石刻史料新编》第 1 辑第 19 册，台北：新文丰出版公司，
  1982 年。

毕仲游《西台集》，《景印文渊阁四库全书》第 1122 册，台北：台湾商务印书馆，
  1986 年。

蔡絛著，冯惠民、沈锡麟点校《铁围山丛谈》，中华书局，1983 年。

蔡襄著，徐𤋮等编，吴以宁点校《蔡襄集》，上海古籍出版社，1996 年。

曹彦约《昌谷集》，《景印文渊阁四库全书》第 1167 册。

晁补之《鸡肋集》，《四部丛刊初编》本。

晁公武撰，孙猛校证《郡斋读书志校证》，上海古籍出版社，1990 年。

陈次升《谠论集》，《景印文渊阁四库全书》第 427 册。

陈瓘《宋忠肃陈了斋四明尊尧集》（简称《四明尊尧集》），《四库存目丛书》史部第
  279 册，齐鲁书社，1996 年。

陈均编，许沛藻、金圆、顾吉辰、孙菊园点校《皇朝编年纲目备要》，中华书局，
  2006 年。

陈骙撰，张富祥点校《南宋馆阁录》，中华书局，1998 年。

陈襄《古灵先生文集》，《宋集珍本丛刊》（8—9），线装书局影印南宋刻本，2004 年。

陈振孙著，徐小蛮、顾美华点校《直斋书录解题》，上海古籍出版社，1987 年。

---

 * 以编著者姓名拼音为序。

程颢、程颐著，王孝鱼点校《二程集》，中华书局，2004 年。

程俱《北山小集》，《四部丛刊续编》本。

程敏政辑撰，何庆善、于石点校《新安文献志》，黄山书社，2004 年。

程元敏《三经新义辑考汇评》，华东师范大学出版社，2011 年。

杜大珪《琬琰集删存》，哈佛燕京学社，1938 年。

俄罗斯科学院东方研究所圣彼得堡分所、中国社会科学院民族研究所、上海古籍
    出版社编《俄藏黑水城文献》第 6 册，上海古籍出版社，2000 年。

范成大纂修，汪泰亨等增订《吴郡志》，《宋元方志丛刊》第 1 册，中华书局，1990 年。

范纯仁《范忠宣公集》，《景印文渊阁四库全书》第 1104 册。

范仲淹《范文正公集》，《四部丛刊初编》本。

范祖禹撰，贾二强、高叶青、焦杰校点《太史范公文集》，《儒藏》（精华编 219），北
    京大学出版社，2014 年。

方勺《泊宅编》，中华书局，1983 年。

房玄龄等《晋书》，中华书局，1974 年。

葛胜仲《丹阳集》，《景印文渊阁四库全书》第 1127 册。

耿南仲《周易新讲义》，《景印文渊阁四库全书》第 9 册。

韩维《南阳集》，《景印文渊阁四库全书》第 1101 册。

郝玉麟等监修《广东通志》，《景印文渊阁四库全书》第 562—564 册。

洪迈《容斋随笔》（《随笔》《续笔》《三笔》《四笔》《五笔》），上海古籍出版社，
    1978 年。

胡宏著，吴仁华点校《胡宏集》，中华书局，1987 年。

胡榘修，方万里、罗濬纂《宝庆四明志》，《宋元方志丛刊》第 5 册，中华书局，
    1990 年。

胡寅撰，容肇祖点校《斐然集》，中华书局，1993 年。

胡瑗撰，倪天隐述《周易口义》，《景印文渊阁四库全书》第 8 册。

黄伯思《东观余论》，北京图书馆出版社影印南宋刻本，2004 年。

黄淮、杨士奇编《历代名臣奏议》，上海古籍出版社影印明永乐内府刊本，2012 年。

黄𤊀编，曹清华点校《山谷年谱》，《宋人年谱丛刊》5，四川大学出版社，2003 年。

黄以周等辑注，顾吉辰点校《续资治通鉴长编拾补》，中华书局，2004 年。

惠洪著，廓门贯彻注，张伯伟、郭醒、卞东波点校《石门文字禅》，中华书局，
    2012 年。

江少虞《宋朝事实类苑》，上海古籍出版社，1981 年。

黎靖德编，王星贤点校《朱子语类》，中华书局，1994 年。

李复《潏水集》，《景印文渊阁四库全书》第 1121 册。

李纲著，王瑞明点校《李纲全集》，岳麓书社，2004 年。

李纲《梁溪集》，《景印文渊阁四库全书》第 1125—1126 册 。

李诫编，梁思成注释《营造法式注释》，收入《梁思成全集》第七卷，中国建筑工业
　　出版社，2001 年。

李林甫等撰，陈仲夫点校《唐六典》，中华书局，1992 年。

李焘《续资治通鉴长编》（简称《长编》），中华书局，2004 年。

李攸《宋朝事实》，中华书局，1955 年。

李新《跨鳌集》，《景印文渊阁四库全书》第 1124 册。

李心传《道命录》，《知不足斋丛书》本。

李心传《建炎以来系年要录》，上海古籍出版社影印《文渊阁四库全书》本，
　　1992 年。

李心传撰，徐规点校《建炎以来朝野杂记》，中华书局，2000 年。

李之仪《姑溪居士后集》，《宋集珍本丛刊》（27）。

李埴撰，燕永成校正《皇宋十朝纲要校正》，中华书局，2013 年。

李廌撰，孔凡礼点校《师友谈记》，中华书局，2002 年。

刘安上《给事集》，《景印文渊阁四库全书》第 1124 册。

刘安世《元城先生尽言集》（简称《尽言集》），《四部丛刊续编》本。

刘攽《彭城集》，《景印文渊阁四库全书》第 1096 册。

刘才邵《檆溪居士集》，《景印文渊阁四库全书》第 1130 册。

刘敞《公是集》，《景印文渊阁四库全书》第 1095 册。

刘大彬《茅山志》，《道藏》第 5 册。

刘克庄《后村先生大全集》，《四部丛刊初编》本。

刘勰著，王利器校笺《文心雕龙校证》，上海古籍出版社，1980 年。

刘宰《京口耆旧传》，《景印文渊阁四库全书》第 451 册。

刘挚撰，裴汝诚、陈晓平点校《忠肃集》，中华书局，2002 年。

楼钥著，顾大朋点校《楼钥集》，浙江古籍出版社，2010 年。

陆心源辑撰《宋史翼》，中华书局影印清光绪刻本，1981 年。

陆游《老学庵笔记》，中华书局，1979 年。

陆游《家世旧闻》，中华书局，1993 年。

陆增祥《金石补正》，《石刻史料新编》第 1 辑第 8 册。

吕陶《净德集》，《景印文渊阁四库全书》第 1098 册。

吕希哲撰，夏广兴整理《吕氏杂记》，《全宋笔记》第一编（10），大象出版社，
　　2003 年。

吕中《宋大事记讲义》，《景印文渊阁四库全书》第 686 册。

吕中撰，张其凡、白晓霞整理《类编皇朝大事记讲义》，上海人民出版社，2014 年。

马端临著，上海师范大学古籍研究所、华东师范大学古籍研究所点校《文献通
　　考》，中华书局，2011 年。

马永卿辑，王崇庆解《元城语录解》，《丛书集成初编》本。

孟元老撰，邓之诚注《东京梦华录注》，中华书局，1982 年。

苗书梅等点校《宋会要辑稿·崇儒》，河南大学出版社，2000 年。

聂崇义《析城郑氏家塾重校三礼图》，《四部丛刊三编》本。

欧阳修《新五代史》，中华书局，1974 年。

欧阳修著，李逸安点校《欧阳修全集》，中华书局，2001 年。

彭百川《太平治迹统类》，《适园丛书》本。

綦崇礼《北海集》，《景印文渊阁四库全书》第 1134 册。

瞿昙悉达《开元占经》，《景印文渊阁四库全书》第 807 册。

阮元编《两浙金石志》，《石刻史料新编》第 1 辑第 14 册。

沈作宾修，施宿等纂《嘉泰会稽志》，《宋元方志丛刊》第 7 册，中华书局，1990 年。

司马光《温国文正司马公文集》（简称《温公文集》），《四部丛刊初编》本。

司马光《资治通鉴》，中华书局，1956 年。

司马光著，李裕民校注《司马光日记校注》，中国社会科学出版社，1994 年。

司马光著，王亦令点校《稽古录》，中国友谊出版公司，1987 年。

司马光撰，邓广铭、张希清点校《涑水记闻》，中华书局，1989 年。

司马光撰，李文泽、霞绍晖校点整理《司马光集》，四川大学出版社，2010 年。

司马光撰，刘力耘、方诚峰点校《潜虚》，上海人民出版社，2022 年。

司马迁《史记》，中华书局，1982 年。

邵伯温《邵氏闻见录》，中华书局，1983 年。

苏轼著，孔凡礼点校《苏轼文集》，中华书局，1986 年。

苏轼著，王文诰辑注，孔凡礼点校《苏轼诗集》，中华书局，1982 年。

苏轼撰，王松龄点校《东坡志林》，中华书局，1981 年。

苏颂著，王同策、管成学、颜中其等点校《苏魏公文集》，中华书局，1988 年。

苏辙著，陈宏天、高秀芳点校《苏辙集》（《栾城集》《栾城后集》《栾城三集》《栾城

应诏集》),中华书局,1990年。

苏辙撰,俞宗宪点校《龙川略志》,中华书局,1982年。

孙逢吉《职官分纪》,《景印文渊阁四库全书》第923册。

孙柔之撰,叶德辉辑《瑞应图记》,《丛书集成续编》第45册,台北:新文丰出版公
　　司,1989年。

孙升述,刘延世录《孙公谈圃》,《全宋笔记》第二编(1),大象出版社,2006年。

脱脱等《宋史》,中华书局,1985年。

汪藻《浮溪集》,《景印文渊阁四库全书》第1128册。

汪藻《靖康要录》,台北:文海出版社,1967年。

王安石《临川先生文集》,《四部丛刊初编》本。

王安石著,唐武标校《王文公文集》,上海人民出版社,1974年。

王安石著,李壁笺注,高克勤点校《王荆文公诗笺注》,上海古籍出版社,2010年。

王安中《初寮集》,《景印文渊阁四库全书》第1127册。

王弼注,孔颖达疏,李申、卢光明整理,吕绍刚审定《周易正义》,北京大学出版社,
　　1999年。

王昶《金石萃编》,《石刻史料新编》第1辑第4册。

王称撰,孙言诚、崔国光点校《东都事略》,齐鲁书社,2000年。

王珪《华阳集》,《景印文渊阁四库全书》第1093册。

王明清《挥麈录》(《前录》《后录》《三录》《余话》),中华书局上海编辑所,
　　1961年。

王明清《玉照新志》,上海古籍出版社,1991年。

王溥《唐会要》,上海古籍出版社,1991年。

王应麟《玉海》,江苏古籍出版社、上海书店出版社,1987年。

魏了翁《鹤山先生大全文集》,《四部丛刊初编》本。

魏泰撰,李裕民点校《东轩笔录》,中华书局,1983年。

魏徵等《隋书》,中华书局,1973年。

翁方纲《粤东金石略》,《石刻史料新编》第1辑第17册。

文同《丹渊集》,《四部丛刊初编》本。

文彦博《潞公文集》,《景印文渊阁四库全书》第1100册。

吴宽、王鏊、林世远等《正德姑苏志》,《天一阁藏明代方志选刊续编》第11—14
　　册,上海书店出版社,1990年。

吴曾《能改斋漫录》,中华书局上海编辑所,1960年。

吴自牧《梦粱录》(收入《东京梦华录(外四种)》),古典文学出版社,1956 年。

谢旻等监修《江西通志》,《景印文渊阁四库全书》第 513—518 册。

熊克《皇朝中兴纪事本末》,北京图书馆出版社,2005 年。

徐度撰,朱凯、姜汉椿整理《却扫编》,《全宋笔记》第三编(10),大象出版社,
　　2008 年。

徐梦莘《三朝北盟会编》,上海古籍出版社影印许刻本,1987 年。

徐松辑《宋会要辑稿》,中华书局影印本,1957 年。

徐自明著,王瑞来校补《宋宰辅编年录校补》,中华书局,1986 年。

许翰撰,刘云军点校《许翰集》(《襄陵文集》),河北大学出版社,2014 年。

杨潜修,朱端常、林至、胡林卿纂《云间志》,《宋元方志丛刊》第 1 册,中华书局,
　　1990 年。

杨时《龟山先生全集》,《宋集珍本丛刊》(29),线装书局影印明万历刻、傅增湘校
　　本,2004 年。

杨世沅《句容金石记》,《石刻史料新编》第 2 辑 9 册,台北:新文丰出版公司,
　　1979 年。

扬雄撰,司马光集注,刘韶军点校《太玄集注》,中华书局,1998 年。

杨亿《武夷新集》,《景印文渊阁四库全书》第 1086 册。

杨仲良《续资治通鉴长编纪事本末》(简称《长编纪事本末》),北京图书馆出版社
　　影印宛委别藏本,2003 年。

叶梦得著,宇文绍奕考异,侯忠义点校《石林燕语》,中书书局,1984 年。

佚名《高上神霄宗师受经式》,《道藏》第 32 册。

佚名编《宋大诏令集》,中华书局,1962 年。

佚名编,汝企和点校《续编两朝纲目备要》,中华书局,1995 年。

佚名撰,赵维国整理《道山清话》,《全宋笔记》第二编(1),大象出版社,2006 年。

永瑢等《四库全书总目》,中华书局影印浙本,1965 年。

俞剑华标点注译《宣和画谱》,人民美术出版社,1964 年。

袁文著,李伟国校点《瓮牖闲评》,上海古籍出版社,1985 年。

岳珂《宝真斋法书赞》,《景印文渊阁四库全书》第 813 册。

岳珂撰,吴企明点校《桯史》,中华书局,1981 年。

曾布著,程郁整理《曾公遗录》,《全宋笔记》第一编(8),大象出版社,2003 年。

曾巩著,陈杏珍、晁继周点校《曾巩集》,中华书局,1984 年。

曾敏行著,朱杰人标校《独醒杂志》,上海古籍出版社,1986 年。

曾枣庄、刘琳主编《全宋文》，上海辞书出版社、安徽教育出版社，2006 年。

翟耆年《籀史》，《景印文渊阁四库全书》第 681 册。

翟汝文《忠惠集》，《景印文渊阁四库全书》第 1129 册。

章国庆编著《宁波历代碑碣墓志汇编》，上海古籍出版社，2012 年。

章如愚《群书考索》，广陵书社，2008 年。

张邦基撰，孔凡礼点校《墨庄漫录》，中华书局，2002 年。

张根《吴园周易解》，《景印文渊阁四库全书》第 9 册。

张耒撰，查清华、潘超群整理《明道杂志》，《全宋笔记》第二编（7），大象出版社，
　　2006 年。

张商英《金箓斋投简仪》，《道藏》第 9 册。

张维《陇右金石录》，收入《石刻史料新编》第 1 辑第 21 册。

张正常《汉天师世家》，《道藏》第 34 册。

赵道一《历世真仙体道通鉴》，《道藏》第 5 册。

赵汝愚编，北京大学中国中古史研究中心校点整理《宋朝诸臣奏议》，上海古籍出
　　版社，1999 年。

赵升《朝野类要》，中华书局，2007 年。

赵彦卫撰，傅根清点校《云麓漫钞》，中华书局，1996 年。

赵翼著，王树民校证《廿二史札记校证》，中华书局，1984 年。

赵与时著，齐治平校点《宾退录》，上海古籍出版社，1983 年。

郑刚中《北山集》，《景印文渊阁四库全书》第 1138 册。

郑居中等《政和五礼新仪》，《景印文渊阁四库全书》第 647 册。

郑樵撰，王树民点校《通志二十略》，中华书局，1995 年。

郑玄注，贾公彦疏，彭林整理《周礼注疏》，上海古籍出版社，2010 年。

郑玄注，孔颖达正义，吕友仁整理《礼记正义》，上海古籍出版社，2008 年。

中国古代书画鉴定组编《中国古代书画图目》（15），文物出版社，1997 年。

中国文物研究所、河南省文物研究所编《新中国出土墓志·河南》[壹]，文物出版
　　社，1994 年。

周必大撰，李昌宪整理《淳熙玉堂杂记》，《全宋笔记》第五编（8），大象出版社，
　　2012 年。

周煇撰，刘永翔校注《清波杂志校注》，中华书局 1994 年。

周煇撰，刘永翔、许丹整理《清波别志》，《全宋笔记》第五编（9），大象出版社，
　　2012 年。

周密撰，张茂鹏点校《齐东野语》，中华书局，1983 年。

周密撰，吴企明点校《癸辛杂识》，中华书局，1988 年。

周应合《景定建康志》，《宋元方志丛刊》第 2 册，中华书局，1990 年。

朱熹著，李伟国校点《三朝名臣言行录》，《朱子全书》（修订本），上海古籍出版社、安徽教育出版社，2010 年。

朱熹撰，徐德明、王铁校点《晦庵先生朱文公文集》（简称《晦庵集》），《朱子全书》（修订本），上海古籍出版社、安徽教育出版社，2010 年。

邹浩《道乡先生邹忠公文集》，《宋集珍本丛刊》（31），线装书局影印明成化六年刻本，2004 年。

《中国古代碑帖拓本》，北京大学图书馆、香港中文大学文物馆，2001 年。

北京大学图书馆藏拓片：

"八行八刑碑"

　　河北邢台，典藏号 A152558、09863、A35619

　　陕西淳化，典藏号 09879

　　江苏句容，典藏号 A152575（从碑拓内容看，实际是"大观圣作之碑"，而非"八行八刑碑"）

　　江苏昆山，A152647

　　河南临颍，典藏号 A152559

　　山东汶上，典藏号 A152593

　　陕西高陵，典藏号 A152572

　　陕西临潼，典藏号 A152584、09888

　　陕西蓝田，典藏号 A152567

《崇真宫徽宗付刘既济手诏》，典藏号 A153048

"大观圣作之碑"（山东临朐），典藏号 A152568

《神霄玉清万寿宫诏》，典藏号 09968、09969—09970

《御笔手诏》（广东韶关），典藏号 09959

中国国家图书馆藏石刻拓片：《辟雍诏碑》，典藏号：各地 6640、6930

二、论著

包弼德（Peter K. Bol）著，刘宁译《斯文：唐宋思想的转型》，江苏人民出版社，2001 年。

包伟民《宋代地方财政史研究》，上海古籍出版社，2001 年。

包伟民主编《宋代制度史研究百年（1900—2000）》，商务印书馆，2004 年。

蔡崇榜《宋代修史制度研究》，文津出版社，1991 年。

蔡上翔《王荆公年谱考略》，上海人民出版社，1973 年。

陈克明《司马光学述》，湖北人民出版社，1990 年。

陈来《宋明理学》，辽宁教育出版社，1991 年。

陈苏镇《〈春秋〉与“汉道”：两汉政治与政治文化研究》，中华书局，2011 年。

陈振《宋史》，上海人民出版社，2003 年。

陈植锷《北宋文化史述论》，中国社会科学出版社，1992 年。

戴建国《唐宋变革时期的法律与社会》，上海古籍出版社，2010 年。

邓广铭《北宋政治改革家王安石》，河北教育出版社，2000 年。

邓小南《宋代文官选任制度诸层面》，河北教育出版社，1993 年。

邓小南《祖宗之法——北宋前期政治述略》，生活·读书·新知三联书店，
　　2006 年。

刁忠民《两宋御史中丞考》，巴蜀书社，1995 年。

刁忠民《宋代台谏制度研究》，巴蜀书社，1999 年。

龚延明《宋代官制辞典》，中华书局，1997 年。

龚延明、祖慧《宋登科记考》，江苏教育出版社，2005 年。

顾吉辰《〈宋史〉比事质疑》，书目文献出版社，1987 年。

郭正忠《两宋城乡商品货币经济考略》，经济管理出版社，1997 年。

郭正忠《宋代盐业经济史》，人民出版社，1990 年。

国家地图集编纂委员会编《中华人民共和国国家历史地图集》（第一册），中国地
　　图出版社、中国社会科学出版社，2012 年。

何忠礼《宋代政治史》，浙江大学出版社，2007 年。

侯外庐主编《中国思想通史》第四卷，人民出版社，1959 年。

黄小石《净明道研究》，巴蜀书社，1999 年。

黄燕生《宋仁宗 宋英宗》，吉林文史出版社，1997 年。

贾玉英《宋代监察制度》，河南大学出版社，1996 年。

姜鹏《北宋经筵与宋学的兴起》，上海古籍出版社，2013 年。

久保田和男《宋代开封研究》，上海古籍出版社，2010 年。

孔凡礼《苏轼年谱》，中华书局，1998 年。

昆廷·斯金纳（Quentin Skinner）著，奚瑞森、亚方译《现代政治思想的基础》，译林

出版社，2011 年。

李昌宪《司马光评传》，南京大学出版社，1998 年。

李华瑞《宋夏关系史》，中国人民大学出版社，2010 年。

李华瑞《王安石变法研究史》，人民出版社，2004 年。

李经纬等主编《中医大辞典》（第 2 版），人民卫生出版社，2005 年。

李全德《唐宋变革期枢密院研究》，国家图书馆出版社，2009 年。

李裕民《四库提要订误》（增订本），中华书局，2005 年。

梁太济、包伟民《宋史食货志补正》，杭州大学出版社，1994 年。

梁天锡《宋枢密院制度》，黎明文化，1981 年。

梁天锡《宋宰相表新编》，台北：编译馆，1996 年。

林岩《北宋科举与文学研究》，上海古籍出版社，2006 年。

刘成国《荆公新学研究》，上海古籍出版社，2006 年。

刘春迎《北宋东京城研究》，科学出版社，2004 年。

刘复生《北宋中期儒学复兴运动》，台北：文津出版社，1991 年。

刘后滨《唐代中书门下体制研究——公文形态·政务运行与制度变迁》，齐鲁书
　　社，2004 年。

刘静贞《皇帝和他们的权力——北宋前期》，台北：稻乡出版社，1996 年。

刘仲宇《道教授箓制度研究》，中国社会科学出版社，2014 年。

罗家祥《朋党之争与北宋政治》，华中师范大学出版社，2002 年。

吕振羽《中国政治思想史》，上海生活书店，1947 年。

迈克尔·布林特（Micheal Brint）著，卢春龙、袁倩译《政治文化的谱系》，社会科学
　　文献出版社，2013 年。

迈克尔·罗斯金（Michael G. Roskin）等著，林震等译《政治科学》（第九版），中国
　　人民大学出版社，2009 年。

聂崇岐《宋史丛考》，中华书局，1980 年。

皮锡瑞《经学历史》，中华书局，1963 年。

平田茂树著，林松涛、朱刚等译《宋代政治结构研究》，上海古籍出版社，2010 年。

漆侠《宋学的发展和演变》，人民出版社，2011 年。

漆侠《王安石变法》，上海人民出版社，1979 年。

钱大昕著，杨勇军整理《十驾斋养新录》，上海书店出版社，2011 年。

钱穆《国史大纲》，北京：商务印书馆，1996 年。

钱穆《宋明理学概述》，九州出版社，2010 年。

钱穆《中国历史研究法》,生活·读书·新知三联书店,2001 年。

钱穆《中国学术思想史论丛》,九州出版社,2011 年。

卿希泰主编《中国道教史》,四川人民出版社,1996 年。

秋月观暎著,丁培仁译《中国近世道教的形成——净明道的基础研究》,中国社会
　　科学出版社,2005 年。

任继愈主编《中国道教史》,中国社会科学出版社,2001 年。

容庚《商周彝器通考》,台北:台湾大通书局,1973 年。

沈松勤《北宋文人与党争——中国士大夫群体研究之一》,人民出版社,1998 年。

寺地遵著,刘静贞、李今芸译《南宋初期政治史研究》,台北:稻禾出版社,1995 年。

孙继民《俄藏黑水城所出〈宋西北边境军政文书〉整理与研究》,中华书局,
　　2009 年。

藤本猛《风流天子と「君主独裁制」——北宋徽宗朝政治史の研究》,京都大学学
　　术出版会,2014 年。

田志光《北宋宰辅政务决策与运行机制研究》,人民出版社,2013 年。

土田健次郎著,朱刚译《道学之形成》,上海古籍出版社,2010 年。

汪桂海《汉代官文书制度》,广西教育出版社,1999 年。

汪圣铎《两宋财政史》,中华书局,1995 年。

汪圣铎《宋代政教关系研究》,人民出版社,2010 年。

王菡《宋哲宗》,吉林文史出版社,1997 年。

王昊编著,曾枣庄审定《〈辨奸论〉真伪考信编》,吉林人民出版社,2000 年。

王菱菱《宋代矿冶业研究》,河北大学出版社,2005 年。

王琦珍《曾巩评传》,江西高校出版社,1990 年。

王瑞来《宰相故事:士大夫政治下的权力场》,中华书局,2010 年。

王水照、朱刚《苏轼评传》,南京大学出版社,2011 年。

王桐龄《中国历代党争史》,文化学社,1931 年。

吴宗国主编《中国古代官僚政治制度研究》,北京大学出版社,2004 年。

萧公权《中国政治思想史》,辽宁教育出版社,1998 年。

萧庆伟《北宋新旧党争与文学》,人民文学出版社,2001 年。

小林隆道《宋代中国の统治と文书》,汲古书院,2013 年。

阎步克《士大夫政治演生史稿》,北京大学出版社,1996 年。

杨小敏《蔡京、蔡卞与北宋晚期政局研究》,中国社会科学出版社,2012 年。

伊原宏等《アジア游学》64 特集《徽宗とその时代》,东京:勉诚出版,2004 年 6 月。

余嘉锡《四库提要辨证》,中华书局,1980 年。

余英时《朱熹的历史世界——宋代士大夫政治文化的研究》,生活·读书·新知 三联书店,2004 年。

虞云国《宋代台谏制度研究》,上海社会科学出版社,2001 年。

曾瑞龙《拓边西北:北宋中后期对夏战争研究》,北京大学出版社,2013 年。

张邦炜《宋代皇亲与政治》,四川人民出版社,1993 年。

张复华《北宋中期以后之官制改革》,文史哲出版社,1991 年。

张一兵《明堂制度研究》,中华书局,2005 年。

中村裕一《隋唐王言の研究》,东京:汲古书院,2003 年。

中村裕一《唐代公文书研究》,东京:汲古书院,1996 年。

周宝珠《宋代东京研究》,河南大学出版社,1992 年。

周予同《朱熹》,朱维铮编《周予同经学史论著选集》,上海人民出版社,1983 年。

朱瑞熙《中国政治制度通史·宋代》,人民出版社,1996 年。

朱溢《事邦国之神祇——唐至北宋吉礼变迁研究》,上海古籍出版社,2014 年。

祝启源著,赵秀英整理《青唐盛衰:唃厮啰政权研究》,青海人民出版社,2010 年。

Chung, Priscilla Ching, *Palace Women in the Northern Sung*, *960－1126*, Leiden: E. J. Brill, 1981.

Ebrey, Patricia and Bickford, Maggie ed., *Emperor Huizong and Late Northern Song China: The Politics of Culture and Culture of Politics*, Massachusetts: Harvard University Asia Center, 2006.

Ebrey, Patricia, *Accumulating Culture: The Collections of Emperor Huizong*, Seattle: University of Washington Press, 2008.

Ebrey, Patricia, *Emperor Huizong*, Massachusetts: Harvard University Press, 2014.

Ji, Xiaobin, *Politics and Conservatism in Northern Song China: The Career and Thought of Sima Guang* (*A. D. 1019－1086*), Hong Kong: Chinese University Press of Hong Kong, 2005.

Levine, Ari Daniel, *Divided by a Common Language: Factional Conflict in Late Northern Song China*, Honolulu: University of Hawaii Press, 2008.

三、论文

阿部肇一《徽宗朝下の政党と佛教·道教》,《社会文化史学》16 号,1978 年。

包弼德《政府、社会和国家——关于王安石和司马光的政治观点》,载田浩(Hoyt
　　Cleveland Tillman)主编《宋代思想史论》,社会科学文献出版社,2003 年。
　　(Bol, Peter K., "Government, Society, and State: The Political Visions of Ssu-
　　ma Kuang and Wang An-shih", *Ordering the World: Approaches to State and Soci-*
　　ety in Sung Dynasty China, Edited by Robert P. Hymes and Conrad Schirokauer,
　　University of California Press, 1993.)

陈芳妹《宋古器物学的兴起与宋仿古铜器》,台湾大学《美术史研究集刊》第 10
　　期,2001 年 3 月。

陈芳妹《再现三代——从故宫宋代仿古铜器说起》,收入《千禧年宋代文物大展》,
　　台北:故宫博物院,2000 年。

陈峰《北宋东南漕运制度的演变及其影响》,《河北学刊》1991 年第 2 期。

陈高华《摩尼教与吃菜事魔——从王质论〈论镇盗疏〉说起》,载《中国农民战争史
　　论丛》第四辑,河南人民出版社,1982 年。

陈克双《熙丰时期的中书检正官——兼谈北宋前期的宰属》,北京大学历史学系
　　硕士学位论文,2007 年。

陈乐素《桂林石刻〈元祐党籍〉》,《学术研究》1983 年第 6 期;收入氏著《求是集》
　　第二集,广东人民出版社,1984 年。

陈苏镇《研究中国古代政治文化的力作——读〈士大夫政治演生史稿〉》,《北京大
　　学学报》1998 年第 1 期。

陈寅恪《记唐代之李武韦杨婚姻集团》,《金明馆丛稿初编》,生活·读书·新知三
　　联书店,2001 年。

陈智超《南宋"吃菜事魔"新史料》,《北京师院学报》1985 年第 4 期。

程民生《论宋代士大夫政治对皇权的限制》,《河南大学学报》第 39 卷第 3 期,
　　1999 年 5 月。

迟景德《宋神宗时期中书检正官之研究》,《国际宋史研讨会论文集》,台北:中国
　　文化大学,1988 年。

迟景德《宋元丰改制前之宰相机构与三司》,收入台湾宋史座谈会编《宋史研究
　　集》第 7 辑,台北:编译馆,1974 年。

德永洋介《宋代の御笔手诏》,《东洋史研究》第 57 卷第 3 号,1998 年 12 月。

邓广铭《读〈宋史〉札记》,《邓广铭全集》第九卷,河北教育出版社,2005 年。

邓广铭《〈京口耆旧传〉的作者和成书年份》,《邓广铭全集》第九卷,河北教育出版
　　社,2005 年。

邓广铭《略谈宋学——附说当前国内宋史研究情况》,《宋史研究论文集》(一九八
　　四年年会编刊),浙江人民出版社,1987 年;修改稿见《邓广铭治史丛稿》,北
　　京大学出版社,2010 年,第 129—139 页。

邓广铭《熙宁时代的编修中书条例所——熙宁新法述论之一》,《邓广铭全集》第
　　七卷,河北教育出版社,2005 年。

邓小南《北宋苏州的士人家族交游圈——以朱长文之交游为核心的考察》,《国学
　　研究》第 3 卷,北京大学出版社,1995 年;收入《朗润学史丛稿》。

邓小南《剪不断、理还乱:有关冯京家世的"拼织"》,载《基调与变奏——七至二十
　　世纪的中国》,政治大学历史系、中国史学会(日本)、"中研院"史语所、《新史
　　学》杂志社,2008 年;收入《朗润学史丛稿》。

邓小南《"内外"之际与"秩序格局":兼谈宋代士大夫对于〈周易·家人〉的阐
　　发》,收入邓小南主编《唐宋女性与社会》,上海辞书出版社,2003 年;收入《朗
　　润学史丛稿》。

邓小南《司马光〈奏弹王安石表〉辨伪》,《北京大学学报》1980 年第 4 期;收入《朗
　　润学史丛稿》,中华书局,2010 年。

邓小南《宋代政治史研究的"再出发"》,《历史研究》2009 年第 6 期;收入《朗润学
　　史丛稿》。

邓小南《走向"活"的制度史:以宋代官僚政治制度史研究为例的点滴思考》,《浙
　　江学刊》2003 年第 3 期;收入《朗润学史丛稿》。

邓小南《掩映之间:宋代尚书内省管窥》,原载《汉学研究》第 27 卷第 2 期,2009 年
　　6 月;收入《朗润学史丛稿》。

邓小南《祖宗之法与官僚政治制度——宋》,载吴宗国主编《中国古代官僚政治制
　　度研究》,北京大学出版社,2004 年。

丁义珏《论北宋仁宗朝的"内降"——制度、政治与叙事》,《汉学研究》第 30 卷第
　　4 期,2012 年 12 月。

丁义珏《宋代的御前文字》,北京大学历史学系硕士学位论文,2009 年。

丁则良《王安石日录考》,原刊《清华大学学报》1941 年第 13 卷第 2 期;收入丁则
　　勤、尚小明编《丁则良文集》,清华大学出版社,2009 年,第 46—61 页。

方诚峰《司马光〈潜虚〉的世界》,《清华大学学报》2017 年第 1 期。

方诚峰《职能与空间——唐宋台、谏关系再论》,《唐研究》第 16 卷,北京大学出版
　　社,2010 年。

方震华《战争与政争的纠葛——北宋永乐城之役的纪事》,《汉学研究》第 29 卷第

3 期,2011 年 9 月。

葛兆光《回到历史场景:从宋人两个说法看哲学史与思想史之分野》,《河北学刊》
　　第 24 卷第 4 期,2004 年 7 月。

葛兆光《洛阳与汴梁:文化重心与政治重心的分离——关于 11 世纪 80 年代理学
　　历史与思想的考察》,《历史研究》2000 年第 5 期。

宫崎圣明《北宋前期における官制改革论と集议官论争——元丰官制改革前
　　史》,《东洋学报》第 86 卷第 3 号,2004 年 12 月。

宫崎市定《东洋的近世》,《日本学者研究中国史论著选译》第一卷《通论》,中华书
　　局,1992 年。

龚延明《北宋元丰官制改革论》,《中国史研究》1990 年第 1 期。

顾宏义《范纯仁论朋党——兼析元祐年间"调停"说的起因与影响》,《河北大学学
　　报》2009 年第 3 期。

顾宏义《〈邵氏闻见录〉有关王安石若干史料辨误》,《河北大学学报》1998 年第
　　3 期。

韩巍《宋代仿古制作的"样本"问题》,中国国家博物馆编《宋韵——四川窖藏文物
　　精粹》,中国社会科学出版社,2006 年。

侯旭东《读汪桂海〈汉代官文书制度〉》,《中国史研究动态》2000 年第 8 期。

侯旭东《中国古代专制说的知识考古》,《近代史研究》2008 年第 4 期。

胡劲茵《北宋徽宗朝大晟乐制作与颁行考议》,《中山大学学报》2010 年第 2 期。

胡昭曦《〈宋神宗实录〉朱墨本辑佚简论》,《四川大学学报》1979 年第 1 期。

黄纯艳《论蔡京茶法改革——兼论宋代茶法演变的基本规律》,《中国经济史研
　　究》2003 年第 1 期。

黄汉超《宋神宗实录前后改修之分析》(上、下),《新亚学报》第 7 卷第 1 期,1965
　　年 2 月,第 367—409 页;第 7 卷第 2 期,1966 年 8 月,第 157—195 页。

黄宽重《从活的制度史迈向新的政治史——综论宋代政治史研究趋向》,《中国史
　　研究》2009 年第 4 期;修改版收入氏著《政策·对策:宋代政治史再探索》,台
　　北:联经出版事业公司,2012 年。

黄敏捷《两宋役钱研究》,华南师范大学历史文化学院博士学位论文,2015 年
　　12 月。

金中枢《车盖亭诗案研究》,原刊《成功大学历史学报》第二期,1975 年 7 月;收入
　　宋史座谈会编《宋史研究集》第 20 辑,台北:编译馆,1989 年。

金中枢《论北宋末年之崇尚道教》(上),收入台湾宋史座谈会编《宋史研究集》第

7 辑,台北:编译馆,1974 年。

近藤一成《"洛蜀党议"と哲宗实录——〈宋史〉党争记事初探》,早稻田大学文学部东洋史研究室编《中国正史の基础的研究》,早稻田大学出版部,1984 年。

久保田和男《北宋徽宗时代与张择端〈清明上河图〉——围绕政治文化与对都城空间的视线》,收入邓小南、杨果、罗家祥主编《宋史研究论文集(2010)》,湖北人民出版社,2011 年。

李国强《北宋熙宁年间政府机构改革述论》,《中华文史论丛》2010 年第 3 期。

李涵《从曾布根究市易违法案的纷争看新党内部的矛盾与问题》,《宋史研究论文集》(一九八四年年会编刊),浙江人民出版社,1987 年,第 267—281 页。

李合群《北宋东京皇城宣德门考》,《中原文物》2008 年第 2 期。

李华瑞《北宋士大夫与王安石变法的兴起》,《史学集刊》2006 年第 1 期。

李华瑞《论北宋政治变革时期的文化》,原载《文献》1999 年第 2 期;收入氏著《宋史论集》,河北大学出版社,2001 年,第 117—134 页。

李华瑞《论宋哲宗元祐时期对西夏的政策》,《中州学刊》1998 年第 6 期。

李全德《从堂帖到省札——略论唐宋时期宰相处理政务的文书之演变》,《北京大学学报》2012 年第 2 期。

李祥俊《北宋时期儒家学派的一道德论》,《重庆社会科学》2006 年第 12 期。

李伟国《宋代内库的地位和作用》,原载《宋辽金史论丛》第一辑,中华书局,1985 年 8 月;收入氏著《宋代财政和文献考论》,上海古籍出版社,2007 年。

李则芬《神宗、哲宗二朝史事多谬》,氏著《宋辽金元历史论文集》,台北:黎明文化事业公司,1991 年。

李真真《从元祐调停看宋代朋党政治倾向的恶性膨胀》,《社会科学辑刊》2009 年第 6 期。

梁思乐《朔党与北宋元祐朋党政治新论——以元祐五年以前朔党与韩忠彦、文彦博、范纯仁的关系为中心》,《"10 至 13 世纪中国国家与社会"国际学术研讨会暨中国宋史研究会第 16 届年会论文集》第二组,杭州,2014 年 8 月,第 100—123 页。

梁太济《从每卷结衔看〈资治通鉴〉各纪的撰进时间》,收入氏著《唐宋历史文献研究丛稿》,上海古籍出版社,2004 年。

梁天锡《北宋台谏制度之转变》,《新亚书院学术年刊》1966 年第 8 期;收入《宋史研究集》第 9 辑,台北:编译馆,1977 年。

林大介《蔡京とその政治集团——宋代の皇帝·宰相关系理解のための一考

察》,《史朋》35,2003 年。

林天蔚《北宋党争对实录修撰的影响》,《中国历史学会史学集刊》第 15 期,1983
　　年 5 月。

林天蔚《蔡京与讲议司》,原刊《食货月刊》复刊第 6 卷第 4 期,1976 年 7 月;收入
　　《宋史研究论文集》第 10 辑,台北:编译馆,1978 年。

林悟殊《吃菜事魔与摩尼教》,氏著《摩尼教及其东渐》,台北:淑馨出版社,1997 年。

刘长东《本命信仰考》,《四川大学学报》2004 年第 1 期。

刘复生《北宋"党争"与儒学复兴运动的演化》,《社会科学研究》1999 年第 6 期。

刘江《〈宋西北边境军政文书〉所见荫补拟官文书类型再考释》,氏著《北宋公文形
　　态考述——以地方公文及其运作为中心》,北京大学历史学系博士学位论
　　文,2012 年,第 114—122 页。

刘静贞《从皇后干政到太后摄政——北宋真仁之际女主政治权力试探》,《国际宋
　　史研讨会论文集》,台北:中国文化大学出版部,1988 年。

刘静贞《法古? 复古? 自我作古? ——宋徽宗文化政策的历史观照》,收入王耀
　　庭主编《开创典范:北宋的艺术与文化研讨会论文集》,台北:故宫博物院,
　　2008 年,第 447—467 页。

刘浦江《"五德终始"说之终结——兼论宋代以降传统政治文化的嬗变》,《中国社
　　会科学》2006 年第 2 期。

刘云军《许翰事迹简编》,《宋史研究论丛》第 14 辑,河北大学出版社,2013 年,第
　　577—593 页。

刘子健《王安石、曾布与北宋晚期官僚的类型》,《清华学报》新 2 卷第 1 期,1960
　　年;收入氏著《两宋史研究汇编》,台北:联经出版事业公司,1987 年,第 117—
　　142 页。

罗家祥《曾布与北宋哲宗、徽宗统治时期的政局演变》,《华中科技大学学报》2003
　　年第 2 期。

马力《宋哲宗亲政时期对西夏的开边和元符新疆界的确立》,《宋史研究论文集》
　　(一九八七年年会编刊),河北教育出版社,1989 年,第 126—154 页。

莫容、胡洪涛《鹤史初探》,《农业考古》1988 年第 1 期。

内藤湖南《概括的唐宋时代观》,收入《日本学者研究中国史论著选译》第一卷,中
　　华书局,1992 年,第 10—18 页。原文刊于 1922 年。

牛来颖《唐代祥瑞名物辨异》,《世界宗教研究》1999 年第 2 期。

帕特丽夏·埃维克《意识与意识形态》,收入奥斯汀·萨拉特编《布莱克维尔法律

与社会指南》,北京大学出版社,2011 年。

裴汝诚《〈迩英奏对〉献疑》,原载《庆祝邓广铭教授九十华诞论文集》,河北教育出版社,1997 年;收入氏著《半粟集》,第 182—193 页。

裴汝诚《〈迩英奏对〉质疑》,原载《徐规教授从事教学科研工作五十周年纪念文集》,杭州大学出版社,1995 年;收入氏著《半粟集》,第 172—181 页。

裴汝诚《关于北宋后四十年史料的整理研究》,原载《古籍整理研究学刊》1985 年第 1 期,收入氏著《半粟集》,第 297—305 页。

裴汝诚《论宋元时期的三个王安石传》,收入氏著《半粟集》,第 110—135 页。

裴汝诚《宋代史料真实性刍议》,原载邓广铭、漆侠主编《国际宋史研讨会论文选集》,河北大学出版社,1992 年;收入氏著《半粟集》,第 88—109 页。

裴汝诚《曾布三题》,原载《中日宋史研讨会中方论文选编》,河北大学出版社,1991 年;收入氏著《半粟集》,第 194—207 页。

裴汝诚、顾宏义《宋代检正中书五房公事制度研究》,《宋史研究论丛》第五辑,河北大学出版社,2003 年。

裴汝诚、顾宏义《宋哲宗亲政时期的曾布》,收入裴汝诚《半粟集》,河北大学出版社,2000 年,第 208—224 页。

平田茂树《宋代の垂帘听政について》,《柳田节子先生古稀记念——中国の传统社会と家族》,东京:汲古书院,1993 年。

平田茂树《〈王安石日录〉研究——〈四明尊尧集〉を手卦かりとして》,《东洋史论丛》(大阪市立大学)12,2002 年。

平田茂树《〈哲宗实录〉编纂始末考》,载《宋代の规范と习俗》,东京:汲古书院,1995 年,第 29—66 页。

卿希泰《道教神霄派初探》,《社会科学研究》1999 年第 4 期。

芮传明《论宋代江南之“吃菜事魔”》,《史林》1999 年第 3 期。

单远慕《论北宋时期的花石纲》,《史学月刊》1983 年第 6 期。

沈松勤《北宋台谏制度与党争》,《历史研究》1998 年第 4 期。

寺地遵《宋代政治史研究方法试论——治乱兴亡史论克服のために》,《宋元时代史の基本问题》,东京:汲古书院,1996 年。

宋鸿《宋代朋党思想及其对北宋政治的影响》,《河南大学学报》第 31 卷第 4 期,1991 年 7 月。

孙泽娟《蔡确研究》,河北大学硕士学位论文,2006 年。

唐代剑《林灵素生平问题钩校》,《四川师范学院学报》1990 年第 5 期。

唐代剑《论林灵素创立神霄派》,《世界宗教研究》1996 年第 2 期。

唐代剑《论林灵素与"徽宗失国"》,《宗教学研究》总第 23 期,1993 年。

藤本猛《北宋末期"御笔"撰写之所——宣和殿及学士蔡攸》,邓小南、曹家齐、平田茂树主编《文书·政令·信息沟通》,北京大学出版社,2012 年。

藤本猛著,胡鸿译《崇宁五年正月政变——对辽交涉问题上徽宗与蔡京的对立》,载《日本中国史研究年刊·二〇〇九年度》,上海古籍出版社,2011 年。

汪圣铎、王德领《宋代寺院宫观中的御书阁、本命殿》,《河北科技大学学报》2008 年第 4 期。

汪天顺《章惇与曾布、蔡卞交恶及其对绍述政治的影响》,《中国史研究》2009 年第 1 期。

王海鹏《宋徽宗时期的诸局所研究》,河北大学硕士学位论文,2006 年。

王菡《范纯仁生平事迹钩沉》,张希清、范国强主编《范仲淹研究文集》(五),北京大学出版社,2009 年。

王红信、朱红亮《宋代的朋党思想及其对北宋政治的影响》,河北史学会编《历史与现实论稿》,中国文史出版社,1991 年 9 月。

王化雨《北宋后期三省奏事班次考》,《北京大学学报》2013 年第 2 期。

王化雨《宋朝君主的信息渠道研究》,北京大学历史学系博士学位论文,2008 年。

王化雨《宋代皇帝与宰辅的政务信息处理过程——以章奏为例》,《文书·政令·信息沟通:以唐宋时期为主》,北京大学出版社,2012 年。

王瑞来《徽宗と蔡京——権力の絡み合い》,《徽宗とその時代》,东京:勉诚出版,2004 年。

王瑞来《论宋代皇权》,《历史研究》1989 年第 1 期。

王育济《论北宋末年的"御笔行事"》,《山东大学学报》1987 年第 1 期。

王曾瑜《北宋的司农寺》,原载《宋史研究论文集》(一九八七年年会编刊),河北教育出版社,1989 年;收入氏著《锱铢编》,河北大学出版社,2006 年。

王曾瑜《北宋晚期政治简论》,《中国史研究》1994 年第 4 期;收入氏著《丝毫编》,河北大学出版社,2009 年。

王曾瑜《洛、蜀、朔党争辨》,载《尽心集——张政烺先生八十寿庆论文集》,中国社会科学出版社,1996 年。

王曾瑜《宋朝阶级结构概述》,原载《社会科学战线》1979 年第 4 期;收入氏著《涓埃编》,河北大学出版社,2008 年。

王曾瑜《宋徽宗时的诸局所钱物》,《北京大学学报》2014 年第 2 期。

王曾瑜《王安石变法简论》,《中国社会科学》1980 年第 3 期。

韦兵《异常天象与徽宗朝政治:权力博弈中的皇帝、权臣与占星术士》,《国学研究》第 28 卷,2011 年。

魏斌《孙吴年号与符瑞问题》,《汉学研究》第 27 卷第 1 期,2009 年 3 月。

魏天安《宋代的契税》,《中州学刊》2009 年第 3 期。

吴丽娱《论九宫祭祀与道教崇拜》,《唐研究》第 9 卷,北京大学出版社,2003 年。

吴丽娱《唐宋之际的礼仪新秩序——以唐代的公卿巡陵和陵庙荐食为中心》,《唐研究》第 11 卷,北京大学出版社,2005 年。

小岛毅《宋代の国家祭祀——〈政和五礼新仪〉の特征》,收入池田温编《中国礼法と日本律令制》,东京:东方书店,1992 年。

萧璠《皇帝的圣人化及其意义试论》,《"中研院"史语所集刊》第 62 本第 1 分,1993 年。

萧庆伟《车盖亭诗案平议》,《河北大学学报》1995 年第 1 期。

萧庆伟《苏轼策题之谤与洛蜀党争》,《漳州师院学报》1997 年第 1 期。

萧庆伟《元祐学术之禁考略》,《电大教学》1998 年第 1 期。

谢元鲁《唐代诸王和公主出阁制度考辨》,《唐史论丛》第 12 辑,三秦出版社,2010 年。

邢义田《秦汉皇帝与"圣人"》,原刊《国史释论——陶希圣先生九秩荣庆祝寿论文集》,台北:食货出版社,1988 年;收入氏著《天下一家:皇帝、官僚与社会》,中华书局,2011 年。

熊本崇《北宋の台谏——神宗朝・哲宗朝を中心に》,《东北大学东洋史论集》6,1995 年。

熊本崇《宋神宗官制改革试论——その职事官をめぐって》,《东北大学东洋史论集》10,2005 年 3 月。

熊本崇《宋元祐三省考——「调停」と聚议をめぐって》,《东北大学东洋史论集》9,2003 年。

许沛藻《宋高宗与神哲实录》,《庆祝邓广铭教授九十华诞论文集》,河北教育出版社,1997 年。

杨联陞《国史上的女主》,收入《国史探微》,新星出版社,2005 年。

杨世利《论北宋诏令中的内降、手诏、御笔手诏》,《中州学刊》2007 年第 6 期。

耀生《耀县石刻文字略志》,《考古》1965 年第 3 期。

余欣《符瑞与地方政权的合法性构建:归义军时期敦煌瑞应考》,《中华文史论丛》

2010 年第 4 期。

张邦炜《论宋代的皇权和相权》,《四川师范大学学报》1994 年第 2 期。

张邦炜《试论宋代"婚姻不问阀阅"》,《历史研究》1985 年第 6 期。

张邦炜《宋徽宗初年的政争——以蔡王府狱为中心》,《西北师大学报》2004 年第
　　1 期。

张邦炜《宋徽宗角色错位的来由》,《四川师范大学学报》2002 年第 1 期。

张劲《从更化到绍述——宋哲宗朝的时代与政治》,暨南大学硕士学位论文,
　　2001 年。

张其凡《北宋"皇帝与士大夫共治天下"略说》,氏著《宋初政治探研》,暨南大学出
　　版社,1995 年。

张其凡《"皇帝与士大夫共治天下"试析——北宋政治架构探微》,《暨南学报》第
　　23 卷第 6 期,2001 年 11 月。

张其凡、金强《陈瓘与〈四明尊尧集〉——北宋哲徽之际党争的一个侧面考察》,
　　《浙江大学学报》2004 年第 3 期。

张天佑《宋金海上联盟的研究》,原刊《中国历史学会史学集刊》第 1 期,1969 年 3
　　月;收入《宋史研究集》12 辑,台北:编译馆,1978 年。

张欣、张淑生《北宋元祐时期"调停"浅探》,《五邑大学学报》第 7 卷第 4 期,2005
　　年 11 月。

张祎《制诏敕札与北宋的政令颁行》,北京大学历史学系博士学位论文,2009 年。

张祎《中书、尚书省札子与宋代的皇权运作》,《历史研究》2013 年第 5 期。

赵铁寒《宋金海上之盟始末记(一)》,原载《大陆杂志》第 25 卷第 5 期,收入《大陆
　　杂志史学丛书》第二辑第三册。

赵英华《宋代皇储制度研究》,河北大学硕士学位论文,2000 年。

周曲洋《奏钞复用与北宋元丰改制后的三省政务运作》,《文史》2016 年第 3 期。

周铮《贯铡鼎考》,《中国历史博物馆馆刊》1995 年第 1 期。

周铮《宣和山尊考》,《文物》1983 年第 11 期。

朱瑞熙《宋朝经筵制度》,《中华文史论丛》第 55 辑,1996 年 12 月;收入氏著《嘐城
　　集》,华东师范大学出版社,2001 年。

朱义群《北宋晚期党禁的形成与展开(1085—1125)》,北京大学历史学系博士学
　　位论文,2018 年。

朱义群《北宋宰相吕大防的政治生涯析论》,《宋史研究论丛》第 20 辑,科学出版
　　社,2017 年。

De Bary, W. Theodore, "A Reappraisal of Neo-Confucianism," in Arthur Wright, ed., *Studies in Chinese Thought*, Chicago: University of Chicago Press, 1953, pp. 81-111.

Ebrey, Patricia B.,"Huizong's Stone Inscriptions," in Patricia Ebrey and Maggie Bickford, *Emperor Huizong and Late Northern Song China: The Politics of Culture and the Culture of Politics*, Massachusetts:Harvard University Asia Center, 2006.

Hartman, Charles, "The Reluctant Historian: Sun Ti, Chu His, and the Fall of Northern Sung", *T'oung Pao*, Volume 89, June, 2003.

Hartman, Charles, "A Textual History of Cai Jing's Biography in the Songshi", Patricia Ebrey and Maggie Bickford ed. *Emperor Huizong and Late Northern Song China: The Politics of Culture and Culture of Politics*, Massachusetts: Harvard University Asia Center, 2006, pp. 517-564.

Hsu, Ya-hwei(许雅惠), "Reshaping Chinese Material Culture: The Revival of Antiquity in the Era of Print, 960-1279", Ph. D. dissertation, Yale University, 2010.

Liu, William Guanglin, "The Making of a Fiscal State in Song China, 960-1279," *Economic History Review* doi: 10. 1111/ehr. 12057, 8 OCT 2014, pp. 1-31.

Sariti, Anthony William, "Monarchy, Bureaucracy, and Absolutism in the Political Thought of Ssu-ma Kuang," *Journal of Asian Studies* 32, no. 1 (1972), pp. 53-76.

Strickmann, Michel, "The Longest Taoist Scripture", *History of Religions*, Vol. 17, No. 3/4, Current Perspectives in the Study of Chinese Religions (Feb.-May, 1978), pp. 331-354.

Sturman, Peter C., "Cranes above Kaifeng: The Auspicious Image at the Court of Huizong," *Ars Orientalis*, vol. 20, 1990, pp. 33-68.

第二版后记

借再版机会,笔者对本书作了一些修订:首先,调整了一些行文,改正了一些鲁鱼亥豕之讹;其次,据后来目力所及的一些史料和论著对某些论述作了补充或修改;再次,书末附《试析宋代政治史研究诸轨迹》一文,系本书初版后笔者对相关学术脉络的思考。当然,本书的基本结构、结论并没有变化。

本书自 2015 年出版以来,得到了不少师友的鼓励和指正。所见有杭州宋史论坛(魏峰执笔)、白贤、赵耀文、吴铮强所作的评介;林鹄就司马光思想、元祐初年政局等问题发表了商榷意见。此外,赵冬梅、朱义群、王化雨、张呈忠等学者对北宋晚期的政治问题还有进一步讨论。笔者近年的主要精力不在北宋晚期,故不拟对具体问题再发表意见,读者有兴趣可以参看他们的著作。

本书使用"政治文化""政治体制"两个概念,其中前者不易界定,故颇启人疑窦。这当然主要是笔者思考不成熟所致。若今日重新考虑"政治文化",笔者或许会更强调《前言》所界定的一、二两个层次,即政治理论与主张、政治理想与口号,它们显然是比第三层次(政治情绪或取向)更可把握的主题。陈寅恪《朱延丰突厥通考序》中有一段名言:"考自古世局之转移,往往起于前人一时学术趋向之细微。迨至后来,遂若惊雷破柱,怒涛振海之不可御遏。"此处的"学术"即思想、学说,它是改造世界的力量,故亦应是理解历史上人物活动的钥匙。笔者常常想起电影《盗梦空间》(*Inception*)——为了让目标解散自己继承而来的垄断性企业,要的是在他脑中植入一个想法。最终,他被植入了父亲临终前给他一个纸风车的记忆,这让他认为,"父亲的遗愿是让我成为自己,而不是为他而活"。我以为,"政治文化"研究试图考察的，就是那些被"植入"政治行动者脑中的原则。当然这不易做到，眼前这部小书在这方面或许不算很成功。

本书在结论中否认宋代皇权有固定的趋势，认为其是宋王朝政治体中最后的不确定项。所谓"不确定性"，指君主作为最高的（或许也是唯一的）政治支配者，超乎所有人为法则之上。宋代政治思想领域在探索"确定性"上取得了不少成果，但哪怕是看起来为所有人准备的天理、性命、成圣之道，在实践中却也是更使君主成为政治的根本出发点与准则——"本"与"极"。可以说，君主是王朝中唯一超越"必然性"的角色，也是政治变动的根源。正因如此，笔者似乎越来越能认可当年写作时刻意避免的"专制皇权"这一标签。"专制"意味着集权，但更指主奴式的支配关系，故而表达了君主作为唯一的政治主人、"自由人"所带来的莫大不确定性。

本书在成书及本次修订过程中得到了许多帮助，难以一一罗列。必须要说的是，自从本科三年级（2002 年）开始，我就在邓小南老师的指导下学习宋史，所走过的每一步都凝聚着她的心血。相信所有邓老师的学生都会同意这一点：她为学生所做的远远超出导师应尽的责任，也超出学术。就本书涉及的内容来说，邓师对于北宋后期政治形势、体制变迁以及政治史研究的方法，皆已有言简意赅、深切著明的提炼，某种程度上本书只不过是不成功的祖述而已。本书再版时，正值邓师荣休，这就算是微薄的献礼了。

2023 年 6 月 5 日于清华园